21世纪会计学系列精品教材

丛书主编：刘永泽

成本会计学

COST ACCOUNTING

潘煜双　胡桂兰◎主编

清华大学出版社
北京

内 容 简 介

本书主要介绍企业产品成本核算的基本原理、产品成本计算的各种方法和产品成本信息编报与分析。本书主要定位于地方性本科财会专业，突出运用能力培养。内容上承袭传统、强调实用、适当兼顾前沿。在基本原理部分努力实现既引导读者了解国际先进成本会计学理论，又贴近我国当前的实际，突出了通俗、实用的特点，在详细阐述成本核算的基本理论和方法的同时，特别强调理论与实践相结合，坚持业务处理程序、核算内容贴近企业实际。本书体例新颖，采用大量图表，增加了教材的活泼性和可理解性。

本书既可以作为高等院校会计专业的教材，也可供会计实务工作者、经济管理各专业教师及学生参考。

图书在版编目(CIP)数据

成本会计学/潘煜双，胡桂兰主编. —北京：清华大学出版社，2014(2021.1重印)
(21世纪会计学系列精品教材)
ISBN 978-7-302-36408-5

Ⅰ. ①成… Ⅱ. ①潘… ②胡… Ⅲ. ①成本会计－高等学校－教材 Ⅳ. ①F234.2

中国版本图书馆CIP数据核字(2014)第098210号

责任编辑：杜　星
封面设计：汉风唐韵
责任校对：王荣静
责任印制：刘祎淼

出版发行：清华大学出版社
网　　址：http://www.tup.com.cn，http://www.wqbook.com
地　　址：北京清华大学学研大厦A座　**邮　　编**：100084
社 总 机：010-62770175　**邮　　购**：010-62786544
投稿与读者服务：010-62776969，c-service@tup.tsinghua.edu.cn
质量反馈：010-62772015，zhiliang@tup.tsinghua.edu.cn
课件下载：http://www.tup.com.cn，010-62770175-4506
印 装 者：北京国马印刷厂
经　　销：全国新华书店
开　　本：185mm×260mm　**印　　张**：20.25　**字　　数**：458千字
版　　次：2014年7月第1版　**印　　次**：2021年1月第4次印刷
定　　价：49.80元

产品编号：052817-02

前言

“在任何一个成功的组织里，从一个最小的店铺到最大的跨国公司，都需要成本会计的概念与实务。”世界著名的成本会计学家查尔斯·霍恩格伦(Charles T. Horngren)在其著名的《成本会计》一书的开头如是说。“成本会计学”一直是我国会计和财务管理专业的必修课之一。成本会计的主要目的，一是提高企业内部的成本管理水平；二是为企业财务报表提供成本费用数据。无论内部管理还是对外提供报表的需要，成本核算都是成本会计的基本内容。本书主要介绍成本核算内容，将成本管理的内容规划在“管理会计学”课程中。

本书系嘉兴学院会计学系老师精心编撰而成。作为嘉兴学院的传统优势专业，会计学专业有近百年的办学积淀，在我国经济最为活跃的长三角地区初步形成了具有自身特色的会计专业人才培养模式，为全国有色及冶金行业培养了大批高素质会计人才。自2010年嘉兴学院会计专业被教育部、财政部批准为国家特色专业以来，不断深化会计人才培养模式改革，并在教学内容体系改革方面进行了卓有成效的探索。因此，本书在内容上努力实现既引导读者了解国际先进成本会计学理论，又贴近我国当前的实际，突出了通俗、实用的特点。本书既可以作为高等院校会计专业的教材，也可供会计实务工作者、经济管理各专业教师及学生参考。本书的特点主要体现为：

(1) 定位地方性本科财会专业，突出操作能力特色培养。本书在详细阐述成本核算的基本理论和方法的同时，特别强调理论与实践相结合，坚持业务处理程序、核算内容贴近企业实际，例题与企业实际业务趋同，提高专业岗位适应能力。

(2) 内容安排强调实用，兼顾前沿。本书主要以成本核算为主，以制造企业为对象，重点介绍传统成熟的成本核算基本方法，如品种法、分批法、分步法、分类法等，同时兼顾侧重管理实用的成本核算方法，如标准成本法、定额成本法。同时介绍成本核算发展的前沿内容，如作业成本法。成本核算以2006年发布的《企业会计准则》和2013年出台的《企业产品核算制度》(试行)为基本依据，在成本计算对象、成本项目的设置和相关账务处理等方面遵从新准则、制度的要求，充分体现与时俱进的特色。此外，还选择了3个与制造企业差别较大的农业企业、建筑施工企业和物流企业成本核算作为本书的内容。

(3) 体例较新，采用了大量图表，增加了教材的活泼性和可理解性。本书各章伊始安排了“学习目标”和“引导案例”，对学习内容和学习重点作简要提示。通过导读案例，能激发读者思考，提高学习兴趣和学习效率。本书各章结尾的“思考题”及“自测题”部分，便于读者准确把握各章重点、难点内容，有利于读者巩固所学知识(自测题另附有答案)。“延伸阅读”部分提供一些拓展性的案例、网站、文献等，教材整体体现实用。章后的“案例分析”有助于读者进一步提高成本理论和方法的运用。

(4) 成本计算方法案例强调过程完整。本书在突出各成本计算方法之间区别的同时，以不同生产组织和工艺过程特点、管理要求的案例为载体来介绍不同成本计算方法的完整过程，即每种方法应当包括从各种费用要素的归集和分配到生产费用在各种(批、步骤等)完工产品与在产品之间的分配，中间涉及各种要素分配方法的选择与应用，便于读者灵活、完整地掌握各种成本计算方法。

本书由嘉兴学院潘煜双教授和胡桂兰教授担任主编，负责大纲的拟定、全书总纂、修改和定稿。具体分工如下：第一章、第二章、第三章由崔建华博士执笔；第四章、第五章由胡桂兰执笔；第六章、第七章、第八章由邓朝晖执笔；第九章、第十章由蒋雪清执笔；第十一章由施寅国执笔。

随着全球经济的快速发展和企业经营管理要求的不断提高，成本会计正发挥着越来越重要的作用，与此同时对会计专业的从业人员和研究人员提出了更高的要求，新的理论和实践要求我们百尺竿头更进一步。但由于编者的水平所限，书中难免存在不当甚至错误之处，敬请广大读者批评指正。

编　者
2014 年 3 月

目
录

第一章 总论

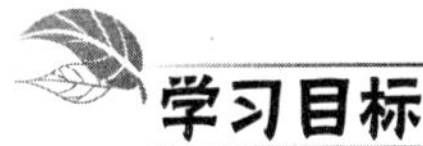

学习目标

通过本章学习，应达到以下学习目标：

1. 了解成本的经济内涵；

2. 理解成本会计在企业会计系统中的定位及成本会计、财务会计和管理会计之间的关系；

3. 熟悉成本会计的发展历程；

4. 掌握成本会计遵循的基本原则和成本会计制度所包含的内容。

引导案例

美国沃尔玛（Wal-Mart）连锁店公司是美国最大也是世界上最大的连锁零售商。1962年沃尔玛的创始人山姆·沃尔顿在美国阿肯色州的罗杰成立了第一家沃尔玛门店。1990年沃尔玛成为全美第一大零售企业，2002年沃尔玛全球营业收入高达2 198 112亿美元，荣登世界500强的冠军宝座。沃尔玛能够取得今日的成就，其中一个重要原因就是成功地实施了成本领先战略。沃尔玛把节约开支的经营理念作为实施成本领先战略的先决条件，成为零售行业成本领先战略的经营典范。我们仅从物流循环链条的各个点上看沃尔玛是如何实施成本领先战略的。

1. 采取货款结算快捷、统一购货等方式来降低采购成本

直接向工厂购货方式。很多商家采取的是代销的经营方式，以规避经营风险，沃尔玛却实施直接买断购货政策，而且对于货款结算采取固定时间决不拖延。沃尔玛的平均应付期为29天，竞争对手凯玛特则需45天。这种购货方式虽然使沃尔玛需要冒一定的风险，但供应商的利益得到了保护，大大激发了供应商与沃尔玛建立业务的积极性，赢得了供应商的信赖并同供应商建立起友好融洽的合作关系，从而保证了沃尔玛的最优惠进价，降低了购货成本。使采购成本降低了2%～6%。

统一购货方式。沃尔玛由总部实行统一进货，特别是对那些在全球范围内销售的高知名度商品，如可口可乐、柯达胶卷等，沃尔玛一般将一年销售的商品一次性签订采购合同，由于数量巨大，其获得的价格优惠远高于同行。

2. 建立高效运转的配送中心以保持存货低成本

配送中心的任务就是将供应商大量运达的商品配送至各超市。为提高效率，配送中心内部实行完全自动化，效率非常高，平均每个配送中心可同时为30辆卡车装货。配送中心的高效运转使商品在配送中心的时间很短，一般不会超过48小时。这样大大提高了库存周转率，缩短了商品储存时间，有效降低了仓库所付出的较高仓储成本。

3. 拥有自己的车队,有效降低了运输成本

为降低运输成本和提高效率,沃尔玛采取了自身拥有车队的方法,并辅之全球定位的高科技管理手段,保证车队总是处在一种准确、高效、快速、满负荷的状态。沃尔玛各店铺从向总部订货到实现补货仅需2天,而竞争对手需要4～5天才能实现补货一次。据沃尔玛统计,进货费用占商品总成本的比例只有3%,而竞争对手则需要4.5%～5%。这就保证了沃尔玛能以快速的服务和低廉的价格获得与竞争者同样的利润。

4. 对日常经费管理环节进行严格控制

沃尔玛对于日常费用的控制可谓达到了极点,在行业平均水平为5%的情况下,沃尔玛整个公司的管理费用仅占公司销售额的2%。为维持低成本的日常管理,沃尔玛在各个细小的环节上都实施节俭措施。如办公室不置昂贵的办公用品和豪华装饰,店铺装修尽量简洁,商品采用大包装,减少广告开支,鼓励员工为节省开支出谋划策等。另外,沃尔玛的高层管理人员也一贯保持节俭作风,即使是总裁也不例外,首任总裁山姆与公司的经理们出差时,经常几人同住一间房,平时开一辆旧车,坐飞机也只坐经济舱。可以说,沃尔玛一直想方设法从各个方面将费用支出与经营收入比率保持在行业最低水平,这就使沃尔玛在日常管理方面获得了竞争对手无法与之抗衡的低成本管理优势。

第一节　成本的概念及内容

一、成本的经济内涵

成本是商品价值的主要组成部分。马克思在《资本论》中分析资本主义商品生产时,对成本的含义进行了科学的分析。马克思在分析资本主义商品生产时指出:"按照资本主义方式生产的每一个商品 W 的价值,用公式来表示是 $W=c+v+m$。"即商品价值由三个部分组成:一是生产资料的转移价值 c,表现为被消耗的劳动对象的转移价值和被磨损的劳动资料的转移价值;二是活劳动新创造价值中,以工资形式分配给劳动者个人用于生活消费的部分,即活劳动消耗中的必要劳动时间所创造的价值 v;三是劳动者的剩余劳动所创造的价值 m。"如果我们从这个产品价值中减去剩余价值 m,那么在商品中剩下的,只是一个在生产要素上耗费的资本价值 $c+v$ 的等价物或补偿价值。"商品价值的这个部分,即补偿所消耗的生产资料价格和所使用的劳动力价格的部分,只是补偿商品使资本家自身耗费的东西,所以对资本家来说,这就是商品的"成本价格"。马克思在这里所说的"商品的成本价格"指的就是产品成本。马克思关于商品成本的论述是对成本经济实质的高度理论概括。但是,社会经济现象是纷繁复杂的,企业在成本核算和成本管理中需要考虑的因素也是多种多样的。因此,理论成本与实际工作中所应用到的成本概念是有一定差别的。这主要表现为:

(1) 在实际工作中,成本的开支范围是由国家通过有关法规制度来加以界定的。为了促使企业加强经济核算,减少生产损失,对于劳动者为社会劳动所创造的某些价值,如财产保险费等,以及一些不形成产品价值的损失性支出,如工业企业的废品损失、季节性和修理期间的停工损失等,也计入成本。可见,实际工作中的成本开支范围与理论成本包

括的内容是有一定差别的。

(2) 马克思关于商品“成本”的概念是就企业生产经营过程中所发生的全部劳动耗费而言的，即是一个“全部成本”的概念。而按照我国现行企业会计制度的规定，工业企业应采用制造成本法计算产品成本，从而企业生产经营中所发生的全部劳动耗费就相应地分为产品制造(生产)成本和期间费用两大部分。在这里，产品的制造成本是指为制造产品而发生的各种费用总和，包括原材料费用、生产工人工资及福利费用和全部制造费用。期间费用则包括管理费用、销售费用和财务费用。期间费用是指不能直接归属于某个特定产品成本的费用。它是随着时间推移而发生的，与当期产品的管理和产品销售直接相关，而与产品的产量、产品的制造过程无直接关系，即容易确定其发生的期间，而难以判别其所应归属的产品，因而不能列入产品制造成本，而在发生的当期从损益中扣除。

(3) 成本作为一个价值范畴，是商品经济的产物，又随着商品经济的发展而不断扩展其内涵和外延。

综上，成本是耗费和补偿的统一体。它既是生产耗费的反映，又是生产补偿的尺度。一方面，成本是生产经营过程中的一种耗费。在商品经济条件下，劳动者运用劳动资料，对劳动对象进行加工，生产出满足市场需要的商品产品。这一生产过程既是商品产品的形成过程，也是活劳动和物化劳动的耗费过程。也就是说，成本是劳动耗费的尺度，是企业为生产商品和提供劳务所耗费的物化劳动和活劳动中的必要劳动价值的货币表现。另一方面，成本也是再生产过程中的补偿尺度，是维持企业简单再生产的前提。成本作为维持简单再生产的补偿尺度，其补偿价值是通过流通过程来实现的。成本“会通过流通过程，由它的商品形式不断买回在商品生产上耗费的各种生产要素”。只有实现了成本的足额补偿，企业扩大再生产才有可能。

二、成本的现实内容

在实际工作中，为了使企业成本计算的口径保持一致，防止乱挤乱摊成本，保持产品成本的可比性，国家相关会计制度对产品成本开支范围进行了规定。

1. 应列入产品成本的内容

(1) 为制造产品而消耗的原材料、辅助材料、外购半成品、燃料的原价和运输、装卸、整理等费用。

(2) 为制造产品而耗用的动力费。

(3) 企业生产单位支付给职工的工资、奖金、津贴、补贴和提取的福利费。

(4) 生产用固定资产折旧费、租赁费(不包括融资租赁费)、修理费和低值易耗品的摊销费用。

(5) 企业生产单位因生产原因发生的废品损失，以及季节性、修理期间的停工损失。

(6) 企业生产单位为管理和组织生产而支付的办公费、取暖费、水电费、差旅费，以及运输费、保险费、设计制图费、试验检验费和劳动保护费等。

2. 不得列入产品成本的内容

为了严肃财经纪律、加强成本管理，会计制度规定下列各项开支不得列入产品成本。

（1）购置和建造固定资产、无形资产和其他长期资产的支出。这些支出属于资本性支出，在财务上不能一次列入成本，只能按期逐月摊入。

（2）对外投资的支出以及分配给投资者的利润支出。

（3）被没收的财物，支付的滞纳金、罚款、违约金、赔偿金，以及企业赞助、捐赠等支出。

（4）在公积金、公益金中开支的支出。

三、成本、费用和支出三者之间的关系

我国财政部2000年制定并颁发的《企业会计制度》第九十九条中规定：成本是指企业为生产产品、提供劳务而发生的各种耗费。成本是指为生产某种产品或进行某项劳务而发生的费用，它与一定的产品和劳务相联系，是对象化了的费用。我国《企业会计准则》(2006)基本准则第三十三条规定：费用是指企业在日常活动中发生的、会导致所有者权益减少的、与向所有者分配利润无关的经济利益的总流出。也就是说，费用是指公司、企业等在销售商品、提供劳务等日常活动中所发生的经济利益的流出。支出是指企业资金的付出。一般地，企业的一切货币支付统称为支出。在会计学意义上，支出比费用范围要广，费用的内涵也比成本宽。成本是企业的支出，也是企业的费用，但支出与费用并不等于成本。成本、费用、支出三者之间的关系如图 1-1 所示。

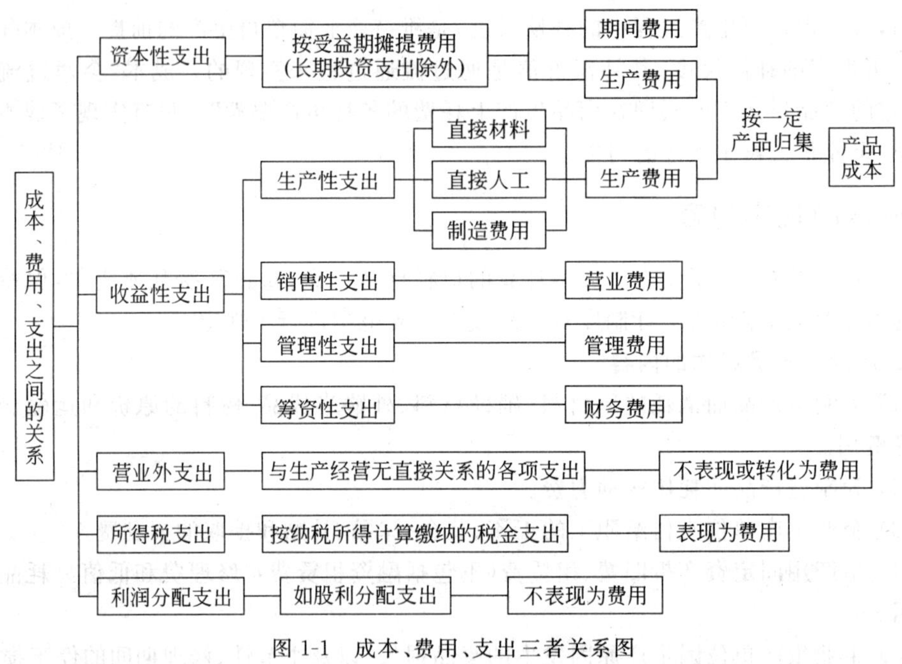

图 1-1　成本、费用、支出三者关系图

企业总部的小汽车消耗的省油费用是成本还是费用？为什么？

四、成本的作用

成本的经济实质决定了成本在经济管理工作中具有十分重要的作用。产品成本的实质是产品生产过程中的各项劳动耗费及其补偿价值，是反映企业生产经营管理工作的综合性价值指标，同时又是确定企业盈亏和制定产品价格的基础。其作用具体表现在以下四方面。

（一）成本是生产耗费的补偿尺度

成本是企业为生产一定种类和数量的产品所发生的各项耗费的总和，这种耗费必须能够用货币表现，并通过产品销售过程实现产品价值后，从产品销售收入中获得补偿。产品成本的高低，是衡量这一补偿份额大小的重要尺度。要想维持企业的简单再生产，使企业在产品生产过程中消耗的物化劳动和活劳动得以补偿，就必须有一个补偿耗费的价值尺度，这个价值尺度就是成本。这种耗费是用销售收入来补偿的，企业在取得销售收入以后，必须把相当于成本的数额划分出来，用以补偿生产经营中的耗费，维持资金周转按原有的规模进行，保证再生产的继续进行。

（二）成本是综合反映企业工作质量的重要指标

成本是企业生产过程中发生的以货币表现的各项资金耗费，是一项综合性的经济指标。企业生产经营各个方面的工作质量和效果都可直接或间接地在成本上反映出来。企业生产经营管理各个方面的工作业绩，如产品设计的好坏、生产工艺的合理程度、固定资产的利用程度、原材料消耗是否合理和节约、劳动生产率的高低、产品质量的优劣、产品产量的增减以及供、产、销各环节是否衔接协调等，都可以通过成本直接或间接地反映出来。通过对成本的考核和分析，可以借鉴企业在管理中的成功经验和发现其中所存在的问题，从而有的放矢地加强对企业的管理，充分挖掘潜在的力量，以尽可能少的劳动耗费，取得尽可能多的劳动成果。

（三）成本是制定产品价格的基础

在市场经济条件下，产品价格是产品价值的货币表现。在现实的经济社会中，产品的价值还无法得以准确地计量，制定产品价格只能以成本为基础，也就是以产品成本作为制定产品价格的最低经济界限。产品价格若低于其成本，劳动耗费就无法得以补偿，企业就难以生存。但是，作为制定产品价格依据的成本，不是指一个企业的个别成本，而是指生产该产品的部门平均成本或社会成本。生产经营好的企业，其个别成本低于社会成本，取得销售收入不仅能足额补偿生产所耗，还能给企业带来较多的盈利；反之，生产经营差的企业，个别成本高于社会成本，必然会发生亏损，甚至于垫付资本也会逐步消蚀。当然，制定产品价格考虑因素很多，如国家价格政策及税收、信贷等经济政策，还有产品在市场上的供求状况等，但产品成本仍是制定产品价格的重要因素。

（四）成本是进行经营预测、决策和分析的重要依据

在市场经济条件下，市场竞争异常激烈。企业要在激烈的市场竞争中取胜，就要面向市场，对生产计划的安排、工艺方案的选择、新产品的开发等，都采用现代化科学管理的手段进行经营预测，从而做出正确的决策。同时，为了更好地对企业的生产经营活动进行管

理和控制，还必须定期与不定期地对企业的生产经营情况进行分析，从而采取有效措施，促使企业完成各项计划任务。只有及时提供准确的成本资料，才能使预测、决策和分析等活动建立在可靠的基础之上。所以，成本指标就成为企业进行经营预测、决策和分析的重要数据资料。

第二节　成本会计的产生与发展

一、成本会计的产生及发展历程

成本会计是工业化的产物，它的产生与特定的经济发展要求相适应，并在与外部环境的相互作用中得到发展。产业革命是成本会计形成的动因。英国是工业革命发生地，19世纪工业革命后，工厂的数量剧增，生产经营的规模日益扩大，企业之间出现了竞争。在竞争中企业主对生产成本更加关注，要求会计人员能提供更充分的成本资料，提高成本会计计算的准确性。因此，这就促使成本会计计算由统计核算逐步纳入复式账簿系统，使成本计算和会计核算相结合，成本记录与会计账簿一体化，形成了成本会计。多数学者认为，1880—1920年是成本会计奠基时期，成本会计随着社会经济发展，先后经历了早期成本会计、近代成本会计和现代成本会计三个阶段，才逐步成熟完善起来。

（一）早期成本会计阶段（1880—1920年）

成本会计起源于英国，后来传入美国及其他国家。19世纪30年代末，英国首先完成了产业革命，当时英国是资本主义最发达的国家。随后，西方其他各国也先后完成了产业革命。产业革命既是生产技术的巨大革命，也是社会生产关系的大变革，它促进了资本主义生产力的迅速发展。随着产业革命的完成，机器劳动代替了手工劳动，工厂代替了手工工场；企业规模逐渐扩大，出现了竞争，生产成本得到企业主的普遍重视。英国会计人员为了满足企业管理上的需要，对成本会计进行研究，起初是在会计账簿之外，用统计方法来计算成本。为了提高成本计算的精确性，适应企业外部审计人员的要求，将成本计算同复式簿记结合起来，这样，利用账户对应关系反映材料和人工消耗及其相对应的价值转移和增值的全过程，并借助借贷平衡原理，稽核会计业务记录的正确性，从而形成了成本会计。这个时期是成本会计的初创阶段，由于当时的成本会计仅限于对生产过程中的生产消耗进行系统的汇集和计算，用来确定产品生产成本和销售成本，因此也称之为“记录型成本会计”。其特征主要体现为：

(1) 建立材料核算和管理办法。如设立材料账户和材料卡片；建立材料管理的“永续盘存制”，采取领料单制度控制材料耗用量，按先进先出法计算材料耗用成本。

(2) 建立工时记录和人工成本计算方法。主要做法是对工人使用时间卡片，登记工作时间和完工产量；将人工成本先按部门归集，再分配给各种产品，以便控制和正确计算人工成本。

(3) 确立了间接制造费用的分配方法。随着工厂制度的建立，企业生产设备大量增加，间接制造费用增长很快，成本会计改变了过去那种只将直接材料和直接人工列入成本，将间接制造费用作为生产损失的做法，而是将间接制造费用也计入生产成本。

(4) 制造业根据生产特点，采用分批成本计算法或分步成本计算法计算产品成本。1750年，英国人J.多德森(J.Dodson)在《会计人员或簿记方法》一书中介绍了成本计算的分批法。1777年，英国的汤姆逊(W. Thompson)以亚麻制袜为例，从亚麻存货账户开始，记录了不同步骤的消耗，最后算出每双袜子的成本，可以说是分步成本法的雏形。

(5) 随着成本理论研究的不断深入，成本会计著作纷纷出版。例如，由H.梅特尔夫编写的《制造成本》一书于1885年出版；英国电力工程师E.加克和会计师J.M.费尔斯合著的《工厂会计》于1887年问世。在会计发展史上这两本书被认为是19世纪最有影响力的成本会计专著。

(6) 建立了成本会计组织。在组织方面，美国于1919年成立了全国成本会计师联合会；同年，英国成立了成本和管理会计师协会。这些成本会计组织成立后，开展了一系列的成本会计方面的研究工作。

(二) 近代成本会计阶段(1921—1945年)

1885—1920年是科学管理运动兴起的重要阶段，科学管理运动不仅对成本会计发展是一个极大的促进，同时也是一个重要的转折。泰勒于1880年在米德维尔钢铁公司进行试验，通过系统地研究和分析工人的操作方法和时间，在此基础上形成"泰勒制"的科学管理制度。泰勒通过劳动时间、操作方法甚至每个动作的研究，对生产和耗费实行标准化管理。这种标准化管理不仅带来时间的节约和成本的降低，而且直接导致标准成本思想的形成。由于受整个社会经济和企业管理领域中标准化管理的影响，会计界对传统的实际成本观念进行了反思，认识到了实际成本制度的缺陷，开始接受标准成本观念。譬如，美国的哈林顿·埃默森(Harrington Emerson)把历史上的成本会计法(说明性的)和新的成本会计法(在工作开始前就计算产品的标准成本)加以区别，即实际成本制度是在工作完成后计算成本的方法，而标准成本制度是在工作开始前计算成本的方法。可以说正是哈林顿·埃默森这种颇有见地的区分为建立标准成本制度提供了思想基础。又经过其他学者的努力，标准成本制度终于在1925年正式纳入复式簿记体系。随着标准成本制度的完全确立，预算编制也逐渐完善和系统化了。预算控制的初始，是采用固定预算方法。1928年，美国一些会计师和工程师根据成本与产量的关系，提出分别制定弹性预算和固定预算方法。这样，企业预算可以合理地控制不同属性的费用支出，有助于正确考核经营者的工作成绩。自此标准成本、预算控制和差异分析这些同泰勒标准化管理直接相联系的技术被引进到成本核算中，由此导致了标准成本制度和预算控制在成本控制中的运用，成本会计作用重心发生了转移，即使得成本会计由单纯核算型发展到管理控制型，此阶段被誉为西方成本会计发展史上的第二次革命。由此，成本计算方法和管理方法都有了明显的突破，成本会计不仅仅是事后计算产品的生产成本和销售成本，还向事中、事前发展；成本会计的内容也逐渐扩大到了成本预算和成本控制。在实务方面，成本会计的应用范围更加广泛和深入，其应用范围从原来的工业企业扩展到各种行业。

(三) 现代成本会计阶段(1945年以后)

第二次世界大战以后，科学技术迅速发展，企业规模越来越大，跨国公司大量出现，经济危机频发，市场竞争愈发激烈。欧美等国企业管理当局为了增强其竞争力，十分重视内部工作效率，广泛推行职能管理与行为科学管理。与此同时，运筹学、系统工程和电子计算机等各种科学技术在成本会计中得到了广泛应用，成本会计发展到了一个新的阶段，其发展重点已转移到如何预测、决策和规划成本，形成了新型的以管理为主的现代成本会计。这一时期成本会计的主要发展特点如下。

(1) 逐步转向把成本的预测和决策放在重要地位以主动控制成本。运用预测决策的理论和方法，建立起数量化的管理技术，对未来成本发展趋势做出科学的估计和测算；研究各种方案的可行性，选取最优方案，谋取企业的最佳效益。线性规划、概率等数学方法日益渗透到成本会计领域。

(2) 开展价值工程分析。美国通用电气公司采购部门的工程师劳伦斯·D. 迈尔斯根据其在采购工作中的经验，在1947年将一套在保证产品质量不变前提下降低产品成本的方法总结出来，并进行系统化。这种被称为“价值工程”和“价值分析”的方法，可以为企业节约大量成本，在20世纪50年代的美国企业开始得到广泛应用，并在西欧、日本等国得到迅速推广，在应用中逐渐形成了完整的科学体系。

(3) 实行目标成本管理。随着英国管理学家德鲁克在20世纪50年代所提出的目标管理理论的应用，成本会计有了新的发展。推行目标成本管理可以促使企业加强成本控制，发动企业全体员工人人关心成本，建立有效的成本控制系统，促进企业不断降低成本。

(4) 实行变动成本法。美国人乔纳森·N. 哈里斯发现，传统成本法下，企业会在全力生产而销量减少的情况下出现利润虚增；而在放松生产大力促销时却出现利润虚减。于是，哈里斯主张将固定成本从总成本中分解出来，只把变动的生产成本计入产品成本，而把当期固定费用直接从销售收入中扣除，这不仅免去了固定成本的分配计算程序，减少了计算工作量，还为企业进行预测和决策提供更为合理的基础，有利于企业内部业绩的合理评价。

(5) 开始质量成本计算。20世纪50年代初，质量成本受到关注。到20世纪60年代末，质量成本概念基本形成，并确定了质量成本项目、质量成本的计算和分析方法。

更为重要的是，20世纪三四十年代，统一成本核算制度成为成本与管理会计领域一个引起人们广泛讨论的话题，其目的包括确立财务报表的成本分类、成本计算和成本报告的规则，从而增强其可比性。这种成本会计实践带来的好处是不言而喻的，其一，可以协助企业管理层比较内部各运营单位(如生产同类产品的各个工厂)的经营成果；其二，比较来自不同企业经理人之间的经营成果(如帮助识别改善效率的努力方向)；其三，在某一行业建立共同价格商议机制；其四，为中央政府提供经济计划决策的参考数据。根据布莱斯(Blyth，1923)的观点，采用统一成本核算制度至少有六个“立竿见影”的好处：第一，改善成本核算；第二，促进成本核算在管理过程的运用；第三，消除恶意降价竞争；第四，通过成本数据的沟通以树立“向先进学习”的精神；第五，揭示企业试图生产所有产品而导致的低效率，从而强化各个部门之间的合作与专业化；第六，有助于相互理解各个行业之间的经济运作。而且，布莱斯(Blyth)认为，如果进一步从技术角度看，统一成本核算制度可能导致“完全”成本的计算，这有助于成本各个层面的深入比较。

（四）新经济与成本会计创新

1. 企业所面临的社会、经济、制造环境和客户需求发生巨变

进入 20 世纪 80 年代，人类社会经历了一次新的社会更替，信息化社会代替了工业化社会。建立在信息基础上的知识经济，给人类社会带来了方方面面的变化，企业所面临的变化包括：

(1) 企业竞争日趋白热化。随着经济的不断发展和科学技术的不断进步、全球化信息网络和全球化市场的形成，企业间的竞争也由过去的局部竞争演变成全球范围内的竞争。而市场需求的不断变化和质量要求的不断提高，迫使企业缩短交货期、提高产品质量、降低产品成本。企业欲获取全球化的竞争优势，必须重视价值链两端的研发和营销，发挥其核心竞争力。

(2) 战略管理已经成为企业的灵魂。企业不仅要关注传统的内部的财务信息，更需要关注外部的客户、竞争对手、市场、供应商等战略信息。企业需要着眼于对企业发展有长期性、根本性影响的问题进行决策和制定政策，以便在市场中取得竞争优势，确保有效完成企业各项目标。

(3) 企业技术和管理的集成化趋势。新技术、新工艺的创新蔚然成风，高科技被广泛应用于生产和经营管理，自动化和计算机化成为新制造环境的基本特征。通信、计算机网络、计算机辅助设计、计算机辅助制造、计算机辅助工艺、柔性制造、计算机集成制造等技术的应用，使企业将出现从量变到质变的突破。

(4) 成本会计的技术手段和方法不断更新。随着现代信息技术的发展，会计电算化已经或正在取代手工记账，这不仅使得成本计算更快捷、更准确，而且能进行手工记账所无法完成的业务，为成本会计适应当代管理的更高要求提供了基础条件。

2. 崭新的成本会计方法涌现

企业经营环境的巨变，新的管理方法、计算机技术和网络技术在企业管理中的广泛应用，使得许多新型的成本会计方法相继出现并应用于企业实践。

(1) 作业成本法(activity-based-costing system，ABC)。随着自动化程度的提高和资本有机构成的提高，直接人工工时和直接人工成本大大降低，而与工时无关的费用则快速增加。这种制造环境下，传统的以单一分配标准分配间接费用，容易高估或低估产品成本。美国学者罗宾·库珀和罗伯特·卡普兰所创立的作业成本法，以作业消耗资源和产品消耗作业为基本前提，以作业为核算对象，依据资源动因将资源成本分配到作业中心，再将作业中心的成本以作业动因为基础追踪到产品成本，从而计算出各种产品的总成本和单位成本。这种方法较传统成本计算方法更为精细，成本数据更加准确，对正确进行经营决策，加强成本控制，降低产品成本都具有重要意义。作业成本法的基本思想在于尽量根据成本发生的因果关系，将资源耗费(尤其是间接费用)合理分配至产品或其他成本计算对象上，从而使产品成本信息更加真实、准确。然而，作业成本法并不是对传统成本分配法完全替代，而只是对传统成本分配方法中导致产品成本信息扭曲的间接成本部分的核算进行了改进，对直接成本的核算仍然与传统成本分配方法相同。

知识链接

你知道美国的 H. 托马斯·约翰逊教授和罗伯特·S. 卡普兰教授合著的《管理会计兴衰史：相关性的遗失》一书吗？为什么这本书轰动了整个西方会计学界？

(2) 准时制(just-in-time,JIT)。是指产品按顾客要求的时间交货，材料或部件按生产需要送达，即适时制生产系统。适时制由日本公司在20世纪70年代创立，随后在发达国家被广泛采纳后，产生了巨大的效果，消除了非生产时间和无效活动。由于适时制仅仅在需要完成顾客的订单时才去采购原材料与制造产品，因此，企业追求的是原材料、在制品及产成品的最小库存甚至是零存货管理。

(3) 质量成本会计。JIT 的“适时”必须和“全面质量管理”(total quality management, TQM)同步进行。TQM 同传统质量管理不同，它从事后的质量检验为主转向事先的预防为主，从只管理产品质量转向管理质量赖以形成的工作质量；从专职人员的检验转向广泛吸收全体人员参加，把重点放在操作工人自我质量监控上，自动纠正质量缺陷，以保证企业整个生产过程实现“零缺陷”。TQM 是 JIT 顺利实施的一个必要条件，它也促进了质量成本会计的完善。质量成本会计在以往质量成本核算的基础上，根据全面质量管理的要求，采用质量成本决策、最佳质量成本模型和质量成本综合控制等方法进行系统管理，借以全面降低质量成本，并提高产品的社会效益、企业效益。

(4) 环境成本会计。企业在生产经营过程中常常会对环境造成各种不良影响，环境成本是指在产品生产活动中，从资源开发、生产、运输、使用、回收到处理过程中，解决环境污染和生态破坏所需要的全部费用。将环境成本纳入各项经济分析和决策过程，通过产品生命周期的绿色设计，降低产品在整个生命周期中对环境的不良影响，有利于提高企业的市场竞争能力和可持续发展能力，并最终实现环境效益和企业经济效益最优的目的。

随着社会生产力的高速发展，在电子革命的基础上，产生了越来越多的高度自动化的先进制造企业。在这种新的制造环境下，制造环境的变化必然推动企业成本管理的发展与变革。如果说成本计算从账外演进到账内是成本会计的第一次革命，而以标准成本系统为基础的责任成本控制系统的形成与发展使成本会计由单纯产品成本计算发展到成本计算与成本控制相结合为成本会计的第二次革命的话，那么，作业成本法的产生运用便可称为成本会计的第三次革命。传统的以直接人工小时或机器小时为基础分摊间接费用的办法，只有在产品品种很少或间接费用数额不大的情况下才有其合理性，但伴随着竞争的加剧、技术的进步、管理水平提高所带来的产品的多样化和复杂化，以及由此引起的间接费用比例的快速增长，凸显了传统的间接费用分配方法的不足。所幸的是，20世纪80年代早期，学者们已逐渐意识到传统成本核算方法所造成的成本扭曲及成本信息相关性的遗失。理论界和实务界纷纷探索新的成本核算方法，作业成本法(activity-based costing, ABC)就是为了适应这种制造环境的变化而出现的一种新的成本核算管理制度。罗伯特·卡普兰教授、汤·约翰逊教授及学者罗宾·库珀先后对作业成本法的现实需要、运行程序、成本动因的选择、成本库的建立等作了全面的研究。此后，学者们就作业成本法出版了许多著作，作业成本法理论日趋完善而且在西方企业的应用也日趋广泛。

二、成本会计在会计系统中的地位

（一）成本会计的含义

19世纪末，美国早期研究成本会计的会计专家劳伦斯对成本会计的定义是：成本会计乃应用普通会计的原理，以有秩序之方法，记录一个企业之各项支出，并确定其所产物品（或所提供劳务）的生产和销售之总成本和单位成本，使企业的经营达到经济、有效而又有利之目的。这个概念强调的是应用会计原理和原则来计算成本，是针对应用统计方法计算成本而提出来的概念。此时的成本会计初步形成，它只是财务会计的一个组成部分。

20世纪中期，英国会计专家杰·贝蒂对成本会计的表述是：成本会计是用来详细地描述企业在预算和控制它的资源（指资产、设备、人员及所耗的各种材料和劳动）利用情况方面的原理、惯例、技术和制度的一种综合术语。在这个阶段，成本会计的范围有所扩大，它不仅是会计核算和成本计算的结合，还包括成本控制。

随着经济的发展，企业规模的扩大，市场竞争的日益激烈，企业要大幅度降低成本，必然把眼光放在生产过程之前，预测、决策和事前的规划受到重视。正如美国会计学家查尔斯·T.霍恩格伦所描述的：成本会计目前涉及收集和提供各种决策所需的信息，从经常反复出现业务的经营管理直至制定非经常性的战略决策以及制定组织机构的重要方针。因此，现代成本会计是成本会计与管理的直接结合，它根据会计核算资料及其他资料，运用现代数学和数理统计的原理和方法，按照成本最优化的要求，对企业生产经营活动中所发生的成本进行预测、决策、计划、控制、核算、分析和考核，促使企业提高产品质量，降低成本，实现生产经营的最佳运转，不断提高企业的经济效益。

（二）成本会计、管理会计与财务会计三者的关系

会计系统是任何组织取得财务和管理信息不可缺少的工具。现代会计系统可以分为财务会计和管理会计两类。财务会计是指通过对企业已经完成的资金运动全面系统地核算与监督，以为外部与企业有经济利害关系的投资人、债权人和政府有关部门提供企业的财务状况与赢利能力等经济信息为主要目标而进行的经济管理活动。财务会计是现代企业的一项重要的基础性工作，通过一系列会计程序，提供决策有用的信息，并积极参与经营管理决策，提高企业经济效益，服务于市场经济的健康有序发展。财务会计从历史的角度看问题，关注过去发生的事情，强调客观性、可验证性和一致性，需要受制于公认会计准则。管理会计又称“内部报告会计”，它是指以企业现在和未来的资金运动为对象，以提高经济效益为目的，为企业内部管理者提供经营管理决策的科学依据为目标而进行的经济管理活动。

成本会计主要处理企业获取和消耗资源的成本及其相关信息。根据成本会计的历史及其定义发展看，现代成本会计具有两重性，既是财务会计的一个重要组成部分，也是管理会计的一个重要组成部分（见图1-2）。

三、成本会计的发展趋势

第二次世界大战期间，人们对制定统一的成本核算制度抱有很高的期望。这主要是

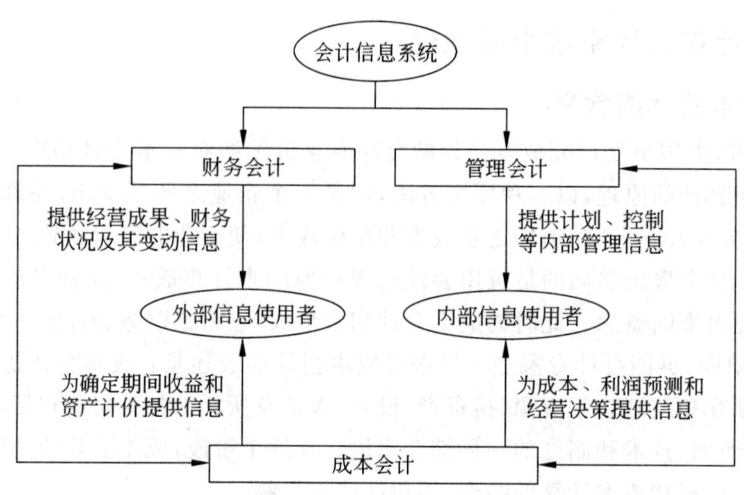

图 1-2 成本会计、财务会计、管理会计关系图

因为与战争有关的采购剧增所引起的结果，同时战争也促进了企业间更广泛的合作以及对统一成本核算体系的诉求。在美国，为了规范以“成本加成定价”的国防采购合同，以避免国防采购领域的浪费和舞弊行为，从 20 世纪 20 年代开始，美国联邦政府就有制定成本会计准则的想法。然而，由于反垄断法的影响，美国统一成本会计制度的制定却步履维艰，直至 20 世纪 70 年代，由于缺乏统一的企业成本会计制度而使政府采购(特别是军事采购)饱受争议，各方才重新认识到这个问题的重要性。比如，美国审计总局在 1970 年向参议院银行和货币委员会提交的报告中指出，供应商要保证在国防产品供应合同中的产品成本核算公允合理，并且该报告强调企业财务会计准则不能满足政府在此方面的需要，因为财务会计关注的是一个企业在特定时期的整体经营情况，而成本会计则关注的是如何将企业全部费用中的一部分向特定产品或服务分摊。于是美国国会在 1970 年批准建立了成本会计准则委员会(Cost Accounting Standards Board，CASB)，从而为制定统一的成本核算程序打开了新的局面。此外，亚洲一些新兴经济国家出于成本管制、推动企业成本管理水平提高、与国际惯例接轨等目的也都制定了各自的企业成本会计准则，比如，日本(1962 年)、韩国(1972 年)、印度(2001 年)。美国著名的会计史学家迈克尔·查特菲尔德就曾指出：“会计的发展是反映性的——会计主要是适应一定时期的商业需要而发展的，并与经济的发展密切相关。”不同时期经济的发展造就了丰富多彩的会计实践，从而推动了会计理论研究及其体系的逐步完善。会计规范机制问题不仅是现代会计理论的一个重要内容，也是一个需要随着经济环境变化而不断研究与完善的现实问题。当然，各国成本会计功能的正常实现乃至与国际惯例的趋同必须依赖于成本会计规范机制的有效运行。

在西方，长期以来企业界把最大限度地追逐利润奉为经济行为的唯一准则。尽管这在一定程度上推动了商品经济的繁荣发展，但因忽视社会及公众利益，埋下了污染生态环境、损害消费者利益、影响雇员安全健康等隐患。随着社会经济规模的急剧扩大，这种“外部负效应”日益突出。20 世纪 70 年代初期，美国学者奥斯特斯出版的《企业社会责任会计》专著掀起了社会责任会计研究的第一次浪潮。美国政府机构包括联邦贸易委员会、环境保护局等均要求企业提供某一方面的社会责任履行情况。美国会计界三大协会对此尤为支持，如美国注册会计师协会（AICPA）发表了《企业社会业绩》研究报告，构建了一个初步的计量系统。此后，西方发达国家诸如英国、德国、法国、日本、加拿大也都陆续颁布涉及企业承担社会责任成本的法律法规或会计文件。时至今日，社会责任会计在西方已日趋成熟，针对企业社会责任的一系列国际公约和标准也陆续出台。虽然国际上无统一的社会责任成本定义，但可以肯定的是，社会责任成本理念改变了人们由对成本费用的关注只是聚焦在企业的微观层面，也必然使得会计学中作为一定费用集合之载体的成本内涵有所增大。

第三节　成本会计的职能与任务

一、成本会计的职能

成本会计的职能，是指成本会计在经济管理中的作用和功能。成本会计作为会计学的一个组成部分，具有核算和管理两大基本职能。成本会计的核算职能是成本会计的基本职能，即将历史成本资料按一定程序归集，然后在各个成本计算对象之间分配，计算出产品的总成本和单位成本。成本会计的管理职能随着经济的发展和管理要求的提高而不断地得以拓展，现代成本会计与管理密切结合。具体而言，现代成本会计的职能包括成本预测、成本决策、成本计划、成本控制、成本核算、成本分析和成本考核。

（一）成本预测

成本预测是指根据与成本有关的各种数据及其各种技术经济因素的依存关系，采用一定的程序、方法和模型，对未来的成本水平及其变化趋势做出科学的推测。成本预测可以减少经营活动的盲目性，提高成本管理的预见性和科学性。

（二）成本决策

成本决策是指在成本预测的基础上，按照既定或要求的目标，运用专门的方法，在若干个与经营活动成本有关的方案中，选择最优方案，据以制定目标成本。需要注意的是，成本最低的方案不一定是最佳方案，成本的降低不能以伤害企业的良性发展为前提。

（三）成本计划

成本计划是指根据成本决策所制定的目标成本，具体规定在计划期内为完成经营任务所需支出的成本、费用，确定各个成本对象的成本水平，并提出为达到目标成本水平所应采用的各种措施。成本计划是降低成本、费用的具体目标，也是进行成本控制、成本分析和成本考核的依据。

（四）成本控制

成本控制是指在经营活动过程中，根据成本计划具体制定原材料、燃料、动力和工时等消耗定额和各项费用定额，对各项实际发生的成本、费用进行审核、控制，并及时反馈实际费用与标准之间的差异及其原因，进而采取措施，以保证成本计划的执行。通过成本控制，可以防止和克服生产经营过程中的损失和浪费，实现预期成本目标，不断降低成本。

（五）成本核算

成本核算是对经营活动过程中实际发生的成本、费用按照一定的对象和标准进行归集和分配，并采用适当的成本计算方法，计算出各该对象的总成本和单位成本。成本核算是对成本计划的执行结果，亦即成本控制结果的事后反映。成本核算是其他职能赖以进行的基础。

（六）成本分析

成本分析是根据成本核算所提供的成本数据和其他有关资料，通过与本期计划成本、上年同期实际成本、本企业历史先进成本水平以及国内外先进企业的成本水平等进行比较，分析成本水平与构成的变动情况，研究成本变动的因素和原因，挖掘降低成本的潜力。通过成本分析，不仅可以分析成本计划的执行情况，揭露生产经营中存在的问题，为成本考核和奖惩提供依据，也为企业未来成本的预测、决策和新的成本计划提供资料。

（七）成本考核

成本考核是指企业在将计划成本或目标成本指标进行分解，制定企业内部各责任单位的成本考核指标，明确它们在完成成本指标的经济责任的基础上，定期对成本计划的执行结果进行评定和考核。

成本会计的各项职能是相互联系、互为条件的，从而形成了一个有机的整体(见图 1-3)。成本核算是成本会计的最基本职能，它提供企业管理所需要的成本信息，是其他职能的基础；成本会计的其他职能正是在成本核算的基础上，随着社会经济的发展和企业经营管理要求的提高以及管理科学的发展，在现代成本会计和管理的结合中逐渐发展形成的。成本预测是成本决策的前提；成本决策既是成本预测的结果，又是制订成本计划的依据；成本计划是成本决策的具体化；成本控制是对成本计划的实施进行监督，是实现成本决策既定目标的保证；成本核算是对成本计划执行情况和成本控制结果的反映；成本分析和成本考核是实现成本决策和成本计划目标的有效手段。

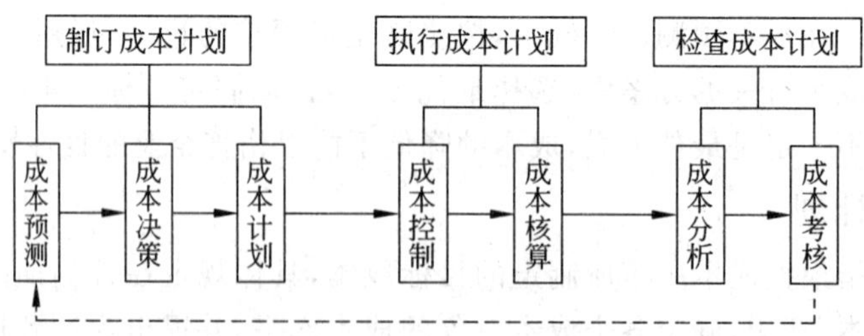

图 1-3　成本会计的职能体系

二、成本会计的任务

（一）正确计算产品成本，及时提供成本信息

成本数据正确可靠，才能满足管理的需要。如果成本资料不能反映产品成本的实际水平，不仅难以考核成本计划的完成情况和进行成本决策，而且还会影响利润的正确计量

和存货的正确计价，歪曲企业的财务状况。及时编制各种成本报表，可以使企业的有关人员及时了解成本的变化情况，并作为制定售价、作出成本决策的重要参考资料。

（二）优化成本决策，确立目标成本

优化成本决策，需要在科学的成本预测基础上收集整理各种成本信息，在现实和可能的条件下，采取各种降低成本的措施，从若干可行方案中选择生产每件合格产品所消耗活劳动和物化劳动最少的方案，使成本最低化作为制定目标成本的基础。为了优化成本决策，需增强企业员工的成本意识，使之在处理每一项业务活动时都能自觉地考虑和重视降低产品成本的要求，把所费与所得进行比较，以提高企业的经济效益。

（三）加强成本控制，防止挤占成本

加强成本控制，首先是进行目标成本控制。主要依靠执行者自主管理，进行自我控制，以促其提高技术，厉行节约，注重效益。其次是遵守各项法规的规定，控制各项费用支出、营业外支出等挤占成本。

（四）建立成本责任制度，加强成本责任考核

成本责任制度是对企业各部门、各层次和执行人在成本方面的职责所作的规定，是提高职工降低成本的责任心，发挥其主动性、积极性和创造力的有效办法。建立成本责任制度，要把完成成本降低任务的责任落实到每个部门、层次和责任人，使职工的责、权、利相结合，员工的劳动所得同劳动成本相结合；各责任单位与个人要承担降低成本之责，执行成本计划之权，获得奖惩之利。实行成本责任制度时，成本会计要以责任者为核算对象，按责任的归属对所发生的可控成本进行记录、汇总、分配整理、计算、传递和报告，并报各责任单位或个人，通过其实际可控成本与其目标成本相比较，揭示差异，寻找发生原因，据以确定奖惩并挖掘进一步降低成本的潜力。

第四节　成本会计工作的组织

一、成本会计工作组织原则

企业应根据本单位生产经营的特点、生产规模的大小和成本管理的要求等具体情况来组织成本会计工作。具体来说，必须遵循以下几项原则。

（一）成本会计工作必须与成本管理相结合

成本会计工作并不是单一的成本核算。企业应根据自身的生产经营特点、企业规模、成本管理的要求等具体情况来组织成本会计工作，在总经理、总工程师、总经济师、总会计师和财会负责人的统一领导下，分工合作，明确划分厂部、车间、职能部门乃至班组的成本会计工作人员的岗位职责、工作范围和工作内容、工作质量和衡量标准等，既有利于成本核算质量，又有利于落实成本责任，更有利于提高成本管理水平。

（二）成本会计工作必须与技术相结合

产品的设计、加工工艺等技术是否先进，功能与价值在经济上是否合理，对产品成本的高低有着决定性的影响。在传统的成本会计工作中，会计人员多注重产品生产中的耗

费，而对产品的设计、加工工艺、质量、性能等与产品成本之间的联系则考虑较少；相反，工程技术人员考虑产品的技术方面的问题较多，而对产品的成本则考虑较少。为了在提高产品质量的同时不断地降低成本，在成本会计工作的组织上应贯彻与技术相结合的原则。不仅要求工程技术人员要懂得相关的成本知识，树立成本意识；成本会计人员也必须改变传统的知识结构，具备与正确进行成本预测、参与经营决策相适应的生产技术方面的知识。

（三）必须充分调动广大员工在成本管理上的积极性和创造性

各种耗费是在生产经营的各个环节中发生的，成本的高低取决于各部门、车间、班组和员工的工作质量；同时，各级、各部门的员工最熟悉生产经营情况，最了解哪里有浪费现象、哪里有节约的潜力。因此，要强化成本管理，实现降低成本的目标，必须充分调动广大员工在成本管理上的积极性和创造性，不断增强广大员工的成本参与意识。成本会计人员应经常深入实际了解生产经营过程中的具体情况，与广大员工建立起经常性的联系，以便互通信息，掌握第一手资料。

二、健全成本会计机构

成本会计机构是负责组织领导和从事成本会计工作的职能部门。建立成本会计的组织机构，必须与企业体制、组织结构和会计工作形式相适应，必须与企业业务的特点和企业规模相适应，必须体现精简高效的原则，并有利于成本会计的各项职能的发挥。

（一）成本工作的领导机构

一般情况下，企业成本会计工作的领导核心应由总经理或副总经理、财务总监构成。具体而言，成本会计工作的领导核心负责制定企业成本会计工作的基本成本会计制度；建立健全成本工作的组织机构，协调解决各部门成本会计及成本管理工作中的问题和矛盾；审定企业的目标利润和目标成本，批准成本计划，综合研究和确定各项重大的成本降低措施和方案；组织和领导各项重大的成本决策；动员各部门、各级和各职工参与到成本管理的实践中。

（二）成本会计的职能机构

成本会计的职能机构根据企业的规模不同有所不同。大中型企业一般应单独设置成本会计机构，或者在专设的会计部门下设置成本会计机构，专门从事成本会计工作；小型企业可以在会计部门中指定专人负责成本会计工作。另外，企业的其他职能部门和生产车间，也应根据工作需要设置成本会计组或者配备专职或兼职的成本会计人员。

成本会计机构内部，可以按成本会计所担负的各项任务分工，也可以按成本会计的对象分工，在分工的基础上建立岗位责任制，使每一个成本会计人员都明确自己的职责，每一项成本会计工作都有人负责。成本会计工作在厂部成本职能部门和企业内部各单位之间，可以采用两种不同的组织形式：集中核算和分散核算。

集中核算，是指企业的成本会计工作主要由厂部成本会计机构集中进行，车间和职能部门一般只配备专职或兼职的核算员，负责提供原始资料，并对它们进行初步的审核、整理和汇总，为厂部成本会计机构进一步工作提供基础资料。这种形式便于厂部成本会计机构及时地掌握整个企业与成本有关的全面信息；便于集中使用计算机进行成本数据处理；减少成本会计机构的层次和成本会计人员的数量。但这种工作方式不便于直接从事生产经营活动的各单位和职工及时掌握本单位的成本信息，也就不便于成本的及时控制和成本责任制的推行。

分散核算，是指成本会计工作中的计划、控制、核算和分析由车间等其他单位的成本会计机构或人员分别进行；成本考核工作由上一级成本会计机构对下一级成本会计机构逐级进行；厂部成本会计机构除对全厂成本进行综合的预测、决策、计划、控制、分析和考核以及汇总核算外，还应负责对各下级成本会计机构或人员进行业务上的指导和监督。分散核算有利于使得成本工作更好地与各车间、职能部门的生产经营管理结合起来，使各车间、职能部门能够及时了解本部门的成本水平及其变动，更直接有效地控制成本费用，有利于降低成本，但这种组织形式增加了成本会计工作层次和工作人员。

企业采用哪种组织形式，要充分考虑企业的规模、经营管理水平、利于发挥成本会计职能等因素。一般而言，大中型企业由于规模较大，组织结构复杂，会计人员数量较多，为了调动各级各部门控制成本费用的积极性，应采用分散工作方式；小型企业为了提高成本会计工作的效率和降低成本管理的费用，则一般可采用集中工作方式。

三、配备成本会计人员

成本会计人员是指在会计机构或专设成本会计机构中所配备的成本工作人员。其对企业日常的成本工作进行处理，例如成本计划，费用预算，成本预测、决策，实际成本计算和成本分析、考核等。成本核算是企业核算工作的核心，成本指标是企业一切工作质量的综合表现，为了保证成本信息质量，成本会计人员须具备以下业务素质。

(1) 精通成本业务流程。

(2) 熟悉企业生产经营的工艺流程。

(3) 良好职业道德。

此外，成本会计人员首先应严格按照有关法律、法规和其他制度及要求，认真完成成本会计的各项任务，保证提供的成本会计信息合法、真实、准确、及时、完整。成本会计人员还应有良好的职业素养。成本会计人员要认真执行成本会计制度以及有关的成本管理制度，负责组织和处理企业的各项成本会计业务；既要做好成本预测和决策，制订成本计划，又要做好成本核算和控制，并及时进行成本分析，挖掘降低成本的潜力，为企业管理层提供各种成本信息。

四、完善成本会计制度

成本会计制度是成本会计工作的规范，是会计制度的重要组成部分。企业成本会计制度要以会计准则、财务通则和财务会计制度的有关规定为依据，符合社会主义市场经济的要求，满足宏观调控的需要；要适应企业的生产经营特点和成本管理的具体要求，对成本预测、决策、计划、控制、核算、分析、考核等职能作出规定；既要保证提供的成本资料的正确、及时、全面、系统，又能适当简化有关工作。

各行业企业由于生产经营的特点和管理的要求不同，所制定的成本会计制度有所不同。就工业企业来说，成本会计制度需包括以下几个方面的内容。

(1) 关于成本开支范围的规定。

(2) 关于成本会计科目和成本项目的设置以及成本技术方法的规定。

(3) 关于成本预测和决策的制度。

(4) 关于目标成本制定、成本计划编制的制度。

(5) 关于成本控制的制度。

(6) 关于成本核算的制度和办法。

(7) 关于责任成本、企业内部结算价格和内部结算办法的制度。

(8) 关于成本报表的制度。

(9) 关于成本分析和成本考核的制度。

(10) 成本岗位责任制。

(11) 其他有关成本会计的制度。

成本会计制度的制定是一项复杂而细致的工作。有关人员应当深入实际做深入的调查研究工作，在反复试点、总结经验的基础上制定成本会计制度。成本会计制度一经制定，就应认真贯彻执行，保持相对稳定，一般不得擅自更改。但是，随着经济的发展以及会计法规和制度的不断完善，成本会计制度也要随之进行相应的修订和补充，以保证成本会计制度的科学性和先进性，充分发挥成本会计制度应有的作用。

【本章小结】

成本是商品经济中的一个经济范畴，是商品价值的主要组成部分。成本的内容往往要服从于管理的需要。此外，由于从事经济活动的内容不同，成本含义也不同。随着社会经济的发展，企业管理要求的提高，成本的概念和内涵都在不断地发展、变化，人们所能感受到的成本范围逐渐地扩大。在成本会计的各个职能中，成本核算是最基本的职能，没有成本核算就没有成本会计。成本会计的各个职能是相互联系，互为条件的，并贯穿于企业生产经营活动的全过程，在全过程中发挥作用。随着日益加剧的竞争国际化，产品利润空间缩小，企业不仅需要更加精确计算产品成本，更需要加强成本控制和管理，新的经济环境对成本会计提出了挑战，主要表现在：①全球竞争的加剧；②产业结构的变化；③生产环境的进步；④适时生产系统的出现；⑤全面质量管理的要求；⑥作业基础成本法的应用。

【延伸阅读】

1. 欧阳清.我国成本管理改革的回顾和展望[J].会计研究，1998(5).

2. 牛彦秀.管理会计、成本会计、财务管理内容交叉问题的探讨[J].会计研究，2002(6).

3. 潘飞，等.改革开放30年中国管理会计的发展与创新——许继电气与宝钢的成本管理实践与启示[J].会计研究，2008(9).

【思 考 题】

1. 成本会计是怎样产生和发展的?
2. 组织成本会计工作应当遵循哪些原则?
3. 新的经济环境对成本会计的发展有什么影响?
4. 简述支出、费用和成本三者之间的区别与联系。

【自 测 题】

1. 单项选择题

(1) 产品的理论成本由(　　)构成。

A. 耗费的生产资料的价值　　B. 劳动者为社会创造的价值

C. 劳动者为自己的劳动所创造的价值　　D. 以上的 A 和 C

(2) 下列各项不应计入产品成本的是(　　)。

A. 废品损失　　B. 管理费用

C. 修理期间的停工损失　　D. 季节性停工损失

(3) 成本会计最基本的职能是(　　)。

A. 成本预算　　B. 成本决策　　C. 成本核算　　D. 成本考核

(4) 成本会计的对象是(　　)。

A. 产品成本的形成过程

B. 各项生产费用的归集和分配

C. 各行业企业生产经营业务的成本和有关的期间费用

D. 制造业的成本

(5) 从管理角度来看,成本会计是(　　)的一个组成部分。

A. 管理会计　　B. 财务会计　　C. 财务管理　　D. 预算会计

(6) 成本会计的任务主要决定于(　　)。

A. 企业经营管理的要求　　B. 成本核算

C. 成本控制　　D. 成本决策

(7) 成本会计最基本的任务和中心环节是(　　)。

A. 进行成本预测,编制成本计划

B. 审核和控制各项费用的支出

C. 进行成本核算,提供实际成本的核算资料

D. 参与企业的生产经营决策

(8) 成本的经济实质是(　　)。

A. 生产经营过程中所耗费生产资料转移价值的货币表现

B. 劳动者为自己劳动所创造价值的货币表现

C. 劳动者为社会劳动所创造价值的货币表现

D. 企业在生产经营过程中所耗费的资金的总和

(9) 下列说法不正确的是(　　)。

A. 成本预测是在成本决策之前进行的

B. 进行成本决策是编制成本计划的前提

C. 成本考核是进行成本分析和成本控制的依据

D. 成本核算是成本分析的前提

(10) 工业企业为生产一定种类、一定数量的产品所支出的各种生产费用的总和称为(　　)。

A. 产品成本　　B. 生产费用

C. 生产经营管理费用　　D. 期间费用

2. 多项选择题

(1) 企业成本会计工作应符合(　　)的要求。

A.《中华人民共和国会计法》　　B.《企业会计准则》

C.《企业财务通则》　　D. 企业会计制度

(2) 确定各单位成本会计工作方式应考虑的因素是(　　)。

A. 本企业生产规模的大小　　B. 本企业以成本管理的要求

C. 对外报告的需要　　D. 本企业会计人员的数量和素质

(3) 要科学地组织成本会计工作,必须(　　)。

A. 设置合理的成本会计机构

B. 配备成本会计人员

C. 制定本企业成本会计制度和执行有关的法规

D. 制订成本计划

(4) 下列各项只属于成本会计职能的有(　　)。

A. 成本控制　　B. 成本决策　　C. 成本核算　　D. 成本计划

(5) 划分应计入本期成本和不应计入本期成本的费用界限,应遵循(　　)。

A. 会计分期原则　　B. 权责发生制原则

C. 历史成本原则　　D. 收付实现原则

(6) 产品成本的作用有(　　)。

A. 产品成本是补偿生产耗费的尺度

B. 产品成本是综合反映企业工作质量的重要指标

C. 产品成本是制定产品价格的一项重要因素

D. 产品成本是企业进行决策的重要依据

(7) 制造业生产经营过程中发生的下列支出,(　　)不应计入产品成本。

A. 管理费用　　B. 财务费用　　C. 销售费用　　D. 制造费用

(8) 下列关于成本会计职能的说法中,正确的有(　　)。

A. 成本预测是成本决策的前提

B. 成本计划是成本决策目标的具体化

C. 成本控制对成本计划的实施进行监督

D. 成本分析和考核对以后的预测和决策以及编制新的成本计划提供依据

(9) 下列会计法规、制度中,属于企业内部的成本会计制度、规程和办法的有(　　)。

A. 关于成本预测和决策的制度

B.《企业会计准则》

C. 关于成本定额、成本计划的编制制度

D.《企业会计制度》

(10) 下列关于成本会计、财务会计和管理会计之间的关系的描述中,正确的有(　　)。

A. 成本会计提供的成本信息既可以为财务会计编制财务报表之用,也可满足企业内部管理人员进行决策或业绩评价的需要

B. 就财务报表的编制而言,成本会计附属于财务会计

C. 从管理角度来看,成本会计也是管理会计的一个组成部分

D. 财务会计与管理会计两者都必须依赖于成本会计系统所提供的信息

3. 判断题

(1) 成本是为实现一定目的而发生的耗费,是对象化的耗费。(　　)

(2) 产品成本是指企业在一定的时期内,为生产一定量产品而发生的各项生产费用。(　　)

(3) 在划分各种产品费用界限时,应注意划清本期产品与非本期产品的费用界限。(　　)

(4) 只有制造业才有成本会计。(　　)

(5) 在成本会计工作组织上,大中型企业一般采用分散工作方式,小型企业一般采用集中工作方式。(　　)

(6) 企业在经营过程中发生的各项经营管理费用应计入产品成本。(　　)

(7) 凡有经济活动的地方,就有成本的存在。(　　)

(8) 成本预测是成本会计的基础。(　　)

(9) 企业一定时期的生产费用等于同一时期的产品成本。(　　)

(10) 成本是指企业为生产产品、提供劳务而发生的各种耗费。(　　)

【案例分析】

李卫东于2011年7月大学会计专业毕业后,应聘到龙鼎拖拉机制造股份有限公司当成本会计人员。财务部刘主管李卫东介绍了该企业的基本情况:

该企业主要生产农田拖拉机,全厂设有10个基本生产车间,分别生产农用拖拉机的各种零件和零部件的组装。此外,还设有3个辅助生产车间,为基本生产车间和其他部门提供劳务。该公司现有会计人员58人,其中成本会计人员12人(不包括各个生产车间的成本会计人员)。该企业规模较大,但为了集中控制成本和进行成本分析的需要,现在实行的是厂部集中成本核算体系,但有人建议该企业应该实行车间和厂部两级成本核算体系。刘主管让李卫东对企业生产特点、成本核算和其他方面的情况进行详细的调查之后谈谈根据本企业的实际情况,应采用集中核算体系还是分散核算体系。

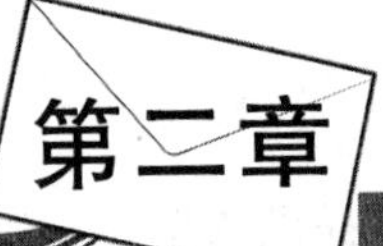

第二章 企业产品成本核算的基本原理

学习目标

通过本章学习，应达到以下学习目标：

1. 了解企业成本核算与成本管理的关系；

2. 理解企业成本核算的一般程序和要求；

3. 掌握费用分类标准和成本核算需要设置的主要会计科目及其用途、结构以及成本明细账的设置口径、账页格式和登记方法。

引导案例

赵辉、王勤和张杰在大学时是同一宿舍的好朋友，大学毕业以后，由于他们对玩具很感兴趣，合伙开办了一家玩具厂，专门生产玩具，销往国外。根据需要，他们选定了厂址后，购置了一批新型的生产设备，招聘了二十多名技术工人和管理人员。玩具厂开张后，摆在三人面前的第一道难题就是，在设厂之前，他们每天只记流水账就能知道每天发生的费用，可是，现在玩具厂正式成立之后，每天因为产品生产会有各种成本费用的发生，只靠登记流水账，根本无法分清各种类别、不同型号的玩具成本分别是多少，很难控制每个月的成本费用。到底如何计算产品成本？产品定价又是多少？如何做好成本的核算工作，以及如何设置成本核算岗位？这些都让他们感到很茫然。如何能解决这些问题呢？

第一节 成本核算的要求

一、成本核算的原则

尽管不同制造企业的性质、生产的产品等方面各不相同，但是，对所有制造企业来说，成本核算提供的信息应具备相关、及时、准确的特点。成本核算提供的信息符合以上特征才能充分发挥其应有作用。为此，各个企业在进行成本核算时，应遵循以下成本核算的基本原则。它对于成本会计人员合理恰当地处理成本核算业务，提供相关、及时和准确的成本信息具有重要意义。这些基本原则包括：

（一）实际成本计价基础原则

根据《企业会计准则》要求，企业在成本核算中，应按实际成本核算。即企业在生产经营过程发生的各种耗费，都要根据实际消耗量和实际单价计算耗费的实际成本，不允许以计划成本、估计成本、定额成本等代替实际成本。如果平时按计划成本、定额成本、标准成本进行核算，期末应调整差异，使之成为实际成本。

（二）分期核算原则

企业的生产经营活动是连续不断地进行的，但为了满足会计信息使用者对企业经营管理及相关经营决策的需要，企业应分期进行成本核算，确定各期的产品生产成本。这对于企业正确地确定经营成果和财务状况，比较和分析各期产品成本水平，加强成本控制有着重要意义。在成本会计中，一般以月份作为核算期，也可以产品的生产周期作为核算期。完工产品的成本计算与生产类型有关，可以是定期的，也可以是不定期的。

（三）受益分配原则

凡是费用的发生同若干产品发生关系，这种费用称为间接费用。这些费用能直接汇集到各种产品上去，需要通过分配间接计入各种产品的成本。在分配过程中，间接费用分配标准的选择，应根据受益原则确定，即谁受益，谁负担其费用，分配的费用与受益多少成正比。

（四）一致性原则

企业在进行成本核算时，应根据企业生产的特点和管理的要求，选择不同的成本核算方法进行成本核算。但产品成本核算方法一经确定，若没有特殊情况，一般不应随意变动，以使计算出来的成本资料便于比较。如因情况特殊确实需要改变原有的成本核算方法，应在有关财务会计报告的附注中加以说明，并对原成本计算单中的有关数据进行必要的调整。

（五）重要性原则

在进行成本核算时所采用的成本计算步骤、费用分配方法、成本计算方法等，都是根据每一企业的具体情况进行选择的。对一些主要产品、主要费用，应采用比较详细的方法进行分配和计算，而对于一些次要的产品和费用，则可采用简化的方法进行合并计算和分配，以体现重要性原则。

（六）及时性原则

企业进行成本核算时，应遵循及时性原则，只有及时进行成本核算，才能及时编制财务会计报告，计算盈亏，并进行成本分析和成本考核。若不能及时进行成本计算、及时提供成本资料，就会影响企业的财务会计报告的编制和进行科学的决策。

（七）权责发生制原则

应由本期成本负担的费用，不论是否已经支付，都要计入本期成本；不应由本期成本负担的费用（即已计入以前各期的成本，或应由以后各期成本负担的费用），即使在本期支付，也不应计入本期成本。

二、成本核算的具体要求

成本核算的原则是指导成本核算工作的准绳和标准，而成本核算的原则在成本核算工作中的具体运用则产生成本核算的具体要求，在进行成本核算时应遵循以下具体要求。

（一）成本核算与成本管理相结合，成本核算应着眼于成本管理

成本核算是成本管理的重要基础，对于企业的成本预测和企业的经营决策等存在直

接影响。进行成本核算时，首先审核企业产生的费用，看其已否发生，是否应当发生，已发生的是否应当计入产品成本，实现对产品成本和期间费用的直接管理和控制。然后，对已发生的费用按照用途进行分配和归集，计算各种产品的总成本和单位成本，为成本管理提供真实的成本信息。也就是说，成本核算不仅要满足财务会计的需要，而且所提供的成本信息应当满足企业经营管理和决策的需要，因而，现代企业成本核算的目标是多维的，具体详见表 2-1。

表 2-1　　现代企业成本核算的目标

<table>
<tr><td rowspan="6">成本核算的多维目标</td><td rowspan="4">满足内部高效管理的需要</td><td rowspan="2">管理决策的需要</td><td>战略决策的需要</td></tr>
<tr><td>经营决策的需要</td></tr>
<tr><td rowspan="2">绩效评估的需要</td><td>追求利润的需要</td></tr>
<tr><td>成本控制的需要</td></tr>
<tr><td rowspan="2">满足外部利益相关者的需要</td><td rowspan="2"></td><td>对外财务报告的需要</td></tr>
<tr><td>应对国际反倾销举证的需要</td></tr>
</table>

（二）正确区分各种费用的界限

1. 正确区分收益性支出与资本性支出、营业外支出的界限

收益性支出是指与当期收入相配比的费用支出，收益性支出全部列作当期的成本、费用，例如工资支出、折旧费用等。资本性支出是指其效益影响两个或两个以上会计年度的各项支出，正确区分收益性支出和资本性支出是为了正确计算各期的损益，正确反映资产的价值。营业外支出是指与企业生产经营无关的其他支出，如非常损失、赞助款、处理固定资产损失等。

2. 正确区分产品成本与期间费用的界限

在企业发生的各种费用支出中，凡应该计入本月由当月负担的费用，应进一步区分产品成本和期间费用的界限。凡在产品生产中发生的费用，属于产品成本，应该记入“生产成本”账户。凡在非生产领域中发生的管理费用、销售费用和财务费用都属于期间费用，其处理方法比较简单，在期末一次全部转入“本年利润”账户，一次冲减当期损益。

3. 正确区分每个成本计算期的费用界限

企业发生的费用在每月(年)之间进行正确区分，以便分别计算各月(年)产品成本，考核和分析各月(年)产品成本计划的执行情况。

4. 正确区分各种产品的费用界限

为了分析和考核各种产品的成本计划或成本定额的执行情况，应该分别计算各种产品的成本。属于某种产品单独发生，能够直接计入该种产品成本的生产费用，应该直接计入该种产品的成本；属于几种产品共同发生，不能直接计入某种产品成本的生产费用，则应采用适当的分配方法，分配计入这几种产品的成本。应该特别注意盈利产品与亏损产品的费用界限的划分，防止不同产品之间存在成本扭曲现象，也就是说，一种或几种产品的亏损被其他产品的盈利所掩盖。

5. 正确区分完工产品与在产品的费用界限

如果某种产品一部分已经完工，另一部分尚未完工，这种产品的各项生产费用，应采用适当的分配方法在完工产品与月末在产品之间进行分配，分别计算完工产品成本和月末在产品成本。应防止任意提高或降低月末在产品费用，人为调节完工产品成本的错误做法。

（三）健全成本会计的基础工作

1. 健全原始记录制度

健全的原始记录制度是成本核算的前提。为了进行成本的核算和管理，对于生产过程中工时和动力的耗费，在产品和半成品的内部转移，以及产品质量的检验结果等，均应作出真实的记录。原始记录对于劳动工资、设备动力、生产技术等方面管理，以及有关的计划统计工作都有重要意义。应该制定既符合各方面管理需要，又符合成本核算要求，既科学又易行、讲求实效的原始记录制度，并且组织有关职工认真做好各种原始记录的登记、传递、审核和保管工作。

2. 健全财产物资的计量、收发、领退和盘点的手续制度

进行有效的成本管理和成本核算，还必须对财产物资的收发、领退和结存进行计量，建立和健全财产物资的计量、收发、领退和盘点制度。企业库存材料的收发、领退，在产品、半成品的内部转移和产成品的入库等，均应填制相应的凭证，经过一定的审批手续，并经过计量、验收或交接，防止任意领发和转移。库存的材料、半成品和产成品，以及车间的在产品和半成品，均应按照规定进行盘点、清查，防止丢失、积压、损坏变质和被贪污盗窃。这些工作也是进行生产管理、物资管理和资金管理所必需的。

3. 健全企业内部结算价格制度

企业内部各单位之间，在生产经营过程中，经常会发生互相提供产品、材料或劳务等经济事项，如生产部门之间转移半成品，辅助生产部门为基本生产部门提供劳务，管理部门为生产部门提供服务等。因此，为了正确评价各单位的工作业绩，分清各自的经济责任，企业必须建立适应市场经济的内部价格体系，作为内部结算和考核的依据。

（四）成本核算方法与企业生产特点及管理要求相适应

产品成本是在生产过程中形成的，产品生产组织和生产工艺过程不同，就应该采用不同的成本核算方法。同时，成本核算应满足成本管理的需要，对于不同的成本管理要求，也应该采用不同的成本核算方法。根据生产特点和管理要求选择科学的成本核算方法，对正确计算产品成本是十分重要的。

第二节　费用的分类

企业在生产经营中发生的费用种类很多，为了掌握各种费用的性质和特点，便于合理地组织成本核算，必须对费用进行适当的分类，其中最基本的分类是按照费用的经济内容和费用的经济用途分类。

一、费用按经济内容分类

产品的生产经营过程，也是劳动对象、劳动手段和活劳动的耗费过程。因此，企业发生的各种费用按其经济内容划分，主要有劳动对象方面费用、劳动手段方面费用和活劳动方面费用三大类。我们将费用按经济内容进行分类形成的项目称为费用要素，具体包括：

（1）外购材料。是指企业为生产经营而耗用的一切从外部购进的原料及主要材料、半成品、辅助材料、包装物、修理用备件和低值易耗品等。

（2）外购燃料。是指企业为生产经营而耗用的从外部购进的各种燃料，包括固体、液体、气体燃料。从理论上说，外购燃料应该包括在外购材料中，但由于燃料是重要能源，需要单独考核，因而单独列作一个要素进行计划与核算。

（3）外购动力。是指企业为进行生产经营活动而耗用的一切从外部购进的各种动力（包括电力、热力等）。

（4）职工薪酬。是指企业支付给全体职工的工资、工资性津贴、补贴、奖金以及企业按照工资的一定比例从成本费用中计提的职工福利费。

（5）折旧费。是指企业按照规定计算的固定资产折旧费用。出租固定资产的折旧费不包括在内。

（6）利息费用。是企业应计入费用的银行借款利息支出减去银行存款利息收入后的净额。

（7）税金。是指企业计入管理费用的各种税金，包括房产税、车船使用税、土地使用税和印花税等。

（8）其他费用。是指不属于以上各要素的费用支出，如差旅费、办公费、租赁费、保险费和诉讼费等。

按照费用的经济内容进行分类，可以反映企业在一定时期内各种费用的构成和水平；可以反映外购材料和燃料费用以及职工工资的实际支出，为企业编制有关计划提供资料；可以提供物化劳动及活劳动耗费数额，为计算工业净产值和国民收入提供资料。但是，这种分类不能反映各种费用的经济用途和发生地点，以及这些费用与产品之间的关系，不便于分析各项费用的支出是否节约、合理。

二、费用按经济用途分类

为了掌握费用的用途，开展成本分析，寻求降低产品成本的途径，还需将费用按经济用途进行分类。生产费用的经济用途，是指生产费用在生产产品、提供劳务等活动中的实际用途。费用按经济用途分类，可以分为生产成本和期间费用两大类。生产费用按经济用途的分类，通常称为成本项目，即构成产品生产成本的项目。

（一）生产成本

生产成本是指企业生产各种产品所发生的、应计入产品成本的各项生产费用。由于生产费用有的直接用于产品生产，有的间接用于产品生产，为了具体反映计入产品成本的生产费用的各种用途，提供产品成本构成情况的资料，还需要将其进一步划分为若干个成本项目。成本项目是指生产费用按其经济用途分类核算的项目，制造企业的成本项目通常有以下四项。

(1) 直接材料。是指直接用于产品生产，构成产品实体的原料、主要材料、有助于产品形成的辅助材料以及直接用于产品生产的外购和自制的燃料和动力。

(2) 直接人工。是指直接从事产品生产人员的工资、奖金、津贴，以及直接从事产品生产人员的职工福利费等。

(3) 制造费用。是指企业为生产产品和提供劳务而发生的各项间接费用，包括企业生产部门(如生产车间)发生的水电费、固定资产折旧、无形资产摊销、管理人员的职工薪酬、劳动保护费、国家规定的有关环保费用、季节性和修理期间的停工损失等。

(4) 燃料及动力。它是指直接用于产品生产的外购和自制的燃料及动力。

当然，这四个成本项目并不是固定的，企业可以根据自己的生产特点和管理要求，考虑费用在管理中有无单独反映、控制和考核的必要，费用在产品成本中比重的大小以及为某种费用专设成本项目所增加的核算工作量大小，对上述成本项目进行适当调整。例如若企业工艺用的燃料及动力不多，可不设"燃料及动力"成本项目，而是将工艺用燃料费用并入"直接材料"成本项目，将工艺用动力费用并入"制造费用"成本项目。又如，企业在生产过程中发生的废品损失在其产品成本中的比重较大，需要作为一项重要费用进行核算和管理，也可以增设"废品损失"成本项目。

费用按其经济用途分为若干个成本项目，还可以按照费用的用途考核各项费用定额或计划的执行情况，分析费用支出是否合理、节约。因此，产品成本不仅要分产品计算，而且要分成本项目计算。产品成本计算的过程，就是各种要素费用按其经济用途划分，最后计入本月各种产品成本，按成本项目反映完工产品和月末在产品成本的过程，也就是前述五个方面费用界限的划分过程。

(二) 期间费用

期间费用是指不能直接归属于某个特定产品成本的费用。它是随着时间推移而发生的与当期产品的管理和产品销售直接相关，而与产品的产量、产品的制造过程无直接关系，即容易确定其发生的期间，而难以判别其所应归属的产品，因而不能列入产品制造成本，而在发生的当期从损益中扣除。期间费用包括直接从企业的当期产品销售收入中扣除的销售费用、管理费用和财务费用。我们经常说的"当期费用"一般就是指狭义的当期期间费用，也就是某个特定会计期的期间费用(销售费用、管理费用、财务费用)。与产品成本相比，期间费用有如下几个特点。

(1) 与产品生产的关系不同。期间费用的发生是为产品生产提供正常的条件和进行管理的需要，而与产品的生产本身并不直接相关；生产成本是指与产品生产直接相关的成本，它们应直接计入或分配计入有关的产品中去。

(2) 与会计期间的关系不同。期间费用只与费用发生的当期有关，不影响或不分摊到其他会计期间；生产成本中当期完工部分当期转为产品成本，未完工部分则结转下一期继续加工，与前后会计期间都有联系。

(3) 与会计报表的关系不同。期间费用直接列入当期损益表，扣除当期损益；生产成本完工部分转为产品成品，已销售产成品的生产成本再转入损益表列作产品销售成本，而未售产品和未完工的产品都应作为存货列入资产负债表。因此也可把生产成本称为可盘存成本，把期间费用称为不可盘存成本。按照配比原则，当会计上确认某项营业收入时，对因产生该项营业收入的相关费用，要在同一会计期间确认。如产品生产过程中发生的直接材料、直接人工和制造费用等生产成本理应将其成本化，待产品销售时与销售收入相配比。期间费用由于它不能提供明确的未来收益，按照谨慎性原则，在这些费用发生时采用立即确认的办法处理。例如企业支付的广告费。难以确定究竟在今后哪个会计期间将获得收益。即使期间费用与将来的某些会计期间的收益确有联系，也不可能预期未来收益的多少，以此作为分摊期间费用的依据。因此为简化会计工作，将期间费用立即确认较为合理。此外，期间费用直接与当期营业收入配比，从长期来看，由于各期的发生额比较均匀，对损益的影响不大。

三、费用的其他分类

（一）按费用计入产品成本的方法分类

按费用计入产品成本的方法分类，可以分为直接计入费用(简称直接费用)和间接计入费用(简称间接费用)。直接费用，指企业为生产某种产品(成本核算对象)而发生的费用。在计算产品成本时，该类费用可以根据费用发生的原始凭证直接计入该种产品(成本核算对象)的成本。如直接用于某种产品生产的原材料、生产工人的薪酬等，就可以根据领料单和职工薪酬结算单等原始凭证直接计入该种产品成本。间接费用，指企业为生产几种产品(成本核算对象)共同发生的费用。这类费用无法根据发生费用原始凭证直接计入该种产品(成本核算对象)的成本，需要采用适当的方法在各种产品之间进行分配，再分别计入有关产品(成本核算对象)成本。生产费用按其计入产品成本的方式分为直接计入费用和间接计入费用，有利于企业正确计算产品成本。对于直接计入费用必须根据有关费用的原始凭证直接计入该产品(成本核算对象)的成本，对于间接计入费用则要选择合理的分配方法，从而进一步明确间接费用分配标准的选择对正确计算产品成本的重要意义。

（二）按费用与产品产量的关系分类

按费用与产品产量的关系分类，可以分为变动费用和固定费用。变动费用是指费用总额随产量增减而变动的费用，如直接材料、生产工人工资等；固定费用，是指费用总额在一定条件下不随产量变动而变动，即相对固定不变的费用，如车间管理人员工资等。当然，“变动”与“固定”只是相对而言，变动费用总额是变动的，而单位产品的变动费用则是相对不变的；固定费用的总额相对固定不变，而单位产品负担的固定费用则是变动的。这种费用分类的意义在于针对不同的费用应采用不同的管理办法。对于变动费用，成本控制重点在于单位产品变动费用；而对于固定费用，成本控制的重点在于固定费用总额的控制上。

企业哪些生产费用属于变动费用，哪些生产费用属于固定费用？

（三）生产费用按其与生产工艺的关系分类

生产费用按其与生产工艺的关系可分为直接生产费用和间接生产费用。直接生产费用，指由于企业生产工艺本身引起的各种费用，如生产工艺技术过程耗用的原料及主要材料、燃料及动力、产品生产工人的薪酬等。间接生产费用，指企业内部各生产单位(分厂、车间)为组织和管理生产所发生的各项费用，如生产单位管理人员的薪酬、办公费、差旅费等。

根据生产费用与生产工艺的关系将生产费用划分为直接生产费用和间接生产费用，有助于考察和分析企业的管理水平。企业管理水平愈高，产品成本中间接生产费用的比重会愈低。

第三节　成本核算的程序

一、企业成本核算的一般程序

企业产品成本核算的一般程序是指对企业生产经营过程中发生的各项生产费用，按照成本核算的要求，逐步进行归集和分配，最终计算出各种产品成本的核算顺序和步骤。产品成本核算过程就是将生产过程的生产费用计入产品成本的过程。在这个过程中发生的原材料、燃料和动力、工资费用、折旧费用等，有的直接计入产品成本，有的要通过一系列归集和分配后，才能逐步汇总到产品成本中去。月末，有的产品没有完工，要将生产费用在完工产品和在产品之间分配，计算出产成品成本和在产品成本。完工产品销售后，产品成本转化为主营业务成本，收支配合以计算主营业务利润。一般而言，工业企业产品成本核算的程序包括：

（一）确定成本核算对象以开设产品成本核算账簿，设置成本项目

要进行成本计算，必须确定成本计算对象、成本项目和成本计算期。企业可根据本企业生产经营特点及管理需要选择适合于本企业的成本计算对象，据以开设产品成本核算账簿，设置成本项目，并选择恰当的成本计算期，然后，企业根据已确定的成本计算对象、成本项目和成本计算期对费用进行归集和分配，以计算出企业的生产成本。

企业成本计算对象有哪些？企业选择成本计算对象取决于哪些因素？

（二）进行生产费用归集，登记产品成本账

生产过程发生的费用，在进行生产费用的归集时，首先应对企业的各项费用进行审核，确定其应否开支。再根据费用的用途，按成本开支范围的规定，划分应计入产品成本的费用和不应计入产品成本的管理费用、销售费用和财务费用。

（三）进行生产费用的分配

将计入本月成本的生产费用在各种产品之间进行归集，分配并记入各产品成本明细账及所属的成本项目。然后计算出按成本项目反映的各种产品的成本。对于既有完工产

品又有在产品的产品，将月初在产品生产费用与本月生产费用之和在本月完工产品与月末在产品之间进行分配，算出该种完工产品与月末在产品的成本。

一般而言，制造企业成本核算的一般程序是基本相同的，都可归纳为上述三个步骤。上述成本核算程序如图 2-1 所示。

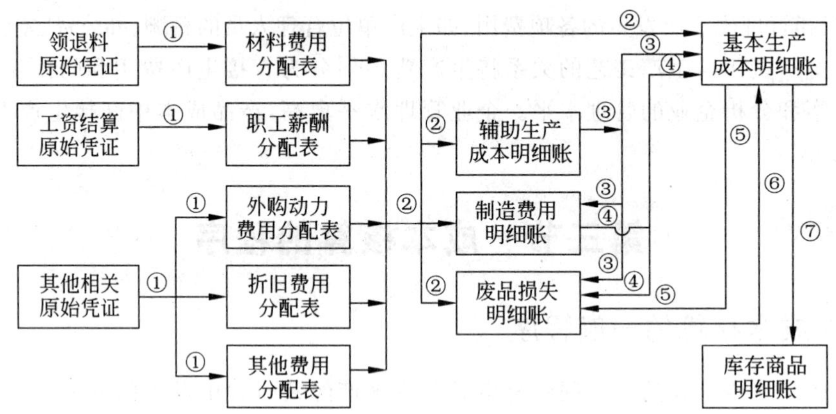

图 2-1 成本核算的一般程序

其中：①根据原始凭证编制各种要素费用分配表；②分配各种要素费用；③分配辅助生产费用；④分配制造费用；⑤归集不可修复废品的生产成本；⑥结转废品净损失；⑧计算并结转完工产品成本。

二、成本核算的主要会计科目及账务处理程序

（一）主要会计科目设置

一般而言，制造企业成本核算可设置以下科目。

1. “生产成本——基本生产成本”科目

“生产成本——基本生产成本”科目是为了归集基本生产车间所发生的各种生产费用和计算产品成本而设立的。该科目借方登记基本生产车间发生的各项费用，其中直接材料、直接人工等费用直接记入，制造费用等费用月末分配转入，该科目贷方登记结转完工入库产品成本。该账户如果有月末余额，肯定在借方，表示尚未完工在产品的成本。

“生产成本——基本生产成本”账户应按产品品种等成本计算对象分设基本生产成本明细账，该明细账亦称产品成本明细账或产品成本计算单。明细账内按成本项目分设专栏，按成本项目登记各种产品的月初在产品成本、本月费用、本月完工产品成本和月末在产品成本。基本生产成本明细账格式如表 2-2 所示。在实行厂部和车间两级成本核算的企业，各基本生产车间应按产品品种设置“产品成本明细账”，厂部则按车间分别设置“基本生产成本”明细账，登记各车间生产产品发生的费用。实务中也可以将“基本生产成本”作为总账科目。

2. “生产成本——辅助生产成本”科目

“生产成本——辅助生产成本”科目用以核算辅助生产车间为基本生产车间和管理部门提供产品、劳务所发生的各项费用。辅助生产车间发生的各项费用，记入“生产成本——辅助生产成本”账户的借方及其明细账，完工入库产品的成本或分配转出的劳务费用，从“生产成本——辅助生产成本”账户贷方转出，分别记入“低值易耗品”、“生

表 2-2　　产品成本明细账(基本生产成本明细账)

产品名称：电暖气 12-A　　单位：元

日期	凭证号	摘　要	直接材料	直接人工	制造费用	燃料及动力	合　计
略	略	期初在产品成本	35 454	1 296	4 092	820	41 662
		本期	277 046	7 704	15 408	15 680	315 838
		合计	312 500	9 000	19 500	16 500	357 500
		约当产量	3 125	3 000	3 000	3 000	3 000
		单位成本	100	3	6.5	5.5	
		完工产品成本	250 000	7 500	16 250	13 750	287 500
		月末在产品成本	62 500	1500	3 250	2 750	70 000

产成本——基本生产成本"、"制造费用"等账户及其明细账的借方。该账户如有余额,肯定在借方,表示辅助生产车间在产品的成本。"生产成本——辅助生产成本"账户按辅助生产车间和产品品种设置明细账,明细账内按成本项目设置专栏登记。实务中也可以将"辅助生产成本"作为总账科目。

3. "制造费用"科目

"制造费用"科目用以核算生产车间所发生的间接费用,费用发生时记入"制造费用"账户的借方及其明细账,月末按一定标准分配制造费用时记入"制造费用"账户贷方。该账户月末一般无余额。"制造费用"账户通常按车间设置明细账,归集、分配每一车间发生的费用。制造费用明细账通常采用多栏式,如表 2-3 所示。

表 2-3　　制造费用明细账　　单位：元

2011 年		凭证号	摘　要	费用项目						
月	日			职工薪酬费用	折旧费	保险费	机物料	劳保费	其他	合计
4	26	略	职工薪酬费分配表	4 560						4 560
	26		折旧计算表		1 600					1 600
	37		现金支出			400	1 700	1 300	2 440	5 840
	29		辅助生产费用分配表						1 200	1 200
	30		结转制造费用	4 560	1 600	400	1 700	1 300	3 640	13 200

4. "废品损失"科目

需要单独核算废品损失的企业,应设置"废品损失"科目。该科目的借方登记不可修复废品的生产成本和可修复废品的修复费用;贷方登记废品残料回收的价值、应收的赔款以及转出的废品净损失;该科目月末应无余额。"废品损失"科目应按车间设置明细分类账,账内按产品品种分设专户,并按成本项目设置专栏或专行进行明细登记。

5. "管理费用"科目

为了核算企业行政管理部门为组织和管理生产经营活动而发生的各项管理费用,应设置"管理费用"科目。该科目的借方登记发生的各项管理费用;贷方登记期末转入"本年利润"科目的管理费用;"管理费用"科目的明细分类账,应按费用项目设置专栏,进行明细登记。

6."销售费用"科目

为了核算企业在产品销售过程中所发生的各项费用以及为销售本企业产品而专设的销售机构的各项经费,应设置"销售费用"科目。该科目的借方登记实际发生的各项产品销售费用;贷方登记期末转入"本年利润"科目的产品销售费用;期末结转后该科目应无余额。"销售费用"科目的明细分类账,应按费用项目设置专栏,进行明细登记。

7."财务费用"科目

为了核算企业为筹集生产经营所需资金而发生的各项费用,应设置"财务费用"科目。该科目的借方登记发生的各项财务费用;贷方登记应冲减财务费用的利息收入、汇兑收益以及期末转入"本年利润"科目的财务费用;期末结转后该科目应无余额。"财务费用"科目的明细分类账,应按费用项目设置专栏,进行明细登记。

8."长期待摊费用"科目

"长期待摊费用"科目用于核算企业已经支出,但摊销期限在1年以上(不含1年)的各项费用,包括固定资产修理支出、租入固定资产的改良支出以及摊销期限在1年以上的其他待摊费用。在"长期待摊费用"账户下,企业应按费用的种类设置明细账,进行明细核算,并在会计报表附注中按照费用项目披露其摊余价值、摊销期限、摊销方式等。

(二)成本核算的账务处理基本程序

成本核算的账务处理基本程序如图2-2所示。

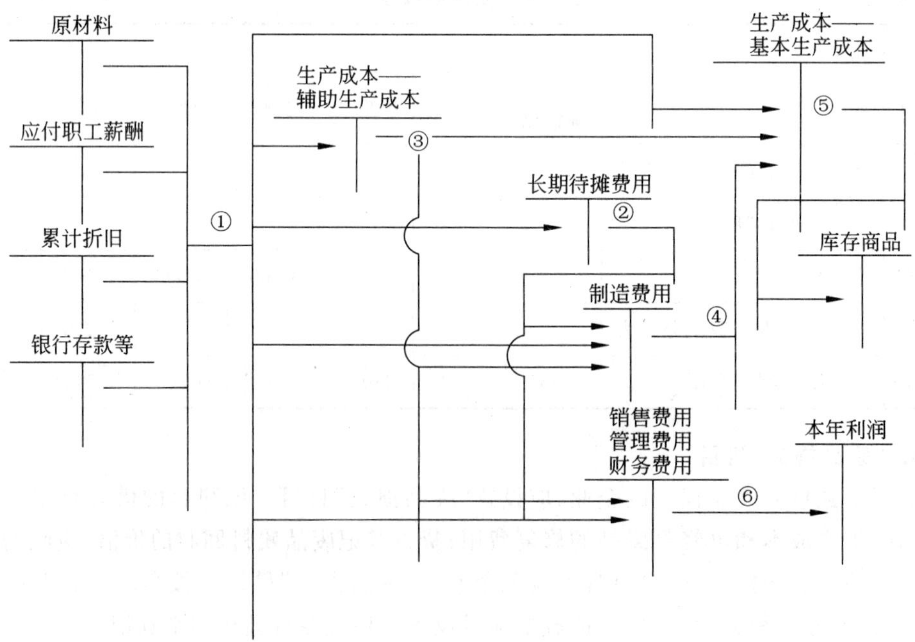

图2-2 成本核算账务处理基本程序

【本章小结】

尽管不同工业企业的性质、生产的产品等方面各不相同，但是，对所有工业企业来说，成本核算提供的信息应具备相关、及时、准确的特点。成本核算提供的信息符合以上特征才能充分发挥其应有作用。为此，各个企业在进行成本核算时，应遵循普遍认同的成本核算基本原则。成本核算的原则和要求是学习成本核算方法的理论基础。而掌握费用的分类，便于科学合理地进行成本核算与成本管理。只有掌握产品成本核算的主要科目及明细科目设置，理解产品成本核算的一般程序，才能为进入下一阶段的学习奠定坚实的基础。

【延伸阅读】

1. 陈胜群. 企业成本管理战略[M]. 上海：立信会计出版社，2 000.

2. 宋小明. 成本会计的九大规律[J]. 会计之友，2008(6).

3. 林万祥. 中国成本管理体系研究的现状与未来——改革开放 30 年回顾与展望[J]. 上海立信会计学院学报，2009(5).

【思 考 题】

1. 成本核算的基本原则有哪些？如何理解受益原则？
2. 正确核算产品成本必须划清哪些费用界限？为什么？
3. 产品成本核算应做好哪些基础工作？
4. 什么是成本项目？生产成本按其经济用途不同可分为哪些成本项目？

【自 测 题】

1. 单项选择题

(1) 下列费用中，应计入产品成本的有(　　)。

A. 管理费用　　B. 财务费用　　C. 制造费用　　D. 销售费用

(2) 下列属于要素费用的是(　　)。

A. 直接材料　　B. 外购材料　　C. 直接人工　　D. 制造费用

(3) 下列支出属于资本性支出的是(　　)。

A. 购入无形资产　　B. 支付本期照明用电费

C. 购入印花税票　　D. 支付利息费用

(4) 用来核算企业为生产产品和提供劳务而发生的各项间接费用的账户是(　　)。

A. 生产成本　　B. 制造费用　　C. 管理费用　　D. 财务费用

(5) 不在“财务费用”账户核算的项目是(　　)。

A. 业务招待费　　B. 利息费用

C. 汇兑损失　　D. 金融机构结算手续费

(6) 制造费用应分配记入(　　)账户。

A. “生产成本——基本生产成本”和“生产成本——辅助生产成本”

B. “生产成本——基本生产成本和期间费用”

C. “生产成本和管理费用”

D. “财务费用和销售费用”

(7) 下列各项中不应计入产品成本的是(　　)。

A. 企业行政管理部门用固定资产的折旧费

B. 车间厂房的折旧费

C. 车间生产用设备的折旧费

D. 车间辅助人员的工资

(8) 下列各项中应计入管理费用的是(　　)。

A. 银行借款的利息支出　　B. 银行存款的利息收入

C. 企业的技术开发费　　D. 车间管理人员的工资

(9) 下列各项中,属于产品生产成本项目的是(　　)。

A. 外购动力费用　　B. 制造费用

C. 工资及提取的职工福利费用　　D. 折旧费用

(10) 为了保证按每个成本计算对象正确地归集应负担的费用,必须将应由本期产品负担的生产费用正确地在(　　)。

A. 各种产品之间进行分配

B. 完工产品和在产品之间进行分配

C. 盈利产品与亏损产品之间进行分配

D. 可比产品与不可比产品之间进行分配

2. 多项选择题

(1) 下列各项属于要素费用的有(　　)。

A. 外购材料　　B. 外购燃料　　C. 外购动力　　D. 职工薪酬

(2) 下列各项属于产品成本项目的有(　　)。

A. 工资　　B. 计提的职工福利费

C. 直接人工　　D. 制造费用

(3) 成本核算要求做好的各项基础工作主要包括(　　)。

A. 建立健全原始记录　　B. 制定各种消耗定额

C. 制定内部结算价格　　D. 强化成本管理意识

(4) 要素费用中的税金包括(　　)。

A. 房产税　　B. 车船使用税　　C. 印花税　　D. 营业税

(5) 计入产品成本的生产费用按计入方式不同分为(　　)。

A. 制造费用　　B. 直接人工

C. 直接计入费用　　D. 间接计入费用

(6)“制造费用”账户核算的内容包括下列的(　　)。

A. 车间的固定资产折旧费　　B. 车间的固定资产修理费

C. 企业的业务招待费　　D. 印花税

(7) 下列各项中属于销售费用的是(　　)。

A. 广告费　　B. 委托代销手续费

C. 展览费　　D. 专设销售机构的办公费

(8) 工业企业成本核算的一般程序包括下列的(　　)。

A. 对企业的各项支出、费用进行严格的审核和控制

B. 正确划分各个月份的费用界限,正确核算待摊费用和预提费用

C. 将生产费用在各种产品之间进行分配和归集

D. 将生产费用在本月完工产品与月末在产品之间进行分配和归集

(9) 为了正确计算产品成本,应做好的基础工作包括(　　)。

A. 定额的制定与修订　　B. 做好原始记录工作

C. 正确选择各种分配方法　　D. 材料物资的计量、收发、领退和盘点

(10) 下列各项中,应计入产品成本的费用有(　　)。

A. 车间办公费　　B. 企业行政管理人员工资

C. 车间设计制图费　　D. 在产品的盘亏损失

3. 判断题

(1) 要素费用中的外购材料与成本项目中的直接材料费用内涵是一致的。　(　　)

(2) 企业在生产经营活动中发生的一切费用支出都应计入产品成本。　(　　)

(3) 凡是在生产过程中发生的、与产品生产有关的所有直接或间接耗费,均应作为生产费用计入产品成本。　(　　)

(4) 内部结算价格一般以计划单位成本为基础。　(　　)

(5) 制造费用即间接费用,直接材料、直接人工即直接费用。　(　　)

(6) 成本计算期的确定,主要取决于企业成本管理的要求。　(　　)

(7) 基本生产车间发生的各种费用均应直接记入“基本生产成本”账户。　(　　)

(8) 企业固定资产折旧费应全部计入产品成本。　(　　)

(9) 不设“燃料和动力”成本项目的企业,其生产消耗的燃料可记入“直接材料”成本项目。　(　　)

(10) 凡是发放给企业职工的货币,均作为工资总额的组成部分。　(　　)

【案例分析】

对于学习和运用成本会计的人来说,明确区分“成本”和“费用”的概念是学好、用好成本会计的第一步,也是关键的一步。而对于初学者来说,经常会对“产品成本”、“制造费用”、“期间费用”等概念发生混淆。

实例:某企业9月份有关成本费用资料如下。

(1) 生产产品耗用原材料60 000元;

(2) 计算生产工人工资 15 000 元；

(3) 计算车间管理人员工资 5 000 元；

(4) 计算销售部门人员工资 4 000 元；

(5) 计算企业管理人员工资 9 000 元；

(6) 支付车间办公费 1 000 元；

(7) 支付厂部办公室电话费 800 元；

(8) 厂部支付第三季度报刊杂志费 600 元；

(9) 支付车间职工劳保用品费 1 400 元；

(10) 支付车间机器修理费 300 元；

(11) 固定资产报废清理净损失 10 000 元。

该企业会计人员将上述费用分类列示如下：

生产成本＝(1)＋(2)＋(3)＋(4)＝84 000(元)

制造费用＝(6)＋(10)＝1 300(元)

期间费用＝(5)＋(7)＋(8)＋(9)＋(11)＝21 800(元)

要求：根据上述资料分析该企业会计人员对这些费用所做的分类是否正确，并说明理由。

第三章

成本费用的归集与分配

学习目标

通过本章学习，应达到以下学习目标：

1. 了解费用归集的目的；
2. 理解企业成本核算的基本程序；
3. 熟悉要素费用的分配方法和分配原理；
4. 掌握运用重量分配法、定额耗用量比例分配法、系数分配法(标准产量分配法)、生产工时分配法、机器工时分配法等分配方法；
5. 掌握直接材料费用分配、直接人工费用分配、制造费用分配、辅助生产费用分配的会计分录。

引导案例

王谦、盛钢和李栋三人是好朋友，他们立志要干一番大事业。他们三人经过紧张的筹备合办了一家公司，专门从事电脑硬件的销售业务。第一年，他们购进电脑硬件 100 万元，购买办公设备 70 万元(当年折旧总额为 7 万元)，日常办公费用 5 万元，房屋租金 15 万元，发放工资 30 万元。截至当年 12 月 31 日，该公司主营业务收入为 200 万元，已销商品成本为 80 万元。元旦那天，王谦说去年公司开业大吉，建议办一个联欢会，邀请过去的同窗好友和合作伙伴参加。盛钢和李栋不同意，认为公司去年不过是盈亏平衡，聚会就不要办了，王谦一听就知道问题出在哪里。你能算出该公司的当年利润吗？盛钢和李栋的算法错在哪里，他们为什么会犯这样的错误呢？你能指导他们吗？

第一节　要素费用的归集与分配

一、要素费用的归集与分配概述

企业在生产过程中，要耗用原材料、燃料和动力，支付职工工资以及发生各种其他费用。有些费用发生时，可以直接记入相关的账户或产品成本中，有些费用则属于多种产品共同耗用的费用，不能直接记入相关账户或产品成本中，而要采用适当的方法进行分配。所谓“适当方法”是指所要分配的某项间接费用与所依据的分配标准之间有比较密切的联系，例如生产各种铸件所消耗的生铁，由于铸件的重量与消耗的铁的重量有关，因而应按铸件的重量比例分配各自应负担的铁的费用。此外，要注意间接费用的分配标准较容易取得，代价不能太大。要素费用分配的计算公式可归纳如下：

$$费用分配率=\frac{待分配费用总额}{分配标准合计}$$

分配对象应负担的费用＝该对象的分配标准×费用分配率

上述公式中分配标准可分为三类：成果类，如产量、重量、体积、产值等；消耗类，如生产工时、机器工时、材料耗用量或材料费用等；定额类，如定额工时、定额消耗量、定额费用等。对于各项要素费用的分配结果应编制有关的费用分配表据以登记相应的明细账和总账。

二、材料费用分配

企业生产经营过程中使用的材料包括原料及主要材料、辅助材料、外购半成品、修理用备件、燃料、包装物和低值易耗品等。企业生产经营过程发生的材料费用，都需要填制领用材料的原始凭证。不论材料是自制还是从外部取得，其材料费用的核算基本相同。对材料费用进行核算，首先要进行材料发出的核算，然后将所归集的材料费用，根据发出材料的具体用途进行分配计入各种产品成本和相关科目。

（一）材料费用的原始凭证

1. 领料单

领料单是一次使用的领发料凭证，每领一次材料填写一份。它适用于难以用消耗定额控制和不经常领用的材料，一般要求一单一料一用途，以便于分类汇总。领料单应填明领取材料的类别、品种、名称、规格、数量和用途，并由领料单位负责人签名。仓库发料时，将实发数量填入单内，并由领、发双方签章，以明确材料领、发的经济责任。领料单一般一式三联，其中，一联留存领料单位备查；一联留存发料仓库，据以登记材料明细账；一联送交会计部门据以进行材料发出的核算。领料单如表 3-1 所示。

表 3-1 领料单

领料部门 第 号 年 月 日

材料编号	材料类别	材料名称规格	计量单位	数量		成本		备注
				请领	实发	单价	金额	
合计								

主管 会计 记账 保管 发料 领料

2. 限额领料单

限额领料单是一种在有效期和限额内可以多次使用的累计领发料凭证，适用于经常领用，并有消耗定额的材料领用。它一般由计划部门或供应部门根据生产计划和材料消耗定额等资料，按照产品和材料分别填制，单中应填明领料单位、材料用途、领发材料的品种和规格以及确定的领料限额等项目。该单一般一式两联，经计划部门和供应部门审核签发后，向仓库领料。仓库发料时，应根据限额领料单所列材料的品名、规格在限额内发放，以便仓库和领料单位双方掌握实发数量和限额结余数量。限额领料单如表 3-2 所示。

对于超过限额或变更用途材料的领料应区别情况进行处理。

表 3-2 限额领料单

领料单位： 发料仓库： 第 号

材料编号	材料类别	材料名称规格	计量单位	领用限额	实发数量	金额	日期	领料人签字	发料人签字	限额结余
合计										

主管 会计 记账 保管 发料 领料

3. 领料登记簿

领料登记簿是为了减少发料凭证的数量，简化填制和审批手续而采用的领料凭证。领料单位每月对同种材料的多次领取，只需填制一张领料登记表。领料时，应在表中填明领料日期、领料数量、累计领料数量。这样处理，减少了日常领料凭证填制工作，又便于月末材料发出汇总工作的进行。领料登记簿如表 3-3 所示。

表 3-3 领料登记簿

材料名称规格： 发料仓库： 第 号

日期	领用数量	累计领料数量	单价	金额	发料人	领料人
合计						

（二）材料费用的分配

1. 材料费用的分配对象

材料费用的分配对象不仅要适应企业的生产特点，还应考虑企业管理的要求，根据产品的主次作不同的处理。对于主要产品，以每种产品或每批产品单独作为分配对象，计算其实际总成本和单位成本；对于一些次要产品或零星产品，则可以合并为一个分配对象，计算其实际总成本，然后再按一定比例进行分配，计算出各种产品的单位成本。

具体来说，企业生产经营过程发生的材料费用，应根据领用材料时填制的原始凭证上列明的领料部门及领料用途分别确定不同的对象进行归集：基本生产车间领用的直接用于产品生产，构成产品实体或有助于产品形成的原料及主要材料、辅助材料、半成品、燃料等，应直接归集在“生产成本——基本生产成本”账户；辅助生产车间为进行辅助产品或劳务生产而领用的各种材料，应归集在“生产成本——辅助生产成本”账户；各生产车间或分厂为组织、管理生产和维护机器设备而领用的各种材料，应归集在“制造费用”账户；专设销售机构因销售产品而领用的材料，应归集在“销售费用”账户；企业行政管理部门领用的材料，应归集在“管理费用”账户。

2. 材料费用的分配方法

对于产品直接耗用的材料费用应尽可能直接计入有关产品的成本。对于在产品成本中所占比重较大的直接材料费用，应直接计入按成本计算对象设置的基本生产成本明细账户的“直接材料”成本项目内。如果这些直接材料是由多个成本计算对象共同领用和耗费的，应采用合理简洁的方法将其在各有关成本计算对象之间进行分配，然后再记入基本生产成本明细账户的“直接材料”成本项目中。而对于在产品成本中所占比重较小，并由多个成本计算对象共同领用和耗费的材料费用，可以采用简化的处理方法，即生产车间一般耗用的材料一并按其发生的地点记入“制造费用”账户，待期末分配后再记入基本生产成本明细账户的“制造费用”成本项目内。

3. 材料费用的分配标准

直接用于产品生产的材料，常用的分配方法有：

(1) 按定额耗用量比例分配。定额耗用量比例分配法是按各种产品材料消耗定额比例分配材料费用的一种方法。它一般在各项材料消耗定额健全并且比较准确的情况下采用。计算公式如下：

$$\text{某种产品材料定额耗用量} = \text{该种产品实际产量} \times \text{单位产品材料定额耗用量}$$

$$\text{材料定额耗用量分配率} = \frac{\text{材料实际总耗用量}}{\text{各种产品材料定额耗用量之和}}$$

$$\begin{array}{c}\text{某种产品应分配的}\\\text{材料实际耗用量}\end{array} = \text{该种产品材料定额耗用量} \times \text{材料定额耗用量分配率}$$

$$\text{某种产品应分配的材料费用} = \text{该种产品应分配的材料实际耗用量} \times \text{材料单价}$$

【例 3.1】 东花坛机械制造厂生产甲、乙两种产品，共耗用某种原材料 14 400 千克，每千克 3.50 元。甲产品实际产量为 1 800 件，单位产品材料定额耗用量为 3 千克；乙产品实际产量为 1 200 件，单位产品材料定额耗用量为 1.5 千克。采用定额耗用量比例分配法分配材料费用的结果如下：

$$\text{甲产品材料定额耗用量} = 1\,800 \times 3 = 5\,400(\text{千克})$$

$$\text{乙产品材料定额耗用量} = 1\,200 \times 1.5 = 1\,800(\text{千克})$$

$$\text{材料定额耗用量分配率} = \frac{14\,400}{5\,400 + 1\,800} = 2$$

$$\text{甲产品应分配的材料实际耗用量} = 5\,400 \times 2 = 10\,800(\text{千克})$$

$$\text{乙产品应分配的材料实际耗用量} = 1\,800 \times 2 = 3\,600(\text{千克})$$

$$\text{甲产品应分配的材料费用} = 10\,800 \times 3.50 = 37\,800(\text{元})$$

$$\text{乙产品应分配的材料费用} = 3\,600 \times 3.50 = 12\,600(\text{元})$$

采用上述方法计算分配材料费用，不仅能计算出每种产品应分配的材料费用，而且还能计算出每种产品耗用材料的实际数量。这样，可以考核材料消耗定额的执行情况，有利于加强成本的管理，但计算的工作量比较大。为了简化材料费用的分配工作，对于不需要考核材料实际耗用量的企业，可采用按材料定额耗用量的比例直接分配材料费用的方法。计算公式如下：

$$材料费用分配率 = \frac{材料实际总耗用量 \times 材料单价}{各种产品材料定额耗用量之和}$$

某种产品应分配的材料费用 = 该种产品材料定额耗用量 × 材料费用分配率

以例 3.1 为例，计算过程如下：

甲产品材料定额耗用量 = 1 800 × 3 = 5 400(千克)

乙产品材料定额耗用量 = 1 200 × 1.5 = 1 800(千克)

$$材料定额耗用量分配率 = 14\,400 \times \frac{3.5}{5\,400 + 1\,800} = 7$$

甲产品应分配的材料费用 = 5 400 × 7 = 37 800(元)

乙产品应分配的材料费用 = 1 800 × 7 = 12 600(元)

上述两种计算结果是一样的，区别在于后一种方法不利于原材料的消耗数量管理。

(2) 按产品重量比例分配。产品重量比例分配法是按照各种产品的重量比例分配材料费用的一种方法。这种方法一般在产品所耗用材料的多少与产品重量有着直接联系的情况下采用。计算公式如下：

$$材料费用分配率 = \frac{材料实际总耗用量 \times 材料单价}{各种产品重量之和}$$

某种产品应分配的材料费用 = 该种产品的重量 × 材料费用分配率

(3) 按产品材料定额成本比例分配。产品材料定额成本比例分配法是按照产品材料定额成本分配材料费用的一种方法。它一般在几种产品共同耗用几种材料的情况下采用。计算公式如下：

某种产品材料定额成本 = 该种产品实际产量 × 单位产品材料定额成本

$$材料定额成本分配率 = \frac{\sum(每种材料实际耗用量 \times 材料单价)}{各种产品材料定额成本之和}$$

某种产品应分配的材料费用 = 该种产品材料定额成本 × 材料定额成本分配率

(4) 按产品产量比例分配。产品产量比例分配法是按产品的产量比例分配材料费用的一种方法。当产品的产量与其所耗用的材料有密切联系的情况下，可采用这种方法分配材料费用。计算公式如下：

$$材料费用分配率 = \frac{材料实际总耗用量 \times 材料单价}{各种产品实际产量之和}$$

某种产品应分配的材料费用 = 该种产品实际产量 × 材料费用分配率

在什么样的情况下适合采用按产品产量比例分配材料费用？

（三）材料费用的归集与分配

在实际工作中，根据材料日常核算采用的计价方法，发出材料可采用实际成本计价，也可以采用计划成本计价。按实际成本计价，其明细账采用数量金额式，由于每次入库材料的实际成本不同，故每次发出材料的单位成本必须选择一定的方法确认(具体包括加权平均法、移动加权平均法、个别计价法)，并保持相对不变。根据发料凭证编制的材料费用分配表(或发出材料汇总表)如表 3-4 所示。

表 3-4　　**材料费用分配表(实际成本)**　　单位：元

分配对象	明细项目	原料和主要材料			辅助材料	燃料	合计
		直接计入	分配计入	小计			
甲产品	直接材料	3 000	500	3 500			3 500
乙产品	直接材料	5 000	300	5 300			5 300
基本车间	一车间				300	400	700
辅助车间	供电车间					1 000	1 000
管理部门	修理费				600		600
合　计		8 000	800	8 800	900	1 400	11 100

根据材料费用分配表(见表 3-4),编制会计分录如下：

借：生产成本——基本生产成本——甲产品　　3 500

　　　　　　　　　　　　　——乙产品　　5 300

　　生产成本——辅助生产成本——供电车间　　1 000

　　制造费用　　700

　　管理费用　　600

　贷：原材料　　11 100

当发出材料按计划成本计价核算时,发出材料采用计划成本计价,并根据有关资料计算分配材料成本差异,编制材料成本差异分配表,如表 3-5 所示。

表 3-5　　**材料费用分配表(计划成本)**　　单位：元

分配对象	原料和主要材料		辅助材料		燃料		合计
	计划成本	差异(2%)	计划成本	差异(1%)	计划成本	差异(－1%)	
甲产品	3 500	70					3 570
乙产品	5 300	106					5 406
基本车间			300	3	400	－4	699
辅助车间					1 000	－10	990
管理部门			600	6			606
合　计	8 800	176	900	9	1 400	－14	11 271

根据材料费用分配表(见表 3-5),编制会计分录如下：

借：生产成本——基本生产成本——甲产品　　3 500

　　　　　　　　　　　　　——乙产品　　5 300

　　　　　——辅助生产成本　　1 000

　　制造费用　　700

　　管理费用　　600

　贷：原材料　　11 100

结转发出材料应负担的成本差异：

借：生产成本——基本生产成本——甲产品　　70

——乙产品　　106

——辅助生产成本　　10

制造费用　　1

管理费用　　6

贷：材料成本差异　　171

需要强调的是，在上述会计处理中，直接用于产品生产的燃料记入了“生产成本——基本生产成本”账户的“直接材料”成本项目。如果实际工作中燃料耗用的数量较大，需单独设置“燃料及动力”成本项目，归集生产中使用的燃料费用，以便于对其进行分析和考核。

按计划成本计价进行材料收发的日常核算具有下列优点。

第一，简化日常发出材料时计算发出材料成本的工作量，在采用实际成本进行材料日常核算时，每次领料需要采用先进先出法、移动平均法等方法计算发出材料的实际成本，工作量比较大。在采用计划成本进行日常核算时，由于预先制定了材料的计划单位成本，平时领用材料时，根据领料数量，再乘以预先制定的材料计划单位成本，就可以计算发出材料的成本，大大简化发出材料成本计算的工作量。

第二，有利于分析材料消耗的节约或超支情况，考核材料领用部门的工作成果。在采用计划成本进行日常核算时，生产车间及其他部门日常领用材料时，其消耗的材料费用是根据领料数量和预先制定的材料计划单位成本计算的，这样就可以剔除材料价格因素变动的影响，有利于分析材料消耗的节约或超支情况。

第三，考核材料领用部门的工作成果。通过“材料采购”和“材料成本差异”两个账户的核算，有利于考核采购工作的业绩，分析各种材料采购成本超支或节约的原因，以利于改进材料采购的管理工作。

按计划成本计价进行材料收发日常核算的缺点是其核算结果不是很准确，因为月末将发出材料的计划成本调整为实际成本时，材料成本差异率是按材料类别而不是按品种计算，由于同一类的各种材料，其材料成本差异率并不一样，所以，按类别计算材料成本差异率，并据此差异率将发出材料的计划成本调整为实际成本，其结果就不够准确。

按计划成本计价进行材料收发的日常核算适用于材料品种规格繁多且材料收发业务频繁的企业。

三、外购动力费用的归集与分配

（一）外购动力费用的归集

外购动力费用是指企业从外单位购入的电力、热力等动力所支付的费用。外购动力费用在实际工作中大多是先用后付的，也就是本月发生的动力费用要到下个月才支付，而企业进行成本计算的会计期间是以月份为基础的，因此，根据权责发生制原则和配比原则的要求，企业必须在每月月末自行抄录计量仪表上反映耗用动力的数量，以确认各期发生的动力费用。

外购动力费用应按耗用部门和用途进行归集。直接用于产品生产的外购动力费用，如基本生产车间工艺用电，应归集在“生产成本——基本生产成本”账户；间接用于产品生产的外购动力费用，如基本生产车间照明、调节温度用电，应归集在“制造费用”账户；各辅助生产车间耗用的外购动力费用，应归集在“生产成本——辅助生产成本”账户；专设销售机构耗用的外购动力费用，应归集在“销售费用”账户；企业行政管理部门耗用的外购动力费用，应归集在“管理费用”账户。

企业为了便于归集各部门不同用途的外购动力费用，可以根据需要在各部门安装计量仪表，届时根据各部门耗用动力的数量，将其乘以外购动力费用的单价，即可确定各账户应归集的金额。

（二）外购动力费用的分配

外购动力费用的分配，在有仪表记录的情况下，应根据仪表所示耗用动力的数量和动力的单价计算。但是基本生产车间由于同一设备往往生产多种产品，难以为生产的每一种产品安装仪表计量其耗用的动力数量，因此，基本生产车间直接用于生产产品的外购动力费用，应选择适当的标准，在生产的各种产品之间进行分配。分配的标准有生产工时比例、机器功率时数比例、定额消耗量比例等。

在实际工作中，外购动力费用的归集和分配通过编制外购动力费用分配表进行，如表 3-6 所示。

表 3-6 **外购动力费用分配表** 单位：元

2011 年 9 月

应借科目		分配标准（耗用量）	分配率	分配金额
生产成本——基本生产	甲产品	12 000	0.25	3 000
生产成本——基本生产	乙产品	8 000	0.25	2 000
生产成本——辅助生产	机修车间	4 000	0.25	1 000
制造费用	第一车间	3 000	0.25	750
制造费用	第二车间	2 000	0.25	500
管理费用	行政管理部门	1 000	0.25	250
合 计		30 000		7 500

根据外购动力费用分配表编制的会计分录如下：

借：生产成本——基本生产成本——甲产品 3 000
　　　　　　——基本生产成本——乙产品 2 000
　　　　　　——辅助生产成本——机修车间 1 000
　　制造费用——第一车间 750
　　　　　　——第二车间 500
　　管理费用 250
　贷：应付账款（或银行存款） 7 500

四、职工薪酬费用的归集与分配

（一）职工薪酬的构成

职工薪酬是指企业为获得职工提供的服务而给予各种形式的报酬以及其他相关支

出，包括职工在职期间和离职后提供给职工的全部货币性薪酬和非货币性福利。企业提供给职工配偶、子女或其他被赡养人的福利等，也属于职工薪酬。《企业会计准则第9号——职工薪酬》规定，凡属于职工薪酬的工资均在“应付职工薪酬”账户进行核算。根据《企业会计准则第9号——职工薪酬》，职工薪酬包括：

(1) 职工工资、奖金、津贴和补贴；

(2) 职工福利费；

(3) 医疗保险费、养老保险费、失业保险费、工伤保险费和生育保险费等社会保险费；

(4) 住房公积金；

(5) 工会经费和职工教育经费；

(6) 非货币性福利；

(7) 因解除与职工的劳动关系给予的补偿；

(8) 其他与获得职工提供的服务相关的支出。

（二）职工薪酬核算的原始凭证

考勤记录、产量记录、工时记录是计算应付职工薪酬、归集和分配工资费用的基础，可为企业考核劳动消耗定额执行情况，进行成本分析及决策提供有用信息。因此，每个企业都应根据管理需要和生产工艺特点，合理设计考勤记录、产量记录和工时记录的格式，认真做好各项原始记录的统计工作。

1. 考勤记录

考勤记录是登记职工出勤和缺勤情况的原始记录，它一般按车间、班组、科室分别填制，应由考勤人员根据职工出勤、缺勤以及迟到、早退情况进行逐日登记。考勤记录的主要形式是考勤簿、考勤卡等。考勤簿如表3-7所示。

表3-7 **考勤簿**

车间：第一车间 2011年7月 考勤员：李庭胜

编号	姓名	工资等级	出勤和缺勤情况											出勤时间分析				缺勤时间分析						迟到或早退
			1	2	3	4	5	6	7		出勤小计	缺勤小计	计时工资	夜班工资	加班工资	出勤合计	公假	工伤	病假	探亲假	矿工	事假	
1																							
2																							
3																							
4																							
5																							
合计																							

2. 产量和工时记录

产量记录是反映工人或班组在出勤时间内生产产品的产量、质量和耗用生产工时的原始记录。它是计算计件工资和统计产量、生产工时的依据。

在成批生产类型的企业里，一般采用“工序进程单”作为产量记录。“工序进程单”一般按每批产品的整个工艺过程开设，用以分配生产任务，并同时用来记录产品的加工进程。在“工序进程单”中，由于要反映产品的全部加工过程，故要将产品的全部工序列入，并且需记录每道工序产品质量的检查结果。但工序进程单不能满足企业统计产量和计算工资的要求，因而还需设置“工作班产量记录”。工作班产量记录应按班组设置，并应同工序进程单结合起来使用。

企业为了同职工办理工资结算手续，通常按车间、部门编制工资结算单。职工工资单应包括每一职工姓名和职工所在部门信息，反映企业应付职工薪酬、代扣款项和实发工资等内容。为了反映整个企业全部工资的结算情况，还应根据工资结算单汇总编制工资结算汇总表。工资结算汇总表的格式如表 3-8 所示。

表 3-8　　　　工资结算汇总表　　　　单位：元

2011 年 7 月

部门	职工类别	应付工资					代扣款项				实发工资
		标准工资	奖金	物价补贴	加班工资	合计	住房公积金	养老保险金	个人所得税	合计	
基本生产车间	生产工人	70 000	40 000	4 156	2 544	116 700	3 500	3 501	1 167	8 168	108 532
	管理人员	10 000	5 000	1 000	390	16 390	900	430	240	1 570	14 820
机修车间		7 600	3 325	455	326	11 706	480	471.20	157	1 108.20	10 597.80
供水车间		4 000	2 000			6 000	200	100	50	350	5 650
管理部门		11 500	6 000	3 360		20 860	575	625.80	208	1 408.80	19 451.20
销售机构		8 700	2 000	290		10 990	435	329.70	110	874.70	10 115.30
工程部门		5 000		200		5 200	250	156	52	458	4 742
合计		116 800	58 325	9 461	3 260	187 846	6 340	5 613.70	1 984	13 937.70	173 908.30

（三）职工薪酬的计算

职工薪酬的计算方法有两种：计时工资的计算、计件工资的计算。

1. 计时工资的计算

计时工资是根据考勤记录登记的每一职工的出勤情况和规定的计时工资标准计算的。计时工资的计算有月薪制和日薪制两种方法。

(1) 月薪制。月薪制是指根据每位职工的月标准工资和出勤情况计算其工资的方法。采用月薪制时，只要职工出满勤，不论该月份是多少天数，都可以得到全月的标准工资。如果缺勤，就应从月标准工资中将缺勤日的工资予以扣除。计算公式如下：

$$应付标准工资=月标准工资-(事假天数\times 日标准工资)-(病假天数\times 日标准工资\times 病假扣款率)$$

上式中的日工资率(日标准工资)的计算公式为：

$$日工资率=\frac{月标准工资}{平均每月工作日数}$$

上式中平均每月工作日数一般按以下两种方法之一计算。

① 按全年平均日历日数30天计算，即360÷12=30.4，在企业实务处理当中一般按30天。

② 按全年法定工作日数20.83天计算，即按年日历日数365天减去104个双休日和11个法定节假日之差，再除以12个月算出平均工作日数。

如果按30天计算日工资率，由于节假日也算工资，因而出勤期间的节假日也按出勤日算工资，因此，缺勤期间的节假日也按缺勤日扣工资；如果按20.83天计算日工资率，则节假日不算，也不扣工资。

需要说明的是，按30天计算日工资率的方式的优点是比较简便，由于职工的月标准工资不是经常变动，而且全年平均每月日历日数是固定不变的，所以，只要职工的月标准工资不调整，就不需要每月计算职工的日工资，但是由于星期天和节假日计算工资，因此，在星期天和节假日缺勤也扣工资，不便于向职工解释，因此，在实际工作中采用的不多。而按20.83天计算日工资率，周末和法定假日不计算工资，这样更能体现按劳分配的原则。

(2) 日薪制。日薪制是指按每位职工的日标准工资和出勤情况计算其工资的方法，其计算公式如下：

$$应付标准工资=出勤日数\times 日工资率+病假日数\times 日工资率\times(1-病假扣款率)$$

采用日薪制计算应付职工计时工资，由于每个月份实际工作天数不同、职工出勤的天数不同，所以每个月份都需要计算，工作量较大，通常适用于计算临时工的工资。

我们可以通过下例来理解月薪制及日薪制的计算要点。

【例3.2】 永盛齿轮厂基本生产车间李卫东的月工资标准为1 500元。其2011年7月份出勤情况为：事假2天，病假2天，周末休假8天，实际出勤19天，该工人事假、病假期间无休假日，其病假工资按标准工资的90%计算。现计算李卫东7月份的计时工资。

(1) 按30天计算日工资率，按缺勤天数计算工资——月薪制：

$$日工资率=\frac{1\,500}{30}=50(元/天)$$

$$计时工资=1\,500-[50\times 2+50\times 2\times(1-90\%)]=1\,390(元)$$

(2) 按30天计算日工资率，按出勤天数计算工资——日薪制：

$$日工资率=\frac{1\,500}{30}=50(元/天)$$

$$计时工资=50\times(19+8)+50\times 2\times 90\%=1\,440(元)$$

(3) 按20.83天计算日工资率，按缺勤天数计算工资——月薪制：

$$日工资率=\frac{1\,500}{20.83}=72.011\,5(元/天)$$

$$计时工资=1\,500-[72.011\,5\times 2+72.011\,5\times 2\times(1-90\%)]=1\,341.58(元)$$

(4) 按 20.83 天计算日工资率,按出勤天数计算工资——日薪制:

$$日工资率=\frac{1\ 500}{20.83}=72.011\ 5(元/天)$$

$$计时工资=72.011\ 5\times19+72.011\ 5\times2\times90\%=1\ 497.84\ (元)$$

上述(2)式比(1)式计算结果多 50 元,这是因为 7 月份日历天数是 31 天,比作为日工资率计算依据的天数 30 天多 1 天,因此按第一种方法计算就会少 1 天工资。在日历天数是 30 天的月份,两种方法下的计算结果应该一致。(4)式比(3)式计算结果多 156.26 元,这是由于应出勤天数 23 天(2+2+19)比日工资率计算天数多 2.17 天,因此按出勤天数计算工资就会多 2.17 天的工资 156.26 元(1 497.84−1 341.58)。

四种计算方法相比较,按 20.83 天计算日工资率,周末和法定假日不计算工资,这样更能体现按劳分配的原则;而且,一般情况下职工出勤天数总比缺勤天数多,计算缺勤工资就较为简便。因此,按 20.83 天计算日工资率,以工资标准扣除缺勤工资的方法,相对更为合理。

课堂讨论

日薪制中的哪一种方法更容易让员工接受?

2. 计件工资的计算

计件工资是根据规定的计件单价和职工完成的合格品产品数量计算的。计件工资按照支付对象的不同,可分为个人计件工资和集体计件工资两种。

(1) 个人计件工资的计算。当职工所从事的工作能分清每个人的经济责任时,可采取个人计件工资的方式。个人计件工资应根据产量和工时记录中登记的每个工人完成的工作量,乘以规定的计件单价计算。产量包括合格品数量和由于材料缺陷等客观原因产生的废品(简称料废)数量。对于由于工人本身过失造成的废品(简称工废),不但不能计算计件工资,有的还应由工人赔偿损失。

个人计件工资计算公式如下:

$$应付标准工资 = \sum(各种产品的数量 \times 该种产品的计件单价)$$

其中计件单价可以根据加工单位所需耗用的工时定额和该级工人每小时的工资率计算求得:

$$计件单价=产品定额工时\times等级小时工资率$$

【例 3.3】 丹城汽车制造厂职工刘春旅 8 月份加工甲、乙两种产品,甲产品 280 件,乙产品 140 件。验收时发现甲产品料废 3 个,工废 4 个。该职工小时工资率为 8 元,制造甲产品定额工时为 1 小时,乙产品为 2 小时。8 月份刘春旅应得计件工资如下:

$$甲产品计件单价 = 1\times8 = 8(元)$$

$$乙产品计件单价 = 2\times8 = 16(元)$$

$$刘春旅 8 月份应得计件工资 = (280-4)\times8+140\times16 = 4\ 448(元)$$

(2) 集体计件工资的计算。当职工集体从事某项工作且不易分清每个职工的经济责任时,可采取集体计件工资的方式。采用集体计件工资时,应先按集体完成的产品数量和计件单价计算出整个集体应得的计件工资总额,然后再采用一定的方法将整个集体应得的计件工资总额在集体内部各成员间进行分配。具体而言,一般按各成员的工作时间与工资标准的乘积的比例进行分配。

【例 3.4】 丹城汽车厂第一车间第一生产班组本月共同加工完成丙产品 5 000 件，甲产品的计件单价为 1.035 4 元。该班组由 3 个不同等级的工人组成，每人的姓名、技术等级、日工资率、出勤天数见表 3-9。

表 3-9　　集体计件工资分配表

单位：第一车间第一生产组　　2011 年 8 月

姓名	等级	日工资率	出勤天数/天	按日工资率和出勤天数计算的工资额/元	分配率	计件工资/元
杨志	5	60	30	1 800		2 306.52
李伟	4	50	28	1 400		1 793.96
潘刚	3	40	21	840		1 076.52
合计				4 040	1.281 4	5 177.00

第一步：应付集体计件工资＝5 000×1.035 4＝5 177(元)

第二步：分配率$=\frac{5\ 177}{4\ 040}=1.281\ 4$

3. 其他薪酬、“五险一金”、职工福利费的计算

奖金是支付给职工的超额劳动或增收节支等劳动报酬；津贴和补贴是支付给职工额外劳动或特殊劳动的劳动报酬，奖金、津贴和补贴、加班工资、特殊情况下支付的工资等计入工资总额，由企业按有关规定计算。

“五险一金”指的是五种社会保险以及一个公积金，“五险”包括养老保险、医疗保险、失业保险、工伤保险和生育保险；“一金”指的是住房公积金。其中养老保险、医疗保险和失业保险是由企业和个人共同缴纳；工伤保险和生育保险完全是由企业承担的，个人不需要缴纳。这里要注意的是“五险”是法定的，而“一金”不是法定的。每个地区的五险一金缴纳额度规定都有所不同。基本计算方法为：

企业某月缴纳的各种社会保险＝上一年月平均工资×国家规定的百分比

职工福利费是指企业为职工提供的除职工工资、奖金、津贴、纳入工资总额管理的补贴、职工教育经费、社会保险费和补充养老保险费(年金)、补充医疗保险费及住房公积金以外的福利待遇支出。包括为职工卫生保健、生活等发放或支付的各项现金补贴和非货币性福利；职工困难补助；离退休人员统筹外费用；按规定发生的其他职工福利费等。

企业某月应计提的职工福利费＝(该月工资总额－按规定标准发放的住房补贴)×企业自行规定的百分比

(四) 工资费用的归集与分配

企业的工资费用应按其发生的地点和用途进行归集。对于基本生产车间直接从事产品生产的生产工人工资，应记入“生产成本——基本生产成本”账户中的“直接工资”成本项目中；基本生产车间管理人员的工资，应记入“制造费用”账户；辅助生产车间人员的工资应记入“生产成本——辅助生产成本”账户中；企业行政管理人员的工资应记入“管理费用”账户中；医务及生活福利部门人员的工资，应记入“应付职工薪酬”账户中；固定资产建造工程人员的工资，应记入“在建工程”账户中；专设销售机构人员的工资，则应记入“销售费用”中。

需要注意的是，基本生产车间直接从事产品生产的生产工人工资，由于采用的工资形式和产品品种数量的不同，其计入产品成本的方式也不相同。在采用计件工资形式下，生产工人的计件工资，可以按照不同的成本计算对象直接计入产品成本中；对于计件工人应得的津贴、补贴、非工作时间的工资，一般可按各产品计件工资费用的比例进行分配。在采用计时工资形式下，如果基本生产车间只生产一种产品，则该生产车间汇总的生产工人工资可直接计入该种产品成本中；如果基本生产车间生产多种产品，则该生产车间发生的生产工人工资就需要在各种产品之间进行分配，通常采用产品的实际生产工时比例或定额工时比例进行分配。

在实际工作中，工资费用的归集和分配是通过编制职工薪酬费用分配表进行的。职工薪酬费用分配表如表 3-10 所示。

表 3-10　　职工薪酬费用分配表　　单位：元

2011 年 8 月

应借账户		成本或费用项目	直接计入	分配计入			工资费用合计
				生产工时	分配率	金　额	
基本生产成本	甲产品	直接人工		60 000	0.778	46 680	46 680
	乙产品	直接人工		90 000		70 020	70 020
	小　计			150 000		116 700	116 700
制造费用	基本生产车间	职工薪酬	16 390				16 390
辅助生产成本	机修	职工薪酬	11 706				11 706
	供水		6 000				6 000
管理费用		职工薪酬	20 860				20 860
销售费用		职工薪酬	10 990				10 990
在建工程		职工薪酬	5 200				5 200
合　计			71 146				187 846

根据职工薪酬费用分配表，编制会计分录如下：

借：生产成本——基本生产成本——甲产品　　46 680
　　　　　　　　　　　　　　——乙产品　　70 020
　　制造费用　　16 390
　　生产成本——辅助生产成本——机修车间　　11 706
　　　　　　　　　　　　　　——供水车间　　6 000
　　管理费用　　20 860
　　销售费用　　10 990
　　在建工程　　5 200
　贷：应付职工薪酬　　187 846

五、固定资产折旧费用的归集与分配

（一）固定资产折旧费用的计算

固定资产折旧费用的计算是通过编制各车间、部门折旧计算明细表进行的。

折旧计算明细表应根据月初计提折旧固定资产的有关资料和确定的折旧计算方法编制。根据规定，月份内增加的固定资产，当月不提折旧，从下月起计提折旧；月份内减少的固定资产，当月照提折旧，从下月起停止计提折旧。

知识链接

我们在财务会计学习中学过几种计算折旧的方法？每种方法具体如何计算？

根据《企业会计准则——固定资产》的规定，企业所持有的固定资产，除下列情况外，都应计提折旧：①已提足折旧仍继续使用的固定资产；②按规定单独估价作为固定资产入账的土地。固定资产折旧计算明细表如表 3-11 所示。

表 3-11　　固定资产折旧计算明细表

车间名称：第一车间　　2011 年 7 月　　单位：元

固定资产类别	月折旧率/%	上月折旧额	上月增加固定资产原价	上月减少固定资产原价	应增应减折旧额	本月折旧额
厂房	2	5 000	80 000	40 000	+800	5 800
机加设备	4.5	4 000	—	2 000	−90	3 910
起重设备	5.8	2 000	—	—	—	2 000
运输设备	5	1 500	—	—	—	1 500
专用设备	4	3 000	4 000	—	+160	3 160
合　计	—	15 500	12 0000	42 000	+870	16 370

（二）固定资产折旧费用的分配

对于按规定计提的折旧费用，应根据固定资产的使用地点和用途进行归集和分配，分别记入“制造费用”、“生产成本——辅助生产成本”、“销售费用”和“管理费用”等账户中。其中生产车间生产产品使用的机器设备的折旧费用虽是直接用于产品生产的费用，但是由于生产一种产品往往需要使用多种机器设备，而一种机器设备又可能生产多种产品，如果将机器设备的折旧费用直接计入产品成本，其计算分配工作比较复杂。为了简化成本计算工作，通常不专门设置“折旧费用”成本项目，而是将机器设备的折旧费用与生产车间的其他固定资产折旧费用一起记入“制造费用”账户中。

在实际工作中，折旧费用的归集和分配是在汇总各车间、部门固定资产折旧计算明细表的基础上，通过编制折旧费用分配表进行的。折旧费用分配表如表 3-12 所示。

根据折旧费用分配表，编制会计分录如下：

借：制造费用　　24 370

　　生产成本——辅助生产成本　　3 500

　　销售费用　　1 000

管理费用　　　　　　　　　　　　　　2 000

贷：累计折旧　　　　　　　　　　　　　　30 870

表 3-12　　　　**折旧费用分配表**　　　　单位：元

2011 年 7 月

车间、部门应借账户	第一生产车间	第二生产车间	供电车间	销售部门	行政管理部门	合计
制造费用	16 370	8 000				24 370
生产成本——辅助生产成本			3 500			3 500
销售费用				1 000		1 000
管理费用					2 000	2 000
合　计	16 370	8 000	3 500	1 000	2 000	30 870

六、利息费用的归集

我国企业会计制度规定，企业生产经营期间发生的借款利息，除为购建固定资产的专门借款所发生的借款利息外，其他借款利息均应于发生当期确认为费用，直接计入当期损益；企业为购建固定资产而借入的专门借款所发生的借款利息，在满足资本化条件的前提下，在所购建的固定资产达到预定可使用状态前所发生的，应当予以资本化，计入所购建固定资产的成本；在所购建的固定资产达到预定可使用状态后所发生的，应当于发生当期确认为费用，直接计入当期损益。

短期借款的利息一般是按季结算支付的。在实际支付利息时直接计入当期损益或者固定资产成本，借记“财务费用”或“在建工程”等账户，贷记“银行存款”账户。

长期借款利息一般是到期连同本金一起支付的。按照权责发生制原则的要求，应当分期计提应付利息。每期计提利息时，借记“财务费用”、“在建工程”等账户，贷记“长期借款”账户。

七、税金的归集

要素费用中的税金是管理费用的一部分，包括房产税、车船使用税、土地使用税和印花税等。

对于房产税、土地使用税、车船使用税，一般需要预先计算应交金额，然后实际交纳。计算出应交税费时，借记“管理费用”账户，贷记“应交税费”账户；实际交纳时，借记“应交税费”账户，贷记“银行存款”账户。印花税是采用购买印花税票的方式直接交纳的，借记“管理费用”账户，贷记“库存现金”账户。

第二节　辅助生产费用的归集与分配

一、辅助生产费用核算的意义

工业企业的生产车间按其生产职能的不同，可以分为基本生产车间和辅助生产车间。

基本生产车间是指从事企业主要产品生产的车间；辅助生产车间是指为保证企业产品生产正常进行而向基本生产车间、企业行政管理部门等单位提供产品和劳务的服务车间，其所从事的生产活动叫辅助生产。辅助生产车间根据它所提供产品、劳务的品种多少，分为两种类型：一类是只生产一种产品或提供一种劳务的，称为单品种辅助生产，如供电、供水、供气、运输等辅助生产；另一类则是生产多种产品或提供多种劳务的，称为多品种辅助生产，如从事工具、模具、修理用备件制造的辅助生产。

辅助生产费用，是指企业所属辅助生产部门为生产提供工业性产品和劳务所发生的各种辅助生产费用。由于辅助生产车间提供的可能是产品，也可能是劳务，所以核算的方法也不太一样。若提供的是产品，其核算同于基本生产车间的产品；若提供的是劳务，则应根据辅助生产车间所提供的产品或劳务的数量及其受益单位和程序等情况的不同采用适当的方法进行分配。这一特点决定了辅助生产费用必须按其耗用比例分别转入生产成本、制造费用和管理费用。因此，正确、及时地进行辅助生产费用的归集和分配，对于正确及时计算产品成本有着重要的意义。

二、辅助生产费用的归集

（一）辅助生产费用的账户设置

辅助生产费用的核算通过“生产成本——辅助生产成本”账户进行核算。该账户是成本计算账户，其借方反映为进行辅助生产而发生的一切生产耗费，既包括各辅助生产车间发生的直接费用，也包括辅助生产车间为组织和管理生产活动所发生的各项间接费用；在辅助生产车间相互提供服务的情况下，还包括接受企业内部其他辅助生产车间的劳务、作业成本。该账户贷方反映辅助生产费用的分配，登记各辅助生产车间向基本生产车间、行政管理部门、其他辅助生产部门以及其他部门提供劳务成本的转出数，以及完工入库的工具、模具、修理用备件等辅助生产产品生产成本的转出数；该账户若有借方余额，为辅助生产在产品的成本。

“生产成本——辅助生产成本”一般应按辅助生产车间以及辅助生产产品或劳务的种类设置明细账，账中按成本项目或费用项目设置专栏，进行明细核算。其格式如表 3-13 所示。

表 3-13　　生产成本——辅助生产成本明细账　　单位：元

日期	摘　　要	工资及福利费	办公费	折旧费	水电费	外购电力	材料	……	其他
略	分配材料费						2 500		
	工资费	6 000							
	提折旧			2 000					
	办公费		4 000						
	电费				10 000				
	合计	6 000	4 000	2 000	10 000		2 500		
	本月转出								

（二）辅助生产费用归集的程序和账务处理

1. 提供单一品种或劳务的辅助生产车间

对于提供单一品种或劳务的辅助生产车间，一般不设置“制造费用”账户。此时，可以在“生产成本——辅助生产成本”账户下开设类似制造费用明细的成本项目。发生的辅助生产费用，均根据有关的原始凭证，直接记入“生产成本——辅助生产成本”账户及所属有关明细账的借方，并登记在相应的费用项目。

对于提供单一品种或劳务的辅助生产车间，为什么不设置“制造费用”账户？

2. 提供多品种产品或劳务的辅助生产车间

对于提供多品种产品或劳务的辅助生产车间，发生辅助生产费用时，对直接生产费用应分别根据“材料费用分配表”、“工资及福利费分配表”等有关凭证，记入“生产成本——辅助生产成本”账户的借方及所属明细账的相应专栏；对辅助生产车间的间接费用，则根据“折旧费用分配表”等原始凭证，先记入“制造费用”账户及所属辅助生产制造费用明细账的借方，月末采用合理方法在各种辅助产品和劳务之间进行分配，再从“制造费用”账户贷方直接或分配转入“生产成本——辅助生产成本”账户及有关明细账的借方。如果多品种辅助生产车间规模较小，发生制造费用较少，辅助生产也不对外销售产品或提供劳务时，为简化核算，也可以不单独设置“制造费用——辅助生产车间”明细账。

三、辅助生产费用的分配

辅助生产车间所提供的产品和劳务种类不同，辅助生产费用的分配转出程序也不一样。辅助生产提供可以入库的产品，如自制材料、工具、模具等产品的成本，应在产品完工入库时，从“生产成本——辅助生产成本”账户及其明细账的贷方分别转入“原材料”、“低值易耗品”账户的借方；基本生产车间和管理部门领用时，则根据存货核算的要求，按其用途，从“原材料”、“低值易耗品”账户的贷方，转入“生产成本——基本生产成本”、“制造费用”、“管理费用”、“在建工程”等账户的借方。如果辅助生产提供的是不能入库的产品或劳务，如提供电、水、气或运输等劳务，则辅助生产费用应按其提供的产品劳务数量或其他比例，在各受益对象之间进行分配。分配时，应从“生产成本——辅助生产成本”账户及其明细账的贷方转入“生产成本——基本生产成本”、“制造费用”、“管理费用”、“在建工程”等账户的借方。

辅助生产费用的分配应根据辅助生产明细账编制辅助生产费用分配表，并据以编制会计分录，登记有关账簿。

辅助生产费用的分配原则：

第一，凡接受辅助生产车间提供产品、劳务的部门、产品或定单，均应负担辅助生产费用。其中能直接确认受益对象的，直接计入耗用部门、产品或定单的成本；不能直接确认受益对象的，必须按受益比例在各受益部门之间进行分配，多受益多分配，少受益少分配。

第二，辅助生产费用分配方法应该力求简单、合理、易行。辅助生产车间提供的产品和劳务，主要是为基本生产车间和企业行政管理部门服务和使用的。但在某些辅助生产车间之间，也有相互提供产品和劳务的情况，从而使辅助生产费用的归集分配互为条件，相互制约，增加了辅助生产费用分配的难度。

辅助生产费用分配的方法通常有：直接分配法、顺序分配法、交互分配法、代数分配法和计划成本分配法。

（一）直接分配法

直接分配法是指将各辅助生产车间发生的费用，直接分配给辅助生产车间以外的各受益单位，而不考虑各个辅助生产车间之间相互提供劳务的情况。其分配计算公式如下：

$$\text{某辅助生产车间费用分配率}=\frac{\text{该辅助生产车间发生的费用}}{\text{该辅助生产车间提供的劳务总量}-\text{该辅助生产车间为其他辅助生产车间提供的劳务量}}$$

$$\text{某受益部门应负担的辅助生产费用}=\text{该受益部门劳务耗用量}\times\text{该辅助生产车间费用分配率}$$

【例 3.5】 新安冶炼厂有供水和供电两个辅助生产车间，供水车间本月发生费用 21 000 元，供电车间本月发生费用 150 000 元。采用直接分配法分配辅助生产费用。各辅助生产车间提供的劳务数量如表 3-14 所示。

表 3-14　　辅助生产车间发生的费用和提供的劳务量

项　目			供电车间	供水车间
待分配费用/元			150 000	21 000
供应劳务数量			800 000(度)	12 500(吨)
耗用劳务数量	供电车间			1 500(吨)
	供水车间		10 000(度)	
	第一基本生产车间	甲产品	250 000(度)	2 000(吨)
		乙产品	300 000(度)	4 000(吨)
		一般耗用	210 000(度)	4 000(吨)
	企业管理部门		30 000(度)	1 000(吨)

实际工作中，辅助生产费用的分配是通过编制"辅助生产费用分配表"进行的。采用直接分配法编制的辅助生产费用分配表如表 3-15 所示。

表 3-15　　辅助生产费用分配表(直接分配法)　　2011 年 7 月

辅助生产车间名称	供电车间	供水车间	金额合计
待分配费用/元	150 000	21 000	
供应辅助生产以外的劳务数量	790 000(度)	11 000(吨)	

续表

<table>
<tr><th colspan="3">辅助生产车间名称</th><th>供电车间</th><th>供水车间</th><th>金额合计</th></tr>
<tr><td colspan="3">单位成本(分配率)</td><td>0.189 9</td><td>1.909 1</td><td></td></tr>
<tr><td rowspan="6">基本生产车间</td><td rowspan="2">甲产品</td><td>耗用数量</td><td>250 000(度)</td><td>2 000(吨)</td><td></td></tr>
<tr><td>分配金额/元</td><td>47 475</td><td>3 818.20</td><td>51 293.20</td></tr>
<tr><td rowspan="2">乙产品</td><td>耗用数量</td><td>30 000(度)</td><td>4 000(吨)</td><td></td></tr>
<tr><td>分配金额/元</td><td>56 970</td><td>7 636.40</td><td>64 606.40</td></tr>
<tr><td rowspan="2">一般耗用</td><td>耗用数量</td><td>210 000(度)</td><td>4 000(吨)</td><td></td></tr>
<tr><td>分配金额/元</td><td>39 879</td><td>7 636.40</td><td>47 515.40</td></tr>
<tr><td colspan="2" rowspan="2">企业管理部门</td><td>耗用数量</td><td>30 000(度)</td><td>1 000(吨)</td><td></td></tr>
<tr><td>分配金额/元</td><td>5 676</td><td>1 909</td><td>7 585</td></tr>
<tr><td colspan="3">合　计</td><td>150 000</td><td>21 000</td><td>171 000</td></tr>
</table>

其中：

$$供电车间费用分配率=\frac{150\,000}{800\,000-10\,000}=0.189\,9(元/度)$$

$$供水车间费用分配率=\frac{21\,000}{12\,500-1\,500}=1.909\,1(元/吨)$$

根据辅助生产费用分配表，编制会计分录如下：

借：生产成本——基本生产成本——甲产品　　51 293.20
　　生产成本——基本生产成本——乙产品　　64 606.40
　　制造费用　　47 515.40
　　管理费用　　7 585
　贷：生产成本——辅助生产成本——供电　　150 000
　　　辅助生产成本——供水　　21 000

采用直接分配法，各辅助生产费用只需对辅助生产车间以外的各受益单位分配一次，计算工作简便；但当辅助生产车间相互提供产品或劳务量相差较大时，分配结果不够正确。这种分配方法只适宜在辅助生产内部不相互提供产品或劳务，或者辅助生产内部相互提供产品或劳务不多，不进行费用的交互分配，对辅助生产成本和企业产品成本影响不大的情况下使用。

（二）顺序分配法

顺序分配法也叫阶梯分配法，是指按照辅助生产车间之间相互提供产品或劳务数额多少的顺序依次排列分配辅助生产费用的方法。采用这种方法，受益少的辅助生产车间排在前面，先进行分配；受益多的辅助生产车间排在后面，后进行分配。各辅助生产车间的费用，只对排在后面的辅助生产车间分配，而不对排在其前面的辅助生产车间进行分配；排列在后的辅助生产车间分配时，应在原先归集费用的基础上，加上排在其前的辅助生产费用分配转入数一并予以分配。

沿用例3.5的资料，采用顺序分配法分配辅助生产费用。

首先确定辅助生产费用的分配顺序：

$$供电车间费用分配率 = \frac{150\ 000}{800\ 000} = 0.187\ 5\ (元/度)$$

$$供水车间费用分配率 = \frac{21\ 000}{12\ 500} = 1.68\ (元/吨)$$

$$供电车间为供水车间提供劳务 = 10\ 000 \times 0.187\ 5 = 1\ 875(元)$$

$$供水车间为供电车间提供劳务 = 1\ 500 \times 1.68 = 2\ 520(元)$$

通过计算看出，供水车间耗用供电车间的电费较少，供电车间耗用供水车间的供水费用多，所以供水车间排在前面先分配费用，其费用分配包括对供电车间分配；供电车间排在后面，后分配费用，其费用不对供水车间分配。

确定顺序后，就可以采用顺序分配法进行分配，编制的辅助生产费用分配表如表3-16所示。

其中：

$$供水车间费用分配率 = \frac{21\ 000}{12\ 500} = 1.68\ (元/吨)$$

$$供电车间费用分配率 = \frac{150\ 000 + 2\ 520}{800\ 000 - 10\ 000} = 0.193\ 063\ (元/度)$$

根据辅助生产费用分配表，编制会计分录如下。

分配供水费用：

借：生产成本——辅助生产成本——供电车间　　2 520
　　生产成本——基本生产成本——甲产品　　3 360
　　生产成本——基本生产成本——乙产品　　6 720
　　制造费用　　6 720
　　管理费用　　1 680
　贷：生产成本——辅助生产成本——供水车间　　21 000

分配供电费用：

借：生产成本——基本生产成本——甲产品　　48 266
　　生产成本——基本生产成本——乙产品　　57 919
　　制造费用　　40 543
　　管理费用　　5 792
　贷：生产成本——辅助生产成本——供电车间　　152 520

采用顺序分配法，各辅助生产车间的费用只分配一次，既分配给辅助生产以外的受益单位，又分配给排列在后面的其他辅助生产车间，因而分配结果较直接分配法正确。但是排列在前面的辅助生产车间不负担排列在后面的辅助生产车间的费用，因而分配结果的正确性仍然受到一定的影响。这种方法只适宜在各辅助生产车间之间相互受益程度有显著差别的企业。

表 3-16

辅助生产费用分配表(顺序分配法)

2011 年 7 月

单位	辅助生产车间						基本生产车间						行政管理部门		分配金额合计/元
	供水车间			供电车间			甲产品耗用		乙产品耗用		一般耗用				
	劳务数量/吨	待分配费用/元	分配率	劳务数量/度	待分配费用/元	分配率	耗用数量/吨	分配金额/元	耗用数量/吨	分配金额/元	耗用数量/吨	分配金额/元	耗用数量/吨	分配金额/元	
	12 500	21 000		800 000	150 000										
分配供水费用	−12 500	−21 000	1. 68	1 500	2 520		2 000	3 360	4 000	6 720	4 000	6 720	1 000	1 680	21 000
	供电费用合计			152 520											
	分配供电费用			−790 000	−152 520	0. 193 063	250 000	48 266	300 000	57 919	210 000	40 543	30 000	5 792	152 520
分配金额合计								51 626		64 639		47 263		7 472	

（三）交互分配法

交互分配法又称一次交互分配法，是指先将辅助生产车间发生的费用在辅助生产车间之间进行交互分配，然后将各辅助生产车间交互分配后的实际费用分配给辅助生产车间以外的受益单位。交互分配法需要分两步进行。

第一步：交互分配。即辅助生产车间之间的交互分配。根据各辅助生产车间之间相互提供的产品或劳务数量以及交互分配前的辅助生产车间的费用在辅助生产车间之间进行一次相互分配：

$$\text{某辅助生产车间交互分配费用分配率}=\frac{\text{该辅助生产车间交互分配前待分配费用}}{\text{该辅助生产车间提供劳务总量}}$$

$$\begin{aligned}\text{某辅助生产应承担的其他辅助生产费用}=&\text{该辅助生产耗用其他辅助生产产品或劳务数量}\\&\times\text{辅助生产车间交互分配阶段费用分配率}\end{aligned}$$

第二步：对外分配。即对辅助生产车间以外的受益单位分配。将各辅助生产车间交互分配后重新调整的辅助生产费用，对辅助生产车间以外的受益单位直接分配：

$$\begin{aligned}\text{某辅助生产车间交互分配后的实际费用}=&\text{该辅助生产车间交互分配前的费用}\\&+\text{交互分配转入的费用}\\&-\text{交互分配转出的费用}\end{aligned}$$

$$\text{交互分配后某辅助生产车间费用分配率}=\frac{\text{辅助生产车间交互分配后的实际费用}}{\text{该辅助生产车间提供产品或劳务总量}-\text{其他辅助生产车间耗用产品或劳务量}}$$

某辅助生产车间以外受益部门应负担的辅助生产费用

＝该受益部门劳务耗用量×该辅助生产车间交互分配后费用分配率

沿用例 3.5 的资料，采用交互分配法分配辅助生产费用。采用交互分配法编制的辅助生产费用分配表如表 3-17 所示。

表 3-17　　辅助生产费用分配表（交互分配法）

项　　目			交互分配			对外分配		
辅助生产车间名称			供电	供水	合计	供电	供水	合计
待分配费用			150 000	21 000	171 000	150 645	20 355	171 000
供应劳务数量			800 000（度）	12 500（吨）		790 000（度）	11 000（吨）	
单位成本（分配率）			0.187 5	1.68		0.190 7	1.850 5	
辅助车间	供电	耗用数量/度		1 500				
		分配金额/元		2 520	2 520			
	供水	耗用数量/吨	10 000					
		分配金额/元	1 875		1 875			

续表

项目			交互分配			对外分配		
辅助生产车间名称			供电	供水	合计	供电	供水	合计
基本车间	甲产品	耗用数量				250 000(度)	2 000(吨)	
		分配金额/元				47 675	3 701	51 376
	乙产品	耗用数量				300 000(度)	4 000(吨)	
		分配金额/元				57 210	7 402	64 612
	一般耗用	耗用数量				210 000(度)	4 000(吨)	
		分配金额/元				40 047	7 402	47 449
企业管理部门		耗用数量				30 000(度)	1 000(吨)	
		分配金额/元				5 713	1 850	7 563
合计						150 645	20 355	171 000

其中,交互分配阶段各辅助生产车间费用分配率:

$$供电车间费用分配率 = \frac{150\ 000}{800\ 000} = 0.187\ 5(元/度)$$

$$供水车间费用分配率 = \frac{21\ 000}{12\ 500} = 1.68(元/吨)$$

对外分配阶段各辅助生产车间费用分配率:

$$供电车间费用分配率 = \frac{150\ 000 + 2\ 520 - 1\ 875}{800\ 000 - 10\ 000} = 0.190\ 7(元/度)$$

$$供水车间费用分配率 = \frac{21\ 000 + 1\ 875 - 2\ 520}{12\ 500 - 1\ 500} = 1.850\ 5(元/吨)$$

根据辅助生产费用分配表,编制会计分录如下:

借:生产成本——辅助生产成本——供电　　2 520
　　　　　　　　　　　　　——供水　　1 875
　贷:生产成本——辅助生产成本——供电　　1 875
　　　　　　　　　　　　　　——供水　　2 520
借:生产成本——基本生产成本——甲产品　　51 376
　　　　　　　　　　　　　——乙产品　　64 612
　制造费用　　47 449
　管理费用　　7 563
　贷:生产成本——辅助生产成本——供电　　150 645
　　　　　　　　　　　　　　——供水　　20 355

采用交互分配法,辅助生产车间之间相互提供产品或劳务,进行交互分配,提高了分配结果的正确性。但是,交互分配法要计算两次分配率,进行两次分配,增加了计算工作量。这种方法适宜在各辅助生产车间之间相互提供产品或劳务较多,而提供的数量却不

表 3-25　　　　不可修复废品损失计算表(按所耗定额费用计算)

产品名称:C 产品　　　　　　　　　　　　　　　　　　单位:元

项　目	直接材料	定额工时	职工薪酬费用	制造费用	合　计
费用定额	50		3	2	
废品定额成本	15 000	800	2 400	1 600	19 000
减:残值	2 000				
减:应收赔偿款			800		
废品净损失	13 000		1 600	1 600	16 200

c. 根据产量记录及废品通知单确定应收过失人赔款:

借:其他应收款　　　　　　　　　　　　　　　　800

　贷:废品损失——C 产品　　　　　　　　　　　　　800

d. 月终根据废品成本明细账将废品净损失转入合格品成本:

借:生产成本——基本生产成本——C 产品　　　16 200

　贷:废品损失——C 产品　　　　　　　　　　　16 200

按废品所耗定额费用计算废品的成本,可以使计算工作简化,使计入产品成本的废品损失数不受废品实际费用水平高低的影响,有利于废品损失和产品成本的分析和考核。但是,采用这一方法必须具备比较准确的消耗定额和费用定额资料。

三、停工损失的核算

停工损失是指生产车间或车间内某个班组在停工期间发生的各项费用,包括停工期间发生的原材料费用、工资及福利费以及应分摊的制造费用等。应由过失人或保险公司负担的赔偿款,应从停工损失中扣除。为了简化核算工作,停工不满一个工作日的,一般不计算停工损失。

企业停工的原因有很多,如季节性停工、大修理停工、机器设备故障停工、停电和待料停工,发生非常灾害以及计划减产等。由于自然灾害等引起的非正常停工损失,应计入营业外支出。其他停工损失,如季节性和固定资产修理期间停工而造成的损失,应计入制造费用,不作为停工损失处理;只有机器设备故障停工、停电和待料停工、计划减产等原因引起的停工损失才作为停工损失处理。

企业发生停工时,应由车间填制"停工报告单",并在考勤记录上予以登记。停工报告单内应注明停工地点、时间、停工原因及过失人员等。成本会计人员应对停工报告单所列事项进行审核。经过审核的停工报告单,可以作为停工损失核算的依据。

单独核算停工损失的企业,应设置"停工损失"账户并增设"停工损失"成本项目,该账户按车间和成本项目进行明细核算。企业根据停工报告单和各种费用分配表、分配汇总表等有关凭证,将停工期内发生、应列作停工损失的费用记入"停工损失"账户的借方进行归集。过失单位、过失人员或保险公司的赔款,应从该账户的贷方转入"其他应收款"等账户的借方。停工净损失应从该账户贷方转出,由本月产品成本负担,即转入"生产成平衡的企业。

（四）代数分配法

代数分配法，是指运用代数中多元一次联立方程的原理进行辅助生产费用分配的方法。采用这种方法，首先根据辅助生产车间之间相互提供产品或劳务的关系，建立多元一次方程组；其次求解方程确定辅助生产车间产品或劳务的单位成本（分配率）；最后根据单位成本及所有受益单位耗用的产品或劳务数量分配辅助生产费用。

沿用例 3.5 资料，采用代数分配法分配辅助生产费用。

设供电车间供电单位成本为 x（元/度），供水车间供水单位成本为 y（元/吨），建立如下方程组：

$$\begin{cases} 150\,000 + 1\,500y = 800\,000x \\ 21\,000 + 10\,000x = 12\,500y \end{cases}$$

在上列方程中，方程左方为各辅助生产车间实际费用，列于各辅助生产明细账的借方；右方则是贷方分配额。求解方程组得：

$$x = 0.190\,936\,4(\text{元}/\text{度}) \quad y = 1.832\,749\,1(\text{元}/\text{吨})$$

采用代数分配法编制的辅助生产费用分配表如表 3-18 所示。

表 3-18　　辅助生产费用分配法（代数分配法）

辅助生产车间名称			供电车间	供水车间	合　计
待分配费用/元			150 000	21 000	171 000
供应劳务数量			800 000（度）	125 000（吨）	
分配率			0.190 936 4	1.832 749 1	
辅助车间	供电	耗用数量		1 500（吨）	
		分配金额/元		2 749	2 749
	供水	耗用数量	10 000（度）		
		分配金额/元	1 909		1 909
基本车间	甲产品	耗用数量	250 000（度）	2 000（吨）	
		分配金额/元	47 734	3 665	51 399
	乙产品	耗用数量	300 000（度）	4 000（吨）	
		分配金额/元	57 281	7 331	64 612
	一般耗用	耗用数量	210 000（度）	4 000（吨）	
		分配金额/元	40 097	7 331	47 428
企业管理部门		耗用数量	30 000（度）	1 000（吨）	
		分配金额/元	5 728	1 833	7 561
辅助生产成本分配金额合计			152 749	22 909	175 658

相关会计分录为：

借：生产成本——基本生产成本——甲产品　　51 399
　　生产成本——基本生产成本——乙产品　　64 612
　　生产成本——辅助生产成本——供电　　2 749
　　　　　　　　　　　　　　——供水　　1 909
　　制造费用　　47 428
　　管理费用　　7 561
　贷：生产成本——辅助生产成本——供电　　152 749
　　　　　　　　　　　　　　——供水　　22 909

采用代数分配法，其优点是分配结果准确。但在辅助生产车间较多时，需设的未知数较多，计算工作比较复杂。这种方法比较适合已经实现电算化的企业。

请思考以上哪一种辅助生产费用分配方法最为精确。

（五）计划成本分配法

计划成本分配法是指辅助生产车间提供的产品或劳务先按计划单位成本向各受益对象分配，再按计划成本的分配额与实际生产费用的差额进行调整的方法。这种方法分两步进行。

第一步：按受益对象（包括辅助生产车间）接受产品或劳务的实际耗用量和计划单位成本进行费用分配。

第二步：将辅助生产车间实际费用与按计划成本分配转出的费用相比较，计算辅助生产产品或劳务的成本差异，将差异按比例追加分配给辅助生产车间以外的各受益单位，或全部记入“管理费用”账户以简化核算。

沿用例 3.5 资料，采用计划成本分配法分配辅助生产费用。该企业供电车间的计划单位成本为 0.2 元，供水车间供水的计划单位成本为 1.80 元。

采用计划成本分配法编制的辅助生产费用分配表如表 3-19 所示。

表 3-19　　辅助生产费用分配表（计划成本分配法）

辅助生产车间名称			供电车间	供水车间	合 计	成本差异分配	
待分配费用/元			150 000	21 000	171 000	供电	供水
						−7 300	500
供应劳务数量			800 000（度）	125 000（吨）		790 000	11 000
计划单位成本/元			0.20	1.80		−0.009 240 5	0.045 454 5
辅助车间	供电	耗用数量		1 500（吨）			
		分配金额/元		2 700	2 700		
	供水	耗用数量	10 000（度）				
		分配金额/元	2 000		2 000		

续表

辅助生产车间名称			供电车间	供水车间	合 计	成本差异分配	
基本车间	甲产品	耗用数量	250 000(度)	2 000(吨)			
		分配金额/元	50 000	3 600	53 600	−2 310	90.9
	乙产品	耗用数量	300 000(度)	4 000(吨)			
		分配金额/元	60 000	7 200	67 200	−2 772.2	181.8
	一般耗用	耗用数量	210 000(度)	4 000(吨)			
		分配金额/元	42 000	7 200	49 200	−1 940.6	181.8
企业管理部门		耗用数量	30 000(度)	1 000(吨)			
		分配金额/元	6 000	1 800	7 800	−277.2	45.5
按计划成本分配金额合计/元			160 000	22 500	182 500		
辅助生产实际成本/元			152 700	23 000	175 700		
辅助生产成本差异/元			−7 300	500	−6 800		

注：辅助生产实际成本：供电＝150 000＋2 700＝152 700 元；供水＝21 000＋2 000＝23 000 元。

根据辅助生产费用分配表，编制会计分录如下：

借：生产成本——基本生产成本——甲产品　　53 600
　　　　　　　　　　　　　　——乙产品　　67 200
　　生产成本——辅助生产成本——供电　　2 700
　　　　　　　　　　　　　　——供水　　2 000
　　制造费用　　49 200
　　管理费用　　7 800
　贷：生产成本——辅助生产成本——供电　　160 000
　　　　　　　　　　　　　　——供水　　22 500

将辅助生产成本差异在辅助生产车间以外的各受益单位之间进行分配：

$$供电车间成本差异分配率=\frac{-7\ 300}{790\ 000}=-0.009\ 240\ 5\ (元/度)$$

$$供水车间费用分配率=\frac{500}{11\ 000}=0.045\ 454\ 5(元/吨)$$

借：生产成本——基本生产成本——甲产品　　2 310
　　　　　　　　　　　　　　——乙产品　　2 772.2
　　制造费用　　1 940.6
　　管理费用　　277.2
　贷：生产成本——辅助生产成本——供电　　7 300

借：生产成本——基本生产成本——甲产品　　90.9

——乙产品　　181.8

制造费用　　181.8

管理费用　　45.5

贷：生产成本——辅助生产成本——供水　　500

辅助生产成本差异还有一种处理办法，即也可以直接记入“管理费用”账户。

借：管理费用　　6 800

贷：生产成本——辅助生产成本——供电　　7 300

——供水　　500

采用计划成本分配法，按事先制定的计划单位成本分配，既简化计算工作，又加快分配速度；通过计划成本与实际成本的比较，便于评价和考核辅助生产车间的业绩，有利于分析和考核企业内部各单位的经济责任。但是，采用这种分配方法，企业制定的计划单位成本必须比较正确，否则会影响分配结果的正确性。

第三节　制造费用的归集与分配

一、制造费用的归集

（一）制造费用的概念及内容

制造费用是指企业为生产产品或提供劳务而发生，应计入产品或劳务成本，但又没有专设成本项目，无法直接计入产品或劳务成本的各项生产费用。制造费用主要是间接用于产品或劳务生产的费用，如车间机物料消耗，车间辅助人员工资及福利费用，车间、分厂生产用厂房的折旧费、机器设备的折旧费、低值易耗品摊销费、设计制图费和试验检验费等。

制造费用还包括车间用于组织和管理生产的费用。这些费用具有管理费用的性质，但是车间是企业从事生产活动的单位，它的管理费用与制造费用很难严格划分，为简化核算工作，也作制造费用核算。如车间管理人员工资及福利费，车间管理用房屋和设备的折旧费、租赁费和保险费，车间管理用具摊销，车间管理用的照明费、水费、取暖费、差旅费和办公费等。

制造费用是企业为生产产品和提供劳务而发生的，它是构成产品、劳务成本的重要组成部分。但制造费用具有种类多、发生频繁、金额大小不一，发生时一般无法直接判定其归属的成本计算对象的特点，不能直接计入产品或劳务的成本中去。故应将其按发生地点先归集，月末采用一定的方法在各成本计算对象之间进行分配，可以保证各成本计算对象成本计算的准确性。单独进行制造费用的核算，也有助于监督预算执行情况，促进费用节约和降低产品成本，有利于明确各部门的经济责任，便于产品成本的分析和考核。

（二）制造费用的归集方法

制造费用的归集是通过“制造费用”账户进行的。该账户是集合分配账户，其借方反映企业一定时期内发生的全部制造费用，贷方反映制造费用的分配，月末一般无余额。对于基本生产车间，不论是生产单一产品还是多种产品，均应对制造费用单独进行核算。而对于辅助生产车间，倘若生产单一产品或劳务，通常不需对制造费用单独设账，可将其直接列入“生产成本——辅助生产成本”账户。“制造费用”按车间、部门设置明细账，账内按费用项目分设专栏，企业也可以根据费用比重的大小和管理的需要，将费用项目进行合并，以简化核算工作。

制造费用发生时，根据有关付款凭证、转账凭证和前述各种费用分配表，记入“制造费用”账户借方，并视具体情况，分别贷记“原材料”、“应付职工薪酬”、“累计折旧”、“生产成本——辅助生产成本”、“银行存款”等科目。制造费用明细账通常采用多栏式账页，按费用项目进行分栏核算。制造费用明细账的格式如表3-20所示。

表3-20　　制造费用明细账　　单位：元

2011年		凭证号数	摘　　要	工资	职工福利费	折旧费	办公费	租赁费	机物料消耗	低值易耗品摊销	设计图纸费	差旅费	合计
月	日												
8	10	（略）	支付设计图纸费								8 000		8 000
	12		支付差旅费									6 000	6 000
	18		支付设备租赁费					50 000					50 000
	20		摊销低值易耗品				5 000			5 000			5 000
	26		支付办公用品费						60 000				5 000
	28		耗用原材料	60 000	8 000								60 000
	28		分配工资及福利费			60 000							68 000
	29		分配折旧费										60 000
	⋮		⋮										48 000
本月合计													
分配转出													

二、制造费用的分配

（一）制造费用的分配原则

制造费用是构成产品、劳务成本的重要组成部分，需要分配计入产品成本。制造费用分配是否合理与准确，关键在于选择合适的分配标准。由于制造费用包含的内容多，费用项目性质迥异，为制造费用分配标准的选择带来一定难度。为此企业在选择制造费用分配标准时，应遵循以下原则。

（1）相关性原则：制造费用的分配标准与制造费用的发生有密切的联系。

（2）比例性原则：制造费用分配标准与待分配的制造费用之间存在客观的因果比例关系。

（3）可操作性原则：作为制造费用分配标准的资料比较容易取得，并且可以客观计量。

（4）相对稳定性原则：制造费用分配标准一经确定，不宜随意变动，以利于各期间制造费用比较和分析。

由于企业各生产车间或分厂的制造费用水平不同，所以制造费用的分配应分别按不同部门进行。具体而言，制造费用的分配标准常用生产工人工时、生产工人工资和机器工时。

（二）制造费用的分配方法

制造费用的分配方法有实际分配率法、年度计划分配率法和累计分配率法三种。

1. 实际分配率法

实际分配率法是指在月末根据本月实际发生制造费用按分配标准分配计入产品或劳务成本的方法。计算公式如下：

$$某车间制造费用实际分配率=\frac{该车间本期制造费用总额}{该车间各产品分配标准总和}$$

某产品应分配制造费用 = 该产品（劳务）分配标准 × 该车间制造费用实际分配率

根据不同的分配标准，实际分配率法又可分为：

(1) 生产工人工时比例分配法。是指以各种产品或劳务的生产工时为标准，分配制造费用的方法。

【例 3.6】 九都重型机器厂基本生产车间制造费用总额为 120 000 元，该车间生产A 产品和B 产品两种产品。A 产品生产工人耗用 350 000 工时，B 产品生产工人耗用 25 000 工时，要求采用生产工人工时比例法分配制造费用。计算如下：

$$制造费用分配率=\frac{120\ 000}{35\ 000+25\ 000}=2(元/小时)$$

$$A产品应分配制造费用=35\ 000\times 2=70\ 000(元)$$

$$B产品应分配制造费用=25\ 000\times 2=50\ 000(元)$$

在实际工作中，制造费用分配是通过编制制造费用分配表进行的。编制制造费用分配表如表 3-21 所示。

表 3-21　　　　制造费用分配表　　　　单位：元

应借账户	生产工时	分配率	分配金额
生产成本——基本生产成本——A 产品	35 000	2	70 000
生产成本——基本生产成本——B 产品	25 000	2	50 000
合　　计	120 000		120 000

根据制造费用分配表，编制会计分录如下：

借：生产成本——基本生产成本——A 产品　　70 000
　　　　　　　　　　　　　——B 产品　　50 000
　贷：制造费用　　　　　　　　　　　　　　120 000

采用生产工人工时比例分配法分配制造费用，将工作时间与产品负担的制造费用水平联系起来，分配结果比较合理；多数企业有完整的工时记录或有较完整的工时定额，分配标准资料容易取得，使分配计算工作简便。但是，倘若同一车间内生产的各种产品机械化程度相差较大时，会让机械化程度低而生产工时多的产品负担较高的制造费用，而机械程度高但生产工时少的产品负担较低的制造费用。显然，这种方法适用于各种产品机械化程度相当的车间。

(2) 生产工人工资比例分配法。生产工人工资比例分配法是以直接计入各种产品成本的生产工人实际工资的比例作为分配标准分配制造费用的一种方法。分配的计算公式：

$$\text{制造费用分配率} = \frac{\text{本期制造费用总额}}{\text{本期各种产品工人工资总和}}$$

$$\text{某种产品应负担的制造费用} = \text{该产品的生产工人工资数} \times \text{制造费用分配率}$$

由于工资费用分配表中有现成的生产工人工资的资料，所以这种分配方法核算工作很简便。这种方法适用于各种产品生产机械化程度大致相同的情况，否则会影响费用分配的合理性。例如，机械化程度低的产品所用工资费用多，分配的制造费用也多；反之，机械化程度高的产品所用工资费用少，分配的制造费用也少，会出现不合理情况。因此，这种方法同样只适用于各种产品机械化程度相当的车间。采用生产工人工资比例分配法分配制造费用，其好处是分配标准(生产工人工资)容易取得，计算方便，但当制造费用与生产工人工资关系不大时，这种方法会使费用负担不合理。

(3) 机器工时比例分配法。机器工时比例分配法是按照各种产品所用机器设备运转时间的比例分配制造费用的一种方法。这种方法适用于机械化程度较高的车间，因为在这种车间中，机器折旧费用、维护费用等的多少与机器运转的时间有密切的联系。采用这种方法，必须组织好各种产品所耗用机器工时的记录工作，以保证工时的准确性。该方法的计算程序、原理与生产工时比例法基本相同。

为了提高分配结果的正确性，可以将机器设备划分为若干类别，按其类别归集和分配制造费用。也可以将制造费用按性质和用途分类，如分为与机器设备使用有关的费用，及由于管理组织生产而发生的费用，分别采用适当的方法分配制造费用。

按实际分配率法分配制造费用后，各月末制造费用账户均无余额。

2. 年度计划分配率法

年度计划分配率法(西方国家称为制造费用预定分配率法)，是按照年度开始前确定的全年适用的计划分配率分配费用的方法。采用这种分配方法，不论各月实际发生的制造费用为多少，每月各种产品成本中的制造费用都按年度计划确定的计划分配率分配。年度内如果发现全年制造费用的实际数和产品的实际产量与计划数产生较大的差额，应及时调整计划分配率。计算公式如下：

$$\text{某车间制造费用计划分配率} = \frac{\text{该车间年度制造费用计划数}}{\text{该车间年度各产品计划产量的定额标准总和}}$$

$$\begin{aligned}\text{某产品某月应分配制造费用} &= \text{该产品该月实际产量定额标准} \\ &\quad \times \text{该车间制造费用计划分配率}\end{aligned}$$

上列公式中的定额标准可以根据各车间、部门生产的产品或劳务的具体情况不同，选用生产工人定额工时、生产工人定额工资或机器定额工时。

采用计划分配率法，各月按计划分配率分配制造费用，各月末“制造费用”账户所归集的实际发生的制造费用与按计划分配率分配转出的制造费用不一致，可能会使“制造费用”账户有借方或贷方余额。年内各月末“制造费用”账户余额在借方，表示累计实际发生的制造费用大于累计分配结转的制造费用，属于已经支付但尚未计入成本的费用，在资产负债表中应列入“存货”项目；若余额在贷方，则表示累计实际发生的制造费用小于累计分配结转的制造费用，属于已经计入成本但尚未支付的费用，在资产负债表中抵减“存货”项目。为了简化核算手续，对于这些余额各月末不必进行调整，等年末再按已分配制造费用的比例进行调整，或将余额并入 12 月份制造费用发生额中，然后采用实际分配率法分配 12 月份制造费用。年终“制造费用”账户没有余额。

【例 3.7】 凌宇机器制造公司 2011 年基本生产车间年度制造费用计划数为 2 200 000 元，全年产品的计划产量为 A 产品 15 000 件，B 产品 5 000 件；单位产品定额工时为 A 产品 4 小时，B 产品 6 小时；1 月份实际产量为 A 产品 1 400 件，B 产品 400 件；1 月份实际发生制造费用 158 000 元。要求：

(1) 计算采用年度计划分配率分配 1 月份制造费用。

(2) 如果到了 2011 年年末，该基本生产车间全年实际发生制造费用 2 150 000 元，按计划分配的制造费用为：A 产品 1 544 000 元，B 产品 676 000 元。请将制造费用的贷方余额进行结转。

计算如下：

(1) A 产品计划产量定额工时＝15 000×4＝60 000(小时)

B 产品计划产量定额工时＝5 000×6＝30 000(小时)

$$\text{制造费用年度计划分配率}=\frac{1\,800\,000}{60\,000+30\,000}=20(\text{元/小时})$$

A 产品应分配制造费用：1 400×4×20＝112 000 (元)

B 产品应分配制造费用：400×6×20＝48 000(元)

根据制造费用分配结果，编制会计分录如下：

借：生产成本——基本生产成本——A 产品　　112 000

　　　　　　　　　　　　　　——B 产品　　 48 000

　贷：制造费用　　160 000

分配结果显示按年度计划分配率本月共分配制造费用 160 000 元，比本月实际发生的制造费用 158 000 元多了 2 000 元。

(2) 年末基本生产车间全年实际发生制造费用 2 150 000 元，按计划分配的制造费用为 A 产品 1 544 000 元，B 产品 676 000 元。则：

$$\text{年末制造费用差额分配率}=\frac{2\,150\,000-(1\,544\,000+676\,000)}{1\,544\,000+676\,000}=-0.031\,531\,53(\text{元/小时})$$

A 产品应分配的差额＝1 544 000×(－0.031 53)＝－48 684.7(元)

B 产品应分配的差额＝676 000×(－0.031 53)＝－21 315.3(元)

根据计算结果，实际发生的费用比按计划分配转出费用节约了 70 000 元，予以红字冲转，编制会计分录如下：

借：生产成本——基本生产成本——A 产品　　48 684.7

　　生产成本——基本生产成本——B 产品　　21 315.3

　贷：制造费用　　70 000

采用年度计划分配率法不必每月计算分配率，简化了分配手续，便于及时计算产品成本，及时考核制造费用计划的执行情况，以便对制造费用进行控制。可以取消短期波动因素对各月单位产品成本的影响，例如有的企业属于季节性生产企业，那么在有的月份制造费用就特别多，而有的月份特别少，有了计划制造费用分配率法，就能均衡全年发生的费用，有助于提高成本信息，并且也简化了计算。但是这种方法需要有较高的计划、定额管理水平，倘若年度制造费用的计划数与实际发生数之间相差较大，就会影响产品成本的准确性。

3. 累计分配率法

累计分配率法是指将当月完工批次的产品应负担的全部制造费用，在其完工时一次进行分配，而对当月未完工批次的在产品应负担的制造费用保留在“制造费用”账户中，暂不分配，待其完工后，连同继续发生的制造费用一起分配的一种方法。其计算公式如下：

$$某生产单位制造费用累计分配率=\frac{制造费用期初余额+本期制造费用发生额}{期初分配标准累计数+本期发生的分配标准量}$$

某批已完工产品应负担的制造费用＝该生产单位制造费用累计分配率
×该批完工产品分配标准的累计数

采用累计分配率法，在有完工产品的月份，按累计分配率分配制造费用。在有未完工产品的月份，月末“制造费用”账户会有借方余额，在资产负债表中应列入“存货”项目内，属于在产品成本的一部分。对于该余额各月末不必进行调整，等产品全部完工，“制造费用”账户就会没有余额。

【例 3.8】 长江机械制造公司基本生产车间采用累计分配率法，以直接人工工时为分配标准分配制造费用，2011 年 7 月、8 月有关资料如表 3-22 所示。

表 3-22　　产品完工情况表

月份	产品生产批次	数量/件	月初累计分配标准/小时	本月耗用分配标准/小时	完工情况
7	501 甲产品	50	1 500	6 000	本月完工 50 件
	506 甲产品	90	3 500	2 000	尚未完工
	601 甲产品	40		2 000	尚未完工
8	506 甲产品	90		5 000	尚未完工
	601 甲产品	40		3 000	本月完工 40 件
	705 甲产品	100		7 000	尚未完工

7 月初制造费用结存余额为 35 000 元，7 月份实际发生制造费用 68 200 元，8 月份实际发生制造费用 78 000 元。

(1) 根据上述资料，分配 7 月份制造费用，计算如下：

$$7月份累计分配率=\frac{35\,000+68\,200}{5\,000+10\,000}=6.88(元/小时)$$

501 批次甲产品应摊制造费用＝7 500×6.88＝51 600(元)

7 月末制造费用结存数＝35 000＋68 200－51 600＝51 600(元)

7 月末在产品累计直接人工工时数＝5 000＋10 000－7 500＝7 500 (小时)

(2) 根据上述资料，分配8月份制造费用，计算如下：

$$8\text{月份累计分配率}=\frac{51\,600+78\,000}{7\,500+15\,000}=5.76(\text{元/小时})$$

$$601\text{批次甲产品制造费用}=5\,000\times5.76=28\,800(\text{元})$$

借：生产成本——基本生产成本——501批次甲产品　51 600
　　　　　　　　　　　　　——601批次甲产品　28 800
　贷：制造费用　80 400

累计分配率法虽然可以简化分配计算和登账工作，但它存在两点不足：其一，由于在产品应负担的制造费用100 800元保留在“制造费用”账户中，未分配计入产品制造成本，因此，在产品未完工之前，各产品成本明细账中只归集了在产品直接材料和直接工资成本，而无制造费用，不能全面反映在产品成本；其二，由于累计分配率是一种加权平均的分配率，如各月制造费用悬殊，则分配的制造费用将与实际情况不符，影响产品成本计算的正确性。因此，累计分配率法适用于生产周期较长，每月末完工批别较多，且各月份制造费用波动不大的企业采用。

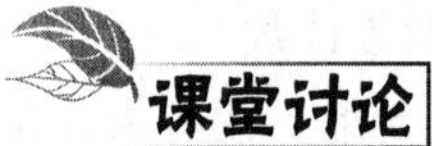

制造费用分配是否还有更为精确的分配方法？

第四节　生产损失的归集与分配

一、生产损失的概念

制造企业在生产经营过程中难免会发生各种意外，从而给企业带来损失。这些损失有些是与生产有关的，有些与生产无关。与生产无关的损失，如坏账损失，固定资产、存货盘亏、报废、毁损损失，罚款支出，这些均为非生产损失。非生产损失同产品生产没有直接关系，所以不能计入产品成本。这些损失不是本节关注的范围。

本节所关注的损失是生产损失。生产损失可分为两种：一种是由于工人操作原因或原材料、半成品的质量不符合要求造成所生产出的产品是废品，这种损失称废品损失。另一种是由于停电或机器设备故障等原因造成的停工损失。这两种损失由于都同产品的生产有关，应该将这类损失计入相应产品成本，由产品成本负担。产生废品，发生停工损失，不仅会减少产量，影响生产计划的完成，而且会降低产品质量，提高产品成本。因此，企业需要做好废品损失的核算工作，这对于正确反映和监督废品损失的发生情况，改进生产技术、提高产品质量、降低产品成本，都具有重要的意义。

正确组织废品损失和停工损失的核算，对于企业对与生产有关的废品损失和停工损失的核算可采用单独核算和不单独核算两种。如果企业生产损失属于偶尔发生，金额较小，对产品成本影响不大，则没有必要单独核算生产损失，平时发生的各种损失已含在正常成本项目中。如果企业生产损失经常发生，且数额较大，对产品成本影响较大，则生产损失就需要单独进行核算，即单独归集损失，这样有利于企业进行成本分析和考核。

二、废品损失的核算

（一）废品损失概述

废品是指不符合规定的技术标准，不能按原指定的用途使用，或者需要经过修理后才能使用的在产品、半成品或产成品。不论是在生产过程中发现的废品，还是在入库后才发现的，都包括在废品范围内。由于废品给企业带来的损失称为废品损失。但下列几种情况不应作为废品，其带来的损失也不是废品损失。

（1）有些产品的质量虽然不符合规定的技术标准，但经过质量检验部门鉴定不需要返修，可以降低售价出售的不合格品，称为次品，其成本与合格品的成本相同，其降价损失应在计算销售损益时体现，不应作为废品损失处理。

（2）产品入库后，因保管不善等原因而损坏、变质，不能按原定用途使用的产品损失，属于管理上的问题，应作为管理费用处理，不应作为废品损失处理。

（3）实行包修、包退、包换“三包”的企业，在产品出售以后发现的废品所发生的一切损失，应作为管理费用，不应作为废品损失处理。

废品按其是否可以修复分为可修复废品和不可修复废品。可修复废品是指经过修理可以使用并且所花费的修复费用在经济上是划算的废品（两个条件必须同时具备）。不可修复废品是指在技术上不可修复或虽可修复，但修复费用在经济上划不来的废品（只具备一个条件则可）。区别可修复废品和不可修复废品是进行废品损失会计处理的前提。

废品按其产生的原因分为工废品和料废品。工废品是由于工人操作上的原因造成的废品，属于操作工人的责任。料废品是由于原材料的质量不符合要求所造成的废品，不属于操作工人的责任。因此，料废品要支付给操作工人计件工资。

废品损失是生产过程中发现的或入库后发现的，不可修复废品所耗的生产成本，以及可修复废品的修复费用，扣除回收的废品残料价值和应由过失单位或个人赔偿以后的损失。修复费用指可修复废品在返修过程中发生的修理费用，包括材料、人工及其他应负担的费用。要正确核算废品损失，必须在质量检验部门发现废品时，填制废品通知单，列明废品的种类、数量、产生原因和过失人等，废品通知单经审核后，作为核算废品损失的依据。正确组织废品损失的核算，对改进生产工艺，提高技术水平，提高产品质量，降低产品成本都有着重要的意义。

（二）废品损失的具体核算

废品损失可单独核算，也可采用不单独核算的方式。如果企业废品损失经常发生，且数额较大，对产品成本影响较大，则需单独核算，这样有利于对企业进行成本分析、考核。若废品损失属偶然发生，金额较小，对产品成本影响不大，则没必要单独核算，要视企业具体情况而定。若单独核算废品损失，需在会计科目中增设“废品损失”科目，并在成本项目中增设“废品损失”成本项目。“废品损失”账户借方登记不可修复废品所耗的生产成本和可修复废品的修复费用，贷方登记废品残料，应收的赔偿；期末余额在借方，表示废品净损失。该废品净损失应于期末时由本月同种合格完工产品的成本负担，结转后，废品损失账户月末无余额。

1. 可修复废品损失的核算

可修复废品损失是指为修复废品而支付的修复费用，包括材料费用、工资费用、制造费用。它与合格产品一样，可以通过各种费用分配表或直接根据有关凭证计算而来。如果修复费用要由过失人赔偿一部分时，则废品损失应从修复费用总额中扣除应由过失人赔偿的金额。可修复废品损失的归集在废品修复时进行，如果当月发生废品，下月修复，损失就表现在下月的成本单上。

【例 3.9】 企业生产车间生产 A 产品，本月发现可修复废品 10 件，本月可修复废品应分配材料费用 500 元，应分配职工薪酬费用为 912 元，应分配制造费用为 500 元。按规定本月发生的 10 件可修复废品应由过失人赔偿 200 元。归集发生的各项修复费用如表 3-23 所示。

表 3-23 **废品损失计算表**

车间名称：×车间 ×年×月 单位：元

数 量	计量单位	产品名称	修 复 费 用			
			直接材料	直接工资	制造费用	费用合计
10	件	A 产品	500	912	500	1 912

可修复废品的修复费用：500＋912＋500＝1 912(元)。按规定本月发生的 10 件可修复废品应由过失人赔偿 200 元。则废品的净损失为 1 912－200＝1 712(元)

(1) 可修复废品的修复费用：500＋912＋500＝1 912(元)。

编制会计分录：

借：废品损失——A 产品　　1 912
　贷：原材料　　500
　　应付职工薪酬　　912
　　制造费用　　500

(2) 按规定本月发生的 10 件可修复废品应由过失人赔偿 200 元。编制会计分录：

借：其他应收款　　200
　贷：废品损失——A 产品　　200

(3) 资料中废品的净损失为 1 912－200＝1 712(元)，应转入当月生产的同种产品中，由合格品负担。编制会计分录：

借：生产成本——基本生产成本——A 产品　　1 712
　贷：废品损失——A 产品　　1 712

2. 不可修复废品损失的核算

不可修复废品损失是指废品的成本扣除残料价值与过失人承担的赔偿部分。由于不可修复废品的成本包括在合格产品之中，计算不可修复废品的损失比较复杂，需要采用适当的方法确定不可修复废品成本。一般有两种方法：

(1) 按废品所耗实际费用计算法

按废品所耗实际费用计算法根据合格产品与废品实际耗用总成本，按合格产品和废品的数量比例分配各项生产费用，计算废品的实际成本。如果废品是在生产过程中发现的，还要根据废品的加工程度折合成完工产品的数量，计算废品的实际成本。

$$不可修复废品成本=\begin{matrix}不可修复废品应\\负担的材料费用\end{matrix}+\begin{matrix}不可修复废品应\\负担的工资费用\end{matrix}+\begin{matrix}不可修复废品应\\负担的制造费用\end{matrix}$$

不可修复废品净损失=不可修复废品成本－残值收回－过失人赔偿金额

【例 3.10】 汉森机器制造公司基本生产车间 2 月份生产 B 产品 200 件，生产过程中发现其中 10 件为不可修复废品。该产品成本明细账中所列合格品和废品的全部生产费用为：原材料费用 50 000 元，职工薪酬费用 30 000 元，制造费用 60 000 元，共计 140 000 元。原材料是在生产开始时一次性投入，其他费用按生产工时分配。2 月份生产工时为：合格品耗用 14 000 小时，废品耗用 1 000 小时，合计 15 000 小时。废品回收的残料价值为 400 元。

① 计算不可修复废品的生产成本：

原材料在生产开始时一次性投入，材料费用按合格品与废品数量比例分配：

$$材料费用分配率=\frac{某产品材料费用总额}{合格品数量+废品数量}=\frac{5\,0000}{190+10}=250(元/件)$$

废品应负担的材料费用 = 材料费用分配率 × 废品数量 = 250 × 10 = 2 500(元)

“职工薪酬费用”、“制造费用”等成本项目费用按生产工时比例分配：

$$人工费用分配率=\frac{某产品人工费用总额}{合格品工时+废品工时}=\frac{30\,000}{14\,000+1\,000}=2(元/小时)$$

废品应负担的人工费用 = 人工费用分配率 × 废品工时 = 2 × 1 000 = 2 000(元)

$$制造费用分配率=\frac{某产品制造费用额}{合格品工时+废品工时}=\frac{60\,000}{14\,000+1\,000}=4(元/小时)$$

废品应负担的制造费用 = 制造费用分配率 × 废品工时 = 4 × 1 000 = 4 000(元)

则不可修复废品生产成本：2 500 + 2 000 + 4 000 = 8 500(元)

② 资料中不可修复废品回收的残料价值为 400 元，应冲减废品损失 400 元。

③ 废品净损失为 8 500－400=8 100(元)。

编制不可修复废品损失计算表，见表 3-24

表 3-24　　不可修复废品损失计算表(按所耗实际费用计算)

产品名称：B 产品　　单位：元

项　目	数量/件	直接材料	生产工时	职工薪酬费用	制造费用	合　计
生产费用总额	200	50 000	15 000	30 000	60 000	140 000
费用分配率		250		2	4	
废品生产成本	10	2 500	1 000	2 000	4 000	8 500
减：残值		400				
废品净损失		2 100	1 000	2 000	4 000	8 100

④ 编制会计分录：

a. 根据废品损失计算表结转不可修复废品生产成本，将其从“基本生产成本”账户的贷方转入“废品损失”账户的借方：

借：废品损失——B产品　　8 500

　贷：生产成本——基本生产成本——B产品　　8 500

b. 根据废料交库单回收废品残料价值，冲减废品损失：

借：原材料　　400

　贷：废品损失——B产品　　400

c. 月终根据废品成本明细账将废品净损失转入合格品成本：

借：生产成本——基本生产成本——B产品　　8 100

　贷：废品损失——B产品　　8 100

(2) 按废品所耗定额费用计算法

按废品所耗实际费用计算和分配废品损失，符合实际情况，但核算工作量较大，所以在机械加工行业还可根据定额费用计算和分配废品损失。按废品所耗定额费用计算的方法是指按单位产品的定额成本和发生的不可修复废品的数量以及投料程度和加工程度计算不可修复废品的损失。

【例 3.11】 大阳机器制造公司基本生产车间生产C产品，6月份发生不可修复废品300件，废品的原材料在生产开始时一次性全部投入，废品共耗用定额工时为800小时。C产品的定额资料如下：单位C产品的原材料消耗定额为50元，每小时定额职工薪酬费用为3元，每小时定额制造费用为2元。废品回收残料价值为2 000元，由过失人赔偿款为800元。

① 不可修复废品应负担的费用：

直接材料费用 = 单位产品原材料消耗定额 × 不可修复废品数量
　　= 50 × 300 = 15 000(元)

人工费用 = 每小时定额职工薪酬费用 × 不可修复废品定额工时
　　= 3 × 800 = 2 400(元)

制造费用 = 每小时定额制造费用 × 不可修复废品定额工时
　　= 2 × 800 = 1 600(元)

不可修复废品生产成本合计：15 000 + 2 400 + 1 600 = 19 000(元)

② 资料中，废品回收残料价值为2 000元，由过失人赔偿款为800元，应冲减废品损失。

③ 废品净损失=19 000−2 000−800=16 200(元)

编制不可修复废品损失计算表，见表3-25。

④ 编制会计分录：

a. 根据废品损失计算表结转不可修复废品的生产成本：

借：废品损失——C产品　　19 000

　贷：生产成本——基本生产成本——C产品　　19 000

b. 根据废料交库单回收废品残料价值：

借：原材料　　2 000

　贷：废品损失——C产品　　2 000

本——基本生产成本”账户借方的停工损失项目。在车间发生全月停工的特殊情况下，车间无产品生产，则可将停工损失保留在“停工损失”账户中，留由下月生产的产品成本负担。各产品负担的停工损失，一般由当月完工产品成本负担，当月自制半成品和在产品不负担停工损失。

【例 3.12】 南峰机器制造公司基本生产车间停工若干天，停工期间发生的费用为：领用原材料 1 600 元，应付生产工人工资 2 500 元，按生产工人工资提取的福利费 350 元，应分配的制造费用 3 450 元。经查明，停工系责任造成，应由责任人赔偿 3 000 元，其余由该车间的两种产品按生产工时比例分配负担。其生产工时为：甲产品 2 050 小时，乙产品 1 625 小时。

会计分录如下：

借：停工损失	7 900	
贷：原材料		1 600
应付职工薪酬——工资		2 500
——职工福利		350
制造费用		3 450
借：其他应收款——责任人×××	3 000	
贷：停工损失		3 000

停工净损失的分配：

停工净损失 ＝ 7 900 － 3 000 ＝ 4 900(元)

停工损失的分配率 ＝ 4 900/(2 050 ＋ 1 625) ＝ 1.333

甲产品应负担停工损失 ＝ 2 050 × 1.333 ＝ 2 732.65(元)

乙产品应负担停工损失 ＝ 1 625 × 1.333 ＝ 2 167.35(元)

借：生产成本——基本生产成本——甲产品	2 732.65	
——乙产品	2 167.35	
贷：停工损失		4 900

不单独核算停工损失的企业，不设“停工损失”账户和“停工损失”成本项目，停工期间发生的各种费用，直接计入“制造费用”账户或“营业外支出”账户反映，对于季节性生产或固定资产大修理停工而发生的停工期间的一切费用，列入制造费用。

第五节　期间费用的归集与结转

如前文所述，期间费用是指企业为组织和管理企业生产经营、筹集生产经营所需资金以及销售商品等而发生的各项费用。期间费用应在发生当期直接计入损益，并在利润表中分项目列示，包括管理费用、财务费用和销售费用等。期间费用是指不能直接归属于某个特定产品成本的费用。它是随着时间推移而发生的与当期产品的管理和产品销售直接相关，而与产品的产量、产品的制造过程无直接关系，即容易确定其发生的期间，而难以判别其所应归属的产品，因而不能列入产品制造成本，而在发生的当期从损益中扣除。

课堂讨论

会计制度为什么严格区分产品成本与期间费用的界限？

一、管理费用的归集与结转

管理费用是指企业为组织和管理生产经营活动所发生的各种费用。包括企业的董事会和行政管理部门在企业的经营管理中发生的，或者应当由企业统一负担的负项费用。为了核算企业为组织和管理企业生产经营所发生的管理费用，企业应当设置“管理费用”科目。该科目的借方反映企业发生的各项管理费用，贷方反映企业转入“本年利润”科目的管理费用；“管理费用”科目结转“本年利润”科目后，期末应无余额。

管理费用包括的内容较多，具体包括：公司经费，即企业管理人员工资、福利费、差旅费、办公费、折旧费、修理费、物料消耗、低值易耗品摊销和其他经费；工会经费，即按职工工资总额的一定比例计提拨交给工会的经费；职工教育经费，即按职工工资总额的一定比例计提，用于职工培训学习以提高文化技术水平的费用；劳动保险费，即企业支付离退休职工的退休金或按规定交纳的离退休统筹金、价格补贴、医药费或医疗保险费、退职金、6个月以内病假人员工资、职工死亡丧葬补助费及抚恤费、按规定支付离休人员的其他经费；待业保险费，即企业董事会或最高权力机构及其成员为执行职能而发生的差旅费、会议费等；咨询费，即企业向有关咨询机构进行科学技术经营管理咨询所支付的费用；审计费，即企业聘请注册会计师进行查账、验资、资产评估等发生的费用；诉讼费，即企业因起诉或应诉而支付的各项费用；税金，即企业按规定支付的房产税、车船使用税、土地使用税、印花税等；土地使用费，即企业使用土地或海域而支付的费用；土地损失补偿费，即企业在生产经营过程中破坏土地而支付的土地损失补偿费；技术转让费，即企业购买或使用专有技术而支付的技术转让费用；技术开发费，即企业开发新产品、新技术所发生的新产品设计费、工艺规程制定费、设备调整费、原材料和半成品的试验费、技术图书资料费、未获得专项经费的中间试验费及其他有关费用；无形资产摊销，即场地使用权、工业产权及专有技术和其他无形资产的摊销；递延资产摊销，即开办费和其他资产的摊销；坏账损失，即企业按年末应收账款损失；业务招待费，即企业为业务经营的合理需要在年销售净额一定比例之内支付的费用；其他费用，即不包括在上述项目中的其他管理费用，如绿化费、排污费等。

二、销售费用的归集与结转

销售费用是指企业在销售商品过程中发生的各项费用以及为销售本企业商品而专设的销售机构（含销售网点、售后服务网点等）的经营费用。为了核算企业在销售商品过程中发生的各项费用，企业应当设置“销售费用”科目。该科目借方反映企业发生的各项费用，贷方反映企业转入“本年利润”科目的销售费用；“销售费用”科目结转“本年利润”科目后，期末应无余额。

对工业企业而言，销售费用具体包括应由企业负担的运输费、装卸费、包装费、保险费、展览费、销售佣金、委托代销手续费、广告费、租赁费和销售服务费用，专设销售机构人员工资、福利费、差旅费、办公费、折旧费、修理费、材料消耗、低值易耗品摊销及其他费用。

三、财务费用的归集与结转

财务费用是指企业为进行资金筹集等理财活动而发生的各项费用。为了核算企业发生的各项为筹集生产经营资金等发生的费用，企业应当设置“财务费用”科目。该科目的借方反映本期实际发生的财务费用，贷方反映期末转入“本年利润”科目的财务费用；“财务费用”科目结转“本年利润”后，期末应无余额。

财务费用主要包括利息净支出、汇兑净损失、金融机构手续费和其他因资金而发生的费用。利息净支出包括短期借款利息、长期借款利息、应付票据利息、票据贴现利息、应付债券利息、长期应付融资租赁款利息、长期应付引进国外设备款利息等，企业银行存款获得的利息收入应冲减上述利息支出。汇兑损失指企业在兑换外币时因市场汇价与实际兑换汇率不同形成的损失或收益，以脱离因汇率变动期末调整外币账户余额而形成的损失或收益，当发生收益时应冲减损失。金融机构手续费包括开出汇票的银行手续费等。

财务费用核算中应注意，企业为购建固定资产而筹集资金所发生的费用，在固定资产达到预定可使用状态前发生的，应当计入有关固定资产的购置或建造成本，不包括在“财务费用”科目的核算范围内。

【本章小结】

企业在生产过程中耗用的直接生产费用，能直接明确计算对象的，就直接记入产品成本中；产品共同耗用的费用，要具体情况具体分析，采用合理的方法进行分配。辅助生产费用，是指企业所属辅助生产部门为生产提供工业性产品和劳务所发生的各种辅助生产费用。辅助生产车间服务于本企业商品产品的生产和管理工作，辅助生产费用必须按其耗用比例分别转入生产成本、制造费用和管理费用。如果辅助生产车间较多且相互之间有费用往来，就要采用相应的办法来解决辅助生产车间相互之间的费用分配问题。现代企业往往制造费用项目繁多且制造费用在产品中的比重较大，制造费用的合理分配对企业准确核算产品成本信息尤为重要。

【延伸阅读】

1. 艾宝俊. 竞争成本论[M]. 北京：中国社会科学出版社，2006.

2. 万寿义. 我国企业应诉反倾销成本信息采纳障碍原因探究[J]. 管理现代化，2011(12).

3. 瑞夫·劳森. 管理会计在中国——成本计算方法、成本管理实务和财会职能[M]. 杨继良，等. 译. 北京：经济科学出版社，2010.

【思 考 题】

1. 材料费用的分配原则是什么？材料费用分配方法有哪些？

2. 什么是职工薪酬？它包含哪些内容？

3. 什么是直接分配法、顺序分配法、交互分配法、代数分配法和计划成本分配法？这些方法的优缺点和适用性如何？

4. 什么是制造费用？制造费用包括哪些主要内容？制造费用分配方法有哪些？

5. 何为废品损失？其如何分类？

【自 测 题】

1. 单项选择题

(1) 用来核算企业为生产产品和提供劳务而发生的各项间接费用的账户是(　　)。

A. 基本生产成本　　B. 制造费用　　C. 管理费用　　D. 财务费用

(2) 核算每个职工的应得计件工资，主要依据(　　)的记录。

A. 工资卡片　　B. 考勤记录　　C. 产量工时记录　　D. 工资单

(3) 除了按年度计划分配率分配制造费用以外，“制造费用”账户月末(　　)。

A. 没有余额　　B. 一定有借方余额

C. 一定有贷方余额　　D. 有借方或贷方余额

(4) 按年度计划分配率分配制造费用的方法适用于(　　)。

A. 制造费用数额较大的企业　　B. 季节性生产的企业

C. 基本生产车间规模较小的企业　　D. 制造费用数额较小的企业

(5) 分配加工费用时所采用的在产品的完工率是指产品(　　)与完工产品工时定额的比率。

A. 所在工序的工时定额

B. 前面各工序工时定额与所在工序工时定额之半的合计数

C. 所在工序的累计工时定额

D. 所在工序的工时定额之半

(6) 如果某种产品的月末在产品数量较大，各月在产品数量变化也较大，产品成本中各项费用的比重相差不大，生产费用在完工产品与月末在产品之间分配，应采用的方法是(　　)。

A. 不计在产品成本法　　B. 约当产量比例法

C. 在产品按完工产品计算方法　　D. 定额比例法

(7) 下列关于停工损失的说法中，不正确的是(　　)。

A. 停工损失中的原材料、水电费、人工费等，一般可根据有关原始凭证确认后直接计入停工损失

B. 停工不满一个工作日的，一般不计算停工损失

C. 由于自然灾害等引起的非生产停工损失，计入营业外支出

D. 应取得赔偿的停工损失，计入管理费用

(8) 不可修复废品是指(　　)。

A. 技术上不可修复的废品

B. 修复费用过大的废品

C. 虽然技术上可修复但所花费的修复费用在经济上不合算的废品

D. 包括A和C

(9) 将辅助生产车间发生的各项费用直接分配给辅助生产车间以外的受益单位，这种分配方法为(　　)。

A. 计划成本分配法　　B. 直接分配法

C. 顺序分配法　　D. 代数分配法

(10) 在采用交互分配法分配辅助生产费用的情况下，各辅助生产车间交互分配后的实际费用等于(　　)。

A. 交互分配前的费用

B. 交互分配前的费用加上交互分配转出的费用

C. 交互分配前的费用减去交互分配转出的费用

D. 交互分配前的费用加上交互分配转入的费用，减去交互分配转出的费用

2. 多项选择题

(1) 制造费用的分配方法有(　　)。

A. 生产工人工时比例分配法　　B. 机器工时比例分配法

C. 直接分配法　　D. 生产工人工资比例分配法

(2) 下列项目中，属于制造费用所属项目的有(　　)。

A. 生产车间的保险费　　B. 厂部办公楼折旧

C. 在产品正常短缺　　D. 车间负担的低值易耗品摊销

(3) 可修复废品应具备的条件是(　　)。

A. 只要能修复就行　　B. 在技术上可以修复

C. 在经济上合算　　D. 不必考虑修复费用的多少

(4) 下列(　　)不应作为废品损失处理。

A. 不需返修而降价出售的不合格品

B. 产成品入库后，由于保管不善等原因而损坏变质的损失

C. 出售后发现的废品，由于退回废品而支付的运杂费

D. 实行“三包”(包退、包修、包换)的企业，在产品出售后发现的废品，所发生的一切损失

(5) 以下属于在产品成本计算方法的有(　　)。

A. 直接分配法　　B. 定额比例法

C. 约当产量法　　D. 品种法

(6) 采用约当产量比例法，必须正确计算在产品的约当产量，而在产品约当产量的计算正确与否取决于产品完工程度的测定，测定在产品完工程度的方法有(　　)。

A. 按50%平均计算各工序完工率　　B. 分工序分别计算完工率

C. 按定额比例法计算　　D. 以上三种方法均是

(7) 分配计算完工产品和月末在产品的费用时，采用在产品按定额成本计价法所具备的条件是(　　)。

A. 各月末在产品数量　　B. 产品的消耗定额比较稳定

C. 各月末在产品数量变化比较小　　D. 产品的消耗定额比较准确

(8) 下列支出在发生时直接确认为当期费用的是(　　)。

A. 行政人员工资　　B. 支付的本期广告费

C. 预借差旅费　　D. 固定资产折旧费

(9) 用于几种产品生产的共同耗用材料费用的分配，常用的分配标准有(　　)。

A. 工时定额　　B. 生产工人工资

C. 材料定额使用　　D. 材料定额消耗量

(10) 下列固定资产中，其折旧额应作为产品成本构成内容的是(　　)。

A. 生产车间房屋　　B. 企业管理部门房屋

C. 生产用设备　　D. 专设销售机构用卡车

3. 判断题

(1) 资本性支出和营业外支出都不应计入产品成本。(　　)

(2) 不单独核算废品损失的企业，可修复废品的损失应直接计入相关的成本项目。(　　)

(3) 停工损失、季节性生产和大修理停工的损失列作制造费用计入产品成本，其他各种非正常停工列作营业外支出。(　　)

(4) 按机器工时比例法分配制造费用，适用于机械化程度较高的车间。(　　)

(5) 采用年度计划分配率法在平时工作量较少，但年末工作量较大。(　　)

(6) 采用年度计划分配率法分配制造费用，在平时"制造费用"账户肯定有余额。(　　)

(7) 提供供电劳务的辅助生产部门发生的费用，在分配给各受益对象后，辅助生产成本明细账户应无余额。(　　)

(8) 当月末既有完工产品，又有未完工产品，就必须将归集的生产费用任意选择一种方法在完工产品和月末在产品之间进行分配。(　　)

(9) 报废、毁损的产品的残值，一般直接冲减"生产成本"账户。(　　)

(10) 制造费用是车间范围内为组织和管理生产而发生的间接费用，其账户的余额表示期末尚未完工的各种在产品所负担的那部分间接费用。(　　)

4. 业务计算题

(1) 某企业生产甲、乙两种产品，共耗费原材料7 200千克，每千克1.5元，共计10 800元。其中：生产甲产品1 200件，单件甲产品原材料消耗定额为3千克；生产乙产品 800 件，单件乙产品原材料消耗定额为 1.5 千克；辅助生产车间消耗 600 千克，厂部管理机构消耗 600 千克。

要求：① 分配原材料费用。

② 编制原材料费用分配的会计分录。

(2) 龙鼎制造公司基本生产车间全年制造费用计划为 234 000 元，全年各种产品的计划产量为甲产品 19 000 件，乙产品 6 000 件，丙产品 8 000 件。单件产品工时定额：甲产品 5 小时，乙产品 7 小时，丙产品 7.25 小时。9 月份实际产量：甲产品 1 800 件，乙产品 700 件，丙产品 500 件。9 月实际发生的制造费用为 20 600 元。

要求：① 按年度计划分配率法分配 9 月份制造费用。

② 根据计算结果编制会计分录。

(3) 宇鹏玻璃股份有限公司有供水和供电两个辅助生产车间，辅助生产车间的制造费用不通过“制造费用”科目核算。本月发生辅助生产费用，劳务量及计划单位成本如表 3-26 所示(各部门的水电均为一般性消耗)。

表 3-26　　辅助生产车间提供的劳务量及计划成本表

项　目		供电车间	供水车间
待分配费用/元		12 000	1840
劳务供应量		50 000 度	8 000 吨
计划单位成本		0.30 元/度	0.50 元/吨
劳务耗用量	供电车间		2 000 吨
	供水车间	10 000 度	
	基本生产车间	28 000 度	5 000 吨
	管理部门	12 000 度	1 000 吨

要求：

① 采用直接分配法分配辅助生产费用，并编制会计分录。

② 采用一次交互分配法分配辅助生产费用，并编制会计分录。

③ 采用计划成本分配法分配辅助生产费用，并编制会计分录。

【案例分析】

唐彦新入职黄河矿山机器制造公司，承担成本会计员工作。以前该公司辅助生产车间主要是供电车间和修理车间，现在又新增加了一个辅助生产车间——供汽车间。该车间主要生产蒸汽，所耗用的原材料是原煤。生产的蒸汽主要供机械加工、冲压、供电、修理等车间使用。本月份供汽车间共发生费用 500 000 元，供电车间发生费用 900 000 元，修理车间发生费用 600 000 元。各辅助生产车间提供的劳务和耗用单位情况如表 3-27

所示。

表 3-27　　　　各辅助车生产车间提供的劳务和耗用单位情况表

耗用劳务单位		供汽车间/立方米	供电车间/度	修理车间/小时
供汽车间		—	10 000	12 000
供电车间		20 000	—	4 000
修理车间		5 000	25 000	—
第一车间	产品耗用	30 000	50 000	68 000
	一般耗用	4 000	26 000	2 000
第二车间	产品耗用	1 000	60 000	13 000
	一般耗用	1 500	18 000	9 000
行政管理部门		2 000	17 000	7 000
设备自建工程		1 500	14 000	5 000
合　　计		65 000	220 000	120 000

财务处处长向小唐提出了如下问题：

(1) 原来企业采用直接分配法分配辅助生产费用，这种分配方法是否合适？有什么优缺点？

(2) 新增加了一个辅助生产车间后，是否需要改变或调整辅助生产费用分配法？

(3) 若需要改变辅助生产分配方法，采用什么方法比较合适？请提供几种方案供领导决策时选择。

要求：请代小唐回答解释上述问题。

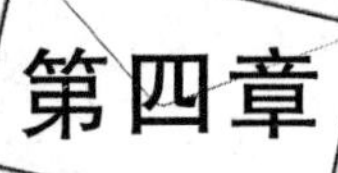

第四章 生产费用在产成品与在产品之间的归集与分配

学习目标

通过本章学习，应达到以下学习目标：

1. 理解在产品与完工产品的含义；
2. 了解在产品数量的核算；
3. 熟悉在产品清查的账务处理；
4. 掌握完工产品与在产品之间分配费用的各种方法；
5. 掌握完工产品成本结转的账务处理；
6. 熟悉各种分配方法的优缺点和适用范围及应用条件；
7. 熟悉基本生产成本明细账的编制与填列。

引导案例

西南一家特殊钢铁生产企业，其产品品种、规格很多，有的大量连续生产，有的按订单生产。该企业的每种产品从投料到成品出厂以前，须经过3～5道工序，每道工序均需核算成本，实行逐步结转法向下一道工序转移半成品成本。每道工序的原料费用，按各批次的订单、生产任务据实入账，而熔炼、浇铸、加热、轧钢、检验、车间内和厂内运输以及发生在分厂的制造费用等，很难具体辨认成本负担主体，因此，按该公司规定先归集为工序加工费用，然后采用系数分配法分配到每道工序的产品成本之上。可是，月末该企业各生产工序上往往有未完工的产品，那么在产品和完工产品如何分摊加工费用？

本章的任务是如何将前面按品种和成本项目归集的"基本生产成本"分配给完工产品与在产品。生产费用在产成品与在产品之间的归集与分配是产品成本核算程序中的最后一个环节，也是相对复杂的一个环节。分配合理与否，影响同一种产品的成本在不同会计期间(月份)的高低。如果本月完工的成本多计了，则转入下月的在产品的成本就少计了，反之亦然。本章的关键就是选择什么分配标准，采用什么方法来确定完工产品成本和月末在产品成本。

第一节 在产品数量的核算

一、完工产品与在产品定义

产品在生产过程中，不同阶段有不同的称谓，如待产品、在产品、半成品、产成品(完工产品)。“完工产品”是指在一个企业内已完成全部生产过程、符合质量要求并检收入库、可供销售的产品,也称“产成品”或“成品”,如完工入库的电视机。“半成品”是指经过一定生产过程并已检验合格交付半成品仓库保管,但尚未制造完工成为产成品,仍需进一步加工的中间产品,如电视机部件显像管。半成品可以对外销售,视同完工产品核算。半成品不包括从一个生产车间转给另一个生产车间继续加工的自制半成品以及不能单独计算成本的自制半成品,这类自制半成品属于在产品。

所谓在产品,也称为“在制品”,是指没有完成全部生产过程,不能作为商品销售的产品。在产品有广义和狭义之分。广义的在产品就整个企业而言,指从投入材料进行生产开始到最终制成产成品交付验收入库前的一切未完工产品,包括正在车间加工中的产品、已经完成一个或几个生产步骤但还需要继续加工的半成品、尚未验收入库的产成品、正在返修和等待返修的废品等。不可修复的废品应当及时报废,也不应计入在产品之列。狭义的在产品指就某一车间或某一生产步骤而言,正在本车间或本生产步骤加工中的那部分产品,不包括已完工入库的半成品。

正确区分完工产品与在产品,对加强在产品实物管理和正确计算产品成本具有非常重要的意义。一般企业的在产品数量较大,品种规格繁多,流动性强,为保证在产品的安全完整,必须明确在产品实物管理的责任。由于狭义在产品一般停留在生产车间,主要由生产车间进行实物管理;广义在产品中的自制半成品已经验收入库,应由仓库进行管理。此外,完工产品成本和在产品成本之间存在着此消彼长的关系,若在产品实物数量计算不准确,就会多计或少计在产品成本,从而影响完工产品成本计算的准确性。企业必须加强在产品实物管理,为正确计算产品成本提供基础。在产品与完工产品的关系可以用一个恒等式来表示:

月初在产品(数量或费用)+本月投入(数量或费用)=本月完工产品(数量或费用)

+月末在产品(数量或费用)

等式的左边是已知的(归集完毕),可以理解为一个定数,这里要解决的是本月完工产品与月末在产品的数量或费用。数量可通过盘存解决,而费用则要通过一定的分配方法来确定。

什么是在产品?什么是完工产品?正确区分两者对产品成本核算有什么意义?

二、在产品收发结存数量的日常核算与管理

在产品数量的核算和实物管理是日常成本管理的一项重要内容,也是成本核算的一项基本工作。在产品数量的核算,应具备账面核算资料和实际盘点资料,做好在产品收发结存的日常核算工作和在产品的清查工作,既可从账面上随时掌握和控制在产品的动态,又可查清在产品的实际数量。这不仅为正确计算产品制造成本提供可靠的产量资料,也为合理组织生产提供在产品的动态资料,还能保证在产品实物的安全完整,并对在产品资金管理起重要作用。

在产品收发结存的日常核算，通常是通过在产品收发结存账进行的，由于它通常是在生产操作的工作台上进行登记的，在实务中在产品收发结存账也叫在产品台账。企业应根据生产特点分车间，再按照产品的品种和在产品的名称(零部件名称)设置台账，反映车间各种在产品的转入、转出和结存的数量。各车间应认真做好在产品的计量、验收和转移的交接工作，并在此基础上根据领料凭证、在产品内部转移凭证和产品入库凭证及时登记在产品收发结存账(见表 4-1)。该账可以由车间核算人员登记，也可由班组工人中兼职核算员登记，然后由车间核算人员审核汇总。

表 4-1　　在产品收发结存账

车间名称：××

零部件名称：××　　20××年×月

日期	摘要	收　　入		发　　出		结　　存	
		凭证号	数量	凭证号	数量	完工	未完工

**课堂讨论**

因为在产品分布在各生产工序上，清点的工作量较大，“在产品数量”可不可以通过倒算的方法得到？如果采取倒算方法有什么缺点？

三、在产品清查的核算

在产品属于存货范畴，与其他存货一样必须做到账实相符。为保证在产品的安全完整，以及为正确计算产品成本和编制生产计划提供资料，月末结账前一般应组织对在产品进行全面清查；同时，还可以结合实际需要进行不定期的清查。

在产品清查一般采用实地盘点法。在产品的账面数与实际盘点数可能存在差额，即盘盈或盘亏。由于在产品是在生产车间里，车间应安排人员进行认真的清点，要避免发生重复点、漏点和错点的现象。清查结束后，根据实际盘点数和账面资料编制“在产品盘盈盘亏报告表”，列明在产品的账面数、实存数、盘盈盘亏数以及盘亏的原因和处理意见等，对于报废和毁损的在产品还要登记残值。成本核算人员应对“在产品盘盈盘亏报告表”进行认真审核，并报有关部门审批，同时对在产品盘盈、盘亏进行账务处理。

**课堂讨论**

账上的“在产品数量”比盘点出来的多，可能是什么原因造成的？

在产品发生盘盈时，按盘盈在产品的定额成本或计划成本借记“生产成本——基本生产成本”账户，贷记“待处理财产损溢”账户；按规定核销时，则借记“待处理财产损溢”账户，贷记“制造费用”账户，冲减制造费用。

在产品发生盘亏或毁损时，则借记“待处理财产损溢”账户，贷记“生产成本——基本生产成本”账户，冲减在产品的账面价值。毁损的在产品残值，应借记“原材料”账户，贷记

"待处理财产损溢"账户，冲减其损失。按规定核销在产品的盘亏损失时，根据不同情况将损失从"待处理财产损溢"账户的贷方转出：对准予计入产品成本的损失，借记"制造费用"账户；由于自然灾害造成的非常损失，借记"营业外支出"账户；对于应由保险公司、过失单位或过失人员赔偿的部分，借记"银行存款"或"其他应收款"账户。其账务处理程序如图 4-1 所示。

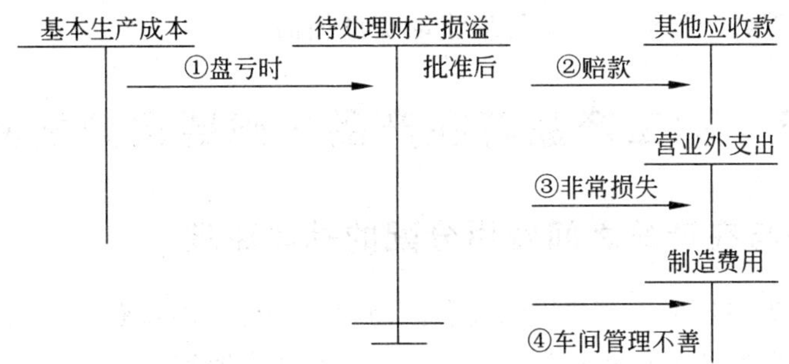

图 4-1 在产品盘亏的账务处理程序

说明：① 盘亏时，把盘亏的在产品成本转出；
② 应由责任人赔款或保险赔款；
③ 非常损失造成的盘亏；
④ 由于车间管理不善造成的盘亏。

为了正确、及时地归集和分配制造费用，在产品的盘盈盘亏的账务处理，应该在制造费用结账之前正确进行。

【例 4.1】 甲企业对基本生产车间在产品清查结果如下：A 产品盘盈 2 件，单位定额成本 32 元；B 产品盘亏 3 件，单位定额成本 50 元；C 产品由于自然灾害毁损 300 件，单位定额成本 50 元，残值 60 元，应由保险公司赔偿 3 000 元。以上均已批准转账。根据上述资料，编制会计分录如下。

(1) 在产品盘盈的核算

① 盘盈时：

借：生产成本——基本生产成本——A 产品　　64

　贷：待处理财产损溢——待处理流动资产损溢　　64

② 批准后转账时：

借：待处理财产损溢——待处理流动资产损溢　　64

　贷：制造费用　　64

(2) 在产品盘亏和毁损的处理。

① 盘亏或毁损时：

借：待处理财产损溢——待处理流动资产损溢　　15 150

　贷：生产成本——基本生产成本——B 产品　　150

　　　生产成本——基本生产成本——C 产品　　15 000

② 残料入库：

借：原材料　　60

贷：待处理财产损溢——待处理流动资产损溢 60

③ 批准后转账：

借：制造费用 150

营业外支出 11 940

其他应收款 3 000

贷：待处理财产损溢——待处理流动资产损溢 15 090

第二节 完工产品与在产品之间费用分配的核算

一、完工产品与在产品之间费用分配的基本原理

企业本月发生的各项生产费用经过前面的归集、分配、再归集、再分配及汇总后，产品在生产过程中所发生的各种耗费都已归集在各产品成本明细账中。为了计算本月完工产品成本，还需要加上月初在产品的成本，然后将其在本月完工产品和月末在产品之间分配。月初在产品成本、本月生产费用、本月完工产品成本和月末在产品成本之间的关系可以用以下公式表示：

月初在产品成本＋本月生产费用＝本月完工产品成本＋月末在产品成本

如果月末产品全部完工，则生产成本明细账中登记的生产费用总和即为该产品的完工产品总成本；如果月末没有完工产品，则生产费用总和就是月末在产品总成本；如果月末既有完工产品又有在产品，则需要采用适当的分配方法，将全部生产费用在两者之间分配，分别计算出本月完工产品和月末在产品总成本。

完工产品和月末在产品之间生产费用的合理分配，直接关系到完工产品和在产品计价的正确性。如果完工产品与月末在产品成本的界限划分不合理或作为调整完工产品成本的手段，会造成成本信息失真，歪曲在产品、完工产品等存货的实际价值，不能客观反映应从收入中取得补偿的成本耗费，无法真实反映企业的财务状况和经营成果。影响完工产品与在产品成本划分的因素有：企业在产品数量的多少；各月末在产品数量变化的大小；项目费用比重的大小；定额管理基础的好坏等因素。

完工产品和在产品成本的划分方法从在产品成本确定的先后顺序上看，可以分为两大类：一类是先确定月末在产品成本，然后计算完工产品成本。即采用一定的方法对月末在产品进行计价，然后用汇总的基本生产成本减去月末在产品成本，即为完工产品总成本。具体包括在产品不计算成本法、在产品按固定成本计价法、在产品按所耗直接材料费用计价法、在产品按完工产品计算法、在产品按定额成本计价法。另一类是将本月生产费用总额按一定分配比例进行分配，同时计算出完工产品和月末在产品成本。这类方法是先选择一种分配标准，将完工产品成本与月末在产品成本按此分配标准比例进行分配，不分先后顺序计算完工产品成本和月末在产品成本，如约当产量比例法和定额比例法。无论采用哪种方法，都必须在正确组织在产品收、发和结存核算和取得在产品的动态资料和结存的数量的基础上进行。

课堂讨论

完工产品成本多计或少计，对财务报表有什么影响？

二、完工产品与在产品之间费用分配核算方法

（一）在产品不计算成本法

在产品不计算成本法是指月末虽有在产品，但不计算其成本。即某成本计算对象的所有生产费用全部由完工产品承担，每月发生的生产费用之和就是完工产品总成本。采用这种方法的前提条件是各月月末在产品数量很少，即在产品的成本小。根据恒等式有：

完工产品成本＝本月投入费用＋(月初在产品成本－月末在产品成本)

如果在产品数量很小，则月初与月末实际费用的差额很小，此时可假设月初、月末在产品费用为零。则上式变成：完工产品成本＝本月费用。

采用这种方法是因为各月月末在产品成本很低，各月末在产品成本对完工产品成本影响极小，因此根据重要性原则，为简化产品成本计算工作，可以不计算月末在产品成本。自来水生产企业、发电企业、采掘企业均可采用此方法。

（二）在产品按固定成本计价法

在产品按固定成本计价法是指对各月月末(年末除外)的在产品成本按年初在产品成本固定计价的一种方法。采用这种方法，由于月末和月初成本计入相等金额，每月发生的生产费用之和就是完工产品成本。该方法在前一种方法的基础上，扩大了适用范围，即可在各月末在产品数量较小，或者在产品数量虽然较大，但各月之间数量变化不大的情况下选用。由于月末在产品数量较小，月初与月末在产品成本也很小，月初在产品成本与月末在产品成本之差更小，各月在产品成本的差额对完工产品成本影响不大；或者各月末数量虽大，月初与月末在产品成本也较大，但各月末在产品数量变化却不大，因而月初、月末在产品成本的差额仍不大，各月在产品成本的差额对完工产品成本影响亦不大。此时，将各月末在产品按年初数计算，能避免产生账外资产，正确地反映在产品资金占用情况，还能简化成本计算工作。这种方法适用于采用固定容器装置的冶炼、化工等企业。

为避免在产品以固定不变的成本计价时期过长，使在产品账面成本与实际成本相差过大，影响成本计算正确性，每年年末需要根据实际盘点的在产品数量，采用其他更为精确的方法重新计算调整在产品成本，并将其作为下一会计年度各月固定的在产品成本。

【例 4.2】 某企业甲产品每月月末产品的数量较大，但各月月末在产品数量变化不大，在产品按固定成本计价。其月初固定成本：原材料费用 3 600 元，燃料和动力 2 400 元，工资和福利费 1 400 元，制造费用 1 200 元。5 月份生产费用：原材料费用 7 600 元，燃料和动力 6 400 元，工资和福利费 3 800 元，制造费用 2 020 元。本月完工产品 200 件，月末在产品 100 件。根据上述资料计算本月甲产品完工产品的总成本和单位成本及登记甲产品成本明细账。

(1) 甲产品完工产品总成本＝7 600＋6 400＋3 800＋2 020＝19 820(元)

$$甲产品的单位成本=\frac{19\,820}{200}=99.10(元/件)$$

(2) 甲产品成本明细账如表 4-2 所示.

表 4-2 **甲产品成本明细账**

20××年 5 月　　完工产量：200 件　单位：元

摘　　要	直接材料	直接燃料和动力	直接人工	制造费用	合　计
月初在产品成本	3 600	2 400	1 400	1 200	8 600
本月生产费用	7 600	6 400	3 800	2 020	19 820
合　　计	11 200	8 800	5200	3 220	28 420
完工产品成本	7 600	6 400	3 800	2 020	19 820
月末在产品成本	3 600	2 400	1 400	1 200	8 600

（三）在产品按所耗直接材料费用计价法

在产品按所耗直接材料计价是指月末在产品只计算其所耗原材料费用，不计算其他费用(加工费用)，其他费用全部由完工产品负担。这时上述等式可写为：

完工产品成本＝本月费用＋(月初的原材料费用－月末的原材料费用)

这种方法适用于各月末在产品数量较大，各月在产品数量变化也较大，而且直接材料费用在成本中所占比重较大的产品。采用这种方法是因为各月末在产品数量较大且变化也较大，采用前两种方法都不合适，但是若直接材料费用占产品成本比重大，加工费用所占比重小时，在产品成本中加工费及月初、月末在产品加工费的差额不大，为简化成本计算工作，在产品可以不计算加工费用。这种方法适合于碾米、酿酒、造纸等企业。采用这种方法时要注意，要将月初的原材料费用与本月原材料费用之和，按一定的分配标准在完工产品与在产品之间进行分配。而加工费用则全部计入完工产品成本。因此也可以说是一种比例分配法。

【例 4.3】 某工业企业甲产品成本中的原材料费用所占比重很大，月末在产品按其所耗原材料费用计价。甲产品 6 月初在产品费用为 3 000 元；该月生产费用为原材料 12 000 元，工资及福利费 330 元，制造费用 600 元。该月完工产品 450 件，月末在产品 300 件。该产品的直接材料费用在生产开始时一次投入，直接材料费用按完工产品与在产品的数量比例进行分配。计算如下：

(1) $甲产品直接材料费用分配率=\frac{3\,000+12\,000}{450+300}=20$

甲产品完工产品直接材料费用＝450×20＝9 000(元)

甲产品月末在产品直接材料费用＝300×20＝6 000(元)

(2) 甲产品完工产品成本＝9 000＋330＋600＝9 930(元)

(3) 甲产品月末在产品成本＝6 000(元)

（四）约当产量比例法

约当产量比例法是将月末在产品数量按照完工程度折算为约当产量，然后按照完工产品产量与月末在产品的约当产量比例进行分配。所谓约当产量，是指将月末在产品数量按其完工程度或投料程度折合为相当于完工产品的数量。这种分配方法，与前一种方法相比，扩大了适用范围，即适用于月末在产品数量较大，各月末在产品数量变化也较大，产品成本中原材料费用和工资及福利费等加工费用比重相差不多的情况。因此，从第一种分配方法至第四种分配方法，应用的前提条件越来越松，适用范围越来越大。也就是，月末在产品成本既不能不算，也不能按固定成本计价，还不能只计算直接材料费用，需采用约当产量比例法计算。

知识链接

什么是约当产量？在产品的约当产量如何确定？

1. 约当产量比例法的计算程序

(1) 计算月末在产品的完工率。在产品的完工程度是计算约当产量的基础，也是约当产量法关键之处。在产品的完工程度通常用完工百分率表示或简称“完工率”，对于原材料来说可称“投料率”。在产品的加工程度一般可以通过技术测定或用其他方法测定。由于在产品分布在不同的加工阶段，其完成情况不同，即其耗费也不同，计算完工程度要考虑在产品的分布和加工特点。

① 如果在产品的数量在各工序上分布均匀，且加工程度随着加工进度均匀增加，这时，可采用平均完工程度50%来计算，即后面的加工程度可以抵补前面少加工程度。这种方法简便，但条件要求苛刻。

② 如果各工序在产品数量分布不均匀，且加工量也不均匀递增，则要分工序计算完工率和约当产量。可以采用定额资料进行计算。如可根据各工序累计工时定额数占完工产品工时定额数的比率，确定各工序在产品的完工率。

$$\text{某工序在产品完工率}=\frac{\text{前面各道工序工时定额之和}+\text{本工序工时定额}\times 50\%}{\text{产品工时定额}}\times 100\%$$

上式中，由于在产品已经完成前面所有各道工序的加工，所以工时定额按100%计算；而本道工序中，各件在产品的完工程度并不一定相等，为简化测算工作，在产品在本工序的完工程度按平均完工50%计算。这一公式隐含一个假定条件，即每一工序上的在产品分布均匀，且加工量均匀递增，故某一个工序上的完工程度又以平均计算，即在计算本工序工时定额乘以50%。

(2) 计算月末在产品的约当产量。在产品的约当产量＝月末在产品数量×完工百分率(即完工程度)。

如果在产品处在不同的工序上，要按工序计算约当产量(“1，2，3”代表工序序号)。

$\text{第一工序在产品约当产量(约当产量}_1) = \text{在产品}_1 \times \text{完工率}_1$

$\text{第二工序在产品约当产量(约当产量}_2) = \text{在产品}_2 \times \text{完工率}_2$

$\text{第三工序在产品约当产量(约当产量}_3) = \text{在产品}_3 \times \text{完工率}_3$

……

$\text{在产品约当产量总额} = \text{约当产量}_1 + \text{约当产量}_2 + \text{约当产量}_3 + \cdots\cdots$

(3) 按约当产量比例计算完工产品和在产品的成本。注意要按成本项目进行分配。

$$某成本项目分配率=\frac{该项目月初费用+该项目本月费用}{完工产品产量+在产品的约当产量}$$

则：

完工产品应负担的费用 = 完工产量 × 该分配率

在产品应负担的费用 = 在产品的约当产量 × 该分配率

2. 直接人工、制造费用等加工费用的分配

采用约当产量比例法时，由于月末在产品的投料程度和加工程度可能不一致，因此直接材料、直接人工和制造费用的投入程度也可能不同，所以应分成本项目计算月末在产品的约当产量、费用分配率和完工产品成本、月末在产品成本。对于直接人工、制造费用等加工费用的分配可以按照上面所介绍的计算程序进行。

【例 4.4】 某产品经过两道工序完工。其工时定额为：第一道工序 40 小时，第二道工序 60 小时。各道工序在产品的工时定额按本工序工时定额之半计算。该种产品月末在产品数量为：第一道工序 200 件，第二道工序 400 件。月末完工产品 600 件。月初在产品和本月的直接人工费用共计 4 600 元。要求按约当产量比例法计算该产品的完工产品和在产品应负担的直接人工费用。

(1) $第一道工序在产品完工率=\frac{40\times50\%}{40+60}\times100\%=20\%$

$第二道工序在产品完工率=\frac{40+60\times50\%}{40+60}\times100\%=70\%$

(2) 月末在产品约当产量$=200\times20\%+400\times70\%=320$(件)

(3) $直接人工费用分配率=\frac{4\,600}{600+320}=5$

完工产品应负担直接人工费用$=600\times5=3\,000$(元)

在产品应负担的直接人工费用$=320\times5=1\,600$(元)

3. 直接材料费用的分配

不同的产品生产过程不同，其原材料投入有不同的方式，在产品的投料程度与陆续发生的加工程度不一致，这时不能简单地按照上述程序分配材料费用。因此，采用约当产量比例法时，直接材料费用的分配应根据其投料方式不同分别处理。原材料的投入可以归纳为以下四种方式，不同的方式其投料率的计算不同。

(1) 直接材料在生产开始时全部一次投入(见图 4-2)。在这种情况下，不管在产品在第几道工序上，每一件在产品消耗的原材料与一件完工产品相同。即在产品的投料率为 100%。或者说，在计算材料费用分配率时，期末在产品约当产量就是在产品实际结存数量。这样直接材料费用应按两者的数量比例进行分配。

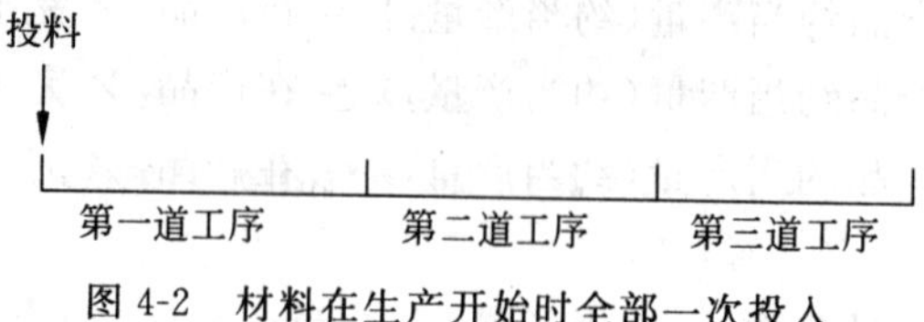

图 4-2 材料在生产开始时全部一次投入

$$原材料的分配率=\frac{原材料费用}{完工产品数量+在产品数量}$$

(2) 原材料在每一道工序开始时分别投料(见图 4-3)。这时某一道工序上的在产品投料率是一样的,但不同工序上的在产品所耗材料不一样,这时要计算每一道工序的完工率,一般可按消耗定额来计算。

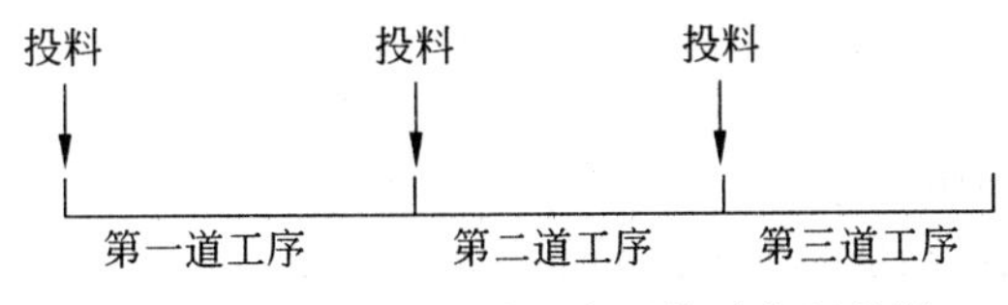

图 4-3 材料在每一道工序开始时分别投料

$$某工序原材料的投料率=\frac{前面各道工序消耗定额之和+本工序消耗定额}{产品消耗定额}\times 100\%$$

注意:本工序的消耗定额不必再乘 50%,因为某一道工序上的在产品完工率是一样的。

(3) 分工序陆续投料。在这种情况下,某一道工序上的在产品的投料率不同。且不同工序、投料进度也不同,这时可采用加工费用相同的计算方法,只是分配标准采用消耗定额。或者当投料程度与加工进度完全一致时,可以直接采用加工费用的完工率。

$$某工序原材料的投料率=\frac{前面各道工序消耗定额之和+本道工序消耗定额\times 50\%}{产品消耗定额}\times 100\%$$

(4) 原材料在整个生产过程中均匀陆续投料。为了简化计算,直接材料投料率可按平均(50%)计算。这里隐含在产品分布均匀。

【例 4.5】 某企业甲产品 9 月份完工 800 件,月末在产品 200 件,其中第一、二、三道工序分别是 100 件、40 件和 60 件。甲产品所耗原材料在生产开始时一次性投入,甲产品的工时定额为 100 小时,其中第一、二、三道工序分别是 20 小时、60 小时和 20 小时。甲产品月初成本和本月生产费用合计为 113 360 元,其中直接材料为 78 000 元,直接人工费用 22 100 元,制造费用 13 260 元。要求采用约当产量比例法计算甲完工产品成本和月末在产品成本并登记明细账。

(1) 直接材料费用分配:

$$直接材料费用分配率=\frac{78\,000}{800+200}=78$$

$$完工产品负担的直接材料=800\times 78=62\,400(元)$$

$$在产品应负担的直接材料=200\times 78=15\,600(元)$$

(2) 加工费用分配:

$$第一道工序完工率=\frac{20\times 50\%}{20+60+20}\times 100\%=10\%$$

$$第二道工序完工率=\frac{20+60\times 50\%}{20+60+20}\times 100\%=50\%$$

$$第三道工序完工率=\frac{20+60+20\times 50\%}{20+60+20}\times 100\%=90\%$$

$$月末在产品约当产量=100\times 10\%+40\times 50\%+60\times 90\%=84(件)$$

① 直接人工费用分配率$=\frac{22\ 100}{800+84}=25$

完工产品应负担的直接人工费用＝800×25＝20 000(元)

在产品应负担的直接人工费用＝84×25＝2 100(元)

② 制造费用分配率$=\frac{13\ 260}{800+84}=15$

完工产品应负担的制造费用＝800×15＝12 000(元)

在产品应负担的制造费用＝84×15＝1 260(元)

(3) 甲产品的完工产品成本＝62 400＋20 000＋12 000＝94 400(元)

甲产品的在产品成本＝15 600＋2 100＋1 260＝18 960(元)

(4) 上述计算过程和结果可列示在如表 4-3 所示的产品成本明细账中。

表 4-3 **产品成本明细账**

产品名称：甲产品 20××年 9 月 单位：元

日期	凭证号	摘　　要	直接材料	直接人工	制造费用	合计
		本月生产费用合计	78 000	22 100	13 260	113 360
		完工产量和在产品约当产量合计/件	1 000	884	884	
		分配率(产品单位成本)	78	25	15	118
		完工产品成本(800 件)	62 400	20 000	12 000	94 400
		月末在产成本	15 600	2 100	1 260	18 960

【例 4.6】 假定例 4.5 中甲产品直接材料分工序在每道工序开始时一次投入，该产品在三道工序上的直接材料消耗定额分别为第一道工序 80 元，第二道工序 60 元，第三道工序 60 元。则甲产品直接材料的分配计算如下(直接人工和制造费用分配不变)。

(1) 直接材料投料率：

$$第一道工序投料率 = \frac{80}{80+60+60}\times 100\% = 40\%$$

$$第二道工序投料率 = \frac{80+60}{80+60+60}\times 100\% = 70\%$$

$$第三道工序投料率 = \frac{80+60+60}{80+60+60}\times 100\% = 100\%$$

$$月末在产品约当产量 = 100\times 40\% + 40\times 70\% + 60\times 100\% = 128(件)$$

(2) 直接材料费用分配率$=\frac{78\ 000}{800+128}=84.05$

完工产品应负担的直接材料费用＝800×84.05＝67 240(元)

在产品应负担的直接材料费用＝128×84.05＝10 760(元)(此数有尾差计入)

【例 4.7】 假定例 4.5 中甲产品直接材料随加工程度陆续投入，即三道工序月末在产品直接材料的投料程度与各道工序月末在产品的加工程度相同，分别为 10%、50%、90%，则月末在产品直接材料的约当产量同样为 84 件。

直接材料费用分配率 $= \dfrac{78\,000}{800 + 84} = 88.24$

完工产品应负担的直接材料费用 $= 800 \times 88.24 = 70\,592$(元)

在产品应负担的直接材料费用 $= 84 \times 88.24 = 7\,408$(元)(此数有尾差计入)

从计算原理和实例可以看出,约当产量比例分配法不像前面三种分配方法简化了在产品成本的计算,而是根据在产品的完工程度,将生产费用在完工产品和在产品中按比例进行恰当的分配,是一种相对精确的方法。但从计算精确上来说,应该考虑每一件在产品的完工程度不同来计算约当产量,但这样计算投料程度和加工程度的工作量很大。当在产品的数量也很大时,约当产量计算工作量也大。因此实际工作中采取了很多简化的方法,比如假设每个工序中在产品的加工程度为50%等。如果企业能够较为准确地确定在产品的投料程度和完工程度,就能够保证完工产品和在产品成本计算的准确性。

(五) 在产品按完工产品计算法

在产品按完工产品计算法是指将在产品视为完工产品来计算、分配生产费用。这种方法适用于月末在产品已接近完工,只是尚未包装或尚未验收入库的情况。因为在产品已接近完工,其成本接近完工产品成本,为了简化产品成本计算工作,将在产品视同完工产品。这种方法也可理解为约当产量比例法的特殊情况,即在产品的完工程度为100%。即按完工产品数量与在产品的数量比例进行分配。

【例 4.8】 某企业生产 A 产品分两道工序制成,原材料在生产开始时一次投料。月初与本月生产费用合计:直接材料 32 320 元,直接人工 15 680 元,制造费用 12 480 元。本月完工 120 件,月末在产品 40 件,且月末接近完工,视同完工产品分配各项费用。

(1) 直接材料费用分配:

直接材料费用分配率 $= \dfrac{32\,320}{120 + 40} = 202$

完工产品直接材料费用 $= 120 \times 202 = 24\,240$(元)

在产品直接材料费用 $= 40 \times 202 = 8\,080$(元)

(2) 直接人工费用分配率$=\dfrac{15\,680}{120+40}=98$

完工产品工资费用$=120\times98=11\,760$(元)

在产品工资费用$=40\times98=3\,920$(元)

(3) 制造费用分配率$=\dfrac{12\,480}{120+40}=78$

完工产品制造费用$=120\times78=9\,360$(元)

在产品制造费用$=40\times78=3\,120$(元)

(4) A 产品完工产品成本$=24\,240+11\,760+9\,360=45\,360$(元)

在产品成本$=8\,080+3\,920+3\,120=15\,120$(元)

(六) 在产品按定额成本计价法

在产品按定额成本计价法是指根据各月月末在产品实际结存的数量和单位产品定额成本计算出月末在产品的定额成本,并以该定额成本作为月末在产品的实际成本。而完工产品成本则为月初在产品的定额成本加上本月生产费用，再减去按定额成本计算的月末在产品成本所得的金额。采用这种方法时，每月在产品实际生产费用与定额费用的差异（节约或超支），以及旧定额与新定额的差异（定额变动差异），全部计入当月完工产品成本。因此这种方法的应用条件是各项消耗定额或费用定额要比较准确、稳定，而且各月末在产品数量变动不大。目的是要使在产品脱离定额的差异、定额变动差异小，这样分配的结果较准确。

在产品按定额成本计价的计算公式如下：

在产品定额成本 ＝ 在产品直接材料定额成本 ＋ 在产品直接人工定额成本 ＋ 在产品制造费用定额成本

在产品直接材料定额成本 ＝ 在产品实际数量 × 单位在产品材料消耗定额 × 直接材料计划单价

在产品直接人工定额成本 ＝ 在产品实际数量 × 单位在产品工时定额 × 计划小时工资率

在产品制造费用定额成本 ＝ 在产品实际数量 × 单位在产品工时定额 × 计划小时费用率

【例 4.9】 某企业生产 B 产品，4 月份完工 B 产品 2 500 件，月末结存在产品 600 件。单位在产品材料的消耗定额为 4 千克，每千克材料的计划单价为 25 元；单位产品工时定额为 3 小时，每工时定额直接人工计划数为 10 元，每工时定额制造费用计划数为 24 元。月初在产品和本月生产耗费总计为：直接材料 242 000 元，直接人工 125 200 元，制造费用 161 200 元。月末在产品按定额成本计价。分配计算过程及明细账如下。

（1）在产品定额成本计算：

① 在产品直接材料费用定额成本＝600×4×25＝60 000（元）

② 在产品直接人工费用定额成本＝600×3×10＝18 000（元）

③ 在产品制造费用定额成本＝600×3×24＝43 200（元）

在产品定额成本＝60 000＋18 000＋43 200＝121 200（元）

则月末在产品成本确定为 121 200（元）。

（2）完工产品成本计算：

① 完工产品的直接材料费用＝242 000－60 000＝182 000（元）

② 完工产品直接人工费用＝125 200－18 000＝107 200（元）

③ 完工产品制造费用＝161 200－43 200＝118 000（元）

则 B 产品的完工产品成本＝182 000＋107 200＋118 000＝407 200（元）

（3）上述计算过程和结果可列示在如表 4-4 所示的产品成本明细账中。

表 4-4 **产品成本明细账**

产品名称：B 产品 20××年 4 月 单位：元

日期	凭证号	摘　　要	直接材料	直接人工	制造费用	合　计
		本月生产费用合计	242 000	125 200	161 200	588 400
		月末在产品的定额成本	60 000	18 000	43 200	121 200
		完工产品成本	182 000	107 200	118 000	407 200

采用在产品按定额成本计价法计算较为简便，但由于在产品按定额成本计价，在产品实际耗费与在产品定额成本之间的差异将全部由完工产品来承担。如果本月生产费用脱离定额的差异数额比较大，必然会影响到成本计算的准确性，所以这种方法适用于定额管理基础好，各项消耗定额或费用定额比较准确、稳定，而且各月末在产品数量变动不大的产品。如果各项定额资料准确，则月初和月末单件在产品费用脱离定额的差异就很小；再由于各月末在产品数量变化不大，则月初在产品脱离定额的差异与月末在产品脱离定额的差异也不会相差太远，对完工产品成本计算的准确性影响很小。另外，采用这种方法还要求定额资料相对稳定，若经常修订定额，则在修订定额的月份，月末在产品的新定额耗用与旧定额耗用之间的差异也将全部由完工产品承担，这样影响成本计算与考核的准确性。

（七）定额比例法

定额比例法是指按照完工产品与月末在产品的定额消耗量或定额费用比例来分配计算完工产品成本和月末在产品成本的方法。采用这种方法，直接材料按照直接材料的定额耗用量或定额费用比例进行分配；而直接人工、制造费用等加工费用，按定额耗用量（工时）比例或定额费用比例分配，但由于定额耗用量资料更容易取得，一般均按定额耗用量比例进行分配。

定额比例法分配直接材料费用公式如下：

$$\text{直接材料分配率} = \frac{\text{月初在产品材料费用} + \text{本月材料费用}}{\text{完工产品定额材料费用} + \text{月末在产品定额材料费用}}$$

$$\text{完工产品直接材料成本} = \text{完工产品定额材料费用} \times \text{直接材料分配率}$$

$$\text{月末在产品直接材料成本} = \text{月末在产品定额材料费用} \times \text{直接材料分配率}$$

直接人工、制造费用分配公式如下：

$$\begin{matrix}\text{直接人工（或制造费用）}\\\text{分配率}\end{matrix} = \frac{\begin{matrix}\text{月初在产品直接人工费用}\\\text{（或制造费用）}\end{matrix} + \begin{matrix}\text{本月直接人工费用}\\\text{（或制造费用）}\end{matrix}}{\text{完工产品定额工时} + \text{月末在产品额定工时}}$$

$$\begin{matrix}\text{完工产品直接人工}\\\text{成本（或制造费用）}\end{matrix} = \text{完工产品定额工时} \times \text{直接人工（或制造费用）分配率}$$

$$\begin{matrix}\text{月在产品直接人工}\\\text{成本（或制造费用）}\end{matrix} = \text{月末在产品定额工时} \times \text{直拉人工（或制造费用）分配率}$$

定额比例法适用于定额管理基础较好，各项消耗定额或费用定额比较准确、稳定，但各月末在产品数量变化比较大的产品。月初、月末在产品数量差异较大，月初在产品脱离定额的差异与月末在产品脱离定额的差异也就较大，不能相互抵销。如果仍然采用在产品按定额成本计价法，会影响完工产品成本计算的准确性。而采用定额比例法，产品的实际耗费与产品的定额成本之间的差异是在完工产品和月末在产品之间按比例进行分摊的，即由完工产品和月末在产品共同承担实际脱离定额的差异，减少了由于月初、月末在产品数量的波动对完工产品成本计算的影响，提高了产品成本计算的准确性，弥补了在产品按定额成本计价法的不足。采用这种分配方法，一方面分配的结果比较合理；另一方面可以考核和分析定额的执行情况。

【例 4.10】 某企业生产乙产品，本月初在产品费用：直接材料 1 400 元，直接人工 600 元，制造费用 200 元。本月发生费用：直接材料 8 200 元，直接工资 3 000 元，制造费用 1 000 元。本月完工产品 4 000 件，单位直接材料费用定额 2 元，单位工时定额 1.25 小时。月末在产品 1 000 件，单位直接材料费用定额 2 元，工时定额 1 小时。要求采用定额比例法分配计算乙产品完工产品成本与月末在产品成本，并登记产品明细账。

(1) 在产品定额的计算：

① 在产品直接材料费用定额费用＝1 000×2＝2 000(元)

② 在产品直接人工费用定额工时＝1 000×1＝1 000(小时)

③ 在产品制造费用定额工时＝1 000×1＝1 000(小时)

(2) 完工产品定额的计算：

① 完工产品直接材料费用定额费用＝4 000×2＝8 000(元)

② 完工产品直接人工费用定额工时＝4 000×1.25＝5 000(小时)

③ 完工产品制造费用定额工时＝4 000×1.25＝5 000(小时)

(3) 分配率计算：

① 直接材料的费用分配率$=\dfrac{9\,600}{8\,000+2\,000}=0.96$

② 直接人工费用分配率$=\dfrac{3\,600}{5\,000+1\,000}=0.6$

③ 制造费用分配率$=\dfrac{1\,200}{5\,000+1\,000}=0.2$

(4) 完工产品成本＝8 000×0.96＋5 000×0.6＋5 000×0.2＝11 680(元)

在产品成本＝2 000×0.96＋1 000×0.6＋1 000×0.2＝2 720(元)

(5) 上述计算过程和结果可列示在如表 4-5 所示的产品成本明细账中。

表 4-5 **产品成本明细账**

产品名称：乙产品　　××年×月　　完工产量：4 000 件　单位：元

摘要		直接材料	直接人工	制造费用	合计
月初在产品成本		1 400	600	200	2 200
本月生产费用		8 200	3 000	1 000	12 200
生产费用合计		9 600	3 600	1 200	14 400
费用分配率		0.96	0.6	0.2	
完工产品费用	定额	8 000	5 000	5 000	
	实际成本	7 680	3 000	1 000	11 680
月末在产品费用	定额	2 000	1 000	1 000	
	实际成本	1 920	600	200	2 720

从上述计算过程可以看出，采用定额比例法，必须取得完工产品和月末在产品各成本项目的定额消耗量或定额费用资料。完工产品和月末在产品的各定额消耗量，是根据完工产品和月末在产品的实际数量乘以单位消耗定额计算求得的；完工产品和月末在产品的定额费用，可根据完工产品和月末在产品的各项费用定额消耗量，分别乘以各计划单价或计划小时分配率求得。采用这种方法，在产品的种类和生产工序繁多时，核算工作量繁重。为简化成本计算工作，月末在产品的定额消耗量或定额费用，可以采用倒挤的方法计算，计算公式如下：

月末在产品定额费用或定额消耗量＝月初在产品定额费用或定额消耗量＋本月投入的定额费用或定额消耗量－本月完工产品定额费用或定额消耗量

该公式中，月初在产品的定额费用或定额消耗量即上月末的在产品定额费用或定额消耗量，可以根据上月成本计算资料取得；本月投入的直接材料定额消耗量，可以根据领料凭证所列的直接材料定额消耗量等数据计算求得；本月投入的工时定额消耗量，可以根据有关定额工时的原始记录计算求得；本月完工产品的定额费用或定额消耗量，可以根据完工产品数量和单位产品定额成本或消耗定额求得，从而倒挤求出月末在产品的定额资料。采用上述倒挤的方法来计算月末在产品的定额数据，可以简化计算工作，但在发生在产品盘盈盘亏时，据以计算求得的成本资料就不能如实地反映产品成本的水平。为了保证在产品账实相符，提高成本计算的正确性，必须每隔一定时期对在产品进行实地盘点，根据在产品的实存数量计算在产品的定额费用或定额消耗量。

上述7种方法中，你认为哪些方法分配更合理？为什么？企业可不可以采用另外的方法进行分配？

第三节　完工产品成本的结转

企业生产产品发生的各种生产费用，已在各产品之间进行了分配，并且采用合适的方法又在同种产品的完工产品和月末在产品之间进行了分配，计算出了每种产品完工产品和月末在产品的总成本和单位成本。企业应在产品验收入库后，根据产品交库单和产品成本汇总表进行账务处理，将各种完工产品的成本，从生产成本账户及所属明细账贷方转出，转入库存商品等账户的借方。完工入库产成品成本时，借记“库存商品”账户，贷记“生产成本——基本生产成本”账户；完工入库的自制材料、工具、模具等的成本，分别借记“原材料”、“低值易耗品”等账户，贷记“生产成本——辅助生产成本”或“基本生产成本——××产品”账户。完工产品成本结转以后，“生产成本”账户及其相应明细账的余额就是月末在产品成本的余额。账务处理程序如图4-4所示。

【例4.11】 假设某企业本月生产甲、乙、丙产品，各产品完工产品成本汇总表如表4-6所示。

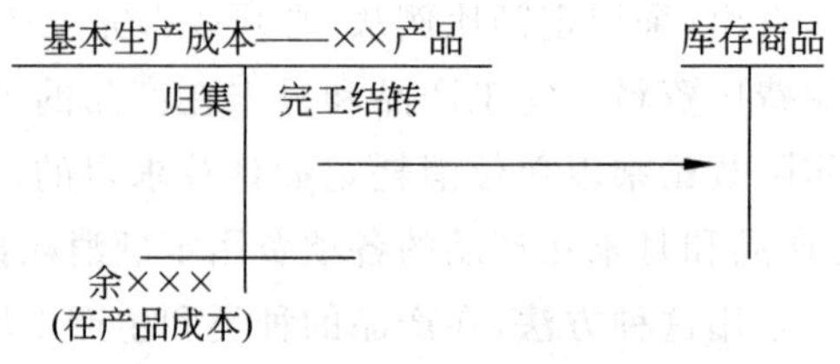

图 4-4　完工产品入库的账务处理程序

表 4-6　　**完工产品成本汇总表**

20××年 3 月

产　品	产量/件	直接材料/元	直接人工/元	制造费用/元	合计/元
甲产品	2 000	686 860	22 000	34 000	742 860
乙产品	600	146 900	22 350	23 000	192 250
丙产品	400	9 860	2 490	4 166	16 516
合　计		843 620	46 840	61 166	951 626

根据完工验收入库的库存商品交库单及库存商品成本汇总表等，编制会计分录如下：

借：库存商品——甲产品　　742 860

　　　　　　——乙产品　　192 250

　　　　　　——丙产品　　16 516

　贷：生产成本——基本生产成本——甲产品　　742 860

　　　　　　　　　　　　　　——乙产品　　192 250

　　　　　　　　　　　　　　——丙产品　　16 516

【本章小结】

本章在界定在产品和完工产品定义的基础上，介绍了在产品的数量核算与管理。重点阐述了生产费用在完工产品和在产品之间分配的基本原理、程序和七种分配方法。至此，产品成本核算的基本程序和费用分配方法全部已经介绍完毕，即从要素费用的投入开始到产品的总成本和单位成本计算的全过程。学到这里，回过头来再阅读第二章所述的内容，尤其是成本核算账务处理基本程序图，就能对产品成本核算一般程序和基本原理有进一步的理解。第五章开始至第九章具体讲述第二章述及的成本核算的第五项要求：适用生产特点和管理要求，采用适当的成本计算方法。

【延伸阅读】

1. 葛家澍，林志军. 现代西方会计理论[M]. 第 3 版. 福建：厦门大学出版社，2011.
2. 于富生，等. 成本会计学[M]. 北京：中国人民大学出版社，2013.

3. [美]查尔斯·T. 亨格瑞高. 成本会计[M]. 北京：中国人民大学出版社，1997.
4. http://www.sme.gov.cn/
5.《企业产品成本核算制度(试行)》(财会[2013]17 号).

【思考题】

1. 区分完工产品与在产品有什么意义?
2. 如何确定在产品的数量，在产品盘亏、盘盈如何进行账务处理?
3. 生产费用在完工产品和月末在产品之间的分配方法有哪几种? 如何根据企业的具体情况选择适当的分配方法?
4. 什么叫约当产量比例法? 如何计算约当产量?
5. 采用约当产量比例法时，如何确定在产品生产过程中的加工程度和投料程度?
6. 试说明定额比例法和在产品按定额成本计价法的区别。

【自测题】

1. 单项选择题

(1) 如果产品成本中的原材料费用所占比重很大，原材料随着生产进度逐渐投入生产，为了简化成本计算工作，在分配完工产品与月末在产品费用时，应该采用的方法是(　　)。

A. 在产品按所耗原材料费用计价
B. 约当产量比例法
C. 原材料费用按约当产量比例分配
D. 在产品按所耗原材料费用计价，原材料费用按约当产量比例分配

(2) 某种产品经两道工序加工而成，其原材料分两道工序在每道工序开始时一次投入：第一工序原材料消耗定额 30 千克，第二工序原材料消耗定额 20 千克，据此算出的第二工序在产品完工率为(　　)。

A. 20%　　B. 40%　　C. 80%　　D. 100%

(3) 某种产品的各项定额准确、稳定，且各月月末在产品数量变化不大，为了简化成本计算工作，其生产费用在完工产品与在产品之间进行分配应采用(　　)。

A. 在产品按定额成本计价法　　B. 在产品按完工产品计算法
C. 约当产量比例法　　D. 定额比例法

(4) 某种产品经两道工序加工完成，各道工序的工时定额分别为 24 小时、16 小时，各道工序的在产品在本道工序的加工程度按工时定额的 50%计算。按此计算的第二道工序在产品累计工时定额为(　　)。

A. 16 小时　　B. 20 小时　　C. 32 小时　　D. 40 小时

(5) 在某种产品各月月末在产品数量较大，但各月之间变化很小的情况下，为了简化成本计算工作，其生产费用在该种产品的完工产品与在产品之间进行分配时，适宜采用的

方法是(　　)。

A. 不计算在产品成本法　　B. 在产品按固定成本计价法

C. 在产品按完工产品计算法　　D. 在产品按定额成本计价法

(6) 某种产品经两道工序加工完成，第一道工序的月末在产品数量为100件，完工程度为20%；第二道工序的月末在产品数量为200件，完工程度为70%，据此计算的月末在产品约当产量为(　　)。

A. 20件　　B. 135件　　C. 140件　　D. 160件

(7) 如果产品的消耗定额准确、稳定，各月月末在产品数量变化不大，产品成本中原材料费用所占比重较大，为了简化产品成本计算，月末在产品的计价方法应采用(　　)。

A. 按定额原材料费用计价　　B. 按所耗原材料费用计价

C. 按定额成本计价　　D. 按定额加工费用计价

(8) 在产品成本计算方法采用约当产量比例法的条件是(　　)。

A. 月末在产品数量不多

B. 月末在产品数量变化不大

C. 月末在产品数量及变化均较大，且产品成本中各项目的比重相差不多

D. 原材料在生产开始时一次性投入

(9) 在产品按定额成本计算的情况下，其实际成本脱离定额成本的差异(　　)。

A. 全部由当期完工产品成本负担

B. 全部由月末在产品成本负担

C. 在完工产品与月末产品之间进行分配

D. 结转至"管理费用"科目

(10) 某企业尚在第二车间加工的半成品有65件，正在第一车间加工的在产品有50件，第一车间和第二车间正在返修的废品分别为2件和4件(均不包括在上述数字之列)，准备对外销售的半成品为80件，准备转入下一步骤继续加工的半成品为30件，等待返修的废品为3件，则该企业在产品数量为(　　)。

A. 115件　　B. 154件　　C. 145件　　D. 234件

2. 多项选择题

(1) 在确定完工产品与在产品费用分配的方法时，应考虑的条件是(　　)。

A. 各月月末在产品数量多少　　B. 各月月末在产品数量变化大小

C. 在产品是否接近完工　　D. 原材料所占费用的比重大小

E. 定额管理基础好坏

(2) 各月份在产品数量较多而且变化也较大，在完工产品与月末在产品之间分配生产费用时，不宜采用的方法有(　　)。

A. 在产品不计算成本法　　B. 在产品按固定成本计价法

C. 约当产量比例法　　D. 在产品按定额成本计价法

(3) 在产品按定额成本计价应具备的条件是(　　)。

A. 各项消耗定额和费用定额比较稳定

B. 各项消耗定额和费用定额比较准确

C. 各月末在产品数量很小

D. 各月末在产品数量变化不大

(4) 约当产量比例法适用于下列产品(　　)。

A. 月末在产品接近完工

B. 月末在产品数量较大

C. 各月末在产品数量变化较大

D. 产品成本原材料费用和工资等其他费用比重相差不大

(5) 广义的在产品包括(　　)。

A. 全部加工中的在产品和完工的半成品

B. 尚在本步骤加工中的在产品

C. 转入各半成品库的半成品

D. 已从半成品库转以后各步骤进一步加工,尚未最后制成的半成品

(6) 在某种产品月初、月末在产品数量不同的情况下,在计算某月产品成本时能够使本月发生的费用等于本月完工产品成本的方法是(　　)。

A. 在产品不计算成本法　　B. 在产品按固定成本计价法

C. 在产品按完工产品计算法　　D. 在产品按定额成本计价法

(7) 在产品盘亏报废批准处理时,借记的科目可能有(　　)。

A. 其他应收款　　B. 营业外支出

C. 制造费用　　D. 基本生产成本

(8) 某基本生产车间完工产品转出时,可能借记的科目有(　　)。

A. 基本生产成本　　B. 辅助生产成本

C. 自制半成品　　D. 产成品

(9) 下列情况下,需要计算在产品完工率的有(　　)。

A. 原材料在生产开始时是一次投入

B. 原材料分别在各工序开始时一次投入

C. 原材料随着加工进度陆续投入,投入程度与加工进度一致

D. 原材料随着加工进度陆续投入,投入程度与加工进度不一致

(10) 完工产品与月末在产品之间分配费用的约当产量比例法可以用来分配(　　)。

A. 直接材料费用　　B. 直接燃料和动力费用

C. 直接人工费用　　D. 制造费用

E. 管理费用

3. 判断题

(1) 采用约当产量比例法时,分配原材料费用与分配加工费用所用的完工率是一致的。　　(　　)

(2) 某产品在完工产品与在产品之间分配生产费用采用在产品按固定成本计价法,该产品 12 月份发生的生产费用之和也就是该产品当月的完工产品成本。　　(　　)

(3) 完工产品与月末在产品之间的费用分配在采用定额比例法时，本期实际成本与定额成本之间的差异是由完工产品和在产品共同负担的。 ( )

(4) 工业企业的在产品指没有完成全部生产过程，不能作为商品销售的产品。 ( )

(5) 狭义在产品是指正在某车间或某生产步骤中加工的在产品。 ( )

(6) 在产品按所耗原材料费用计价时，都应按完工产品与月末在产品的数量比例分配它们的原材料费用。 ( )

(7) 完工产品与在产品之间分配费用，如果采用在产品按完工产品计算的方法，则在产品就成为完工产品，全部生产费用之和就是完工产品成本。 ( )

(8) 为了正确、及时地归集和分配制造费用，有关在产品盘存盈亏处理的核算，应该在制造费用结账以前进行。 ( )

(9) 企业所有产品均需要在月末将其生产费用的累计数在完工产品与在产品之间进行分配。 ( )

(10) 采用约当产量比例法分配原材料费用的完工率与分配加工费用的完工率有时是通用的。 ( )

4. 业务计算题

(1) 某产品经过两道工序完工。其工时定额为：第一道工序 40 小时，第二道工序 60 小时。各工序在产品的工时定额按本工序工时定额之半计算。该种产品某月月末在产品数量为：第一道工序 200 件，第二道工序 400 件。月末完工产品 600 件。月初在产品和本月的直接人工费共计 4 600 元。

要求：① 计算每道工序在产品的完工率。

② 计算月末在产品的约当产量。

③ 按约当产量比例分配完工产品和月末在产品的直接人工费用。

(2) 某种产品月初在产品工资及福利费成本项目金额为 2 468 元，本月发生的工资及福利费为 4 592 元；月初在产品定额工时为 800 小时，本月投入的定额工时为 1 500 小时；本月完工产品为 90 件，每件工时定额为 24 小时，每小时工资及福利费费用定额为 3 元。

要求：采用在产品按定额成本计价法计算该种完工产品和月末在产品的工资及福利费。

(3) 某企业甲产品每月末产品的数量较大，但各月末在产品数量变化不大，在产品按固定成本计价。固定成本：原材料费用 3 600 元，燃料和动力 2 400 元，工资和福利费 1 400 元，制造费用 1 200 元。5 月份生产费用：原材料费用 7 600 元，燃料和动力 6 400 元，工资和福利费 3 800 元，制造费用 2 020 元。本月完工产品 200 件，月末在产品 100 件。

要求：① 计算本月甲产品完工产品的总成本和单位成本。

② 登记甲产品成本明细账。

(4) 某工业企业甲产品成本中的原材料费用所占比重很大，月末在产品按其所耗原材料费用计价。甲产品经过两道工序完成。其 6 月初在产品费用为 3 000 元；该月生产费用为原材料 12 000 元，工资及福利费 3 300 元，制造费用 6 000 元。该月完工产品 450

件，月末在产品 300 件，其中第一道工序上 100 件，第二道工序上 200 件。

要求：

① 原材料在生产开始时一次投入的情况下，计算甲产品完工产品成本和月末在产品的成本。

② 原材料在每道工序开始时投入，第一道工序原材料消耗定额为 400 千克，第二道工序原材料消耗定额为 100 千克。计算甲产品完工产品成本和月末在产品成本(采用约当产量法分配原材料费用)。

(5) 某企业生产 A 产品分两道工序制成，原材料在生产开始时一次投料。月初与本月生产费用合计：原材料 32 320 元，工资 13 230 元，制造费用 10 530 元。本月完工 120 件，月末在产品 40 件，完工程度为 37.5%。

要求：采用约当产量比例法分配计算完工产品和月末在产品费用。

(6) 某产品经两道工序完工，期初在产品与本月发生的工资及福利费用之和为 255 000 元，该月完工产品 600 件。该产品的工时定额为：第一道工序 30 小时，第二道工序20 小时。月末在产品数量为：第一道工序 300 件，第二道工序 200 件。各工序在产品在本工序的完工程度均按 50%计算。

要求：① 分别计算该产品的各工序在产品的累计工时定额和定额工时。

② 计算完工产品定额工时。

③ 按定额工时比例分配计算完工产品和在产品的工资及福利费。

(7) 某企业生产乙产品，本月初在产品费用：原材料 1 400 元，工资及福利费 600 元，制造费用 200 元。本月发生费用：原材料 8 200 元，工资及福利费 3 000 元，制造费用 1 000 元。本月完工产品 4 000 件，单位原材料费用定额 2 元，单位工时定额 1.25 小时。月末在产品 1 000 件，单位原材料费用定额 2 元，工时定额 1 小时。

要求：采用定额比例法分配计算乙产品完工产品成本与月末在产品成本(编制乙产品成本明细账)。

【案例分析】

意浓公司是一家小型羊毛衫生产企业，大量生产 3 大类的羊毛衫，分别为：A 类、B 类、C 类。根据羊毛衫生产的特点，产品生产流程为多步骤，构成产品的主要成本为：原材料(毛纱、各类装饰品)和加工费用，该公司管理上不要求提供分步骤的成本资料，按大类进行成本核算。

2012 年 3 月，根据各种费用分配表，登记“生产成本明细账”，月初 A 类羊毛衫在产品 4 500 件，本期投产 7 500 件，本月完工 10 000 件；月初 B 类羊毛衫在产品 5 000 件，本月投产 15 000 件，本月完工 15 000 件；月初 C 类在产品 2 500 件，本月投产 7 500 件，本月完工 6 000 件，月初在产品成本见该生产成本明细账。将生产费用在完工产品和月末在产品之间进行分配，完成的各生产成本明细账如表 4-7～表 4-9 所示。

要求：分析如何确定 A、B、C 三类完工产品成本和在产品的成本，需要提供哪些资料。

表 4-7 **生产成本明细账(A)** 单位：元

摘　要	原材料	燃料及动力	直接人工	制造费用	废品损失	合　计
月初在产品成本	137 500	2 000	155 400	18 086.29		312 986.29
根据材料费用分配表	234 500					234 500
根据工资费用分配表			273 600			273 600
根据制造费用分配表		4 800		28 713.71		
生产费用合计	372 000	6 800	429 000	46 800		854 600
完工产品成本	?	?	?	?		?
完工产品单位成本	?	?	?	?		?
月末在产品成本	?	?	?	?		?

表 4-8 **生产成本明细账(B)** 单位：元

摘　要	原材料	燃料及动力	直接人工	制造费用	废品损失	合　计
月初在产品成本	154 150	2 475	181 550	22 072.59	0	360 247.59
根据材料费用分配表	472 450					472 450
根据职工薪酬分配表			547 200			547 200
根据辅助生产费用分配表		9 600				9 600
根据制造费用分配表				57 427.41		57 427.41
生产费用合计	626 600	12 075	728 750	79 500		1 446 925
根据在产品盘亏毁损表转出	−3 000	−30	−1 100	−120		−4 250
根据不可修复废品损失计算表转出	−3 600	−45	−1 650	−180		−5 475
根据废品损失明细账转入					21 899.41	21 899.41
生产费用净额	620 000	12 000	726 000	79 200	21 899.41	1 459 099.41
完工产品成本	?	?	?	?	?	?
完工产品单位成本	?	?	?	?	?	?
在产品成本	?	?	?	?	?	?

表 4-9　　　　生产成本明细账(C)　　　　单位：元

摘　要	原材料	燃料及动力	直接人工	制造费用	废品损失	合　计
月初在产品成本	875 000	1 900	25 600	2 457.53	0	117 457.53
根据材料费用分配表	262 500					262 500
根据职工薪酬费用分配表			182 400			182 400
根据辅助生产费用分配表		4 000				4 000
根据制造费用分配表				19 142.47		19 142.47
生产费用合计	350 000	5 900	208 000	21 600		585 500
完工产品成本	?	?	?	?	?	?
完工产品单位成本	?	?	?	?	?	?
月末在产品成本	?	?	?	?	?	?

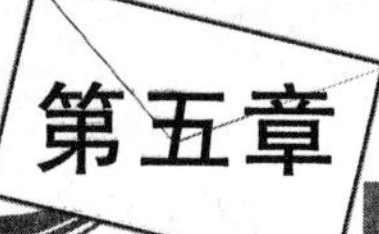

第五章 产品成本计算方法概述

学习目标

通过本章学习,应达到以下学习目标:

1. 理解产品成本计算对象;
2. 熟悉生产组织特点以及工艺过程特点和类型;
3. 掌握生产组织、工艺过程的特点和管理的要求对产品成本计算的影响;
4. 熟悉产品成本计算的三种基本方法和两种辅助方法。

引导案例

大华包装有限公司是一家生产包装产品的企业,主要生产瓦楞纸箱,产品销往全国各地,主要客户为化纤厂,年营业额为1亿元以上。公司产品生产经过以下四个环节。

(1) 制浆段:回收的废纸→蒸煮分离纤维→洗涤→漂白→洗涤筛选→浓缩或抄成浆片→储存备用。

(2) 抄纸段:散浆→除杂质→精浆→打浆→配制添加剂→混合→流送→压榨部→干燥部→表面施胶→干燥→压光→卷取成纸。

(3) 涂段:涂布废纸→涂布机涂布→干燥→卷取→再卷→超级压光。

(4) 加工段:复卷→裁切平板(或卷筒)→分选包装→入库。

该公司应如何计算纸箱成本?由于公司管理者不需要提供分步计算成本,故该公司成本会计人员采用品种法计算产品的成本,你认为合适吗?

第一节 生产特点和管理要求对产品成本计算的影响

成本核算提供的信息主要为了满足企业管理的要求。一方面,处在不同行业的企业,其产品特性存在很大的差异,如食品行业与钢铁行业生产的产品,其生产工艺流程和产品组织生产方式肯定不同,故应选择不同的产品成本计算方法计算产品的生产成本。另一方面,不同企业管理者对成本信息的要求可能存在差异,因此,必须根据管理要求选择合适的方法,计算产品的生产成本。或者说企业产品的生产特点和管理要求对产品成本计算具有很大的影响。本章是在前述成本核算的基本程序的基础上,再考虑生产特点和管理要求因素,具体确定计算产品成本所应采用的方法。企业的生产特点,通常指企业的生产类型的特点,包括产品生产工艺过程和生产组织方式两方面的内容。

一、企业的生产特点

(一) 产品生产按工艺过程特点分类

产品生产工艺过程是指从原材料投入到产品完工所经过的各个生产阶段和环节的一

系列技术过程。以生产过程是否可以间断为标志，生产可以分为单步骤生产（简单生产）和多步骤生产（复杂生产）两种类型。

单步骤生产是指工艺技术上不能间断的生产，或者不便于分散不同地点进行的生产。如发电、供水、供气、采掘、铸造、化工等工业的生产。单步骤生产具有工艺技术简单，生产周期短，产品生产只能由一个车间或一个企业独立完成的特点。

多步骤生产，是指工艺技术上可以间断，可以在不同时间、不同地点分别进行，并由若干加工步骤组成的生产。如冶金、造纸、纺织服装、机械设备、电器等企业的生产。多步骤生产具有工艺技术复杂、生产周期长、生产由多个车间或多个企业协作完成的特点。多步骤生产按其产品加工方式及其各步骤的内在联系，又可分为连续式多步骤生产和装配式（平行加工式）多步骤生产。

连续式多步骤生产是指原材料投产后，要依次经过各个生产步骤的连续加工才形成产成品的生产；其前一生产步骤完成的半成品，是后一步骤继续加工的对象，直至最后一个步骤完工才形成产成品。纺织、冶金是典型的连续式多步骤生产的行业。

装配式多步骤生产是指原材料投产后，先将各种材料在各个步骤进行加工，制造出生产产成品所需要的各种零部件，然后将零部件装配成产成品的生产。如机械、车辆、船舶、飞机、仪表、电器等行业的生产都属于装配式多步骤生产。

需要指出的是，单步骤生产也是连续式生产，其与多步骤连续式生产的区别在于前者的生产工艺不能间断，而后者的生产工艺可以间断。

什么是企业的生产特点？企业生产特点可以分成哪几类？它如何影响成本计算？

（二）产品生产按生产组织特点分类

产品生产组织方式是指企业生产的专业化程度，即生产产品品种的多少、同种产品产量的大小及其生产的重复程度。按产品生产组织特点不同，可分为大量生产、成批生产和单件生产三种类型。

大量生产是指不断重复生产相同产品的生产，如发电、采掘、纺织、冶金、水泥、造纸、酿酒、大众用品等行业的生产。大量生产具有品种稳定、产量大、重复性强、专业化水平高等特点。

成批生产是指按预先确定的产品数量和规格（“批”），每隔一定时期成批重复制造某种产品的生产，如服装、机械、车辆、仪表、电器等行业的生产。成批生产具有产量较大、品种较多、生产具有一定重复性的特点。成批生产按生产批量的大小又可分为大批生产和小批生产。大批生产性质接近大量生产，小批生产性质接近单件生产。实务中，由于大量和大批的界限、单件和小批的界限很难划分，通常合在一起称为大量大批生产和单件小批生产。

单件生产是指根据订货者提出的要求，生产某种特定规格、型号、性能等产品的生产，如船舶、发电设备、重型机械、高级定制服装等行业的生产。单件生产具有产量少、品种多、重复性小的特点。

企业生产特点可以用简图描述，如图 5-1 所示。

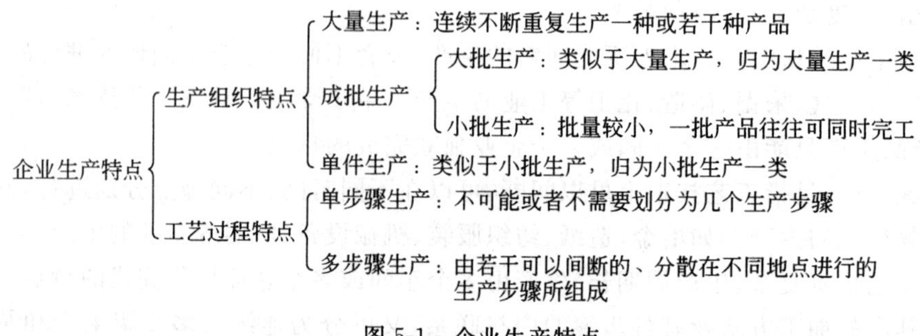

图 5-1 企业生产特点

一般地，企业生产过程中生产工艺过程与生产组织是有机地结合在一起的。单步骤生产和连续式多步骤生产通常采用大量大批的组织方式；装配式多步骤生产则可能是大量生产，也可能是成批生产或单件生产。

每个人使用的物品基本上都是工业产品，你认为你穿的衣服是属于什么生产特点？

二、生产特点和成本管理要求与产品成本计算方法的关系

（一）成本计算方法的内涵

成本计算方法是指根据成本核算和管理的要求，按照一定的对象和程序，归集分配构成产品成本的生产费用，按期计算产品总的生产成本和单位生产成本的方法。产品成本计算方法的内涵包括以下几个方面。

1. 成本计算对象的确定

企业要计算产品成本，必须先确定成本计算对象。成本计算对象是指生产费用的承担者，即费用归集、分配的对象。确定成本计算对象是归集分配生产费用、计算产品成本的前提，是确定成本计算方法的关键，也是区分各种成本计算基本方法的主要标志。不同的生产企业，由于生产特点和管理要求不同，成本计算对象也不一样。因此，成本计算对象的确定首先取决于企业的生产特点，其次取决于企业成本管理的要求。产品成本计算首先要考虑是按产品品种作为成本计算对象，还是按产品批别或步骤或作业。不同的成本计算对象，形成不同的成本计算方法。

2. 成本明细账及其成本项目的设置

确定成本计算对象后，企业应根据确定的成本计算对象作为明细科目，并设置相应的基本生产成本明细账户，如按品种、生产步骤或产品批别设置明细账。再根据管理的需要在明细账内设置成本项目，如直接材料、直接人工、制造费用等。设置基本生产成本明细账和成本项目是归集生产费用和计算产品成本的前提。

3. 成本计算期的确定

成本计算期是指每间隔多长时间计算一次完工产品的成本。也就是归集生产费用计算产品成本的起讫日期。一般分为定期和不定期两种，通常由企业的生产特点决定。成

本计算一般按月进行，如果分批计算成本，则按批别的生产周期进行。

4. 生产费用的归集与分配

生产费用的归集与分配是生产成本计算的核心内容。首先将本期发生的原材料、燃料、动力、职工薪酬、固定资产折旧等要素费用，逐项进行归集与分配，然后进行制造费用、辅助生产成本、生产损失等一系列归集和分配程序，最后汇总计入企业设置的基本生产成本明细账的成本项目内。

5. 划分完工产品与月末在产品成本，确定完工产品总成本和单位成本

成本计算期末，倘若既有完工产品又有月末在产品，按成本计算对象归集（分成本项目列示）的生产费用，应采用一定方法在完工产品与月末在产品之间进行分配，如约当产量法、定额比例法等，最后计算出完工产品和月末在产品的总成本。将完工产品总成本除以完工产品数量，即可确定完工产品单位成本。

（二）生产特点和管理要求对产品成本计算的具体影响

企业生产特点不同，对成本管理的要求也不一样。而生产特点和管理要求又必然对成本计算产生影响，这也是成本会计不同于财务会计的主要方面。

1. 对成本计算对象的影响

(1) 从产品生产工艺过程看，单步骤生产由于其生产工艺过程不间断，因此，不能够或不需要按生产步骤来计算产品成本，只能以产品品种作为成本计算对象。

多步骤生产企业，由于生产工艺过程是由几个可以间断的、分散在不同地点进行的生产步骤所组成，各个步骤往往生产出自制半成品。为了加强各生产步骤成本管理，往往不仅要按照产品品种计算成本，而且还要求按产品生产步骤计算产品成本，以便为考核和分析各种产品及其各生产步骤的成本计划完成情况提供资料，因此，多步骤生产应该把生产步骤作为成本计算对象。

企业规模较小，管理上不要求按步骤考核其生产费用、计算自制半成品成本的多步骤生产，也可以不按步骤计算产品成本，而按品种计算产品成本。

(2) 从产品生产的组织方式看，大量生产由于其生产连续不断地进行，大量重复生产一种或多种的产品，只能按照产品品种计算成本。大批生产由于其产品批量较大，往往在几个月内不断重复生产相同的产品，与连续生产相似，一般以产品品种作为成本计算对象。因此，在大量大批生产下，以产品品种作为成本计算对象，按品种归集生产费用。

小批生产企业，生产按订单或者批别组织，每批产品同时投产，往往同时完工，因而有可能按照产品批别或订单归集生产费用，计算各批产品成本，这样有助于考核、分析各批产品成本水平。单件生产，可以视为批量最小的小批生产。因此，在单件小批生产下，可以将产品生产批别作为成本计算对象。

2. 对成本计算期的影响

成本计算期主要取决于企业的生产组织。大量大批生产方式下，由于其产量大，生产连续不断进行，每月都有大量产品完工，需要按月计算完工产品成本，其成本计算期是定期的，一般在月末计算出完工产品成本。因此，成本计算期往往与产品的生产周期不一致。

单件小批生产的企业，每月不一定有完工产品，而且各件或各批产品的生产周期各不相同，通常要等各件或各批产品完工后才能计算成本，即需要按生产周期计算完工产品成本，其成本计算期是不定期的。因此，成本计算期往往与产品的生产周期一致。

3. 对完工产品和月末在产品成本计算的影响

企业生产特点对完工产品和月末在产品成本计算的影响，主要体现在月末计算成本时有在产品的问题，即是否需要在完工产品与在产品之间进行生产费用分配。单步骤的生产由于其生产周期短，一般没有在产品，所以月末生产成本明细账所归集的生产费用就是完工产品总成本，不需要划分完工产品与月末在产品成本。

对多步骤生产期末是否需要划分完工产品与在产品成本，同样需要综合考虑其生产组织方式的特点。多步骤的大量大批生产，如果月末同时存在完工产品和在产品，则需要将生产明细账所归集的生产费用在完工产品和月末在产品之间分配。多步骤的单件小批生产，由于要在各件或各批产品完工后才能计算产品成本，因而各月月末虽然可能存在在产品，但一般完工产品和月末在产品不同时存在，也就不存在生产费用在完工产品和在产品之间分配。

上述生产特点和管理要求对成本计算基本方法的影响可以归纳为如表 5-1 所示。

表 5-1　　生产特点和管理要求与产品成本计算的关系

生产特点		管理要求	成本计算对象	成本计算期	完工产品和在产品成本划分	成本计算方法
工艺过程	生产组织方式					
单步骤生产	大量大批生产		品种	定期	不需要	品种法
	单件小批生产	要求分批计算成本	批别	不定期	不需要	分批法
多步骤生产	大量大批生产（连续式或装配式多步骤）	不要求分步骤计算成本	品种	定期	需要	品种法
		要求分步骤计算成本	步骤	定期	需要	分步法
	单件小批生产（装配式多步骤）	要求分批计算成本	批别	不定期	不需要	分批法

第二节　产品成本计算方法简介

如前所述，生产特点与管理要求影响成本计算对象、成本计算期以及完工产品与在产品的划分等方面。不同的成本计算对象、成本计算期以及在产品成本计算的相互结合，形成不同的产品成本计算方法。区别不同方法的主要标志是成本计算对象。根据产品成本计算方法与生产特点是否有直接关系及其在成本计算工作的基础性，分为基本方法和辅助方法。基本方法与生产特点直接相关，是计算产品实际成本必不可少的方法，如品种法、分批法和分步法等；辅助方法是实际工作中，为了简化成本计算工作，或加强成本管理采用一些辅助性的成本计算方法，如分类法、定额成本法、标准成本法等。各种方法简要介绍如下。

一、成本计算的基本方法

(一) 品种法

产品成本计算的品种法(variety costing),是按照产品品种作为成本计算对象,即按产品品种设置产品成本明细账,计算产品成本的一种方法。采用这种方法,既不要求按照产品批别计算产品成本,也不要求按照产品的生产步骤计算产品成本。品种法是产品成本计算最一般、最起码的要求,也是最简单的方法。因此品种法是最基本的成本计算方法,品种法的计算程序也就是产品成本计算的一般程序。

品种法适用于大量大批生产的单步骤生产,以及大量大批多步骤生产中,管理上不要求按照生产步骤计算产品成本的生产。

(二) 分批法

产品成本计算分批法(job order costing),也叫订单法,是在分品种的基础上,按照产品批别计算产品成本的一种方法。这种方法的特点是企业在按客户订单组织生产的情况下,根据生产计划部门确定的批别(次)作为成本计算对象,并设置产品成本明细账计算产品成本。

分批法适用于小批单件单步骤生产或管理上不要求分步计算产品成本的小批单件多步骤生产。如果小批生产和单件生产的多步骤生产,既按产品批别又按产品生产步骤计算成本,这是分批法与分步法在实际工作中的结合应用,不是典型的分批法。

(三) 分步法

产品成本计算的分步法(process costing)是在分品种的基础上,以产品的生产步骤作为成本计算对象,即按产品的生产步骤设置产品成本明细账,计算产品成本的方法。根据成本管理是否要求计算各生产步骤的半成品成本,以及对简化成本计算工作的考虑,各生产步骤成本的计算成本和结转,采用逐步结转和平行结转两种结转方法。因此,分步法也分为逐步结转分步法和平行结转分步法两种方法。无论哪种方法都需要计算和结转产品的各步成本,这是分步法的主要特点。

分步法适用于大批大量多步骤生产。但如果大量大批多步骤生产企业规模小,或者车间是封闭式的,或者生产是按流水线组织的,管理上不要求按照生产步骤计算成本,为了简化成本计算工作,也可以不采用分步法而采用品种法计算成本。

产品成本计算的三种基本方法与企业的生产特点有着直接的联系。因此,企业应该选择什么方法计算成本,主要取决于企业生产类型及其成本管理要求的影响。

需要提出的是,为了更准确地计算成本,加强对成本的控制和管理,还有一种按产品生产作业(activity)作为成本计算对象的方法,叫作业成本法(activity based costing,ABC)。这是一种现代成本计算方法,同时又是一种先进的成本管理方法。它与企业的生产流程特点紧密相关,因此,也可以把它归为基本方法范畴。前三种可称为传统的基本方法。

课堂讨论

一个企业可不可以既采用品种法又采用分批法和分步法呢?

二、成本计算的辅助方法

除了上述成本计算的基本方法外，还有从基本方法中延伸出来的辅助方法，如分类法、定额法、标准成本法、变动成本法等。之所以称之为辅助方法，是因为它们与企业生产特点没有直接的联系，而主要由企业管理要求所决定。

（一）分类法

分类法是按产品的类别作为成本计算对象，先计算产品的类别成本，然后再选择适当的标准将该类完工产品成本分配计算出各种产品成本的方法。在产品品种、规格繁多的企业，如针织、灯泡、鞋类等生产企业，逐一按产品的品种、规格计算产品成本，计算工作量很大。为了简化成本计算工作，尽快提供产品成本资料，可以将某一产品类别作为成本计算对象，即按类别设置产品成本明细账归集分配生产费用，采用分类法计算产品成本。分类法是在基本方法的基础上考虑减少成本明细科目核算的工作量而采用的方法，它与生产特点没有直接的关系。因此，可以在品种法计算原理上考虑分类计算，也可以在分批法和分步法计算原理上进行分类计算。

（二）定额成本法

前面介绍的四种方法（品种法、分批法、分步法、分类法）生产费用的日常核算，都是按照生产费用的实际发生额进行的，产品的实际成本也都是根据实际生产费用计算的，主要是从产品成本的计算角度来考虑，但对成本的控制管理不利，只有在月末可以通过实际资料与定额资料进行对比、分析。定额成本法是以产品的定额成本为基础，通过分配差异，计算产品实际成本的方法。这种方法不仅可以计算产品成本，还可以加强对成本定额管理以控制成本。在定额管理工作基础好的企业，为加强对成本的控制和分析，可以采用定额法计算产品成本。其特点为：

(1) 事前制定产品的定额成本，作为降低成本的目标。

(2) 在生产费用发生的当时，将符合定额的费用和发生的差异分别核算，加强对成本差异的日常核算与控制。

(3) 月末在定额成本的基础上加减各种成本差异，计算产品的实际成本。为成本的定期考核与分析提供数据。定额法不仅是一种成本计算方法，更重要的，它是一种对产品成本进行直接控制、管理的方法。定额法不是一种单独的成本计算方法，要与三种基本方法结合使用。

其成本计算过程可简单表示为如图 5-2 所示。

（三）标准成本法

标准成本法，也称标准成本系统或制度，是西方国家制造企业普遍采用的成本计算方法。它是以预先制定的标准成本为基础，用标准成本与实际成本进行比较，核算和分析成本差异的一种产品成本计算方法。标准成本法不仅是一种单纯的成本计算方法，更是一种加强成本控制、评价、考核的成本管理制度。标准成本法的特点是按各项标准成本、差异记录，反映产品生产的耗费情况，并借以实现对成本的控制与管理，提高生产效率。标准成本法关键在于标准成本制定的合理性和可行性。标准成本法适用于企业生产稳定，

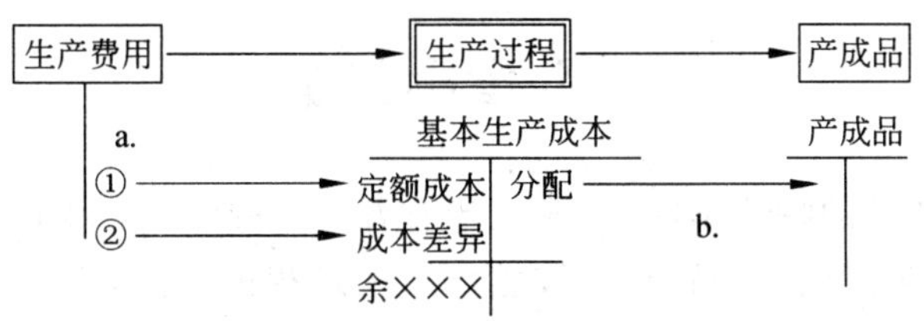

图 5-2　定额成本法账务处理程序

说明：a. 将实际发生的生产费用分别按定额成本和成本差异记入产品成本明细账。

b. 将归集的生产费用在完工产品与在产品之间进行分配，并将完工产品结转入库。

标准管理水平较高而且产品的成本标准比较准确、稳定的企业。

其成本计算过程可简单表示为如表 5-3 所示。

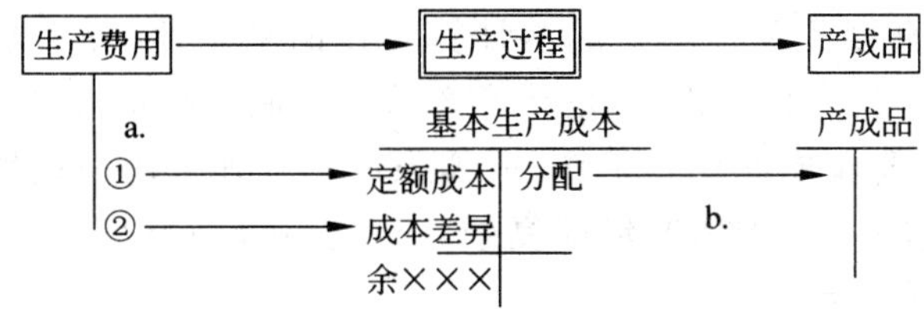

图 5-3　标准成本法账务处理程序

说明：a. 将实际发生的生产费用分别按标准成本和成本差异记入产品成本明细账。

b. 将归集的生产费用在完工产品与在产品之间进行分配，并将完工产品结转入库。

成本计算的辅助方法，都是为了解决成本计算或成本管理工作中某一个方面的问题（简化计算或加强管理）而采用的成本计算方法，与产品生产类型和生产特点没有直接的联系，企业可以根据核算和管理的需要采用，但它们必须与基本方法，即品种法、分批法或分步法结合起来应用，而不能单独地使用，因此将它们称为辅助方法。例如，食品厂所产各种面包（单步骤大量生产）的成本，可采用品种法和分类法相结合的方法计算：先采用品种法计算面包这一类产品的成本，然后采用分类法分配计算其中各种面包的成本。又如，在大量大批、多步骤生产的企业中，如果定额管理基础较好，则可在采用分步法的基础上，结合采用定额法来计算产品成本。

成本计算的基本方法和辅助方法，适用于不同特点的生产类型，或满足不同的管理要求。在实际工作中，情况是错综复杂的，因而实际采用的成本计算方法多种多样。同一企业的各个车间，同一车间的各种产品的生产特点和管理要求不同，有可能同时应用几种不同的成本计算方法；即使是同一种产品，由于该产品各生产步骤、各半成品的生产特点和管理要求也不一定相同，因此，必须将几种成本计算方法结合起来应用。因此，成本计算工作要结合不同的生产特点和管理要求，并考虑到企业规模、成本会计人员业务水平，以及是否符合我国会计准则和会计制度规定等具体情况，灵活运用。

成本计算的基本方法与辅助方法是什么关系？成本计算还有哪些方法？

【本章小结】

一方面，由于产品的特性不同，企业生产有着自己的特点。生产特点包括产品生产工艺过程的特点和生产组织的特点。按生产工艺过程的特点，工业企业的生产可分为单步骤生产和多步骤生产两种。按生产组织特点，产品生产可分为大量生产、成批生产和单件生产。生产工艺过程的特点和生产组织的特点相结合，可形成不同的生产类型，如大量大批单步骤生产、大量大批连续式多步骤生产等。另一方面，不同企业对成本核算要求有高低之分。生产特点和管理要求决定产品成本计算方法。构成产品成本计算方法的主要因素有：成本计算对象、成本计算期及生产费用在完工产品与在产品之间的分配。区别不同方法的主要标志是成本计算对象。根据产品成本计算方法与生产特点是否有直接关系及其在成本计算工作的基础性，分为基本方法和辅助方法。基本方法与生产特点直接相关，是计算产品实际成本必不可少的方法。辅助方法是实际工作中，为了简化成本计算工作，或加强成本管理采用一些辅助性的成本计算方法等。在实际工作中，由于情况错综复杂，一个企业，一个车间，一种产品往往同时采用或者结合几种成本计算方法。

【延伸阅读】

1. 葛家澍，林志军. 现代西方会计理论[M]. 第3版. 福建：厦门大学出版社，2011.

2. 于富生，等. 成本会计学[M]. 北京：中国人民大学出版社，2013.

3. [美]查尔斯·T. 亨格瑞高. 成本会计[M]. 北京：中国人民大学出版社，1997.

4.《企业产品成本核算制度(试行)》(财会[2013]17号).

【思 考 题】

1. 什么是产品成本计算对象？一般有哪些成本计算对象？

2. 生产组织特点和工艺过程特点及类型有哪些？

3. 生产组织、工艺过程的特点和管理的要求对产品成本计算的影响主要表现在哪些方面？

4. 区分产品成本计算的基本方法和辅助方法的标准是什么？

【自 测 题】

1. 单项选择题

(1) 下列成本计算方法中，属于产品成本计算辅助方法的是(　　)。

A. 品种法　　B. 分类法　　C. 分步法　　D. 分批法

(2) 在大量大批多步骤生产的情况下，如果管理上不要求分步计算产品成本，其所采用的成本计算方法应是(　　)。

A. 品种法　　B. 分批法　　C. 分步法　　D. 分类法

(3) 下面各产品成本计算方法中,与生产类型没有直接联系的是(　　)。

A. 分批法　　B. 品种法　　C. 分步法　　D. 分类法

(4) 大量大批单步骤生产产品的企业,一般采用的成本计算方法是(　　)。

A. 分批法　　B. 分步法　　C. 品种法　　D. 分类法

(5) 区分各种产品成本计算方法的主要标志是(　　)。

A. 产品成本计算对象

B. 完工产品成本和在产品成本的划分

C. 成本计算的简化程度

D. 管理要求

(6) 小批生产和单件生产的产品,宜采用(　　)计算产品成本。

A. 品种法　　B. 分步法　　C. 个别计价法　　D. 分批法

(7) 划分产品成本计算的基本方法和辅助方法的标准是(　　)。

A. 成本计算工作的繁简

B. 对成本管理作用的大小

C. 成本计算是否及时

D. 对于计算产品实际成本是否必不可少

(8) 下列各项中,属于各种产品成本计算方法都必须提供的是(　　)。

A. 按品种反映的产品成本　　B. 按批别反映的产品成本

C. 按生产步骤反映的产品成本　　D. 按类别反映的产品成本

(9) 大量大批多步骤生产,管理上要求分步骤计算产品成本的企业,应采用(　　)。

A. 分步法　　B. 分批法　　C. 分类法　　D. 品种法

(10) 下列项目中,属于不是必须采用的成本计算方法的是(　　)。

A. 分步法　　B. 定额成本法　　C. 品种法　　D. 分批法

2. 多项选择题

(1) 下列方法中,属于产品计算的辅助方法有(　　)。

A. 分步法　　B. 分类法　　C. 定额成本法　　D. 分批法

(2) 任何工业企业或车间,在选择产品成本计算方法时,均应考虑(　　)。

A. 生产组织　　B. 工艺过程

C. 管理要求　　D. 在产品数量的大小

(3) 产品成本计算的方法,按其成本计算对象的不同,可分为(　　)。

A. 定额法　　B. 品种法　　C. 分批法　　D. 分步法

(4) 产品成本计算的基本方法有(　　)。

A. 分类法　　B. 品种法　　C. 分批法　　D. 分步法

E. 定额成本法

(5) 下列各项中,属于按照生产组织划分的有(　　)。

A. 单步骤生产　　B. 大量生产　　C. 成批生产　　D. 单件生产

3. 判断题

(1) 划分产品成本计算基本方法的标志是成本计算对象。 ( )

(2) 产品成本计算的品种法只适用于单步骤生产。 ( )

(3) 大量大批生产的企业,只能采用品种法。 ( )

(4) 工业企业的生产按照工艺过程划分,可以分为单步骤生产和多步骤生产。 ( )

(5) 生产特点和管理要求对产品成本计算的影响,主要表现在产品成本计算对象的确定上。 ( )

【案例分析】

洪达鞋材有限公司是一家专业生产EV材料、冷压底、成型底、鞋垫、鞋跟的企业。该公司产品经过:

(1) 发泡车间的密炼、炼胶、硫化、出片形成EVA板片材;

(2) 切片车间的切片冲材、印刷冷压冲材形成配套鞋材;

(3) 经过成型车间的上胶成型、包装形成成品。

该公司产品的生产组织基本采用以订单一批别,或以订单多批别,或以多订单一批别,其过程较复杂,产品规格繁多,花色搭配纷杂,质量要求各异,是典型的订单批别式企业。根据公司的生产特点和管理要求分析选择什么方法计算产品成本。

第六章 产品成本计算的品种法

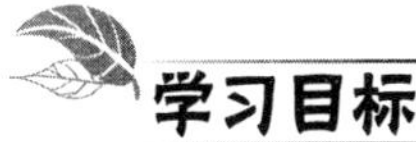

学习目标

通过本章学习，应达到以下学习目标：

1. 熟悉品种法的基本特点；
2. 掌握品种法的成本核算程序；
3. 了解品种法在企业的实际应用情况。

引导案例

上海赛科化工有限分公司是一家主产丙烯腈，辅产硫酸铵、氰酸、乙腈的化工企业。产品丙烯腈，需要以丙烯和氨气为原料，通过氧化生产，并得到副产品乙腈和氢氰酸，工序较为简单，技术成熟。公司内独立设丙烯腈工厂，包括一个基本车间，大批量生产丙烯腈，小批量生产附属产品化肥、氰酸、乙腈；以及四个辅助生产车间，仪表车间、供水车间、供电车间、供气车间(提供燃料动力和反应条件)。

丙烯腈工厂的生产特点属于多步骤大批量生产，月末在产品数量很少、价值很低，对于月末在产品成本忽略不计。该公司一个月的材料费用共计 8 175.64 万元，其耗用情况如下：

稀硫酸(H_2SO_4) 耗用 60 吨，单价为 76.5 元/吨，耗费 0.459 万元；

氨气(NH_3)耗用 318 吨，单价为 3 100 元/吨，耗费 98.58 万元；

丙烯(C_3H_6)耗用 7 692 吨，单价为 10 500 元/吨，耗费 8 076.6 万元；

在不要求分步核算产品成本的情况下，公司采用品种法计算丙烯腈的成本。请为“生产成本”设置明细账，并根据生产丙烯腈可能消耗的资源设想产品的成本项目；月末，在完工产品和在产品之间分配生产费用时，采用何种方法合适？

本章主要介绍品种法的适用范围及基本特点，品种法的计算和账务处理程序，并举例演绎说明品种法的具体应用。

第一节 品种法概述

一、品种法的内涵及适用范围

产品成本计算的品种法是指以产品的品种作为成本计算对象，归集生产费用，计算产品成本的一种基本方法。产品成本是产品售价的主要依据，企业虽然可以按照自己的生产特点和管理要求，选择不同的成本计算方法，但最终都要求按照产品品种计算产品成本。因此，按产品的品种计算成本，是成本计算最一般、最起码的要求，品种法成为产品成本计算的最基本方法。

品种法一般适用于具有大量大批单步骤生产特点的企业，如发电、采掘等企业。在这种类型的企业，产品的生产过程不能从技术上划分为步骤，工艺过程不能间断。

如果在大量大批多步骤生产企业，生产规模较小；或者车间是封闭式的(从原材料投入到产品产出均在一个车间内进行)；或者生产是按流水线组织的，且管理上不要求提供分步骤的成本资料，也可以采用品种法计算产品成本。如小型水泥厂、造纸厂、铸造厂和玻璃制品熔制厂等。

当然，企业内部供水、供电、供气等辅助生产车间的成本核算，由于具有单步骤大量生产的特点，也可以采用品种法计算成本。

二、品种法的基本特点

(一) 以产品品种为成本计算对象

以产品的品种作为成本计算对象，是品种法区别于其他基本成本计算方法的根本特点，因此，品种法需按产品品种设置产品成本明细账和产品成本计算单，归集各种生产费用。

如果企业只生产一种产品，成本计算对象就是该种产品，全部生产费用都是直接费用，直接计入该产品成本明细账的有关成本项目中。如在单步骤大量大批生产企业中，若不断重复生产单一产品，生产单位所发生的生产费用都是这种产品的成本，不存在生产费用在各种产品之间的分配问题，所有的生产费用都可以直接计入该产品成本明细账。

如果企业生产多种产品，成本计算对象为每种产品，凡各种产品发生的直接计入生产费用，直接计入各产品成本明细账；发生的间接计入生产费用则需按适当的方法分配计入各种产品成本明细账。间接计入生产费用(即间接费用)，间接计入的情形主要包括：一是几种产品共同耗用而又分不清应由哪种产品负担多少的直接生产费用，需采用适当的分配方法在各种产品之间分配；二是对于几种产品共同耗用而又分不清应由哪种产品负担多少的间接生产费用，需要在“制造费用”账户先归集，再采用适当的方法分配计入各种产品成本明细账。

(二) 按月定期计算产品成本

采用品种法计算产品成本的企业，从生产工艺看，有的是单步骤生产，有的是多步骤生产；从生产组织方式看，大多是大量大批生产，且连续不断地重复生产一种产品或几种产品。因此，不能等到产品全部制造完工时再计算产品成本，一般需要按月计算产品成本，成本计算期与会计报告期相同。

(三) 生产费用在完工产品和在产品之间的分配

单步骤的大量大批生产，由于产品生产周期短暂，月末往往没有在产品或在产品数量很少，所占生产费用金额不大，按照重要性原则，月末可不计算在产品成本。产品成本明细账归集的生产费用，就是某产品的完工产品总成本，除以产量就是该产品的单位成本。

多步骤的大量大批生产，且管理上不要求分步骤计算成本的，若月末有在产品，且数量较多，所占用生产费用金额也较大，则需将产品成本明细账中归集的累计生产费用，采用适当的分配方法，在完工产品与在产品之间进行分配，以确定完工产品成本和月末在产品成本。

为什么“以产品的品种作为成本计算对象”是品种法最根本的特点？

第二节　品种法的成本核算程序

一、品种法的成本计算程序

按照产品的品种计算成本，是成本管理对于成本计算的最一般的要求，品种法的成本计算程序也就是成本计算的一般程序，见图 6-1。

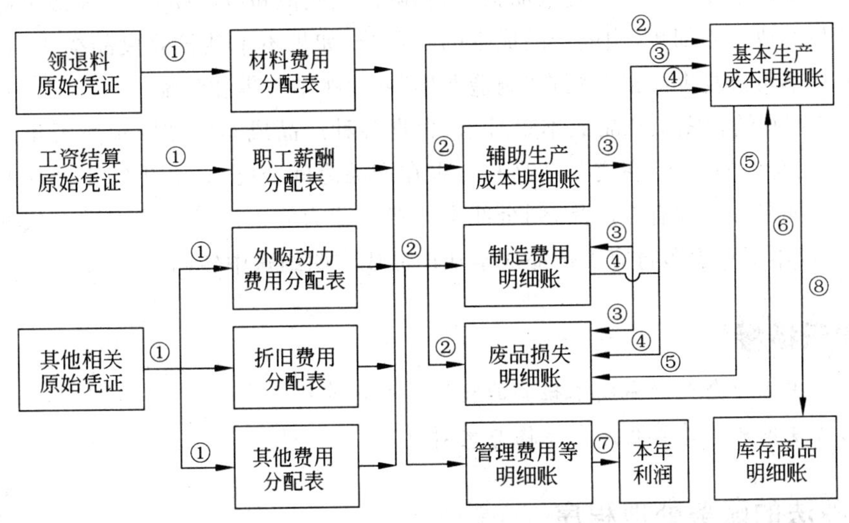

图 6-1　品种法的成本计算程序示意图

其中：①根据原始凭证编制各种要素费用分配表；②分配各种要素费用；③分配辅助生产费用；④分配制造费用；⑤归集不可修复废品的生产成本；⑥结转废品净损失；⑦结转期间费用；⑧计算并结转完工产品成本。

图 6-1 仅反映了品种法的成本核算主要程序，忽略了跨期摊销费用的归集与摊销。其成本计算主要程序如下。

(1) 按产品的品种设置成本明细账或成本计算单，生产成本明细账按成本项目分别设置专栏，通常包括直接材料、直接人工、制造费用等成本项目。本月生产成本明细账的月初在产品成本，即为上月月末在产品应承担的成本。

(2) 审核、归集和分配生产过程所发生的各种费用。主要是编制各种要素费用分配表，根据费用的经济用途计入“基本生产成本”、“辅助生产成本”、“制造费用”等总账及明细账。对于为生产某种产品所发生的直接生产费用，如直接材料、直接人工，可以根据原始凭证和费用分配表，直接计入该产品成本明细账对应的成本项目中；对于间接生产费用，一般先按发生地点归集（如计入“制造费用”），然后再按合适的标准分配计入各产品成本明细账。

（3）归集和分配辅助生产费用。根据“辅助生产成本”明细账归集的累计生产费用总额，选择合适的分配方法，按照各种产品和其他单位的受益情况，编制“辅助生产费用分配表”，并登记到产品成本明细账和其他受益单位的明细账中。

（4）归集和分配制造费用。在辅助生产费用分配时，已经将辅助生产车间的制造费用结转至“辅助生产成本”；在辅助生产费用分配后，也完成了对基本生产车间的制造费用归集。因此，月末分配制造费用时，主要是分配基本生产车间的制造费用。一般通过编制“制造费用分配表”，采用合适的分配方法，将归集的制造费用在生产的各种产品之间进行分配。

（5）归集和结转废品损失。如果企业单独核算废品损失，则设置“废品损失”账户归集各种产品的可修复和不可修复废品损失，扣除回收残值和应收赔款等，将废品净损失转入各种产品的成本明细账，构成产品成本的一部分；如果不单独核算废品损失，各种产品的可修复和不可修复废品损失则在“制造费用”明细账中归集和分配。

（6）计算和结转完工产品成本。月末，根据各种产品成本明细账中所汇集的累计生产费用，采用合适的方法，在完工产品和月末在产品之间分配，计算出完工产品和月末在产品成本。如果月末没有在产品，则全部生产费用即为完工产品总成本。一般通过编制“完工产品成本汇总表”，将完工产品成本从产品成本明细账中转出。

第二章中工业企业产品成本核算的程序是怎样的？

将品种法的成本计算程序示意图与之对比。

二、品种法的账务处理程序

可按照品种法的成本计算程序，逐步将企业生产过程中发生的各项生产费用进行归集和分配，最终将生产过程中的生产费用计入产品成本。将成本核算过程中费用的归集和分配，用T形账户描述，如图6-2所示。图6-2是品种法的账务处理基本程序，也是成本核算的基本账务处理程序。

在后面章节介绍其他产品成本计算方法时（如分批法、分步法），不再介绍费用的归集、分配过程，但并非其他成本计算方法不存在费用的归集、分配程序，而是进行了简化，只强调各方法的特有内容。

在图6-2中，辅助生产车间的制造费用在什么账户中归集与分配？

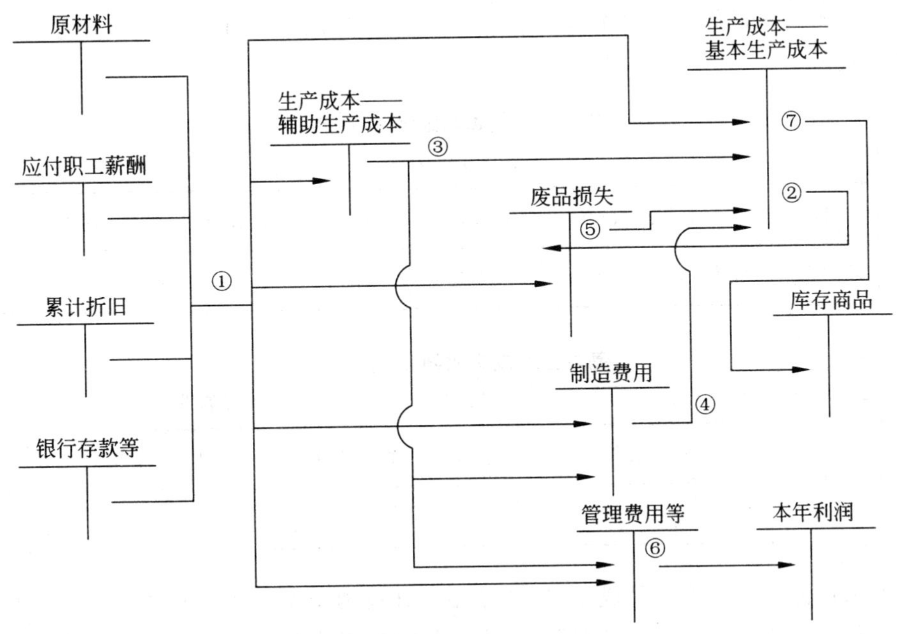

图 6-2　品种法账务处理基本程序示意图

其中：①分配要素费用；②归集不可修复废品损失费用；③分配辅助生产费用；④分配制造费用；⑤结转废品损失；⑥结转期间费用；⑦产品完工入库。

第三节　品种法的应用举例

一、企业概况及相关资料

华启工厂大量大批生产甲、乙两种产品，生产过程包括两个生产步骤，因生产规模较小，管理上不要求分步骤计算产品成本，采用品种法计算产品成本，按甲、乙产品设置基本生产成本明细账。企业设有一个基本生产车间，经过两个生产步骤大量生产甲、乙两种产品；还设有供电、锅炉两个辅助生产车间，向基本生产车间提供电、气。由于供电车间和锅炉车间都只提供单一劳务，所以辅助生产车间的制造费用直接记入“辅助生产成本明细账”账户，不通过“制造费用”核算。

20×3 年 7 月甲、乙产品的投入产出资料见表 6-1；月初在产品成本见表 6-2 和表 6-3；各项生产费用等其他资料参见成本核算过程中。

表 6-1　　　　**本月产量资料**

20×3 年 7 月　　　　单位：件

产品品种	月初在产品	本月投产	本月完工合格品	不可修复废品	月末在产品	月初、月末在产品完工程度/%
甲产品	100	820	800		120	50
乙产品	50	945	900	40	55	80

乙产品本月不可修复废品的完工程度为50%；甲、乙产品耗用材料费用系生产开始时一次性投放。

表 6-2 **基本生产成本明细账(甲产品)**

产品名称：甲产品 20×3年7月 在产品数量：100件 单位：元

月	日	摘 要	直接材料	燃料及动力	直接人工	制造费用	废品损失	合计
7	1	月初在产品成本	12 000	2 400	3 600	4 800		22 800

表 6-3 **基本生产成本明细账(乙产品)**

产品名称：乙产品 20×3年7月 在产品数量：50件 单位：元

月	日	摘 要	直接材料	燃料及动力	直接人工	制造费用	废品损失	合计
7	1	月初在产品成本	3 000	1 200	1 200	960	160	6 520

企业采用品种法计算产品成本，按产品品种开设两个基本生产成本明细账，“甲产品成本明细账”和“乙产品成本明细账”。考虑产品的生产特点和管理要求，在明细账中设置“直接材料”、“燃料及动力”、“直接人工”、“制造费用”、“废品损失”五个成本项目。

二、产品成本计算及账务处理

(一) 要素费用的归集和分配

根据原始凭证或原始凭证汇总表编制各种要素费用分配表，计算并分配各要素费用，并进行相应的账务处理。

1. 分配材料费用

根据本月领退料原始凭证或发出材料汇总表，编制“材料费用分配表”，分配有关材料费用，见表6-4。

表 6-4 **材料费用分配表**

20×3年7月 单位：元

应借科目			直接计入		分配计入	小 计
总账科目	明细科目	成本或费用项目	主要材料	辅助材料	主要材料	
基本生产成本	甲产品	直接材料	60 030	4 900	15 070	80 000
	乙产品	直接材料	30 400	7 000	12 600	50 000
	小 计		90 430	11 900	27 670	130 000
废品损失	乙产品	直接材料	200			200
制造费用	基本生产车间	机物料消耗	2 620	4 000		6 620

续表

应借科目			直接计入		分配计入	小计
总账科目	明细科目	成本或费用项目	主要材料	辅助材料	主要材料	
辅助生产成本	供电车间	材料费	850	14 150		15 000
	锅炉车间	材料费	650	11 350		12 000
	小计		1 500	25 500		27 000
管理费用		办公费	2 750	250		3 000
		其他		200		200
		小计	2 750	450		3 200
合计			97 500	41 850	27 67	167 020

根据材料费用分配表，编制会计分录如下，并据以登记产品成本明细账：

借：基本生产成本——甲产品　　80 000

　　　　　　　　——乙产品　　50 000

　　废品损失——乙产品　　200

　　制造费用——基本生产车间　　6 620

　　辅助生产成本——供电车间　　15 000

　　　　　　　　——锅炉车间　　12 000

　　管理费用　　3 200

　贷：原材料　　167 020

2. 分配职工薪酬费用

根据本月职工薪酬结算汇总表，编制“职工薪酬费用分配表”，分配职工薪酬费用，见表 6-5。生产车间生产工人职工薪酬中的计时工资，按生产工时比例在甲、乙产品之间分配，分配率为 20 元/小时；其中的计件工资则不需在甲、乙产品之间分配。

表 6-5　**职工薪酬费用分配表**

20×3 年 7 月　单位：元

应借科目			生产工时	计时工资	计件工资	小计
总账科目	明细科目	成本或费用项目				
基本生产成本	甲产品	直接人工	1 200	24 000	4 000	28 000
	乙产品	直接人工	1 000	20 000	3 000	23 000
	小计		2 200	44 000	7 000	51 000
废品损失	乙产品	直接人工	10	200	50	250
制造费用	基本生产车间	职工薪酬费		8 200		8 200

续表

应借科目			生产工时	计时工资	计件工资	小计
总账科目	明细科目	成本或费用项目				
辅助生产成本	供电车间	职工薪酬费		5 000		5 000
	锅炉车间	职工薪酬费		2 500		2 500
	小计			7 500		7 500
管理费用		职工薪酬费		9 200		9 200
合计				69 100	7 050	76 150

根据表 6-5,编制会计分录如下,登记有关总账和明细账:

借:基本生产成本——甲产品　　28 000
　　　　　　　　——乙产品　　23 000
　　废品损失——乙产品　　250
　　制造费用——基本生产车间　　8 200
　　辅助生产成本——供电车间　　5 000
　　　　　　　　——锅炉车间　　2 500
　　管理费用　　9 200
　贷:应付职工薪酬　　76 150

按照职工工资的一定比例提取"五险一金"以及其他职工薪酬组成部分的核算,略。

3. 分配折旧费用

根据各车间、部门耗用固定资产的有关资料,编制"折旧费用分配表",见表 6-6。

表 6-6　**折旧费用分配表**

20×3 年 7 月　　单位:元

应借科目			上月计提折旧额	上月增加固定资产的折旧额	上月减少固定资产的折旧额	本月应计提折旧额
总账科目	明细科目	成本或费用项目				
制造费用	制造费用	折旧费	18 000	1 200	800	18 400
基本生产成本	供电车间	折旧费	12 000			12 000
	锅炉车间	折旧费	7 000	300		7 300
管理费用		折旧费	1 000	450	650	800
合计			38 000	1 950	1 450	38 500

根据表 6-6,编制会计分录如下,登记有关总账和明细账:

借:制造费用——基本生产车间　　18 400
　　辅助生产成本——供电车间　　12 000
　　　　　　　　——锅炉车间　　7 300

管理费用　　　　　　　　　　　　　　　　　800
贷：累计折旧　　　　　　　　　　　　　　　38 500

4. 分配办公费及劳动保护费等其他费用

根据本月以银行存款支付办公费及劳动保护费的情况，编制“银行存款付款凭证汇总表”，见表6-7。假设所有货币性支出均以银行存款结算。

表6-7　　银行存款付款凭证汇总表

20×3年7月　　单位：元

应借科目		办公费	劳动保护费	其　他	小　计
总账科目	明细科目				
辅助生产成本	供电车间	500	600	400	1 500
	锅炉车间	800	200	1 000	2 000
制造费用	基本生产车间	1 300	1 700	200	3 200
管理费用		3 000	2 500	1 500	7 000
合　计		5 600	5 000	3 100	13 700

表6-7涉及的货币资金业务，在实际工作中一般逐笔填制付款记账凭证。这里为了简化，根据汇总表编制会计分录，登记有关总账和明细账：

借：辅助生产成本——供电车间　　　　　　1 500
　　　　　　　——锅炉车间　　　　　　2 000
　　制造费用　　　　　　　　　　　　　3 200
　　管理费用　　　　　　　　　　　　　7 000
　贷：银行存款　　　　　　　　　　　　　13 700

（二）辅助生产费用的归集和分配

1. 辅助生产费用的归集

根据上述各要素费用分配表和相关的账务处理，供电车间、锅炉车间成本明细账归集了相关生产费用，如表6-8和表6-9所示。

表6-8　　辅助生产成本明细账（供电车间）

车间名称：供电车间　　20×3年7月　　单位：元

月	日	摘　要	材料费	职工薪酬费	折旧费	办公费	劳动保护费	水、电、气及其他	合　计
7	31	根据材料费用分配表6-4	15 000						15 000
	31	根据职工薪酬费用分配表6-5		5 000					5 000
	31	根据折旧费用分配表6-6			12 000				12 000

续表

月	日	摘　要	材料费	职工薪酬费	折旧费	办公费	劳动保护费	水、电、气及其他	合　计
	31	根据其他费用分配表 6-7				500	600	400	1 500
	31	本月已归集辅助生产费用合计	15 000	5 000	12 000	500	600	400	33 500
	31	根据表 6-11，转入供气费用						2 160	2 160
	31	根据表 6-11，分配辅助生产费用							31 406.25
	31	根据表 6-11，结转成本差异							4 253.75
7	31	本月分配结转辅助生产费用合计	15 000	5 000	12 000	500	600	2 560	35 660

表 6-9　　　　辅助生产成本明细账（锅炉车间）

车间名称：锅炉车间　　　　20×3 年 7 月　　　　单位：元

月	日	摘　要	材料费	职工薪酬费	折旧费	办公费	劳动保护费	水、电、气及其他	合　计
7	31	根据材料费用分配表 6-4	12 000						12 000
	31	根据职工薪酬费用分配表 6-5		2 500					2 500
	31	根据折旧费用分配表 6-6			7 300				7 300
	31	根据其他费用分配表 6-7				800	200	1 000	2 000
	31	本月已归集辅助生产费用合计	12 000	2 500	7 300	800	200	1 000	23 800
	31	根据表 6-11，转入供电费用						450	450
	31	根据表 6-11，分配辅助生产费用							25 200
	31	根据表 6-11，结转成本差异							950
7	31	本月分配结转辅助生产费用合计	12 000	2 500	7 300	800	200	1 450	24 250

2. 辅助生产费用的分配

月末，各辅助车间所发生的生产费用采用计划成本分配法进行分配。各受益单位的受益数量情况见表 6-10。按各受益部门的劳务数量，编制“辅助生产费用分配表”，见表 6-11。其中供电车间电的计划单位成本为 1.5 元/度，锅炉车间蒸汽的计划单位成本为 18 元/吨，实际成本与计划成本的差异简化处理，全部计入管理费用。

表 6-10　　供电车间和锅炉车间劳务量

20×3 年 7 月

项　　目	供电车间/度	锅炉车间/吨
供电车间		120
锅炉车间	300	
甲产品	9 000	720
乙产品	8 500	500
基本生产车间	2 000	20
管理部门	1 137.5	40
合　　计	20 937.5	1 400

表 6-11　　辅助生产费用分配表(计划成本分配法)

20×3 年 7 月　　单位：元

项　　目			供电车间		锅炉车间		小计
			数量	费用	数量	费用	
辅助生产车间已归集费用				33 500		23 800	
计划单位成本				1.5 元/度		18 元/吨	
辅助生产成本	供电车间	水电气费			120	2 160	2 160
	锅炉车间	水电气费	300	450			450
	小　计			450		2 160	2 610
基本生产成本	甲产品	燃料及动力	9 000	13 500	720	12 960	26 460
	乙产品	燃料及动力	8 500	12 750	500	9 000	21 750
	小　计			26 250		21 960	48 210
制造费用——基本生产车间		水电费	2 000	3 000			3 000
		其　他			20	360	360
		小　计		3 000		360	3 360
管理费用		水、电、气费	1 137.5	1 706.25	40	720	2 426.25
按计划成本分配辅助生产费用合计				31 406.25		25 200	56 606.25
实际辅助生产成本				35 660		24 250	59 910
实际成本与按计划成本分配的差异				4 253.75		−950	3 303.75

表 6-11 中，实际辅助生产成本：供电车间＝33 500＋2 160＝35 660(元)

锅炉车间＝23 800＋ 450＝24 250(元)

实际成本与计划成本的差异：　供电车间＝35 660－31 406.25＝4 253.75(元)

锅炉车间＝24 250－25 200＝－950(元)

根据辅助生产费用分配表，编制会计分录如下，登记有关总账和明细账：

借：基本生产成本——甲产品　　26 460
　　　　　　　　——乙产品　　21 750
　　制造费用——基本生产车间　　3 360
　　辅助生产成本——供电车间　　2 160
　　　　　　　　——锅炉车间　　450
　　管理费用　　2 426.25
　贷：辅助生产成本——供电车间　　31 406.25
　　　　　　　　　——锅炉车间　　25 200

为了简便起见，将辅助生产费用实际成本与按计划成本分配的差异计入管理费用，编制会计分录如下，登记有关总账和明细账：

借：管理费用　　4 253.75
　贷：辅助生产成本——供电车间　　4 325.75

同时：

借：管理费用　　950
　贷：辅助生产成本——锅炉车间　　950

（三）制造费用的归集与分配

1. 制造费用的归集

根据上述要素费用分配表、辅助生产费用分配表和相关的账务处理，已经将本月基本生产车间发生的制造费用归集在“制造费用明细账”，见表 6-12。

表 6-12　　制造费用明细账

车间：基本生产车间　　20×3 年 7 月　　单位：元

月	日	摘　要	机构料消耗	职工薪酬费	劳动保护费	折旧费	水电费	办公费	其他	合计
7	31	根据材料费用分配表 6-4	6 620							6 620
	31	根据职工薪酬费用分配表 6-5		8 200						8 200
	31	根据折旧费用分配表 6-6				18 400				18 400
	31	根据办公等其他费用分配表 6-7			1 700			1 300	200	3 200
	31	根据辅助生产费用分配表 6-11					3 000		360	3 360
	31	本月制造费用合计	6 620	8 200	1 700	18 400	3 000	1 300	560	39 780
7	31	根据表 6-13，分配制造费用	6 620	8 200	1 700	18 400	3 000	1 300	560	39 780

2. 制造费用的分配

月末，将“制造费用明细账”归集的基本生产车间制造费用，按甲、乙产品生产工时比例分配，编制“制造费用分配表”，如表 6-13。

表 6-13 **制造费用分配表**

车间：基本生产车间 20×3 年 7 月 单位：元

应借科目			实际生产工时/小时	分配金额(分配率为 18 元/小时)
总账科目	明细科目	成本项目		
基本生产成本	甲产品	制造费用	1 200	21 600
	乙产品	制造费用	1 000	18 000
废品损失	乙产品	制造费用	10	180
合计			2 210	39 780

其中，分配率＝39 780÷2 210＝18(元/小时)

根据表 6-13，编制会计分录如下，登记有关总账及明细账：

借：基本生产成本——甲产品 21 600

——乙产品 18 000

废品损失——乙产品 180

贷：制造费用——基本生产车间 39 780

由于该企业两个辅助生产车间的制造费用直接计入“辅助生产成本”明细账，并已经分配给各受益单位，因此，在分配“制造费用”明细账归集的费用时，只需分配基本生产车间的制造费用。

课堂讨论

本例中，账户“制造费用”下除了设置“基本生产车间”二级明细账外，是否应该设置关于辅助生产车间的明细账？

(四) 期间费用的归集与结转

为简化，假设本案例只涉及管理费用一种期间费用，并且本月管理费用的所有发生额仅涉及以上经济业务。根据上述经济业务的费用分配表和有关账务处理等资料，“管理费用明细账”已归集了本月发生的相关费用，如表 6-14 所示。

根据表 6-14，编制会计分录，并登记有关总账及明细账：

借：本年利润 25 930

贷：管理费用 25 930

表 6-14　　管理费用明细账

20×3 年 7 月　　单位：元

月	日	摘　　要	职工薪酬费	折旧费	水电气费	办公费	劳动保护费		合　计
7	31	根据材料费用分配表 6-4				3 000		200	3 200
	31	根据职工薪酬费用分配表 6-5	9 200						9 200
	31	根据折旧费用分配表 6-6		800					800
	31	根据办公等其他费用分配表 6-7				3 000	2 500	1 500	7 000
	31	根据辅助生产费用分配表 6-11			2 426.25				2 426.25
	31	根据表 6-11，结转供电车间成本差异						4 253.75	4 253.75
	31	根据表 6-11，结转锅炉车间成本差异						950	950
	31	本月管理费用合计	9 200	800	2 426.25	6 000	2 500	5 003.75	25 930
7	31	结转管理费用	9 200	800	2 426.25	6 000	2 500	5 003.75	25 930

（五）废品损失的归集和分配

1. 废品损失的归集

在生产过程中发现，乙产品可修复废品 10 件，不可修复废品 40 件，可回收残料 400 元。其中，乙产品可修复废品修复过程耗用的材料费、职工薪酬费和制造费用已归集在废品损失明细账中，见表 6-15。

表 6-15　　废品损失明细账

产品名称：乙产品　　20×3 年 7 月　　单位：元

月	日	摘　　要	直接材料	燃料及动力	直接人工	制造费用	合计
7	31	根据材料费用分配表 6-4	200				200
	31	根据职工薪酬费用分配表 6-5			250		250
	31	根据制造费用分配表 6-13				180	180
	31	不可修复废品损失（根据表 6-16）	2 400	600	600	480	4 080
	31	不可修复废品回收残值（根据表 6-16）	400				400
	31	本月废品损失合计	2 200	600	850	660	4 310
7	31	分配本月废品损失	2 200	600	850	660	4 310

不可修复废品的生产成本按定额成本计算，原材料系生产开始时一次投入，燃料及动力、直接人工、制造费用均随加工程度发生，不可修复废品的加工程度50%。乙产品单位产成品定额成本为148元：直接材料60元，燃料及动力30元，直接人工30元，制造费用24元，废品损失4元。根据上述资料，编制"不可修复废品损失计算表"，见表6-16。

表6-16　　不可修复废品损失计算表

产品名称：乙产品　　20×3年7月　　单位：元

项　　目	直接材料	燃料及动力	直接人工	制造费用	合计
单位产成品定额成本	60	30	30	24	144
完工程度/%	100	50	50	50	
单位废品定额成本	60	15	15	12	102
废品定额成本	2 400	600	600	480	4 080
减:回收残料价值	400				400
废品净损失	2 000	600	600	480	3 680

根据不可修复废品计算表，编制会计分录如下，登记有关总账和明细账：

借：废品损失——乙产品　　4 080

　贷：基本生产成本——乙产品　　4 080

借：原材料　　400

　贷：废品损失——乙产品　　400

2. 废品损失的分配

根据废品损失明细账(见表6-15)，编制"废品损失分配表"，如表6-17所示。

表6-17　　废品损失分配表

20×3年7月　　单位：元

应借账户		成本项目	分配金额
总账账户	明细账户		
基本生产成本	乙产品	废品损失	4 310

根据表6-17废品损失分配表，编制会计分录如下，登记有关总账和明细账：

借：基本生产成本——乙产品　　4 310

　贷：废品损失——乙产品　　4 310

(六) 计算并结转完工产品成本

1. 归集产品成本

根据月初在产品成本资料以及各种生产费用分配表的相关资料，登记甲、乙产品"基本生产成本明细账"，如表6-18和表6-19所示。月末，生产费用累计栏已归集了各产品成本。

表 6-18　　基本生产成本明细账(甲产品)

产品名称：甲产品　　20×3 年 7 月　　单位：元

月	日	摘　　要	直接材料	燃料及动力	直接人工	制造费用	废品损失	合计
7	1	月初在产品成本	12 000	2 400	3 600	4 800		22 800
	31	根据材料费用分配表 6-4	80 000					80 000
	31	根据职工薪酬费用分配表 6-5			28 000			28 000
	31	根据辅助生产费用分配表 6-11		26 460				26 460
	31	根据制造费用分配表 6-13				21 600		21 600
	31	本月生产费用合计	80 000	26 460	28 000	21 600	0	156 060
	31	本月生产费用累计	92 000	28 860	31 600	26 400	0	178 860
	31	根据表 6-20 结转完工产品成本	80 000	26 846.51	29 395.35	24 558.14	0	160 800
7	31	月末在产品成本	12 000	2 013.49	2 204.65	1 841.86	0	18 060

表 6-19　　基本生产成本明细账(乙产品)

产品名称：乙产品　　20×3 年 7 月　　单位：元

月	日	摘　　要	直接材料	燃料及动力	直接人工	制造费用	废品损失	合计
7	1	月初在产品成本	3 000	1 200	1 200	960	160	6 520
	31	根据材料费用分配表 6-4	50 000					50 000
	31	根据职工薪酬费用分配表 6-5			23 000			23 000
	31	根据辅助生产费用分配表 6-11		21 750				21 750
	31	根据制造费用分配表 6-13				18 000		18 000
		根据不可修复废品损失计算表 6-16	2 400	600	600	480		4 080
	31	根据废品损失分配表 6-17 转入					4 310	4 310
	31	本月生产费用合计	47 600	21 150	22 400	17 520	4 310	112 980
	31	本月生产费用累计	50 600	22 350	23 600	18 480	4 470	119 500
	31	根据表 6-20 结转完工产品成本	47 300	21 030	22 280	17 424	4 294	112 328
7	31	月末在产品成本	3 300	1 320	1 320	1 056	176	7 172

2. 划分完工产品与月末在产品成本

月末，还要根据基本生产成本明细账中归集的生产费用，编制产品成本计算单，计算本月完工产品成本，实现生产费用在本月完工产品与月末在产品之间的划分，如表6-20和表6-21所示。

表6-20　　产品成本计算单(甲产品)

产品名称：甲产品　　20×3年7月　　单位：元

月	日	摘　要	直接材料	燃料及动力	直接人工	制造费用	废品损失	合计
7	1	月初在产品成本	12 000	2 400	3 600	4 800		22 800
	31	本月生产费用合计	80 000	26 460	28 000	21 600		156 060
	31	本月生产费用累计	92 000	28 860	31 600	26 400		178 860
	31	约当产量	920	860	860	860		
	31	费用分配率	100	33.558 1	36.744 2	30.697 7		
	31	完工产品成本(800件)	80 000	26 846.51	29 395.35	24 558.14		160 800
	31	完工产品单位成本	100	33.56	36.74	30.70		201
7	31	月末在产品成本(120件)	12 000	2 013.49	2 204.65	1 841.86		18 060

注：费用分配率保留四位小数，完工产品单位成本保留两位小数；尾差由本月完工产品承担。

(1) 直接材料费用分配率＝92 000÷(800＋120)＝100

(2) 燃料及动力费用分配率＝28 860÷(800＋120×50%)≈33.558 1

(3) 直接人工费用分配率＝31 600÷(800＋120×50%)≈36.744 2

(4) 制造费用分配率＝26 400÷(800＋120×50%)≈30.697 7

表6-21　　产品成本计算单(乙产品)

产品名称：乙产品　　20×3年7月　　单位：元

月	日	摘　要	直接材料	燃料及动力	直接人工	制造费用	废品损失	合　计
7	1	月初在产品成本	3 000	1 200	1 200	960	160	6 520
	31	本月生产费用合计	47 600	21 150	22 400	17 520	4 310	112 980
	31	本月生产费用累计	50 600	22 350	23 600	18 480	4 470	119 500
	31	单位产成品定额成本	60	30	30	24	4	148
	31	完工程度/%	100	80	80	80	80	
	31	单位在产品定额成本	60	24	24	19.2	3.2	130.4

续表

月	日	摘　要	直接材料	燃料及动力	直接人工	制造费用	废品损失	合　计
	31	完工产品成本(900件)	47 300	21 030	22 280	17 424	4 294	112 328
	31	完工产品单位成本	52.56	23.37	24.76	19.36	4.77	124.82
7	31	月末在产品成本(55件)	3 300	1 320	1 320	1 056	176	7 172

注：费用分配率保留四位小数，完工产品单位成本保留两位小数；尾差由本月完工产品承担。

(1) 甲产品。该工厂甲产品月末完工产品800件，在产品120件(完工程度50%)，见表6-1，既有在产品又有完工产品，需要将基本生产成本明细账中归集的生产费用在完工产品和月末在产品之间进行分配。由于甲产品缺乏定额成本相关资料，且各月在产品数量变化较大，因此其完工产品和月末在产品成本的分配，采用约当产量法。甲产品耗用材料系生产开始时一次性投入，耗用的其他费用随加工程度发生。在产品与完工产品成本分配见表6-20。

(2) 乙产品。该工厂乙产品月末完工产品900件，在产品55件(完工程度80%)，见表6-1，既有在产品又有完工产品，需要将基本生产成本明细账中归集的生产费用在完工产品和月末在产品之间分配。由于乙产品制定了较准确、稳定的消耗定额，各月月末在产品数量变化不大，采用月末在产品按定额成本计价法进行分配。乙产品耗用材料系生产开始时一次性投入，耗用的其他费用随着加工程度的增加而发生。

乙产品产成品的单位定额成本为148元，各成本项目定额成本分别为：直接材料60元，燃料及动力30元，直接人工30元，制造费用24元，废品损失4元。根据月末乙完工产品和在产品的盘存数量以及单位产品定额成本，可以确定月末在产品的定额总成本，并据以确定本月完工产品成本，如表6-21所示。

由于用工成本上涨，工厂通过不断优化生产工艺以降低产品成本，所以本月乙产品单位成本下降。其中，燃料及动力、直接人工、制造费用成本下降幅度较大。

企业是否应该修订乙产品单位定额成本，如何修订？

3. 结转完工产品成本

根据产品成本计算单中的完工产品成本，编制"完工产品成本汇总表"，如表6-22所示，结转完工产品成本。

根据完工产品成本汇总表，编制会计分录如下，并登记有关总账和明细账：

借：库存商品——甲产品　　160 800
　　　　　　——乙产品　　112 328
　贷：基本生产成本——甲产品　　160 800
　　　　　　　　　——乙产品　　112 328

表 6-22　　　　　　　　　　　　完工产品成本汇总表

20×3 年 7 月　　　　　　　　　　　　单位：元

完工产品名称	单位	数量	直接材料	燃料及动力	直接人工	制造费用	废品损失	成本合计
甲产品	件	800	80 000	26 846.51	29 395.35	24 558.14	0	160 800
乙产品	件	900	47 300	21 030	22 280	17 424	4 294	112 328
合　计			127 300	47 876.51	51 675.35	41 982.14	4 294	273 128

【本章小结】

品种法是以产品品种为产品成本核算对象，归集和分配生产费用，计算产品成本的一种基本方法。无论什么特点的企业，什么类型的产品，什么样的管理要求，最终都必须按照产品品种计算出产品成本，因此品种法是最基本的计算方法。它主要适用于大量大批的单步骤生产企业，以及管理上不要求分步核算产品成本的大量大批多步骤企业。

品种法的特点主要体现为以产品品种作为成本计算对象；按月定期计算产品成本；在单步骤大量生产企业，月末可不进行生产费用在月末完工产品和在产品之间划分。但如果是多步骤生产企业，月末又有在产品，则需要将生产费用在月末完工产品和在产品之间进行分配。

品种法的计算程序体现了产品成本计算的一般程序，按照产品品种设置产品成本明细账或产品成本计算单；通过归集和分配各要素费用、辅助生产费用、制造费用以及废品损失等，月末在产品成本明细账中归集各产品成本。最后，通过编制产品成本计算单，计算并结转完工产品成本。

【延伸阅读】

1.《企业产品成本核算制度(试行)》(财会[2013]17 号).

2. 马英华.知识经济条件下成本核算内容和方法的探讨[C].中国会计学会高等工科院校分会 2006 年学术年会暨第十三届年会论文集，2006:399-401.

【思 考 题】

1. 什么是品种法？它适用于什么类型的企业？
2. 品种法有哪些基本特点？为什么说它是最基本的产品成本核算方法？
3. 品种法的成本计算程序如何，与本书第三、四章内容有何联系？

【自测题】

1. 单项选择题

(1) 品种法一般适用于(　　)。

A. 大量大批多步骤生产的企业　　B. 大量大批单步骤生产的企业
C. 小批单件多步骤生产的企业　　D. 小批单件单步骤生产的企业

(2) 品种法最根本的特点是(　　)。

A. 以产品品种为成本计算对象
B. 按月定期计算产品成本
C. 月末视情况处理生产费用在完工产品和在产品之间的分配
D. 不分步骤计算产品成本

(3) 采用品种法,产品成本计算单应当按照(　　)分别开设。

A. 车间　　B. 产品类别　　C. 生产步骤　　D. 产品品种

(4) 在采用品种法计算产品成本时,若企业或车间只生产一种产品,则发生的生产费用(　　)。

A. 全部是直接计入费用　　B. 全部是间接计入费用
C. 全部是直接生产费用　　D. 全部是间接生产费用

(5) 品种法的成本计算期与(　　)一致,一般需要按月进行。

A. 生产周期　　B. 会计分期　　C. 会计报告期　　D. 生产日期

(6) 在大量大批多步骤生产的情况下,如果管理上不要求分步骤计算产品成本,企业应采用的基本成本计算方法是(　　)。

A. 分批法　　B. 分步法
C. 品种法　　D. 标准成本法

(7) 下列生产单位不适合采用品种法核算成本的是(　　)。

A. 供水车间　　B. 大型的机械制造厂　　C. 供电车间　　D. 煤矿

(8) 下列有关品种法成本核算程序的说法中,不正确的是(　　)。

A. 发生的各项直接生产费用都应直接计入各产品成本明细账
B. 对于发生的间接费用采用适当的分配方法在各种产品之间进行分配
C. 辅助生产费用的分配应按受益对象,选择合适的分配方法进行分配
D. 月末,可能需要在完工产品与在产品之间分配生产费用

(9) 品种法是产品成本计算最基本的方法,这是因为(　　)。

A. 按品种法计算产品成本,相对其他成本计算方法要简单
B. 任何成本计算方法最终都要计算出各品种的生产成本
C. 品种法在企业的适用性最强
D. 品种法的成本计算期能够与会计报告期保持一致

(10) 下列选项中,选项(　　)不构成品种法的主要成本核算程序。

A. 按产品品种设置产品成本明细账

B. 归集和分配生产过程中的各项要素费用

C. 归集和分配辅助生产费用

D. 期末偿还利息费用

2. 多项选择题

(1) 品种法的基本特点包括(　　)。

A. 成本计算对象是产品品种

B. 一般定期计算产品成本

C. 一般不存在完工成品与在产品之间分配费用的问题

D. 成本计算期和产品的生产周期基本一致

(2) 品种法可适用于(　　)。

A. 生产规模较小的大量大批多步骤生产企业,且管理上不要求分步核算产品成本

B. 大量大批的单步骤生产企业

C. 按流水线组织生产的大量大批多步骤生产企业,且管理上不要求分步核算产品成本

D. 试制产品的车间

(3) 品种法下,如果企业生产多种产品,产品间接费用的形成是(　　)。

A. 由直接生产费用转化而来的

B. 可先采用适当的方法分配,再计入产品成本明细账

C. 由间接生产费用转化而来的

D. 可先不分配,在"制造费用"账户先归集,再分配计入各产品成本明细账

(4) 品种法下,关于月末生产费用在完工产品与在产品之间的分配,下面说法正确的是(　　)。

A. 在大量大批单步骤生产企业,月末可不计算在产品成本,一般不需要在完工产品与在产品之间分配生产费用

B. 在大量大批多步骤生产企业,月末需要在完工产品与在产品之间分配生产费用

C. 不管是大量大批单步骤生产企业,还是大量大批多步骤生产企业,月末都需要在完工产品与在产品之间分配生产费用

D. 在大量大批多步骤生产企业,月末如果有在产品,才需要在完工产品与在产品之间分配生产费用

(5) 下列适用于品种法核算的是(　　)。

A. 造纸厂　　B. 发电厂

C. 小型水泥厂　　D. 玻璃制品熔制厂

(6) 下列有关品种法的成本计算程序叙述中正确的有(　　)。

A. 品种法的成本计算程序代表了成本核算的一般程序

B. 品种法的成本计算程序不包括跨期摊销费用的归集与摊销

C. 分配制造费用,是品种法的必要成本计算程序

D. 废品损失可以在“制造费用”明细中归集，在分配制造费用时一并分配

(7) 关于品种法下产品成本明细账的设置，下列说法正确的是（　　）。

A. 如果只生产一种产品，只需为这种产品开设一张产品成本明细账

B. 如果生产多种产品，要按照产品的品种分别设置产品成本明细账

C. 产品成本明细账中，各成本项目按照直接计入的生产费用设置

D. 产品成本明细账中，各成本项目按照直接计入和间接计入的生产费用设置

(8) 下面关于品种法的账务处理程序叙述中，正确的是（　　）。

A. 品种法的成本核算程序不能完全决定其成本账务处理程序

B. 每个企业只要采用品种法，其账务处理程序都应当完全一致

C. 品种法的账务处理程序可能因某一核算环节所采用的成本归集计算方法不一样，在实务中体现得稍有差异

D. 品种法的账务处理基本程序，也是成本核算的基本账务处理程序

(9) 品种法的成本核算主要程序包括（　　）。

A. 归集和分配在生产过程中发生的各项费用

B. 归集和分配辅助生产费用

C. 归集和分配制造费用

D. 计算和结转完工产品成本

(10) 关于品种法下的账务处理程序与成本计算程序的关系，说法正确的选项是（　　）。

A. 品种法的成本计算程序决定了其账务处理程序

B. 品种法的账务处理程序是以会计分录的形式反映其成本计算程序

C. 若辅助生产费用的分配由直接分配法改为交互分配法，对应的账务处理也会改变

D. 不论制造费用的归集采用何种程序，对应的账务处理都一样

3. 判断题

(1) 按照产品品种计算成本，是成本计算最一般、最起码的要求。（　　）

(2) 品种法的成本计算程序是成本计算的一般程序。（　　）

(3) 品种法下，月末辅助生产车间的制造费用比基本生产车间的制造费用先分配。（　　）

(4) 采用品种法计算产品成本，月末不需要在完工产品与在产品之间分配生产费用。（　　）

(5) 品种法是最基本的成本核算方法，只有企业的主要产品核算才可以采用。（　　）

(6) 品种法区别于其他基本成本计算方法的特点，是以产品品种作为成本计算对象。（　　）

(7) 品种法下，间接计入产品成本的生产费用，指的是生产费用先通过“制造费用”归集，然后分配计入各产品成本的生产费用。（　　）

(8) 月末可不计算在产品成本，也是品种法的基本特征之一。（　　）

(9) 由于品种法一般适用于单步骤生产企业，因此产品的成本计算期通常与生产周期一致，与会计报告期可不一致。 (　　)

(10) 品种法的成本计算程序有别于成本计算的一般程序。 (　　)

4. 业务计算题

X企业只有一个基本生产车间，生产甲、乙两种产品，两种产品耗用相同的原材料，原材料都在生产开始时一次投料，采用品种法计算产品成本。共同耗用的A材料按定额消耗量比例进行分配；共同耗用的职工薪酬费用和制造费用按实际工时比例分配。

甲产品期初在产品成本：直接材料25 800元，直接人工16 872元，制造费用4 552元；乙产品无期初在产品。20×3年4月，甲、乙产品的直接材料、直接人工以及制造费用根据材料费用分配表(见表6-23)、职工薪酬费用和制造费用分配表(见表6-24)的分配结果形成。此外，甲、乙产品没有耗用其他要素费用。

本月甲产品完工640件，期末在产品200件，完工程度55%；本月乙产品完工400件，无期末在产品。

表6-23 **材料费用分配表**

20×3年4月 单位：元

应借项目		材料定额消耗量/kg	A材料	
			分配率	实际成本
基本生产成本	甲产品	8 000		
	乙产品	5 000		
合计		13 000	—	132 600

表6-24 **职工薪酬费用和制造费用分配表**

20×3年4月 单位：元

应借项目		实际工时/小时	直接人工		制造费用	
			分配率	工资额	分配率	费用
基本生产成本	甲产品	25 000				
	乙产品	17 000				
合计		42 000		50 400		33 600

要求：

(1) 在甲、乙产品之间分配共同耗用的生产费用，编制材料费用、职工薪酬费用和制造费用分配表。

(2) 根据(1)的分配结果登记甲、乙产品成本计算单，并将产品成本计算单填写完整(见表6-25和表6-26)，月末按约当产量法计算分配完工产品与在产品成本；编制结转完工产品的会计分录。(分配率保留四位小数，计算结果保留两位小数)

表 6-25 产品成本计算单(甲产品)

20×3 年 4 月

产品名称：甲产品　　本月产量：640 件　　月末在产品数量：200 件　　单位：元

摘　　要	直接材料	直接人工	制造费用	合　计
月初在产品成本	25 800	16 872	4 552	47 224
本月生产费用合计				
本月生产费用累计				
分配率				
完工产品成本				
月末在产品成本				

注：尾差由完工产品承担。

表 6-26 产品成本计算单(乙产品)

20×3 年 4 月

产品名称：乙产品　　本月产量：400 件　　月末在产品数量：0 件　　单位：元

摘　　要	直接材料	直接人工	制造费用	合计
月初在产品成本	0	0	0	0
本月生产费用合计				
本月生产费用累计				
完工产品成本				
月末在产品成本				

【案例分析】

目的：了解品种法在企业的实际应用情况。

资料①：中国石化润滑油公司是国内最大的集生产、研发、储运、销售、服务于一体的高档润滑油专业化公司。公司拥有世界一流水平的全自动调合及包装生产线，可生产内燃机润滑油、工业齿轮油、液压油、润滑脂、防冻液、刹车液、金属加工液、船用油及润滑油添加剂等系列产品，广泛应用于航空航天、汽车、机械、冶金、矿采、石油化工电子等领域。

润滑油是石油炼制中的一类终端产品，润滑油产品品种繁多，包装规格形式多样，生产流程主要分调合和灌装两个过程，比较简单清晰。调合过程主要消耗基础油、添加剂等原料，各种材料严格按配方比例投入，经调合装置生产出散装润滑油；灌装过程是将生产的散装润滑油包装成各种形式的包装油品，主要消耗包装物等材料。在调合过程中，需要归集基础油、添加剂、动力、直接人工和制造费用等成本；在灌装过程中，需要归集各种包装物成本。

① 案例资料来源：侯国民，唐勇. 关于润滑油成本核算问题的探讨[J]. 石油商技，2003，21(6)：51-52.

调合完工的散装润滑油产品可能继续用于下一步的灌装，也可能直接用于销售。

中国石化润滑油公司面临来自国际品牌、中国石油、地方民营企业的激烈竞争。市场竞争方式多种多样，但价格战一直是各厂家的主要手段。价格的竞争对润滑油经营利润产生的负面影响，在一定程度上增强了各生产厂家对润滑油成本的关注度。润滑油的成本核算要求更细化、更准确，不但需要反映每个产品的生产成本，还需反映产品成本项目的构成情况；尽管品种繁多、包装规格多样，各产品的成本核算仍要求具体到每种包装形式。

要求：

(1) 根据润滑油的生产特点，你认为中国石化润滑油公司该采用什么成本核算方法？

(2) 根据该公司面临的市场竞争环境，你认为应该采用什么成本核算方法？

(3) 如果仅采用品种法核算各种润滑油成本，是否符合产品的生产特点、满足企业的管理要求？中国石化润滑油公司到底该如何应用品种法？

第七章 产品成本计算的分批法

学习目标

通过本章学习，应达到以下学习目标：

1. 熟悉分批法的基本特点；
2. 掌握分批法的一般核算程序；
3. 掌握简化分批法的核算特点；
4. 理解一般分批法和简化分批法的异同；
5. 了解一般分批法、简化分批法在企业的实际应用情况。

导引案例

江南造船厂为中国船舶工业集团公司旗下的船舶修造企业，主营业务为造船、修船等。造船产品包括巡逻护航船、远洋救助拖轮、港口消防船等数十种，按客户订单组织生产。

造船生产工艺涉及的作业种类繁多，是一项综合性的工艺技术。具体而言，造船的生产工艺流程包括船体放样、船体钢材预处理、构建加工、船体装配、船体焊接、密性试验、船舶下水、船舶舾装、船舶试验和交船验收十个生产环节。以舾装工艺为例，它又包括机电装置、营运设施、生活设施、通信设施、属具、木作、绝缘、涂料等安装工艺和规程。

造船生产工艺复杂，生产周期比较长，采用分批法来核算产品成本是否合适？是不是该采用分步法？

本章主要介绍分批法的基本特点及适用范围，一般分批法与简化分批法的成本核算程序，并举例说明二者如何应用。

第一节 分批法概述

一、分批法的内涵及其适用范围

产品成本计算的分批法，亦称订单法，它是以产品的批别为成本计算对象，按产品的批别归集生产费用，计算产品成本的一种基本方法。采用分批法核算成本的企业，其共同特点是产品通常不重复生产，即便重复，也是不定期的重复。分批法一般适用于单件小批生产，且管理上不要求分步骤核算成本的多步骤生产企业，如机械、船舶、服装等制造企业，以及咨询公司、建筑公司、会计师事务所等服务性企业。具体而言，分批法适用于以下企业。

(1) 根据购买者订单组织生产的制造企业。企业根据客户的要求，专门生产特定规格和特定数量的单件小批产品。由于各张订单所订购的产品往往种类不同或者规格不一，所用的材料和加工工序也各不相同，因此，各张订单的成本必须分别计算。订货者的订货可能是单件的大型产品，也可能是小批量的同样规格的产品。如重型机械、精密仪器、专用设备和专用工具、模具等。

(2) 产品种类需根据市场经常变动的小规模制造厂。这类企业规模小，根据市场需要不断变化产品的种类和数量，不可能大批量生产，因此须按每批产品来计算成本。

(3) 从事修理业务的工厂以及其他服务性企业。由于修理业务多种多样，各种修理业务的成本表现也不一样，因此企业须按承接的各种修理业务分别计算成本，以确定收费价格。另外，以会计师事务所为代表的服务性企业，通常需要根据服务项目确定实际成本，利用其历史成本的数据资料确定委托项目的价格。

(4) 开发、试制新产品项目的车间。尽管企业可以大量大批生产其主要产品，但对于其新产品项目的开发和试制，则只能单件或小批量生产，因此专门试制、开发新产品的车间，需按每次试制或开发的新产品分批计算成本。

在有些单件小批生产企业中，若同一个月份内投产的产品批数特别多，就会使得按批别设置的产品成本明细账数量非常多，各种间接计入生产费用在各批产品之间的分配和登账工作将极为繁重。此时，可以将间接费用在各批产品之间的分配，以及在完工产品和在产品之间的分配结合起来。这种改良后的分批法，称为简化分批法，未改良的称为一般分批法。

二、分批法的基本特点

分批法相对品种法而言，其主要特点主要表现在成本计算对象、成本计算期和期末产品生产费用的分配三个方面。

（一）以产品的批别为成本计算对象

将所有的生产费用按产品批别归集，是分批法最基本的特点。在小批单件生产企业中，产品的生产一般根据客户订单组织，每批产品的种类、批量、完工时间等通常需要根据用户单位的订单加以确定。企业生产计划部门在产品批别确定后，应对产品进行编号并签发“生产通知单”，通知生产部门和会计部门。企业生产部门根据下达的“生产通知单(内部订单)”来组织生产；会计部门根据产品批号设置生产成本明细账，按批别归集产品生产费用。企业生产计划部门在根据客户的订单划分产品的批别时，除了需要考虑用户单位订单的具体情况以外，还需考虑企业的生产负荷、成本控制目标等因素。

如果一张订单只有一种产品，可以按数量组织一次生产，即以订单划分批别；如果一张订单中虽然只有一种产品，但其数量较大且购买单位要求分批交货，不便于集中一次生产，可将该订单划分为若干批别。由于企业需要按每一个批别开设生产成本明细账，因此即使是相同品种的产品，由于批别不同，生产费用也要划分清楚。

如果一张订单中虽然只有一种产品，但却是大型复杂产品，如价值较大、生产周期较长，也可以按产品的组成部分划分批别，分别组织生产。

如果一张订单中有多种产品，生产计划部门则要按产品的品种划分为若干批别，按批别计算每批产品成本。此外，当同一时期内有几张订单要求生产同一种产品，而且交货时间基本相同，也可以将几张订单中的相同产品合并为一批产品，来组织生产并计算成本。

生产批次与产品订单之间是否存在一一对应的关系？讨论生产批次与产品订单之间的关系。

（二）以各批产品的生产周期为成本计算期

分批法要求各批产品的生产成本归集与结算，与“生产通知单”的下达和结束紧密配合，即各批产品的成本应在其完工后计算。因此，各批产品虽然都需要按月归集生产费用，登记生产成本明细账，但一般只有在该批产品全部完工时，才计算产品成本。分批法的成本计算期是不定期的，与该批产品的生产周期一致，而与会计报告期不一致。

（三）生产费用在完工产品和在产品之间的分配

在单件小批生产的企业，批内产品一般都能同时完工，成本计算期与产品的生产周期一致。到月末，如果产品全部完工，成本计算单上所归集的成本费用就是该批产品的完工产品成本；如果产品未完工，成本计算单上所归集的成本费用就是该批产品的在产品成本。因此，一般不存在同一批次的完工产品与月末在产品之间分配生产费用的问题，只存在生产费用在各批次产品之间的分配问题。

但在实际生产中，如果产品批量较大，客户要求分批交货，同一批产品就会出现跨月生产，陆续完工的情况，即月末一部分产品已经完工，另一部分产品还在加工中。此时，则需采用合适的方法（如约当产量法等），将生产费用在该批产品的完工产品与在产品之间分配。

如果批内产品跨月陆续完工的数量不多，可按计划单位成本、单位定额成本或最近一期相同产品的实际单位成本估算完工产品成本，以简化完工产品成本的计算；从产品成本明细账中转出完工产品成本后，剩下各项费用余额之和即为在产品成本。在该批产品全部完工时，再计算该批产品的实际总成本和单位成本，但对已经转账的完工产品成本，不作账面调整。

如果批内产品跨月完工的数量较多，即月末批内完工产品的数量占全部批量的比重较大，可按单位定额成本等估算月末在产品成本，以简化在产品成本的计算；再根据产品批别内归集的累计生产费用，计算本月完工产品成本。

为了减少在完工产品与月末在产品之间分配生产费用的工作，在合理组织生产的前提下，应确定恰当的批量，以使同一批产品尽量同时完工，避免出现跨月陆续完工的情况。

知识链接

回顾第六章品种法的基本特点包括哪些方面。

比较分批法与品种法的基本特点。

第二节　一般分批法

一、一般分批法的成本核算程序

(1) 根据生产计划部门下达的“生产通知单”，按产品批别设置成本明细账。在明细账页上既要注明产品批号，也要注明产品名称，按成本项目设置专栏。根据上月末尚未生产完工的各批在产品明细账上所登记的生产费用，确定本月生产成本明细账的月初在产品成本。

(2) 根据各项生产费用发生的原始凭证等相关资料，按月编制各种费用分配表，并据以登记相关成本、费用明细账。对于各批次的直接费用，直接计入该批产品成本明细账对应的成本项目中；对于间接费用，则按发生地点和用途先归集于辅助生产成本和制造费用明细账中，然后再按受益原则，按一定标准分配计入各批产品成本明细账。一般的分批法在分配间接费用(如制造费用)时，相对简化分批法有比较显著的特点，不论各批次产品是否完工，都需要将其在月末按当月分配率分配给各批次，以及各批次内的完工产品和在产品。这种分配方法称为“当月分配法”，即实际分配率法。

(3) 当某批产品完工后，一般应由车间填写完工通知单，会计部门收到完工通知单后，计算当月完工产品成本和月末在产品成本。此时，该批次生产成本明细账中的累计生产费用就是批内完工产品总成本。而在某批产品没有完工之前，该批生产成本明细账中所归集的累计生产费用就是批内在产品成本。如果批内产品出现跨月陆续完工的情况，则月末需要采用合适的方法，将生产费用在批内的完工产品和在产品之间分配。

分批法的成本计算程序可用图 7-1 来示意。

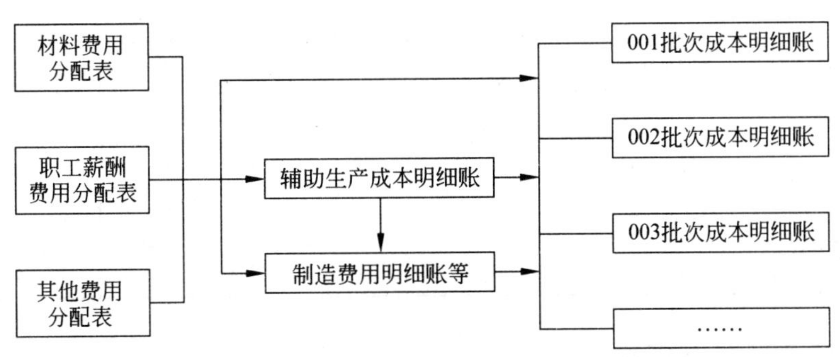

图 7-1　分批法成本计算程序示意图

二、一般分批法的应用举例

(一) 企业概况及相关资料

兴华工厂根据客户订单要求组织生产，采用分批法计算产品成本。20×3 年 8 月有四批产品在生产之中：甲产品 107 批次，乙产品 202 批次，丙产品 304 批次，甲产品 108 批次。生产成本明细账中设置直接材料、直接人工、制造费用三个成本项目，直接材料采用约当产量法分配，直接人工和制造费用按生产耗用的定额工时比例分配。20×3 年

8月各批次产品的投产情况、已耗用的定额工时等资料如表7-1所示，各批次产品月初在产品成本如表7-2所示，本月各项要素费用、辅助生产费用、制造费用等分配结果汇总如表7-3所示。

表7-1 各批次产品投产及工时耗用情况

20×3年8月

产品批次	产品品种	数量/台	完工情况	定额工时耗用量/小时				在产品投料程度
				6月	7月	8月	小计	
107	甲	1	完工	4 000	2 000	2 000	8 000	
202	乙	20	完工15台			7 500	7 500	
			未完工5台			1 000	1 000	80%
304	丙	10	已完工			4 500	4 500	
108	甲	3	未完工			6 000	6 000	
合计				4 000	2 000	21 000	27 000	

表7-2 各批次产品月初在产品成本

20×3年8月1日 单位：元

批别	直接材料	直接人工	制造费用	合计
107批次	400 000	100 000	100 000	600 000

表7-3 各批次本月生产费用汇总表

20×3年8月 单位：元

批别	直接材料	直接人工	制造费用	合计
107批次	100 000	50 000	50 000	200 000
202批次	570 000	85 000	170 000	825 000
304批次	135 000	75 000	90 000	300 000
108批次	600 000	120 000	120 000	840 000

（二）成本核算具体程序

根据表7-2和表7-3登记各批次产品成本明细账，如表7-4～表7-7所示，并结转完工产品成本。

107批次没有月末在产品，本月不需要将生产费用在完工产品和月末在产品间分配。

202批次月末既有在产品，又有完工产品，客户要求交付已完工产品，故需要将生产费用在完工产品和月末在产品间分配。

表7-5中，各成本项目的分配率计算过程如下：

$$\text{完工产品与月末在产品的约当产量}=15+5\times 80\%=19(\text{台})$$

$$\text{直接材料分配率}=\frac{570\,000}{19}=\frac{570\,000}{19}=30\,000(\text{元/台})$$

表 7-4　　　　　　　　　产品成本明细账(甲产品 107 批次)

产品批号:107　　　　　　　购货单位:××公司　　　投产日期:6 月 2 日

产品名称:甲产品　　　　　　　批量:1 件　　　　完工日期:8 月 9 日　单位:元

月	日	摘　　要	直接材料	直接人工	制造费用	合　计
8	1	月初在产品成本	400 000	100 000	100 000	600 000
	×	×××费用分配	…	…	…	…
	31	本月生产费用合计	100 000	50 000	50 000	200 000
	31	本月生产费用累计	500 000	150 000	150 000	800 000
8	31	结转完工产品成本(1 台)	500 000	150 000	150 000	800 000

表 7-5　　　　　　　　　产品成本明细账(乙产品 202 批次)

产品批号:202　　　购货单位:××公司　　　投产日期:8 月 1 日

产品名称:乙产品　　　批量:20 件　　　　完工日期:8 月 29 日完工 15 件　单位:元

月	日	摘　　要	直接材料	直接人工	制造费用	合　计
8	×	×××费用分配	…	…	…	…
	31	本月生产费用合计	570 000	85 000	170 000	825 000
	31	结转完工产品成本(15 台)	450 000	75 000	150 000	675 000
8	31	月末在产品成本(5 台)	120 000	10 000	20 000	150 000

表 7-6　　　　　　　　　产品成本明细账(丙产品 304 批次)

产品批号:304　　　购货单位:××公司　　　投产日期:8 月 3 日

产品名称:丙产品　　　批量:10 件　　　　完工日期:8 月 30 日完工 10 件　单位:元

月	日	摘　　要	直接材料	直接人工	制造费用	合　计
8	×	×××费用分配	…	…	…	…
	31	本月生产费用合计	135 000	75 000	90 000	300 000
8	31	结转完工产品成本(10 台)	135 000	75 000	90 000	300 000

表 7-7　　　　　　　　　产品成本明细账(甲产品 108 批次)

产品批号:108　　　　　购货单位:××公司　　　　投产日期:8 月 15 日

产品名称:甲产品　　　　　批量:3 件　　　　　　完工日期:　　　　单位:元

月	日	摘　　要	直接材料	直接人工	制造费用	合　计
8	×	×××费用分配	…	…	…	…
	31	本月生产费用合计	600 000	120 000	120 000	840 000
8	31	月末在产品成本	600 000	120 000	120 000	840 000

完工产品与月末在产品耗用的定额工时＝7 500＋1 000＝8 500(小时)

直接人工分配率$=\frac{85\,000}{8\,500}=\frac{85\,000}{8\,500}=10$(元/小时)

$$制造费用分配率=\frac{170\,000}{8\,500}=\frac{170\,000}{8\,500}=20(元/小时)$$

完工产品成本用各成本项目的分配率乘以完工产品的分配标准指标求得，月末在产品成本用各成本项目的分配率乘以在产品的分配标准指标求得，即

(1) 直接材料

完工产品的直接材料＝30 000×15＝450 000(元)

月末在产品的直接材料＝30 000×5×80%＝120 000(元)

(2) 直接人工

完工产品的直接人工＝10×7 500＝75 000(元)

月末在产品的直接人工＝10×1 000＝10 000(元)

(3) 制造费用

完工产品的制造费用＝20×7 500＝150 000(元)

月末在产品的制造费用＝20×1 000＝20 000(元)

课堂讨论

如果202批次的客户不要求分批交货，而是等所有产品完工再交货，月末是否可以不在完工产品和在产品之间分配生产费用？

304批次没有月末在产品，本月不需要将生产费用在完工产品和月末在产品间分配。

108批次产品没有完工产品，本月不需要将生产费用在完工产品和月末在产品间分配。

根据生产成本明细账的完工产品成本，编制完工产品入库的会计分录如下，登记有关总账和明细账：

借：库存商品——甲产品　　800 000

　　　　　　——乙产品　　675 000

　　　　　　——丙产品　　300 000

　贷：基本生产成本——甲产品107批次　　800 000

　　　　　　　　　——乙产品202批次　　675 000

　　　　　　　　　——丙产品304批次　　300 000

课堂讨论

四个批次的成本核算都在月底进行，是否与分批法按生产周期核算成本的特点矛盾？

第三节　简化分批法

一、简化分批法的特点

单件小批生产企业或车间中，若各月投产的产品批数很多，而实际每月完工的订单不多，可以采用累计分配率法来简化各项间接计入费用的分配。简化分批法是对一般分批法的核算工作简化后形成的，因此具有一般分批法的基本特点，但是相对一般分批法而

言，有其独特之处，主要体现在对间接费用的分配和计入方式上。

简化分批法在计算产品成本时，将每月发生的能直接归属某批产品的直接费用，直接计入每批产品成本计算单中。对每月发生的间接费用不是按月在各批产品之间进行分配，而是将各项间接费用和工时累计起来，等到某批产品完工时才按照完工产品累计生产工时的比例（即累计分配率法），在各批完工产品之间进行分配；若某批产品未完工，则不对其分配间接费用。因此，简化分批法又称为"不分批计算在产品成本的分批法"或"间接费用累计分配法"。

简化分批法的这一特点使得企业必须增设"基本生产成本二级账"，以登记各批产品的汇总累计生产费用和生产工时资料；同时在各批产品明细账中需增设生产工时专栏，以反映各批产品的累计生产工时情况。

二、简化分批法的成本核算程序

简化分批法的成本核算程序如图 7-2 所示，具体按以下程序进行。

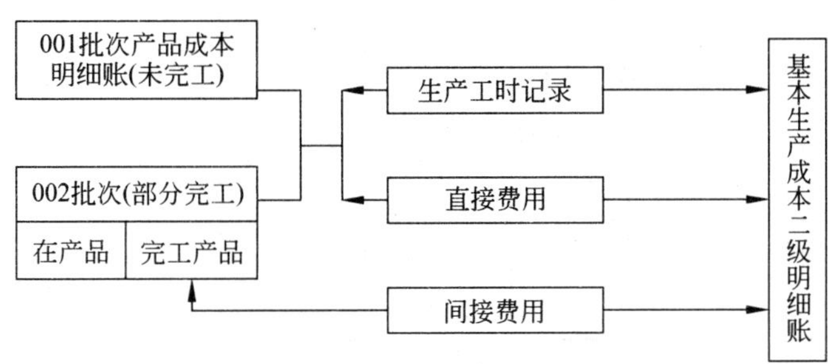

图 7-2　简化分批法成本核算示意图

（1）设置基本生产成本二级明细账和三级明细账。单独设置基本生产成本二级明细账，按照成本项目和生产工时分别开设专栏，用于按月登记其所属全部批次产品汇总的直接费用、间接费用以及生产工时；根据产品批别设置产品成本明细账（三级明细账），明细账中设置成本项目和生产工时专栏。

（2）根据各项生产费用发生的原始凭证等资料，按月编制各种要素费用分配表，在基本生产明细账和产品成本明细账中登记生产费用，以及耗用的生产工时。对于为生产某批次产品所发生的直接费用，可以根据原始凭证和费用分配表，直接计入该批产品成本明细账和基本生产成本二级明细账中；对于间接费用，按月登记基本生产成本二级明细账即可，不登记在产品成本明细账中。

（3）月末，计算累计分配率，分配间接费用给完工产品。如果某月有完工产品，则根据基本生产成本二级明细账中所登记的间接费用累计额和生产工时累计额，计算间接费用的累计分配率，并据以确定某批完工产品应承担的累计间接费用，平行登记在完工批次的产品生产成本明细账和基本生产成本二级明细账，计算该批完工产品的总成本。

（4）月末，结转完工批次产品成本后，基本生产成本二级明细账中的余额，就是所有批次的月末在产品总成本；而各批次产品的生产成本明细账中，则只登记了未完工产品的直接计入费用和生产工时，并不登记间接计入费用。

三、简化分批法的应用举例

荣华工厂属于小批生产，具体生产情况如表 7-8 所示，产品批数较多，月末未完工产品较多，采用简化分批法进行成本核算，分别开设基本生产成本二级明细账（见表 7-9）和各批产品成本明细账（见表 7-10～表 7-13）。月末，本月发生生产费用已归集在各明细账中。假设本案例各批产品的成本项目中，直接材料为直接计入费用成本项目；直接人工费用与制造费用为间接计入费用成本项目，二者采用累计分配率法确定本月已完工产品应承担的间接计入费用。

表 7-8　　　　产品生产及工时耗用情况

20×3 年 6 月

产品批次	产品品种	数量/台	完工情况	定额工时耗用量/小时				在产品投料程度
				4 月	5 月	6 月	小计	
105	甲	1	完工	2 000	500	500	3 000	
201	乙	6	完工 4 台		1 800	1 250	3 050	
			未完工 2 台		700	250	950	50%
303	丙	10	未完工		1 000	1 250	2 250	
106	甲	3	未完工			750	750	
合　计				2 000	4 000	4 000	10 000	

注：耗用工时按定额工时计算。

表 7-9　　　　基本生产成本二级明细账

20×3 年 6 月　　　　单位：元

月	日	摘　要	直接材料	生产工时	直接人工	制造费用	合　计
6	30	本月累计生产费用及工时	4 170 000	10 000	120 000	290 000	4 580 000
	30	间接费用累计分配率			12	29	
	30	本月结转完工产品成本	2 892 000	6 050	72 600	175 450	2 788 050
	30	月末在产品成本	1 278 000	3 950	47 400	114 550	1 791 950

表 7-10　　　　产品成本明细账（甲产品 105 批次）

产品批号：105　　　购货单位：××公司　　　投产日期：4 月 2 日

产品名称：甲产品　　　批量：1 件　　　完工日期：6 月 20 日　　　单位：元

月	日	摘　要	直接材料	生产工时	直接人工	制造费用	合　计
6	30	本月累计生产费用及工时	340 000	3 000			340 000
	30	累计工时及间接费用分配率		3 000	12	29	
	30	本月完工产品的间接费用			36 000	87 000	
	30	结转完工产品成本(1 台)	340 000	3 000	36 000	87 000	463 000
	30	完工产品单位成本	340 000	3 000	36 000	87 000	463 000

表 7-11 产品成本明细账(乙产品 201 批次)

产品批号：201　　购货单位：××公司　　投产日期：5 月 7 日

产品名称：乙产品　　批量：6 件　　完工日期：6 月 29 日完工 4 件　单位：元

月	日	摘　　要	直接材料	生产工时	直接人工	制造费用	合　计
6	30	本月累计生产费用及工时	3 190 000	4 000			3 190 000
	30	累计工时及费用分配率		4 000	12	29	
	30	本月完工产品的间接费用		3 050	36 600	88 450	2 677 050
	30	结转完工产品总成本(4 台)	2 552 000	3 050	36 600	88 450	2 677 050
	30	完工产品单位成本	638 000	762.5	9 150	22 112.5	669 262.5
6	30	月末在产品成本	638 000	950			

表 7-12 产品成本明细账(丙产品 303 批次)

产品批号：303　　购货单位：××公司　　投产日期：5 月 2 日

产品名称：丙产品　　批量：10 件　　完工日期：　　单位：元

月	日	摘　　要	直接材料	生产工时	直接人工	制造费用	合　计
6	30	本月生产费用累计	185 000	2 250			
6	30	月末在产品成本	185 000	2 250			

表 7-13 产品成本明细账(甲产品 106 批次)

产品批号：106　　购货单位：××公司　　投产日期：6 月 2 日

产品名称：丙产品　　批量：3 件　　完工日期：　　单位：元

月	日	摘　　要	直接材料	生产工时	直接人工	制造费用	合　计
6	30	本月生产费用合计	455 000	750			
6	30	月末在产品成本	455 000	750			

(1) 基本生产成本二级明细账。表 7-9 中，累计直接人工费用分配率＝120 000÷10 000＝12(元/小时)；累计制造费用分配率＝290 000÷10 000＝29(元/小时)。

“本月结转完工产品成本”行中的“直接材料”、“生产工时”、“直接人工”和“制造费用”，根据已完工的 105 批次和部分完工的 201 批次产品成本明细账中结转完工产品成本数字相加填列；“月末在产品成本”行可根据“本月结转完工产品成本”行数据倒挤求得。

(2) 甲产品 105 批次产品成本明细账。表 7-10 中，间接费用分配率根据基本生产成本二级明细账填列，完工产品应承担的间接费用计算过程为：

完工产品的直接人工＝12×3 000＝36 000(元)

完工产品的制造费用＝29×3 000＝87 000(元)

(3) 乙产品 201 批次产品成本明细账。表 7-11 中，直接材料费用按约当产量法分配，间接费用分配率根据基本生产成本二级明细账填列。4 台完工产品应承担的成本计算过程如下：

$$直接材料分配率=\frac{3\ 190\ 000}{4+2\times 50\%}=638\ 000(元)$$

完工产品的直接材料＝638 000×4＝2 552 000(元)

完工产品的直接人工＝12×3050＝36 600(元)

完工产品的制造费用＝29×3050＝88 450(元)

各批次产品成本明细账中，在没有完工产品的月份只登记直接材料费用和生产工时，间接计入费用仍保留在生产成本二级账中，如表 7-12 和表 7-13 所示；对于有完工产品的月份，除登记直接材料费用和生产工时之外，还应根据二级账登记各项间接计入费用的累计分配率，确定完工产品应承担的部分，如表 7-10 和表 7-11 所示。

各批产品生产成本明细账登记完毕后，其中完工产品的直接材料费用和生产工时应分别汇总记入基本生产成本二级账，并据以计算各批完工产品的总成本和月末在产品的总成本，见表 7-9。计算过程如下：

完工产品的直接材料总成本＝340 000＋2 552 000＝2 892 000(元)

月末在产品的直接材料总成本＝4 170 000－2 892 000＝1 278 000(元)

完工产品的直接人工总成本＝36 000＋36 600＝72 600(元)

月末在产品的直接人工总成本＝120 000－72 600＝47 400(元)

完工产品的制造费用总成本＝87 000＋88 450＝175 450(元)

月末在产品的制造费用总成本＝290 000－175 450＝114 550(元)

课堂讨论

上例中，为什么各批次产品的“直接人工”成本项目需要通过分配计入，而不是直接计入？

四、简化分批法的优缺点及应用条件

采用简化分批法，其间接费用在各批次间的分配，以及在批内完工产品与月末在产品之间的分配，简称横向分配和纵向分配，到产品完工时合并一次完成。它简化了生产费用的分配和产品成本明细账的登记工作，月末未完工批次的产品越多，核算工作就越简化。

但是由于各批未完工产品成本明细账只登记直接计入费用和生产工时，因而不能完整地反映各批产品的月末在产品成本。同时，由于在简化分批法下，间接费用是按照完工月份的累计分配率一次分配计入完工产品的，当各月间接计入费用水平相差较多时，就会影响各月产品成本计算的准确性。这是因为如果各月间接计入费用水平相差较多，就会导致累计间接计入费用分配率与实际分配率差距过大，从而使二者计算出的完工产品成本差异显著。

因此，如果在月末未完工产品的批数不多时采用简化分批法，不仅不能达到简化成本计算的目的，还会影响各批产品成本计算的正确性。

在各月间接计入费用水平相差较多时，本月完工产品的间接计入费用水平会受到怎

样的影响?

综上所述,要使简化分批法扬长避短,既简化成本核算又能保持产品成本计算的相对正确,采用该方法时应注意满足以下两个条件:①产品生产周期较长,各月份间接费用波动不大;②各月投产批数繁多,月末未完工产品的批数较多。

【本章小结】

分批法,又称订单法,是以产品的批别作为成本核算对象,归集和分配生产费用,计算产品成本的基本方法。它主要适用于单件小批生产企业,如造船、服装、建筑公司等。虽然企业大多时候是按客户订单来确定批别和批量,但企业还需考虑自身的生产负荷等因素合理组织生产。因此,客户的订单并不完全等价于企业生产批别。

分批法的基本特点主要体现为:产品成本明细账按产品的批别设置,成本计算期同生产周期一致,而与会计报告期不一致;月末,一般不存在生产费用在批内的完工产品和在产品之间的分配问题,但如果产品批量较大或产品生产工艺复杂,就会出现某一批次的产品跨月完工的情况,此时需采用适当的方法将生产费用在完工产品与月末在产品之间分配。

实务中,往往出现企业在同一月份产品批数很多,月末未完工产品批次较多的情况,为简化成本核算,产生了"简化分批法"。为与后期在实务中简化变形后的简化分批法区别,未简化的分批法称为一般分批法。简化分批法主要简化了间接费用的分配和登账工作,将生产费用的各批次之间的分配(即横向分配),与生产费用在批次内的完工产品与月末在产品之间的分配(即纵向分配)工作,在产品完工时,合并一次完成。但由于简化分批法采用当月累计分配率分批间接费用,会影响产品成本计算的正确性,因此简化分批法应在投产批数繁多、月末未完工批数较多、各月间接费用发生较为均匀时采用。

【延伸阅读】

1. 万寿义,任月君.成本会计[M].大连:东北财经大学出版社,2011:141-150.
2. 范雅.基于中间产品的造船成本核算研究[D].上海大学,2008.

【思 考 题】

1. 什么是分批法?它适用于什么类型的企业?
2. 分批法的基本特点有哪些?如何确定其成本计算对象?
3. 什么是简化的分批法?它简化了什么,有哪些特点?
4. 一般分批法与简化分批法在核算程序上有什么差异?
5. 简化分批法有什么优点和缺点,它的适用条件有哪些?

【自 测 题】

1. 单项选择题

(1) 分批法适用于（　　）。

A. 小批单件多步骤生产

B. 大量大批多步骤生产

C. 大量大批单步骤生产

D. 小批单件多步骤生产，且管理上不要求分步核算成本

(2) 分批法的成本计算对象是（　　）。

A. 产品品种　　B. 产品批别

C. 产品订单　　D. 产品的生产步骤

(3) K企业采用分批法计算产品成本。6月1日投产甲产品6件，乙产品3件；6月15日投产甲产品5件，乙产品4件，丙产品3件；6月28日投产甲产品6件。该企业6月份应开设产品成本明细账的张数是（　　）。

A. 6张　　B. 5张　　C. 4张　　D. 3张

(4) 适合汽车修理企业采用的基本成本计算方法是（　　）。

A. 品种法　　B. 分步法　　C. 分批法　　D. 作业成本法

(5) 采用简化分批法时，在各批产品完工以前，产品成本明细账（　　）。

A. 只登记各种材料费用

B. 登记直接计入费用，不登记间接计入费用

C. 登记间接计入费用，不登记直接计入费用

D. 不登记任何费用

(6) 在各种产品成本计算方法中，必须设置基本生产成本二级账的方法是（　　）。

A. 简化分批法　　B. 一般分批法　　C. 品种法　　D. 分步法

(7) 在简化分批法下，间接计入费用累计分配率（　　）。

A. 只是在各批产品之间分配间接计入费用的依据

B. 只是在各批在产品之间分配间接计入费用的依据

C. 既是各批产品之间，也是完工产品与在产品之间分配间接计入费用的依据

D. 只是完工产品与在产品之间分配间接计入费用的依据

(8) 产品成本计算不定期，一般也不存在完工产品与在产品之间费用分配问题的成本计算方法是（　　）。

A. 分步法　　B. 品种法　　C. 分类法　　D. 分批法

(9) 简化分批法适用于（　　）。

A. 大量大批生产企业

B. 投产批数繁多且月末未完工批数较多的企业

C. 多步骤生产企业

D. 单件生产企业

(10) 下列各项中,属于简化分批法特点的是(　　)。

A. 分批计算完工产品成本

B. 分批计算月末在产品成本

C. 生产费用横向分配与纵向分配合并在一起进行

D. 各项生产费用均不必在各批产品之间进行分配

2. 多项选择题

(1) 采用分批法计算产品成本时,如果批内产品跨月陆续完工的情况不多,完工产品数量占全部批量的比重很小,先完工的产品可以(　　)从产品成本明细账转出。

A. 按计划单位成本计价　　B. 按定额单位成本计价

C. 按近期相同产品的实际单位成本计价　　D. 按实际单位成本计价

(2) 简化分批法的适用条件是(　　)。

A. 同一月份投产的产品批数很多　　B. 月末未完工产品的批数较多

C. 各月间接计入费用水平相差不多　　D. 各月生产费用水平相差不多

(3) 采用简化的分批法,(　　)。

A. 必须设立基本生产成本二级账

B. 在产品完工之前,产品成本明细账只登记直接计入费用和生产工时

C. 在基本生产成本二级账中累计登记间接计入费用

D. 不分批计算在产品成本

(4) 下列(　　)类型的企业适合采用分批法计算产品成本。

A. 根据购买者订单生产的企业

B. 承揽修理业务的企业

C. 石油加工企业

D. 产品种类经常变动的小规模制造厂

(5) 采用分批法时,作为成本计算对象的产品批别可以是(　　)。

A. 不同订单中的同种产品

B. 同一订单中的同种产品的组成部分

C. 同一订单中的不同产品

D. 不同订单中的不同产品

(6) 简化的分批法下,设置基本生产成本二级账的作用在于(　　)。

A. 按月提供企业或车间全部产品的累计生产费用和生产工时

B. 在有完工产品的月份,计算登记全部产品累计间接计入费用分配率

C. 在有完工产品的月份,提供完工产品成本和月末在产品成本

D. 按月与各批产品成本明细账核对,以验证记账的正确性

(7) 在简化分批法下,对于没有完工产品的月份,各批产品成本明细账只登记(　　)。

A. 直接费用　　B. 各项间接计入费用

C. 生产工时　　D. 制造费用

(8) 下列项目中,不属于简化分批法特点的有(　　)。

A. 不计算在产品成本

B. 不分批计算在产品成本

C. 不分批计算完工产品成本

D. 分批计算登记完工产品和在产品的间接计入费用

(9) 成本计算分批法的特点包括(　　)。

A. 以产品批别作为成本核算的对象

B. 成本计算期与产品生产周期一致

C. 一般不需要在完工产品与期末在产品之间分配生产费用

D. 以成本计算品种法原理为基础

(10) 一般分批法与简化分批法的不同处主要包括(　　)。

A. 成本计算对象　　B. 成本计算程序

C. 适用范围　　D. 成本计算期

3. 判断题

(1) 在小批和单件生产中,产品的种类和每批产品的批量,都是根据购买单位的订单确定,因而按批、按件计算产品成本,也就是按照订单计算产品成本。(　　)

(2) 如果在一张订单中只规定一件产品,但其属于大型复杂的产品,价值大,生产周期长,也可以按照产品的组成部分分批组织生产,计算成本。(　　)

(3) 为了使同一批产品同时完工,避免跨月陆续完工情况,减少在完工产品与月末在产品之间分配费用的工作,产品的批量越小越好。(　　)

(4) 采用分批法计算产品成本,只有在该批产品全部完工时才计算成本。(　　)

(5) 不同产品可以合为一批计算产品成本。(　　)

(6) 由于分批法的成本计算期与生产周期一致,一般等到同批次产品完工时再核算成本,因此月末不需核算各批未完工产品应承担的各项生产费用。(　　)

(7) 简化分批法设置一个基本生产成本二级账,一般分批法则可设可不设。(　　)

(8) 采用简化分批法,可以简化间接费用的分配和登记工作,月末未完工产品的批数越多,计算工作就越简化。(　　)

(9) 一张订单有可能确定为几个产品批别计算产品成本,几张订单也有可能归为一个产品批别计算产品成本。(　　)

(10) 简化分批法在成本核算程序上较一般分批法要简单,但其成本计算的准确性相对要差。(　　)

4. 业务计算题

(1) 嘉宝工厂属小批多步骤生产企业,生产的 A、B 两种产品采用一般分批法计算成本。

6 月份生产的产品批别有:

611 批次 A 产品 50 件,5 月份投产,本月完工;621 批次 B 产品 200 件,本月投产,月末完工 50 件。

6 月份的成本资料为:

611 批次 A 产品,月初在产品成本为:直接材料 85 000 元,直接人工 48 600 元,制造费用 73 400 元,合计 207 000 元。本月生产费用为:直接人工 71 000 元,制造费用 68 000 元,合计 139 000 元。

621 批次 B 产品本月生产费用:直接材料 70 000 元,直接人工 20 000 元,制造费用

40 000 元，合计 130 000 元。621 批次 B 产品完工数量较少，按定额单位成本计算完工产品成本。单位完工产品定额成本为：直接材料 400 元，直接人工 230 元，制造费用 300 元，合计 930 元。

要求：计算 6 月份 A 产品 611 批次、B 产品 621 批次的完工产品和月末在产品成本，登记下列各批次产品成本明细账(见表 7-14 和表 7-15)；做结转完工产品成本的会计分录。

表 7-14　　产品成本明细账(A 产品 611 批次)

产品批号：611　　开工日期：5 月份

产品名称：A　　批量：50 件　　完工日期：6 月份

月	日	摘　　要	直接材料	直接人工	制造费用	合　计
5	31	本月生产费用合计	85 000	48 600	73 400	207 000
6	30	本月生产费用合计		71 000	68 000	139 000
6	30	本月生产费用累计				
6	30	结转完工产品成本				

表 7-15　　产品成本明细账(B 产品 621 批次)

产品批号：621　　开工日期：6 月份

产品名称：B　　批量：200 件　　本月完工：50 件　　月末在产品：150 件

月	日	摘　　要	直接材料	直接人工	制造费用	合　计
6	30	本月生产费用合计	70 000	20 000	40 000	130 000
6	30	结转完工产品成本				
6	30	完工产品单位成本				
6	30	月末在产品成本				

(2) 蓝宝工厂生产组织属于小批生产，产品批数多，每月末有较多批量没有完工，采用简化分批法计算产品成本，2013 年 7 月的有关资料如表 7-16 所示。

表 7-16　　各批次产品生产及材料工时耗用情况

2013 年 7 月

产品批次	产品品种	数量/台	完工情况	材料工时定额耗用量		投产日期
				生产工时/小时	直接材料/元	
701	甲	10	完工	3 250	61 200	7 月 1 日
702	乙	10	完工 5 台	480	36 800	7 月 5 日
			未完工 5 台	270		
703	丙	5	未完工	2 840	13 600	7 月 15 日
704	丁	5	未完工	2 120	12 900	7 月 20 日
合　计				8 960	124 500	

注：材料在生产开始时一次投入；701 号批次 7 月 25 日完工。

沿用东华工厂甲产品的成本核算资料，企业本月完工甲产品 2 200 件，实际总成本 517 000 元，如果采用成本项目比重法还原甲产品的原始成本结构，如表 8-7 所示。

表 8-7　　甲产品成本还原计算表（成本项目比重法）　　单位：元

项目	按第二步骤成本结构还原					按第一步骤成本结构还原				
	还原前产成品成本①	本月所产B半成品②	本月所产B半成品各成本项目比重③	按本月所产B半成品成本项目比重还原④	还原后成本⑤=①+④	本月所产A半成品成本⑥	本月所产A半成品各成本项目比重⑦	按本月所产A半成品各成本项目比重还原⑧	还原后成本	
									总成本⑨=⑤+⑧	单位成本⑩=⑨/产量
B半成品	363 000			−363 000						
A半成品		190 000	57.575 8%	209 000	209 000			−209 000		
直接材料						100 000	52.631 6%	110 000	110 000	50
直接人工	88 000	80 000	24.242 4%	88 000	176 000	50 000	26.315 8%	55 000	231 000	105
制造费用	66 000	60 000	18.181 8%	66 000	132 000	40 000	21.052 6%	44 000	176 000	80
合计	517 000	330 000	100%	0	517 000	190 000	100%	0	517 000	235

表 8-7 中，第一次还原 B 半成品，本月所产 B 半成品各成本项目比重相关计算如下，比重保留四位有效小数：

$$半成品成本比重=\frac{190\ 000}{330\ 000}\approx 57.575\ 8\%$$

$$直接人工成本比重=\frac{80\ 000}{330\ 000}\approx 24.242\ 4\%$$

$$制造费用比重=\frac{60\ 000}{330\ 000}\approx 18.181\ 8\%$$

因此，本月产成品所耗用的 B 半成品成本 363 000 元中：

A 半成品成本（即第二步骤“半成品”）$=57.575\ 8\%\times 363\ 000\approx 209\ 000$（元）

第二步骤的直接人工成本 $=24.242\ 4\%\times 363\ 000\approx 88\ 000$（元）

第二步骤的制造费用 $=18.181\ 8\%\times 363\ 000\approx 66\ 000$（元）

第二次还原 A 半成品成本，本月所产 A 半成品各成本项目比重相关计算如下，比重保留四位有效小数：

$$直接材料成本比重=\frac{100\ 000}{190\ 000}\approx 52.631\ 6\%$$

$$直接人工成本比重=\frac{50\ 000}{19\ 0000}\approx 26.315\ 8\%$$

$$制造费用比重=\frac{40\ 000}{190\ 000}\approx 21.052\ 6\%$$

7月份各批次产品直接材料合计124 500元，总工时8 960小时，直接人工合计35 840元，制造费用合计53 760元。

要求：根据上列资料，采用简化分批法，计算间接计入费用累计分配率，据以在各批产品之间、在完工产品与在产品之间分配间接费用，并将计算结果填入各批次产品成本计算单和基本生产成本二级账(见表7-17～表7-21)。

表7-17　　基本生产成本二级账　　单位：元

摘　要	直接材料	生产工时	直接人工	制造费用	合计
本月生产费用合计	124 500	8 960	35 840	53 760	214 100
累计分配率					
结转完工产品成本					
月末在产品成本					

表7-18　　产品成本计算单(甲产品701批次)

产品批号：701　　投产日期：7/1

产品名称：甲　　产品批量：10件　　完工日期：7/25

摘　要	直接材料	生产工时	直接人工	制造费用	合　计
本月生产费用合计	61 200	3 250			

表7-19　　产品成本计算单(乙产品702批次)

产品批号：702　　投产日期：7/5

产品名称：乙　　产品批量：10件　　完工日期：7/30完工5件

摘　要	直接材料	生产工时	直接人工	制造费用	合　计
本月生产费用合计	36 800	750			

表 7-20　　产品成本计算单(丙产品 703 批次)

产品批号:703　　投产日期:7/15

产品名称:丙　　产品批量:5 件　　完工日期:

摘　　要	直接材料	生产工时	直接人工	制造费用	合　计
本月生产费用合计	13 600	2 840			

表 7-21　　产品成本计算单(丁产品 704 批次)

产品批号:704　　投产日期:7/20

产品名称:丁　　产品批量:5 件　　完工日期:

摘　　要	直接材料	生产工时	直接人工	制造费用	合　计
本月生产费用合计	12 900	2 120			

【案例分析】

目的:了解分批法在企业定价决策中的实际应用。

资料①:Taylor 公司是一家咨询公司,仅有一个直接成本项目(专业人工)和一个间接成本项目(客户服务),该公司 2005 年的预算如表 7-22 所示。

表 7-22　　Taylor 公司 2005 年的预算　　单位:元

营业收入		20 000 000
营业成本:		
直接成本(专业人工)	5 000 000	
间接成本(客户服务)	13 000 000	18 000 000
营业利润		2 000 000

Taylor 公司的间接成本以专业人工成本为基础进行分配。

要求:

(1) 计算 Taylor 公司 2005 年预算间接成本分配率。

① 案例资料来源:乐艳芳,等.成本会计习题集[M].第 4 版.上海:上海财经大学出版社,2011 年.

(2) Taylor 公司通过成本加成来实现 10%的毛利率，计算以专业人工成本为基础的成本加成率。

(3) Taylor 公司正在竞投 Rooster 公司的一项咨询业务，Rooster 公司是一家快餐连锁店。该业务相关预算如表 7-23 所示。

表 7-23　　咨询业务相关预算

专业人工项目	预算分配率	预算小时
主管	200	3
合伙人	100	16
一般咨询人员	50	40
其他人员	30	160

请计算这一业务的预算成本。如果要达到 10%的毛利率，Taylor 公司应要价多少？

第八章

产品成本计算的分步法

学习目标

通过本章学习，应达到以下学习目标：

1. 理解分步法的基本特点及适用范围；
2. 掌握逐步结转分步法特点和成本核算程序；
3. 理解成本还原的意义，熟悉成本还原的基本方法；
4. 理解广义在产品与狭义在产品的含义；
5. 掌握平行结转分步法的特点和成本核算程序；
6. 理解逐步结转分步法与平行结转分步法的区别，以及各自的优缺点。

导引案例

浙江五芳斋实业股份有限公司是一家具百余年历史的"中华老字号"企业，主要从事食品的生产、加工和销售，主导产品五芳斋粽子，素有中国"粽子大王"之美称。粽子品种包括肉粽、豆沙粽、蛋黄粽、莲蓉粽、蜜枣粽、排骨粽等；此外，还有咸鸭蛋、真空卤味、保鲜卤味、五芳斋大米等多个品种。以肉粽子为例，原料包括糯米、瘦肥肉、酱油、食盐、白糖、味精、白酒等，经过制馅、淘米、烧煮粽叶等生产工艺。

该公司连续不断重复生产一种或若干种产品，生产过程可以间断，各步骤分散在不同地点进行，五芳斋公司在粽子的生产管理上要求分步计算。根据公司的生产组织、生产工艺特点，以及管理要求，五芳斋粽子是否有必要采用分步法进行成本核算？是否可以采用品种法？应如何设置相应的成本明细账归集粽子的相关生产费用？

本章主要介绍分步法的基本特点及适用范围，逐步结转分步法与平行结转分步法的成本核算程序以及各自的优缺点，并举例说明二者的具体应用。

第一节　分步法概述

一、分步法的内涵及其适用范围

产品成本计算分步法是指以产品的生产步骤作为成本计算对象，归集生产费用，计算产品成本的一种成本计算方法。它主要适用于大量大批生产，且管理上要求分步骤计算产品成本的企业或车间，如冶金、纺织、造纸、机械制造等企业。这些企业的生产特点是：

(1) 一般没有特殊规格的产品和特定的生产方法，因此通常大量大批组织生产。

(2) 产品需要经过若干个生产步骤才能完成。尽管经过最后步骤的加工才形成产成品,但其他步骤加工形成的半成品,有时也可以直接对外销售。

在这些企业里,从原材料投入到最终产品产出,除最后一个步骤外,经过的每个加工步骤所生产完成的都是半成品。如钢铁厂分为炼铁、炼钢和轧钢等生产步骤,各步骤的产品分别为生铁、钢锭和钢材;纺织厂分为纺纱、织布等生产步骤,各步骤的产品分别为棉纱和棉布。已生产完工的半成品,可以用于下一步骤继续加工或装配,也可以对外销售。这些企业不仅销售产成品,有时还销售半成品,为了适应这种生产特点和管理要求,企业不仅需要按照产品的品种计算产品成本,也需要按照产品的生产步骤计算产品成本,为考核和分析各步骤成本计划的执行情况、核算半成品成本等提供基本资料。

二、分步法的基本特点

(一) 以产品的各生产步骤为成本计算对象

分步法下,成本计算对象是每个加工步骤的产品,按各生产步骤的产品设置生产成本明细账,据以归集各生产步骤的生产费用。各步骤所发生的生产费用,能直接计入产品成本计算对象的,直接计入;不能直接计入成本计算对象的,则先按步骤归集,月末再按一定的标准分配计入。

需要注意的是,作为产品成本计算对象的生产步骤与实际生产的步骤不一定完全一致,只有管理上认为有必要分步计算产品成本的生产步骤,才需要单独设立相应的产品成本明细账,对于管理上不要求单独计算成本的生产步骤,就可以与其他生产步骤合并设立产品成本明细账。如机械加工企业加工车间,零部件虽然经过车、铣、磨等工序,但可以把这些工序合并为一个加工步骤来计算产品成本。

此外,在实务中,企业往往按生产步骤设立车间,分步骤计算产品成本也就变成分车间计算产品成本。所以,企业通常可以把生产车间视作生产步骤,作为成本计算对象。但如果企业生产车间的规模较大,生产车间内又划分为不同生产步骤,而管理上也需要在车间内分步骤计算成本时,也可以将生产车间内的生产步骤作为成本计算对象。这时,分步骤和分车间计算成本就不能完全等同了。

理清作为产品成本对象的生产步骤与产品的实际生产步骤、生产车间的关系,讨论它们之间的联系与区别。

(二) 月末定期进行计算成本

由于分步法主要适用于大量大批复杂生产企业,这种企业在月末一般有一部分产品完工,一部分产品没有完工,以保证其生产能有条不紊持续不断进行。因此,不可能等到所有产品完工后再计算产品成本,只能在每月月末定期进行成本计算。成本计算期按月进行,与生产周期不一致,而与会计报告期一致。

(三) 需要将各步骤的生产费用在完工产品和月末在产品之间分配

大量大批多步骤生产企业,产品往往陆续完工,月末各步骤通常既有完工产品,又有在产品，因此需要将各步骤生产成本明细账中归集的生产费用，采用适当的分配方法在完工产品和在产品之间进行分配，计算出各步骤的完工产品和月末在产品的成本。

知识链接

回顾品种法的基本特点，与分步法的基本特点有何区别和相同之处。

三、分步法的分类

由于分步法按照生产步骤归集生产费用，后面生产步骤可能需要消耗上一步骤的完工半成品，因此需要将各步骤归集的生产费用采用一定的方法结转，并汇总计算最终产成品成本。根据成本管理对各生产步骤成本资料的要求和简化成本计算工作的考虑，如果企业需要成本核算提供各个生产步骤的半成品成本资料，各步骤间成本的结转应采用逐步结转分步法，因为该方法能够提供各生产步骤的半成品成本；如果企业不需要成本核算提供各生产步骤的半成品成本资料，各步骤间成本的结转则应采用平行结转分步法，因为该方法虽不能提供各生产步骤的半成品成本，但可以简化成本核算工作。正因为这一点，逐步结转分步法又称为计列半成品成本法，平行结转分步法又称为不计列半成品成本法。

逐步结转分步法，按上一步骤结转而来的半成品成本项目，是否能在下一步骤的生产成本明细账中分别反映，又可分为综合结转分步法和分项结转分步法，简称综合结转法和分项结转法。采用综合结转分步法，上一步骤的半成品成本以总额的形式反映在下一步骤生产成本明细账的“半成品”或“直接材料”成本项目中。采用分项结转分步法，上一步骤的半成品成本分成本项目反映在下一步骤生产成本明细账中。

第二节　逐步结转分步法

一、逐步结转分步法的基本核算原理

逐步结转分步法按照产品加工顺序，逐步计算并结转各生产步骤的半成品成本，半成品成本随着半成品实物在生产步骤之间顺序流转，直到最后步骤计算出产成品成本。因此，又将它称为顺序结转分步法。它适用于连续式大量大批多步骤生产，采用该方法核算各步骤半成品成本，其半成品成本结转如图 8-1 所示。图中假设只有三个生产步骤，若有三个以上的生产步骤，可以此类推。

在连续式大量大批多步骤生产企业，生产工艺从原材料投入第一生产步骤开始，第一步骤的完工产品投入第二步骤继续加工，经过若干生产步骤的加工，直到最后步骤生产出最终产成品。逐步结转分步法的计算程序依照该生产工艺过程设计，按产品的加工顺序，先将第一步骤生产成本明细账中所归集的生产费用在第一步骤的完工半成品和月末在产品之间分配，计算出的第一步骤完工半成品成本随着第一步骤完工半成品实物流转到第二步骤；第二步骤将第一步骤转来的完工半成品成本加上本步骤发生的费用，在第二步骤

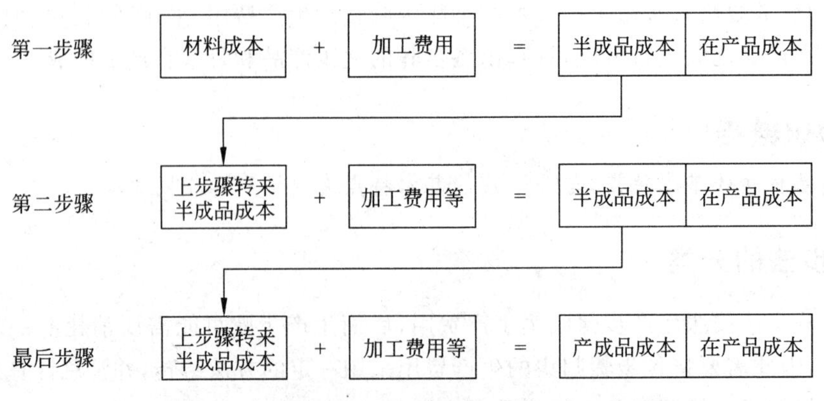

图 8-1 逐步结转分步法的成本计算程序示意图

的完工半成品和月末在产品之间分配，计算出的第二步骤完工半成品成本再随完工半成品实物流转到第三步骤；如此顺序逐步结转累计直至最后的加工步骤，最后加工步骤计算出的完工产品成本就是最终产成品成本。

图 8-1 反映的情况是各步骤所生产的半成品成本，在其完工以后随着实物直接由上一步骤的成本明细账转入下一步骤的成本明细账中。如果半成品完工后不直接被下一步骤生产领用，而需通过半成品库收发，则还需设置自制半成品明细账，用以登记完工入库和生产领用的半成品。在这种情况下，完工半成品经验收入半成品仓库时，借记"自制半成品"账户，贷记"基本生产成本"账户；下一步骤产品生产领用半成品时，借记"基本生产成本"账户，贷记"自制半成品"账户。这意味着半成品成本不能在各步骤生产成本明细账之间直接结转，而需通过"自制半成品"账户。

根据图 8-1，可将逐步结转分步法的成本计算程序总结为：

(1) 按照产品品种和生产步骤设置产品成本明细账。

(2) 各步骤的直接费用直接计入各步骤的产品成本明细账中，间接费用则需要采用恰当的方法在各步骤之间分配后，计入各步骤的产品成本明细账中。

(3) 上一步骤半成品成本，随着其实物从上一步骤的产品成本明细账中流转到下一步骤的产品成本明细账中，逐步结转直到最后步骤计算出产成品成本。

二、逐步结转分步法的特点

从逐步结转分步法的成本计算程序看，逐步结转分步法的特点主要有以下三个方面。

（一）成本计算对象

逐步结转分步法下，在最后生产步骤之前，每一步骤的半成品都会入库或直接结转下一步骤作为加工对象，到最后步骤才生产出最终产成品。因此，逐步结转分步法以产成品及其经过的各步骤半成品为成本计算对象；最后步骤需按产成品设置生产成本明细账，其前面的步骤需要按各半成品设置明细账。

（二）半成品成本的结转

采用逐步结转分步法，各步骤的半成品成本随着半成品实物的流转而流转。半成品实物的转移情况有两种：一是在上一步骤完工的半成品直接转入下一步骤继续加工时，上一步骤生产成本明细账中的半成品成本就直接结转计入下一步骤的产品成本明细账。二是在半成品完工后需通过半成品仓库收发时，每一步骤完工的半成品入库并将其成本结转计入“自制半成品”明细账，下一步骤生产领用时，再将领用的“自制半成品”成本转入下一步骤的产品成本明细账。

逐步结转分步法的半成品成本，由于在下一步骤成本明细账中反映的方法不同，可分为综合结转和分项结转两种方式。若采用逐步综合结转分步法，上一步骤转入下一步骤的半成品成本以“直接材料”或专设的“半成品”项目综合计入下一步骤的生产成本明细账中，半成品成本可以按实际成本结转，也可以按其计划成本结转。

（三）月末生产费用在完工产品和在产品之间的分配

采用逐步结转分步法时，月末需要将各步骤生产成本明细账归集的生产费用，在各步骤的完工半成品和在产品之间分配。各步骤待分配的生产费用既包括本步骤发生的生产费用，也包括上一步骤转入的半成品成本。如果不考虑废品与产品的盘亏等情况，某步骤完工半成品和在产品数量一般存在以下关系：

期初在产品数量＋本月上步骤转入数量＝完工结转下一步半成品数量＋期末在产品数量

其中，“完工结转下一步半成品数量”在最后步骤体现为完工产成品数量。在产品是指月末还在各步骤加工的在产品，指狭义在产品；完工产品则是指各步骤的完工半成品和最终产成品。

因此，逐步结转分步法可以理解为品种法的多次连续应用，每个步骤产品生产费用的归集与分配都是品种法的应用过程。

课堂讨论

在逐步结转分步法下，月末若采用约当产量法将某个步骤的生产费用在在产品和完工半成品之间分配，月末在产品的完工程度是指相对本步骤的完工程度，还是指到本步骤止相对整个工序的完工程度？

三、逐步综合结转分步法的应用举例

（一）半成品按实际成本综合结转应用案例

半成品按实际成本综合结转，各步骤所耗上一步骤的半成品成本，应根据所耗半成品的数量乘以其实际单位成本计算。若各步骤半成品不通过半成品仓库收发的，则上一生产步骤半成品实际成本总额，直接转入下一步骤生产成本明细账；若各步骤的半成品需要通过半成品仓库收发，则上一生产步骤半成品实际成本总额先结转自制半成品成本明细账，待下一步骤领用时，由于各月完工入库的半成品成本不同，需要采用加权平均法、先进先出法等来计算下一步骤应承担的半成品成本。

1. 企业概况及相关资料

东华工厂生产甲产品，需要经过三个步骤的加工才能成为产成品，分别在三个车间依次进行。原材料系加工一开始时投入，经一车间加工成A半成品后直接送入二车间继续加工，二车间加工成B半成品后全部交给半成品仓库；三车间从半成品仓库中领出B半成品按月末一次加权平均法计算其实际成本，B半成品在三车间加工成产成品甲。各车间20×3年8月初在产品成本和本月生产费用见各车间的产品成本计算单，本月各步骤的投产以及完工数量记录见表8-1。

表 8-1 **各步骤产量记录**

产品：甲产品 20×3年8月 单位：件

项　目	一车间	二车间	三车间
月初在产品	200	400	400
本月投入或上步转入	2 200	2 000	2 000
本月完工	2 000	2 000	2 200
月末在产品	400	400	200

二、三车间领用的半成品，在该步骤生产开始时一次投入，加工费用随加工程度逐步发生，各步骤月末在产品加工程度为本步骤的50%。

2. 成本核算具体程序

第一步，根据各种生产费用分配表等资料，归集第一车间A半成品成本，见表8-2。

表 8-2 **产品成本计算单（A半成品）**

一车间：A半成品 20×3年8月 单位：元

摘　　要	直接材料	直接人工	制造费用	合　计
月初在产品成本	10 000	2 500	2 000	14 500
本月生产费用	110 000	52 500	42 000	204 500
本月生产费用累计	120 000	55 000	44 000	219 000
约当产量	2 400	2 200	2 200	
费用分配率(即单位成本)	50	25	20	95
A半产品成本(2 000件)	100 000	50 000	40 000	190 000
月末在产品成本(400件)	20 000	5 000	4 000	29 000

表8-2中，将第一步骤生产成本明细账所归集的生产费用，采用约当产量比例法在本步骤完工半成品和月末在产品之间分配，A半成品成本（2 000件）的计算过程如下：

(1) 分配直接材料

$$分配直接材料的约当产量=2\,000+400\times100\%=2\,400(件)$$

$$直接材料费用分配率=\frac{10\,000+110\,000}{2\,400}=50(元/件)$$

$$A半成品的直接材料成本=50\times2\,000=100\,000(元)$$

(2) 分配直接人工

$$分配加工费用的约当产量=2\ 000+400\times 50\%=2\ 200(件)$$

$$直接人工费用分配率=\frac{2\ 500+5\ 2500}{2\ 200}=25(元/件)$$

$$A半成品的直接人工成本=25\times 2\ 000=50\ 000(元)$$

(3) 分配制造费用

$$制造费用分配率=\frac{2\ 000+42\ 000}{2\ 200}=20(元/件)$$

$$A半成品的制造费用=20\times 2\ 000=40\ 000(元)$$

(4) A 半成品的总成本=100 000+50 000+40 000=190 000(元)

第一步骤 A 半成品成本 190 000 元，随实物转移而结转到第二步骤生产成本明细账中的“半成品”项目，根据一车间 A 半成品成本计算单和二车间半成品领用单编制会计分录如下，并登记有关总账和明细账：

借：基本生产成本——二车间(B 半成品)　　　　190 000

　贷：基本生产成本——一车间(A 半成品)　　　　190 000

第二步，根据各种生产费用分配表、半成品入库单等资料，归集第二车间 B 半成品成本，见表 8-3。

表 8-3　　　　**产品成本计算单(B 半成品)**

二车间：B 半成品　　　　20×3 年 8 月　　　　单位：元

摘　　要	直接材料	直接人工	制造费用	合　计
月初在产品成本	38 000	8 000	6 000	52 000
本月发生费用	190 000	80 000	60 000	330 000
本月生产费用累计	228 000	88 000	66 000	382 000
约当产量	2 400	2 200	2 200	
费用分配率(即单位成本)	95	40	30	165
B 半产品成本(2 000 件)	190 000	80 000	60 000	330 000
月末在产品成本(400 件)	38 000	8 000	6 000	52 000

表 8-3 中，将第二步骤生产成本明细账所归集的生产费用，采用约当产量比例法在本步骤完工半成品和月末在产品之间分配，各成本项目费用分配率的计算如下，分配过程略。

(1) 半成品项目

$$分配半成品费用的约当产量=2\ 000+400\times 100\%=2400(件)$$

$$半成品费用分配率=\frac{38\ 000+190\ 000}{2\ 400}=95(元/件)$$

(2) 加工费用项目

$$分配加工费用的约当产量=2\ 000+400\times 50\%=2\ 200(件)$$

$$直接人工费用分配率=\frac{8\ 000+80\ 000}{2\ 200}=40(元/件)$$

$$制造费用分配率=\frac{6\ 000+60\ 000}{2\ 200}=30(元/件)$$

将分配结果填入表8-3中，第二步骤生产完工的B半成品成本330 000元随同实物转移而结转到B自制半成品明细账中，根据二车间B半成品成本计算单和B半成品入库单编制会计分录如下，登记有关总账和明细账：

借：自制半成品——B半成品　　330 000

　贷：基本生产成本——二车间(B半成品)　　330 000

第三步，根据二车间半成品入库单和三车间半成品领用单，登记自制半成品明细账，见表8-4。

表8-4　　自制半成品明细账

产品：B半成品　　20×3年8月　　单位：元

摘　要	收　入			发　出			结　存		
	数量	单价	金额	数量	单价	金额	数量	单价	金额
月初结存							400	165	66 000
本月入库	2 000	165	330 000						
本月发出				2 000	165	330 000			
月末结存							400	165	66 000

表8-4中，发出B半成品成本，按月末一次加权平均计算的单位成本＝(66 000＋330 000)÷(400＋2 000)＝165(元)；生产领用的2 000件B半成品总成本＝165×2 000＝330 000(元)。

自制完成品明细账中领用的B半成品成本330 000元随同实物转移而结转到三车间产品成本明细账中的"半成品"成本项目。根据三车间B半成品领用单，编制结转发出B半成品成本的会计分录如下，登记有关总账和明细账：

借：基本生产成本——三车间(甲产品)　　330 000

　贷：自制半成品——B半成品　　330 000

第四步，根据各种生产费用分配表、半成品领用单以及产成品甲的入库单等资料，归集三车间甲产品成本，见表8-5。

表8-5　　产品成本计算单(甲产品)

三车间：甲产品　　20×3年8月　　单位：元

摘　　要	半成品	直接人工	制造费用	合　计
月初在产品成本	66 000	8 000	6 000	80 000
本月发生费用	330 000	84 000	63 000	477 000
本月生产费用累计	396 000	92 000	69 000	557 000
约当产量	2 400	2 300	2 300	
费用分配率(即单位成本)	165	40	30	235
完工产品总成本(2 200件)	363 000	88 000	66 000	517 000
月末在产品成本(200件)	33 000	4 000	3 000	40 000

表 8-5 中,将第三步骤生产成本明细账所归集的生产费用,采用约当产量比例法在本步骤完工产品(即产成品)和月末在产品之间分配,各成本项目费用分配率的计算如下,分配过程略。

(1) 半成品项目

$$分配半成品费用的约当产量 = 22\,00 + 200 \times 100\% = 2\,400(件)$$

$$半成品费用分配率 = \frac{66\,000 + 330\,000}{2\,400} = 165(元/件)$$

(2) 加工费用项目

$$分配加工费用的约当产量 = 2\,200 + 200 \times 50\% = 2\,300(件)$$

$$直接人工费用分配率 = \frac{8\,000 + 84\,000}{2\,300} = 40(元/件)$$

$$制造费用分配率 = \frac{6\,000 + 63\,000}{2\,300} = 30(元/件)$$

第三步骤生产完工的甲成品成本 517 000 元随同实物转移而结转到库存商品成本明细账中,根据三车间甲产品成本计算单和产成品入库单编制会计分录如下,登记有关总账和明细账:

借:库存商品——甲产品　　　　　　　　517 000

　贷:基本生产成本——三车间(甲产品)　　　　517 000

(二) 综合结转法的成本还原

综合结转法下,由于各步骤耗用半成品的成本是以总数反映在"半成品"或"直接材料"成本项目中,虽然在转账时较为简单,但这样造成不能提供按原始成本项目反映产成品的成本资料。成本计算的步骤越多,最终产成品的成本项目"半成品"占总成本的比重越大,而其加工费用仅反映了发生在最后一个步骤的,因此不能据以了解产品成本的结构,不利于进行成本分析和考核。因此,如果企业在管理上要求按原始成本项目反映产成品成本,则需要对产成品成本逐步进行成本还原。

若企业需要按原始成本项目反映产成品成本,是不是可以考虑采用逐步分项结转分步法?

成本还原是指将产成品中的"半成品"综合成本项目进行分解还原,以得出按原始成本项目反映的产成品成本资料。成本还原的具体做法采用逆推法,从最后一个步骤起,将本月产成品成本中所耗上一步骤半成品的综合成本,一般按照上一步骤完工半成品的成本项目结构比例分解还原,然后与本步骤相同的成本项目金额相加。这样从后向前逐步分解还原,求得按"直接材料"、"直接人工"、"制造费用"等原始成本项目反映的产成品成本。具体而言,半成品成本还原可以采用成本还原分配率法和成本项目比重法。

1. 成本还原分配率法

它是先计算出还原分配率,然后将还原分配率分别乘以上步骤完工产品各成本项目的成本,求得成本还原金额,最后将还原前的产品成本和成本还原额按成本项目相加,即可得到还原后的产成品成本。具体而言,它是指以本月产成品成本中所耗用的上一步骤半成品的综合成本占上一步骤本月所产该种半成品总成本的比例,分别乘以上一步骤本月所产该种半成品的各个成本项目金额进行还原，从而确定产成品原始成本结构的方法。其计算公式如下：

$$还原分配率=\frac{本步骤完工产品所耗上一步骤半成品成本合计}{上一步骤本月完工半成品成本合计}$$

$$\begin{matrix}还原为上一步骤\\各成本项目的金额\end{matrix}=\begin{matrix}上一步骤本月完工半成品\\各成本项目金额\end{matrix}\times 还原分配率$$

沿用东华工厂甲产品的成本核算资料，企业本月完工甲产品 2 200 件，实际总成本 517 000 元，具体成本构成见表 8-5。用成本还原分配率法计算甲产品各成本项目的原始结构如表 8-6 所示。

表 8-6　　甲产品成本还原计算表(成本还原分配率法)　　单位：元

项　目	按第二步骤成本结构还原				按第一步骤成本结构还原			
	还原前产成品成本①	本月所产B半成品成本②	按B半成品成本还原③	还原后成本④=①+③	本月所产A半成品成本⑤	按A半成品成本还原⑥	还原后成本	
							总成本⑦=④+⑥	单位成本⑧=⑦/产量
B半成品	363 000		−363 000					
A半成品		190 000	209 000	209 000		−209 000		
直接材料					100 000	110 000	110 000	50
直接人工	88 000	80 000	88 000	176 000	50 000	55 000	231 000	105
制造费用	66 000	60 000	66 000	132 000	40 000	44 000	176 000	80
合　计	517 000	330 000	0	517 000	190 000	0	517 000	235

表 8-6 中，第一次还原 B 半成品，还原分配率＝363 000÷330 000＝1.1。因此，本月产成品所耗用的 B 半成品成本 363 000 元，可还原分解为：

A 半成品成本(即第二步骤的“半成品”)＝190 000×1.1＝209 000(元)

第二步骤的直接人工成本＝80 000×1.1＝88 000(元)

第二步骤的制造费用＝60 000×1.1＝66 000(元)

第二次还原 A 半成品，还原分配率＝209 000÷190 000＝1.1。因此，本月产成品所耗 A 半成品成本 209 000 元，可还原分解为：

第一步骤的直接材料成本＝100 000×1.1＝110 000(元)

第一步骤的直接人工成本＝50 000×1.1＝55 000(元)

第一步骤的制造费用＝40 000×1.1＝44 000(元)

2. 成本项目比重法

它是根据上一步骤所产半成品的各成本项目所占比重，来对本月产成品所耗用的上一步骤该种半成品的成本进行分解还原，从而确定产成品原始成本结构的方法。其计算公式如下：

$$\begin{matrix}上一步骤所产生半成品\\的各成本项目比重\end{matrix}=\frac{上一步骤所产半成品的各成本项目金额}{上一步骤所产生该半成品的总成本}$$

$$\begin{matrix}还原为上一步骤\\各成本项目的金额\end{matrix}=\begin{matrix}产成品耗用\\上一步骤半成品成本\end{matrix}\times\begin{matrix}上一步骤所产半成品的\\各成本项目比重\end{matrix}$$

因此，本月产成品所耗用的A半成品成本209 000元中：

第一步骤的直接材料成本＝52.631 6%×209 000≈110 000(元)

第一步骤的直接人工成本＝26.315 8%×209 000≈55 000(元)

第一步骤的制造费用＝21.052 6%×209 000≈44 000(元)

从表8-6和表8-7的成本还原计算结果可以看出，甲产品成本经过连续两次还原计算，其总成本没有变化，但其成本结构发生了变化；而且，两种方法还原后的成本结构是相同的。这是因为两种方法本质上都是按本月自制半成品的实际成本比例还原。但如果本月产成品耗用半成品含有以前月份生产的，其成本构成与本月所产半成品的成本构成有可能不同，甚至相差较大，仍按上述方法进行成本还原则会使还原结果的正确性受到影响。此时，若企业的定额成本或计划成本资料比较准确和完整，也可以按半成品的定额成本或计划成本的构成比例进行还原，以提高还原的正确性，并简化成本还原工作。

课堂讨论

综合成本项目按上一步半成品成本结果还原时，除了选择按本月自制半成品结果还原，是否可以选择按上一步的“本月生产费用”栏或“本月生产费用累计”栏的成本结构还原？

（三）半成品按计划成本综合结转

采用实际成本结转半成品成本，每一步骤计算半成品实际成本工作量比较大，后面生产步骤的成本核算必须等到前面步骤半成品成本计算完成后才能进行，这就使得各生产步骤半成品或产成品成本的计算不能同步进行。为了加速和简化成本核算工作，半成品也可以采用计划成本综合结转。按计划成本综合结转，是指半成品的日常收发都按计划成本进行成本核算，等半成品实际成本计算好以后，再计算半成品的成本差异率，将所耗半成品的计划成本调整为实际成本。

为了调整所耗半成品的成本差异，自制半成品明细账不仅要反映半成品收发结存的数量和实际成本，而且要反映收发结存的计划成本、成本差异额和成本差异率，参见表8-8。在产品成本明细账中，对于所耗自制半成品成本，也可以按所耗半成品的计划成本和成本差异分别登记(参见表8-9)，以便分析上一步骤半成品成本差异对本步骤成本的影响。

表8-8　　自制半成品明细账

产品：B半成品　　20×3年8月　　单位：元

摘要	结存			收入			合计				发出		
	数量	计划成本	成本差异	数量	计划成本	成本差异	数量	计划成本	成本差异	差异率	数量	计划成本	成本差异
月初结存													
本月入库													
本月发出													
月末结存													

表 8-9　　**产品成本明细账**

三车间：甲产品　　20×3 年 8 月　　单位：元

摘　　要	半　成　品			直接人工	制造费用	合　计
	计划成本	成本差异	实际成本			
月初在产品成本						
本月发生费用						
本月生产费用累计						
转出完工产品总成本						
月末在产品成本						

按计划成本结转自制半成品一般要通过仓库收发，在月末计算出上一步骤转入的完工半成品实际成本，根据验收入库的半成品数量，按计划成本借记“自制半成品”账户，按实际成本贷记“基本生产成本”账户，计划成本与实际成本的差额则列入“半成品成本差异”账户；下一生产步骤领用半成品时，先按计划成本借记“基本生产成本”账户，贷记“自制半成品”账户。

然后将月初结存的半成品成本差异与本月收入半成品成本差异之和，除以月初结存半成品计划成本和本月收入半成品计划成本之和，求得半成品成本差异率，并据以计算已领用半成品应承担的成本差异，将其记入基本生产成本明细账，将所耗用半成品计划成本调整为实际成本。如果本月耗用的半成品大部分是以前月份生产的，也可以采用上月成本差异率调整计算已耗用半成品应承担的成本差异。

按计划成本综合结转半成品成本，可以简化和加速半成品收发的计价和记账工作。按上月差异率调整所耗半成品成本差异时，各步骤成本计算可以同时进行，有利于加速成本计算。由于所耗半成品分别按计划成本、成本差异反映，从而在分析和考核时，可以避免上一步骤半成品成本节约或超支的影响。如果各步骤耗用半成品的成本差异，不调整计入各步骤产品成本，而是直接计入最终产成品成本，不仅简化和加速了各步骤成本计算，而且有利于排除上一步骤半成品成本水平变动对本步骤半成品或产成品成本水平的影响，便于分析各步骤成本和经济责任的确定。

综合来看，逐步综合结转法虽然能够简化上下步骤结转半成品成本的登账工作，但若要求产成品成本以原始成本项目反映，则成本还原工作较繁重。因此，这种方法适宜于在管理上只要求计算各步骤所耗半成品费用，不要求进行成本还原的企业。

四、逐步分项结转分步法的应用举例

逐步分项结转分步法，简称分项结转法，是指各生产步骤将其所耗用的上一步骤半成品成本，按成本项目分别记入各步骤生产成本明细账的相同成本项目中。如果半成品通过半成品仓库收发，在自制半成品明细账中，也要分成本项目登记半成品成本。

（一）企业概况及相关资料

金华工厂生产甲产品，顺序经过两个车间的加工，按车间分为两个生产步骤。原材料系加工一开始时投入，经第一车间加工成A半成品后直接送入第二车间继续加工，第二车间加工成产成品甲。第一车间的月末在产品均按定额成本计价，第二车间的月末在产品成本按约当产量比例法计算。20×3年8月的产量资料如表8-10所示，单位产品定额成本资料如表8-11所示，各车间月初在产品成本和本月生产费用见各步骤生产成本明细账(见表8-12和表8-13)。

表8-10　　各步骤产量记录

产品：甲产品　　20×3年8月　　单位：件

项　目	第一车间	第二车间
月初在产品	50	100
本月投入	300	200
本月完工	200	225
月末在产品	150	75

第一、二车间月末在产品完工程度为该步骤的50%。

表8-11　　单位产品定额成本　　单位：元

项　目	直接材料	直接人工	制造费用	合　计
第一车间(A半成品)	200	44	20	264

(二) 具体成本核算程序

第一步骤成本计算如表8-12所示。

表8-12　　产品成本计算单(A半成品)

第一车间：A半成品　　20×3年8月　　单位：元

项　目	直接材料	直接人工	制造费用	合　计
月初在产品成本	10 000	1 100	500	11 600
本月生产费用合计	60 000	11 000	5 000	76 000
本月生产费用累计	70 000	12 100	5 500	87 600
完工半产品(A)成本	40 000	8 800	4 000	52 800
月末在产品单位定额成本	200	22	10	232
月末在产品成本(150件)	30 000	3 300	1 500	34 800

表8-12中，月末在产品单位定额成本根据A半成品的定额成本求得，进而确定月末在产品成本34 800元；第一步骤A半成品成本52 800元，由累计生产费用扣除月末在产品定额成本，倒挤而得。A半成品成本随同实物转移而被结转到第二步骤生产成本明细账中的“直接材料”项目，以计算第二步骤甲产品的成本，编制会计分录如下，登记有关总账和明细账：

借：基本生产成本——第二车间(甲产成品)　　　　52 800

　贷：基本生产成本——第一车间(A 半成品)　　　　52 800

第二步骤成本计算如表 8-13 所示。

表 8-13　　　　**产品成本计算单(甲产成品)**

第二车间：甲产成品　　　　20×3 年 8 月　　　　单位：元

项　目	直接材料		直接人工		制造费用		合计
	本步发生	上步转入	本步发生	上步转入	本步发生	上步转入	
月初在产品成本		20 000	1 500	4 400	800	2 000	28 700
本月本步骤发生费用			6 375		3 400		9 775
上步骤转入的半成品成本		40 000		8 800		4 000	52 800
合　计		60 000	7 875	13 200	4 200	6 000	91 275
约当产量		300	262.5	300	262.5	300	
单位成本		200	30	44	16	20	310
完工产品(甲)成本		45 000	6 750	9 900	3 600	4 500	69 750
月末在产品成本(75 件)		15 000	1 125	3 300	600	1 500	21 525

在分项结转法下，第二步骤的成本计算与综合结转法有所区别。从第一步骤转入的半成品成本(包括直接材料费用和加工费用)，对第二步骤的完工产品和在产品来说，完工程度都是 100%，因此第二步骤的单位完工产品和单位在产品应负担等额的成本。即对于第一步骤转入的完工半成品成本，应按第二步骤的完工产品和月末在产品的实际数量(225+75=300 件)分配；而对于本步骤(第二步骤)发生的费用，则应当按本步骤完工产品的数量和月末在产品约当产量(225+75×50%=262.5 件)进行分配。第二步骤甲产品完工入库后，75 件产成品甲的成本 69 750 元应结转到相应库存商品明细账，编制会计分录如下，登记有关总账和明细账：

借：库存商品——甲产品　　　　69 750

　贷：基本生产成本——第二车间(甲产成品)　　　　69 750

需要注意的是，企业采用综合结转法进行成本还原后的产成品成本结构，与直接采用分项结转法计算的产品成本结构有可能不一致。因为各步骤各月所生产的产品成本结构一般有所不同，而成本还原通常是按本月所产的同种半成品成本构成进行分解还原，没有考虑以前月份半成品成本构成。另外，分项结转法如果没有将月初在产品成本分解为上一步骤转入费用和本步骤发生费用，也会导致两者的计算结果不同。

五、逐步结转分步法的优缺点

不管是逐步综合结转分步法，还是逐步分项结转分步法，都能计算出最后步骤的产成品成本，以及每一步骤的完工半成品成本。比较综合结转法，分项结转法可以直接反映产成品各成本项目的原始结构，不需成本还原；但其成本结转登账工作量较大。而且，按原始成本项目反映的成本资料，主要是为了了解产品成本结构情况，对企业的成本管理，尤其是车间成本管理，意义并不太大，因为车间成本分析所注重的是本步骤发生的成本和自制半成品成本是多少。因此，若企业不需提供按原始成本项目反映的产品成本资料，宜采用综合结转法。

（一）逐步结转分步法的优点

采用逐步结转分步法，能够提供各步骤半成品和最终产成品的成本资料，为确定半成品的销售价格提供了依据，也为全面分析各生产步骤等内部单位的生产耗费和资金占用水平提供了资料。各步骤半成品成本结转和实物结转相一致，各步骤生产成本明细账上在产品余额即为各步骤实际占用的生产资金数，能为各生产步骤在产品的实物管理和资金管理提供资料；也能全面反映各步骤产品的生产耗费水平。

（二）逐步结转分步法的缺点

由于逐步结转分步法需要按加工步骤逐步进行成本计算，成本核算工作量大，对成本计算的及时性影响较大。如果采用综合结转法进行成本计算，若需提供按原始成本项目反映的产品成本，则需进行成本还原，不仅成本核算工作量大，而且成本还原后的原始成本结构很可能不能准确反映成本结构的实际情况；如果采用分项结转法，虽不需进行成本还原，但各步骤成本结转工作量较大，而且也会加大各步骤生产费用的分配核算工作。而且，逐步结转分步法下，后面步骤的半成品（或产成品）成本中包含了以前步骤成本，其成本容易受到以前步骤成本水平波动的影响，不利于各生产步骤的成本考核管理工作。

综上所述，逐步结转分步法适用于半成品需要对外出售，或者虽不出售但管理上要求按步骤提供半成品成本核算资料的连续式大量大批多步骤生产企业，如冶金企业、化肥企业等。此外，如果企业实行责任成本制，需要用各步骤生产的半成品成本资料来考核内部生产单位，也应采用逐步结转分步法。

第三节　平行结转分步法

一、平行结转分步法的基本核算原理

大量大批多步骤连续加工的生产企业，如果其各步骤生产完工的半成品很少或不出售，管理上也不要求提供关于各步骤半成品的成本资料，则企业不必选择逐步结转分步法，可以选择平行结转分步法来加快成本计算工作。它是一种不计算各个生产步骤半成品成本的计算方法，又称不计列半成品成本法。采用平行结转分步法，各生产步骤不计算所耗上一步骤半成品成本，也不计算本步骤所产半成品成本，只计算本步骤发生的各项费用以及其中应该计入产成品成本的“份额”，然后将相同产品的各步骤成本明细账中的“份额”平行结转、汇总，计算出产成品成本，如图 8-2 所示。

具体而言，平行结转分步法的成本计算程序如下。

(1) 设置成本明细账。各个生产步骤结合产品的品种设置成本明细账，与逐步结转分步法不同的是，不必增设“半成品”（或“自制半成品”）成本项目，因为各步骤不记录所耗上一步骤半成品成本。

第一步骤产量记录	
项目	数量/件
月初在产品	20
本月投入	350
本月完工(A半成品)	340
月末在产品	30

第二步骤产量记录	
项目	数量/件
月初在产品	15
本月投入	340
本月完工(B半成品)	335
月末在产品	20

第一步骤生产成本明细账			
项目	直接材料	加工费用	合计
月初在产品成本	3 800	3 300	7 100
本月生产费用	34 700	29 730	64 430
应计入产成品成本的"份额"	33 500	30 150	63 650
月末在产品成本	5 000	2 880	7 880

第二步骤生产成本明细账			
项目	直接材料	加工费用	合计
月初在产品成本	1 400	4 750	6 150
本月生产费用	12 800	43 550	56 350
应计入产成品成本的"份额"	13 400	46 900	60 300
月末在产品成本	800	1 400	2 200

甲产成品生产成本汇总表			
成本项目	第一步骤"份额"	第二步骤"份额"	合计
直接材料	33 500	13 400	46 900
加工费用	30 150	46 900	77 050
合 计	63 650	60 300	123 950

图 8-2 实物流转与平行结转法的成本结转对照图

(2) 归集本月本步骤发生生产费用,登记各步骤产品成本明细账。与逐步结转分步法不同的是,平行结转分步法下各步骤产品明细账中所登记的都只是在本步骤发生的生产费用,不含由上步骤转入的自制半成品成本,即半成品的成本不随其实物的流转而流转。

(3) 计算各步骤应计入产成品成本份额。由于自制半成品的成本不随其实物流转,而是保留在发生生产费用的步骤产品明细账中,因此各步骤成本明细账中所累积的生产费用,不仅包括本步骤的完工半产品和月末在产品在本步骤发生的成本,而且还包括已转入以后步骤的完工半成品在本步骤所发生的成本。所以,为计算各步骤应计入产成品成本份额,应先将各步骤的累计生产费用在广义的在产品与产成品之间分配,然后汇总产成品在各步骤明细账中的份额,求得产成品成本。

广义的在产品,指从投入材料生产产品至最终制成产成品交付验收入库前的一切未完工产品。

(4) 计算各步骤在产品成本。各步骤产品成本明细账累计的生产费用,减去应计入产成品的份额，剩下的余额就是月末在产品成本。当然，这里的在产品不仅指在本步骤加工的在产品，还包括本步骤已经加工生产完成，结转至剩下生产步骤，只是尚未最后制成产成品的半成品。

二、平行结转分步法的特点

从图 8-2 可以看出，相对逐步结转分步法，平行结转分步法最根本的特点是其半成品成本并不随其实物的流转而结转。这一特点使平行结转分步法在成本明细账的设置方面，特别是月末计算各步骤成本明细账中的产成品份额方面，有其独特之处。

（一）成本计算对象及成本明细账的设置

平行结转分步法虽然是以各生产步骤和最终生产步骤的产品作为成本计算对象，并按生产步骤和产品品种设立产品成本明细账，但各步骤产品成本明细账只记录该步骤发生的生产费用，不提供该步骤完工半成品或产成品的成本资料。而且，从各步骤生产成本明细账中转出的成本，只是该步骤生产费用中应计入最终产成品成本的生产费用（或“份额”）。

在平行结转分步法下，每一生产步骤完工后需要进入下一步骤继续加工，但只要其尚未加工成最终产成品，完工半成品成本就继续保留在所经过步骤的生产成本明细账中，并不随着半成品实物的转移而结转。所以，不论半成品是通过仓库收发，还是在各生产步骤之间直接转移，都不通过“自制半成品”（或“半成品”）成本账户进行价值核算，而只需要核算自制半成品的数量，管理其实物。

（二）月末生产费用在完工产品和在产品之间的分配

月末，平行结转分步法也需要将各步骤成本明细账归集的生产费用在完工产品和在产品之间进行分配，以计算各步骤生产费用中应计入产成品的“份额”。但这里的完工产品指的是最后一个步骤完工的产成品；这里指的在产品是广义的在产品，即从整个企业角度来看未完工的在产品。

因为在平行结转分步法下，各步骤生产费用不随半成品实物的转移而结转，各生产步骤已经完工转出而最终尚未制成产成品的半成品成本，留在各步骤的成本明细账中。因此各步骤的在产品不仅包括本步骤加工中的在产品（狭义在产品），而且还包括经过本步骤加工完成转入以后步骤或留在半成品仓库，但尚未制成产成品的半成品两部分。

平行结转分步法下各步骤生产费用在最终产成品和广义在产品之间分配，以确定应计入产成品成本的“份额”，分配时可以采用约当产量比例法或定额比例法等。

（1）采用约当产量法。正因为各步骤成本明细账所归集的成本不仅包括本步骤的在产品成本，还包括已结转至以后步骤的半成品成本，甚至产成品成本，与此相对应，在计算某一步骤的约当产量时，公式如下：

$$\text{某步骤约当产量}=\text{本步骤月末在产品相对本步骤完工半产品约当产量}+\text{后续各步骤月末在产品的数量}+\text{最后步骤完工产成品数量}$$

其中，等式右边的第一项，是狭义的在产品相对于该步骤完工产品的约当产量，可以理解为狭义的约当产量；等式右边第二项和第三项，之所以不需要约当，是因为二者相对于本步骤而言属于完工产品，相对本步骤的完工程度是100%，因此直接加上其结存数量即可。

$$\text{该步骤完工半成品单位成本}=\frac{\text{该步骤月初在产品成本}+\text{该步骤本月生产费用}}{\text{该步骤约当产量}}$$

$$\text{该步骤生产费用应计入产成品“份额”}=\text{该步骤完工半成品单位成本}\times\text{最后步骤完工产成品数量}$$

（2）采用定额比例法。其计算公式如下：

$$\text{某步骤生产费用中应计入产成品成本的“份额”}=\text{产成品数量}\times\text{单位产成品消耗定额}\times\text{该步骤某成本项目费用分配率}$$

其中：

$$\text{该步骤某成本项目费用分配率}=\frac{\text{该成本项目月初在产品成本}+\text{该成本项目本月生产费用}}{\text{该步骤月初广义在产品定额消耗量}+\text{该步骤本月投产定额消耗量}}$$

或者

$$\text{该步骤某成本项目费用分配率}=\frac{\text{该成本项目月初在产品成本}+\text{该成本项目本月生产费用}}{\text{该步骤本月产成品定额消耗量}+\text{该步骤月末广义在产品定额消耗量}}$$

三、平行结转分步法的应用举例

（一）企业概况及相关资料

永华工厂依次经过两个生产步骤加工生产甲产品，第一个生产步骤完工后形成A半成品，A半成品并不对外销售，而是直接进入第二个生产步骤进一步加工成产成品甲。由于管理上不要求计算半成品成本，故该工厂采用平行结转分步法计算甲产品成本。原材料费用在每个步骤生产开始时一次性投入，加工费用随加工程度发生。20×3年9月，各生产步骤的产量资料如表8-14所示，月末采用约当产量比例法分配各步骤生产费用，月初在产品成本和本月生产费用见各步骤产品成本计算单，计算335件产成品的成本过程如下。

表8-14　　　　各生产步骤产量记录

产品：甲产品　　　　20×3年9月　　　　单位：件

项　目	月初在产品	本月投入或转入	本月完工转出	结存月末在产品
第一步骤	20	350	340	30
第二步骤	15	340	335	20

其中，第一步骤月末在产品完工程度为该步骤的40%，第二步骤月末在产品完工程度为该步骤的50%。

根据表8-14产量记录表，说明月末广义的在产品具体是哪些产品，具体为多少数量，产成品又是多少。

（二）具体成本核算程序

第一步骤成本计算如表8-15所示。

表 8-15　　产品成本计算单(第一步骤)

第一步骤：A 半成品　　20×3 年 9 月　　单位：元

项　目	直接材料	直接人工	制造费用	合　计
月初在产品成本	3 800	1 450	1 850	7 100
本月生产费用合计	34 700	13 230	16 500	64 430
本月生产费用累计	38 500	14 680	18 350	71 530
约当产量	385	367	367	
费用分配率(即单位成本)	100	40	50	190
应计入产成品成本份额(335 件)	33 500	13 400	16 750	63 650
月末在产品成本	5 000	1 280	1 600	7 880

课堂讨论

哪些广义在产品和产成品在第一步骤产品明细账中留下了生产费用？这些产品相对第一步骤是在产品还是完工产品？

表 8-15 中，将第一步骤生产成本明细账所归集的生产费用在完工产品和月末在产品之间进行分配，计算第一步骤生产费用中应计入产成品成本“份额”的过程如下。

(1) 直接材料

$$直接材料约当产量 = 30 \times 100\% + 20 + 335 = 385(件)$$

$$直接材料费用分配率 = \frac{38\ 500}{385} = 100(元/件)$$

$$应计入产成品的成本份额 = 100 \times 335 = 33\ 500(元)$$

(2) 直接人工

$$加工费用约当产量 = 30 \times 40\% + 20 + 335 = 367(件)$$

$$直接人工费用分配率 = \frac{14\ 680}{367} = 40(元/件)$$

$$应计入产成品的成本份额 = 40 \times 335 = 13\ 400(元)$$

(3) 制造费用

$$制造费用分配率 = \frac{18\ 350}{367} = 50(元)$$

$$应计入产成品的成本份额 = 40 \times 335 = 16\ 750(元)$$

第一步骤生产费用中应计入最终甲产成品(335 件)的总成本“份额”=33 500+13 400+16 750=63 650(元)。

第二步骤成本计算如表 8-16 所示。

课堂讨论

哪些广义在产品和产成品在第二步骤产品明细账中留下了生产费用？这些产品相对第二步骤是在产品还是完工产品？

表 8-16　　　　　　　　　　产品成本计算单(第二步骤)

第二步骤：甲产成品　　　　　　20×3 年 9 月　　　　　　单位：元

项　　目	直接材料	直接人工	制造费用	合计
月初在产品成本	1 400	2 000	2 750	6 150
本月生产费用合计	12 800	18 700	24 850	56 350
本月生产费用累计	14 200	20 700	27 600	62 500
约当产量	355	345	345	
费用分配率(即单位成本)	40	60	80	180
应计入产成品成本份额	13 400	20 100	26 800	60 300
月末在产品成本	800	600	800	2 200

表 8-16 中,将第二步骤生产成本明细账所归集的生产费用在完工产品和月末在产品之间进行分配,计算第二步骤生产费用中应计入产成品成本"份额"的过程如下。

(1) 直接材料

$$\text{直接材料约当产量} = 20 \times 100\% + 335 = 355(\text{件})$$

$$\text{直接材料费用分配率} = \frac{14\,200}{355} = 40(\text{元} / \text{件})$$

$$\text{应计入产成品的成本份额} = 40 \times 335 = 13\,400(\text{元})$$

(2) 直接人工

$$\text{加工费用约当产量} = 20 \times 50\% + 335 = 345(\text{件})$$

$$\text{直接人工费用分配率} = \frac{20\,700}{345} = 60(\text{元} / \text{件})$$

$$\text{应计入产成品的成本份额} = 60 \times 335 = 20\,100(\text{元})$$

(3) 制造费用

$$\text{制造费用分配率} = \frac{27\,600}{345} = 80(\text{元})$$

$$\text{应计入产成品的成本份额} = 80 \times 335 = 26\,800(\text{元})$$

第二步骤生产费用中应计入最终甲产成品(335 件)的总成本"份额"＝13 400＋20 100＋26 800＝60 300(元)。

第二步骤生产费用中应计入最终甲产成品成本的"份额"60 300 元,与第一步骤生产费用中应由最终甲产成品承担的成本"份额"一起,平行结转,据以确定本月最终完工 335 件甲产成品的总成本和单位成本,见表 8-17。

表 8-17　　　　　　　　　　产成品成本汇总表

产品名称：甲产成品　　　　　　20×3 年 9 月　　　　完工产量：335 件　单位：元

项　　目	直接材料	直接人工	制造费用	合计
第一步骤转入	33 500	13 400	16 750	63 650
第二步骤转入	13 400	20 100	26 800	60 300
甲产成品(335 件)总成本	46 900	33 500	43 550	123 950
甲产成品单位成本	140	100	130	370

根据产成品成本汇总表和产品入库单，编制如下会计分录，并登记有关总账和明细账：

借：库存商品——甲产品　　　　　　　　　　123 950
　贷：基本生产成本——第一步骤(A半成品)　　　　　63 650
　　　　　　　　　——第二步骤(甲产成品)　　　　　60 300

四、平行结转分步法的优缺点

（一）平行结转分步法的优点

采用平行结转分步法，可以简化和加速成本核算工作，不需要计算和结转各个生产步骤的完工半成品成本，所以各生产步骤的成本计算可以同时进行，平行汇总计入产成品成本。此外，相对逐步结转分步法，平行结转分步法能够直接提供按原始成本项目反映的产成品成本资料，不必进行成本还原。

（二）平行结转分步法的缺点

平行结转分步法下，由于各步骤不计算和结转完工半成品成本，因而不能提供各生产步骤半成品成本资料；除第一步骤外，各步骤的成本不能全面地反映到该步骤的生产耗费水平。同时，采用平行结转法，其半成品成本不随其实物流转，因此半成品的成本结转和实物转移相脱节。即在产品的费用不按其所在地点登记，而按其发生地点登记，因而不能为各个生产步骤在产品的实物管理和资金管理提供资料。

总地来说，平行结转分步法主要适用于不需要计算半成品成本的大量大批连续式或装配式多步骤生产企业。在大量大批连续式多步骤生产企业，半成品种类很多，某些半成品成本没有独立经济意义，或者半成品很少对外销售，在这种情况下，如果仍然采用逐步结转分步法计算各步骤完工半成品成本，工作量很大，也没有必要。因此，为了简化分步成本的计算，可以采用平行结转分步法，各步骤可以不计算本步骤所生产的半成品成本，而只计算本步骤生产费用中应该由产成品承担的份额。在装配式多步骤生产企业，从原材料投入到产成品完工入库，先是由各生产步骤对各种原材料平行地进行加工，使之成为各种零部件(半成品)，然后由总装车间(通常是最后生产步骤)装配成各种产品，这种企业非常适合采用平行结转分步法。

第四节　逐步结转分步法与平行结转分步法的比较

产品成本计算的分步法，由于各生产步骤成本的结转和计算方式不同，形成了逐步结转分步法和平行结转分步法。这两种方法最根本的区别在于半成品是否随半成品流转，具体而言，主要表现在以下三个方面。

一、半成品成本的结转和计算方法不同

逐步结转分步法下，要求每个步骤均计算出完工半成品成本，且其成本随着半成品实物的流转而转移，即资金运动和实物运动同步。

平行结转分步法下，一般不要求计算出各步骤半成品成本，半成品实物转移到下一步骤继续加工时，其成本不随着半成品实物转入下一步骤成本明细账中，仍然保留在发生步骤的成本明细账内，即资金运动和实物运动脱离，不利于半成品的实物管理。

二、产成品成本计算方法不同

逐步结转分步法下，产成品成本是按加工步骤的顺序来累计计算而来的。除第一步骤外，其他步骤成本计算必须等到前一个步骤成本计算出来后才能进行，在其所耗用的前一步骤半成品成本的基础上加上本步骤新发生的生产费用来确定本步骤的完工半成品成本，这样逐渐累计；最后步骤产成品成本则是在其耗用的上一步骤半成品成本基础上，再累加最后步骤新发生的生产费用才能确定最终产成品成本。如果采用综合结转法，需要取得按原始成本项目反映的产品成本结构时，还需要进行成本还原。

平行结转分步法下，各步骤可以同时计算成本，计算出每一步骤生产费用中应该由最终产成品承担的成本“份额”，平行转出并加总，就得出以原始成本项目反映的产成品成本，而不需要进行成本还原。

三、各步骤生产费用分配的对象不同

逐步结转分步法和平行结转分步法，月末都需要将各步骤的生产费用在完工产品和在产品之间分配，但是在两种方法下“完工产品”与“在产品”的含义和范围是不同的。

逐步结转分步法下，月末各步骤生产费用在完工产品与在产品之间分配，是在狭义完工产品(本步骤完工)与狭义在产品(正在本步骤加工)之间分配费用，只是最后步骤的完工产品既是该步骤狭义上的完工产品，也是最终的产成品，即广义上的产成品。在逐步结转分步法下，在产品的成本是按所在地反映的，它有利于在产品占用资金的管理。

平行结转分步法下，月末各步骤生产费用在完工产品与在产品之间分配，是指在产成品与广义在产品之间分配费用。广义在产品不仅包括正在加工中的在产品，还包括经过一个或多个步骤加工完毕，但还未最后成为产成品，也未对外销售的所有半成品；产成品是指最后步骤的完工产品。

两种分步法的以上不同，也决定了二者适用于不同类型的企业或不同管理要求的企业。逐步结转分步法一般适用于半成品种类不多，逐步结转各步骤完工半成品工作量不大，管理上要求提供各生产步骤半成品成本资料的大量大批连续式多步骤生产企业；平行结转分步法一般适用于半成品种类较多，逐步结转各步骤完工半成品工作量较大，管理上也不要求提供各生产步骤半成品成本资料的生产企业，包括大量大批连续多步骤生产企业和装配式多步骤生产企业。

课堂讨论

既然平行结转分步法和逐步结转分步法各有优缺点，有什么方法能将两种方法结合起来，使二者的优缺点能够相互弥补？

【本章小结】

分步法是以产品的生产步骤作为成本计算对象，归集生产费用，计算产品成本的基本方法。在实务中，它经常与品种法等其他成本计算方法综合使用。按照半成品成本结转方法的不同，分步法可以分为逐步结转分步法和平行结转分步法，逐步结转分步法还可以根据半成品成本是否分成本项目结转，分为综合结转分步法和分项结转分步法。

逐步结转分步法下，各步骤的半成品成本随其实物的转移而流转。若采用综合结转法，各步骤所耗上一步骤的半成品成本综合反映在该步骤成本明细账，在要求以原始成本项目反映产成品成本时，还需要进行成本还原；若采用分项结转，各步骤所耗上一步骤的半成品成本按原始成本项目反映在该步骤成本明细账，无须进行成本还原。采用逐步结转分步法，能够提供各步骤半成品的成本资料，半成品成本流转与其实物一致，便于对资金和半成品实物进行管理。但该方法可能带来繁重的成本核算和结转工作，为简化成本核算工作，还可以采用平行结转分步法。它虽然不能够提供半成品成本资料，但能够同时计算各步骤成本，加快成本核算速度。

逐步结转分步法和平行结转分步法在半成品结转和计算方法上，以及产成品成本计算方法等方面的不同，使得二者适用于不同的企业和不同成本管理要求的企业。逐步结转分步法适用于要求提供半成品成本的大量大批连续式多步骤企业，平行结转分步法适用于大量大批装配式多步骤企业，以及不要求提供半成品成本的大量大批连续式多步骤企业。

【延伸阅读】

1. 郑翠菊，何有世，陈雪梅，等. Microsoft Excel 与平行结转分步法相结合的成本核算系统[J]. 商业研究，2003(23)：53-55.

2. 王智宁. 成本核算分步法的中西方比较[J]. 财会月刊，2004(7)：42，43.

3. 荣树新，戴勇. Excel VB 在综合结转分步法及其成本还原中的应用[J]. 中国管理信息化，2008，11(3)：14-16.

4. 刘琳. 约当产量法与分步法的结合探微[J]. 财会月刊，2007(11)：86，87.

5. 张焕敬. 基于平行结转向逐步结转转换的核算探析[J]. 会计之友，2013(22)：117-119.

【思考题】

1. 什么是分步法？它有哪些特点？它适用于什么样的企业？
2. 什么是逐步结转分步法？试说明综合结转和分项结转的优缺点。
3. 企业为何要进行成本还原？如何进行成本还原？
4. 什么是平行结转分步法？它有何特点？什么情况下可以采用平行结转分步法？

5. 平行结转分步法与逐步结转分步法有何不同？

【自 测 题】

1. 单项选择题

（1）下列方法中，属于不计算半成品成本的分步法是（　　）。

A. 逐步结转法　　B. 综合结转法　　C. 分项结转法　　D. 平行结转法

（2）采用逐步结转分步法，完工产品与在产品之间的费用分配，是指在（　　）之间的费用分配。

A. 产成品与狭义的月末在产品

B. 完工半成品与月末加工中的在产品

C. 产成品与广义的月末在产品

D. 前面步骤的完工半成品与加工中的在产品及最后步骤的产成品与加工中的在产品

（3）采用逐步结转分步法，按照半成品成本在下一步骤成本明细账中的反映方法，可以分为（　　）。

A. 实际成本结转法和计划成本结转法　　B. 综合结转法和分项结转法

C. 平行结转法和分项结转法　　D. 平行结转法和综合结转法

（4）下列方法中，需要进行成本还原的是（　　）。

A. 平行结转法　　B. 逐步结转法　　C. 综合结转法　　D. 分项结转法

（5）分步法主要适用于（　　）。

A. 大量大批多步骤生产

B. 小批单件多步骤生产

C. 大量大批单步骤生产

D. 大量大批多步骤且管理上要求分步核算产品成本

（6）平行结转分步法的优点是（　　）。

A. 能够提供各生产步骤的半成品成本资料

B. 能够为半成品的实物管理提供数据

C. 各生产步骤可以同时计算产品成本

D. 便于各生产步骤的成本管理

（7）综合结转分步法的优点是（　　）。

A. 反映各步骤完工产品所耗半成品费用的水平和本步骤加工费用的水平

B. 正确地提供按原始成本项目反映的企业产品成本资料

C. 各步骤可以同时计算产品成本

D. 不用进行成本还原，成本核算登账工作量较小

（8）半成品实物转移，成本也随之结转的成本计算方法是（　　）。

A. 分批法　　B. 逐步结转分步法

C. 平行结转分步法　　D. 分步法

(9) 成本还原的对象是(　　)。

A. 产成品成本

B. 各步骤半成品成本

C. 最后步骤产成品成本

D. 产成品成本中所耗上步骤半成品成本费用

(10) 下列关于平行结转分步法的叙述,正确的是(　　)。

A. 不能直接提供按原始成本项目反映的产成品成本资料

B. 能够全面地反映各个生产步骤产品的生产耗费水平

C. 能够全面地反映最后一个生产步骤产品的生产耗费水平

D. 能够全面地反映第一生产步骤产品的生产耗费水平

2. 多项选择题

(1) 采用分步法时,作为成本计算对象的生产步骤可以(　　)。

A. 按生产车间设立

B. 按实际生产步骤设立

C. 在一个车间内按不同生产步骤设立

D. 将几个车间合并设立

(2) 按计划成本综合结转半成品成本的优点有(　　)。

A. 能够提供按原始成本项目反映的计划成本资料

B. 便于各生产步骤进行成本分析和考核

C. 简化成本核算工作

D. 加速成本核算工作

(3) 在分步法中,相互对称的结转方法有(　　)。

A. 逐步结转与分项结转　　B. 逐步结转与平行结转

C. 综合结转与平行结转　　D. 综合结转与分项结转

(4) 平行结转分步法的特点是(　　)。

A. 各步骤不结转半成品成本,只计算本步骤所发生的生产费用

B. 各步骤计算并结转半成品成本

C. 各步骤计算本步骤发生的生产费用中应计入产品成本的"份额"

D. 各步骤将其计入产品成本的"份额"平行结转,汇总计算产成品总成本和单位成本

(5) 采用分项结转法结转半成品成本的优点表现在(　　)。

A. 可以直接正确地提供按原始成本项目反映的产品成本资料

B. 便于从整个企业角度考核和分析产品成本计划执行情况

C. 不需要进行成本还原

D. 可以简化成本核算登账工作

(6) 平行结转分步法一般宜在(　　)情况下采用。

A. 半成品种类较少

B. 逐步结转半成品成本的工作量较大

C. 管理上不要求提供各步骤半成品成本资料

D. 半成品种类较多

(7) 采用平行结转分步法计算产品成本，最后一个生产步骤的产品成本明细账中，能够反映的数据有(　　)。

A. 产成品实际成本

B. 所耗上步骤的半成品成本

C. 本步骤发生的生产费用

D. 本步骤生产费用中应计入产成品成本的份额

(8) 在平行结转法下，某生产步骤的在产品包括(　　)。

A. 本步骤尚未加工完成的在产品　　B. 前步骤尚未加工完成的在产品

C. 后步骤尚未加工完成的在产品　　D. 半成品库存放的所有半成品

(9) 成本管理需要提供各生产步骤半成品成本资料的原因是(　　)。

A. 计算外销半成品损益

B. 全面地考核和分析商品产品成本计划的执行情况

C. 进行同行业半成品成本指标的评比

D. 为计算各种产品成本提供所耗同一步骤半成品费用的数据

(10) 下列适用于分步法核算的是(　　)。

A. 造船厂　　B. 钢铁厂

C. 重型机械制造厂　　D. 纺织厂

3. 判断题

(1) 逐步结转分步法就是为了计算半成品成本而采用的一种分步法。　(　　)

(2) 采用逐步结转分步法，半成品成本的结转与半成品实物的转移是一致的，因而有利于半成品的实物管理和在产品的资金管理。　(　　)

(3) 成本还原的依据是本月所产该种半成品的成本构成。　(　　)

(4) 平行结转分步法下，在产品生产费用不按发生地点登记，而按其所在地点登记。　(　　)

(5) 逐步结转分步法实际上就是品种法的多次连续应用。　(　　)

(6) 多步骤生产企业，根据同一成本核算资料，第一步骤生产成本明细账月末在产品余额，按平行结转分步法核算的数额必定大于按逐步结转分步法核算的数额。　(　　)

(7) 产成品成本需要进行成本还原的次数与其成本的生产步骤数相等。　(　　)

(8) 采用平行结转分步法下，半成品的实物流动与成本结转不一致，因而不利于半成品的实物管理和资金管理。　(　　)

(9) 按生产步骤计算产品成本就是分车间计算产品成本。　(　　)

(10) 大量大批多步骤生产都必须采用分步法计算产品成本。　(　　)

4. 业务计算题

(1) F 企业经过两个步骤连续加工生产甲产品，产品成本计算采用逐步综合结转分步法。原材料在第一步骤生产开始时一次投入，半成品不通过中间库收发，上步骤完工后全部交下一步骤继续加工。月末在产品按约当产量法计算，第一步骤月末在产品完工程度为第一步骤的50%。第二步骤包括两道工序,工时定额分别为第一工序24小时,第二工序16小时;在产品数量为第一工序120件,第二工序80件,其完工程度为所在工序的50%。

该企业2013年6月有关成本计算资料如表8-18所示。

表 8-18 本月各步骤产量记录表 单位:件

项目	月初在产品	本月投入或上步转入	本月完工	月末在产品
第一步骤	40	1 000	880	160
第二步骤	120	880	800	200

各步骤产品的月初在产品成本,以及本月生产费用见甲产品各步骤的产品成本计算单(见表8-19和表8-20)。

表 8-19 产品成本计算单(甲半成品)

第一步骤:甲半成品 2013年6月 单位:元

摘要	直接材料	直接人工	制造费用	合计
月初在产品成本	5 210	540	400	6 150
本月生产费用	129 990	24 420	18 800	173 210
本月生产费用累计				
约当产量				
单位成本				
完工甲半产成品成本				
月末在产品成本				

表 8-20 产品成本计算单(甲产成品)

第二步骤:甲产成品 2013年6月 单位:元

摘要	直接材料	直接人工	制造费用	合计
月初在产品成本	21 120	3 640	3 130	27 890
本月生产费用	154 880	30 200	26 264	211 344
本月生产费用累计				
约当产量				
单位成本				
甲产成品成本				
月末在产品成本				

要求:采用逐步综合结转分步法计算甲产品的半成品和产成品成本,并据以编制产品成本计算单,以及各步骤完工产品成本结转的会计分录。

(2) M公司生产的乙产品分两个步骤，分别由第一、第二两个生产车间进行。第一车间生产的乙半成品直接由第二车间领用，进一步加工成产成品。该公司采用按实际成本综合结转的逐步结转分步法计算乙产品成本，两个车间月末在产品均按定额成本计价。

2013年5月，第一、第二车间月初、月末在产品定额成本资料及本月生产费用资料详见产品成本明细账（见表8-21和表8-22）。

表8-21　　产品成本明细账（乙半成品）

第一车间：乙半成品　　2013年5月　　单位：元

项　目	直接材料	直接人工	制造费用	合　计
月初在产品定额成本	30 000	19 000	14 500	63 500
本月生产费用	151 000	107 500	82 500	341 000
生产费用合计				
完工半成品成本				
月末在产品定额成本	31 500	14 000	9 000	54 500

表8-22　　产品成本明细账（乙产成品）

第二车间：乙产成品　　2013年5月　　单位：元

项　目	半成品	直接人工	制造费用	合　计
月初在产品定额成本	138 000	12 250	13 000	163 250
本月生产费用	350 000	98 000	77 000	525 000
生产费用合计				
完工产成品成本				
月末在产品定额成本	68 000	26 250	20 000	114 250

要求：计算填列产品成本明细账，编制各车间完工产品成本结转的会计分录；用成本还原分配率法和成本项目比重法分别计算填列“产品成本还原计算表”（见表8-23和表8-24），比较还原后的结果。

表8-23　　产品成本还原计算表（成本还原分配率法）　　单位：元

项　目	还原分配率	半成品	直接材料	直接人工	制造费用	合计
还原前产品成本	—		—			
本月所产半成品成本	—	—				
成本还原						
还原后产成品成本	—	—				

表 8-24　　产品成本还原计算表(成本项目比重法)　　单位：元

项　　目	半成品	直接材料	直接人工	制造费用	合计
还原前产品成本		—			
本月所产半成品成本	—				
本月所产半成品成本项目比重	—				
成本还原					
还原后产成品成本	—				

注：成本项目比重保留四位有效小数，计算结果绝对数取整。

(3) E 公司生产的丙产品分别由两个车间进行加工，按车间分为两个生产步骤。第一车间生产半成品，交半成品库验收；第二车间按所需数量从半成品库中领用，所耗半成品费用按全月一次加权平均单位成本计算。采用分项结转法逐步结转半成品成本，按照半成品的实际成本结转。两个车间的月末在产品均按固定成本计算。

① 根据第一车间丙产品成本明细账、第一车间半成品入库单和第二车间半成品领用单登记自制半成品明细表，如表 8-25 所示。

表 8-25　　丙半成品明细账　　单位：元

月份	项　目	数量/吨	实 际 成 本			
			直接材料	直接人工	制造费用	成本合计
5	月初余额	20	10 620	5 900	12 980	29 500
	本月增加	100	50 800	30 100	66 000	146 900
	合计					
	单位成本					
	本月减少	105				
5	月末余额					

注：保留两位小数；尾差由本期减少半成品承担；下同。

② 根据各种生产费用分配表、第二车间半成品领用单、自制半成品明细账、第二车间产成品入库单和第二车间在产品固定成本等资料，登记第二车间丙产品成本明细表，如表 8-26 所示。

表 8-26　　丙产品成本计算单

第二车间：丙产成品　　2013 年 5 月　　单位：元

项　　目	产量	直接材料	直接人工	制造费用	成本合计
月初在产品(固定成本)		22 800	24 600	53 000	100 400
本月本步骤发生生产费用			28 000	59 250	87 250
本月耗用半成品成本					

续表

项　　目	产量	直接材料	直接人工	制造费用	成本合计
合计					
完工产成品成本	100				
产成品单位成本					
月末在产品(固定成本)					

注：假定丙产品明细账不区分上步转来和本步发生的生产费用。

要求：将丙半成品明细账和丙产品成本计算单填写完整。

(4) H企业大量生产丁产品，顺序经过两个车间的加工，按车间分为两个生产步骤。原材料系各步骤加工一开始时投入，经一车间加工后直接送入二车间继续加工，二车间加工成产成品。2013年6月，各车间月初在产品成本和本月生产费用情况、产量资料(在产品的加工程度为所在步骤的50%)和各车间生产费用归集情况如表8-27和表8-28所示。

表8-27　　丁产品投入产出表　　单位：件

项　目	月初在产品	本月投入	本月完工	月末在产品
一车间	100	500	300	300
二车间	200	300	400	100

表8-28　　各车间月初在产品成本和本月生产费用　　单位：元

车间	项　　目	直接材料	直接人工	制造费用	合计
一车间	月初在产品成本	12 500	600	1 200	14 300
	本月发生生产费用	59 500	4 600	5 300	69 400
二车间	月初在产品成本	900	700	3 500	5 100
	本月发生生产费用	2 100	1 550	5 500	9 150

要求：用约当产量比例法计算各步骤应计入产成品成本的“份额”及月末在产品成本，编制并完成各步骤产品成本计算单(见表8-29和表8-30)；编制产成品成本汇总表(见表8-31)。

表8-29　　产品成本计算单(丁半成品)

第一车间：丁半成品　　2013年6月　　单位：元

摘　　要	直接材料	直接人工	制造费用	合　计
月初在产品成本				
本月生产费用合计				
本月生产费用累计				
约当产量				

续表

摘　要	直接材料	直接人工	制造费用	合　计
单位成本				
应计入产成品的生产费用“份额”				
月末在产品成本				

表 8-30　　**产品成本计算单(丁产成品)**

第二车间：丁产成品　　2013 年 6 月　　单位：元

摘　要	直接材料	直接人工	制造费用	合　计
月初在产品成本				
本月生产费用合计				
本月生产费用累计				
约当产量				
单位成本				
应计入产成品的生产费用“份额”				
月末在产品成本				

表 8-31　　**产成品成本汇总表**

产品名称：丁产成品　　2013 年 6 月　　完工产量：400 件　单位：元

项　目	直接材料	直接人工	制造费用	合计
第一车间转入				
第二车间转入				
丁产成品(400 件)总成本				
丁产成品单位成本				

【案例分析】

目的：比较综合结转分步法与分项结转分步法。

资料①：X 企业本月甲产品的投入产出情况如表 8-32 所示，两个步骤的在产品完工程度均为所在步骤的 50%。

① 案例资料来源：刘卫华. 综合结转分步法与分项结转分步法下半成品流转之比较[J]. 商业会计，2010(21)：28，29.

表 8-32　　本月投入产出表　　单位：件

项　目	月初在产品	本月投入	本月完工	月末在产品
第一步骤	200	1 800	1 600	400
第二步骤	100	1 600	1 400	300

该企业分别采用综合结转分步法和分项结转分步法核算该产品的成本，编制的各步骤的产品成本计算单如表 8-33～表 8-36 所示。

(1) 逐步综合结转法下

表 8-33　　第一步骤产品成本计算单　　单位：元

项　目		直接材料	燃料及动力	直接人工	制造费用	合　计
月初在产品成本		405 000	30 000	104 000	176 000	715 000
本月发生费用		1 850 000	1 500 000	2 200 000	3 100 000	8 650 000
合　计		2 255 000	1 530 000	2 304 000	3 276 000	9 365 000
产量	完工产品产量	1 600	1 600	1 600	1 600	
	在产品约当产量	400	200	200	200	
	合　计	2 000	1 800	1 800	1 800	
单位成本		1 127.5	850	1 280	1 820	5 077.5
转出半成品成本		1 804 000	1 360 000	2 048 000	2 912 000	8 124 000
月末在产品成本		451 000	170 000	256 000	364 000	1 241 000

表 8-34　　第二步骤产品成本计算单　　单位：元

项　目		直接材料	燃料及动力	直接人工	制造费用	合　计
月初在产品成本		138 000	53 000	211 500	233 000	635 500
本月发生费用		8 124 000	1 900 000	6 800 000	4 200 000	21 024 000
合　计		8 262 000	1 953 000	7 011 500	4 433 000	21 659 500
产量	完工产品产量	1 400	1 400	1 400	1 400	
	在产品约当产量	300	150	150	150	
	合　计	1 700	1 550	1 550	1 550	
单位成本		4 860	1 260	4 523.55	2 860	13 503.55
转出完工产品成本		6 804 000	1 764 000	6 332 970	4 004 000	18 904 970
月末在产品成本		1 458 000	189 000	678 530	429 000	2 754 530

(2) 逐步分项结转法下

表 8-35　　　　第一步骤产品成本计算单　　　　单位：元

项目		直接材料	燃料及动力	直接人工	制造费用	合计
月初在产品成本		405 000	30 000	104 000	176 000	715 000
本月发生费用		1 850 000	1 500 000	2 200 000	3 100 000	8 650 000
合计		2 255 000	1 530 000	2 304 000	3 276 000	9 365 000
产量	完工产品产量	1 600	1 600	1 600	1 600	
	在产品约当产量	400	200	200	200	
	合计	2 000	1 800	1 800	1 800	
单位成本		1 127.5	850	1 280	1 820	5 077.5
转出半成品成本		1 804 000	1 360 000	2 048 000	2 912 000	8 124 000
月末在产品成本		451 000	170 000	256 000	364 000	1 241 000

表 8-36　　　　第二步骤产品成本计算单　　　　单位：元

项目		直接材料	燃料及动力	直接人工	制造费用	合计
月初在产品成本		138 000	53 000	211 500	233 000	635 500
本月发生费用			1 900 000	6 800 000	4 200 000	12 900 000
上车间转入		1 804 000	1 360 000	2 048 000	2 912 000	8 124 000
合计		1 942 000	3 313 000	9 059 500	7 345 000	21 659 500
产量	完工产品产量	1 400	1 400	1 400	1 400	
	在产品约当产量	300	150	150	150	
	合计	1 700	1 550	1 550	1 550	
单位成本		1 142	2 137	5 854	4 738	13 871
转出完工产品成本		1 598 800	2 991 800	8 195 600	46 633 200	19 419 400
月末在产品成本		343 200	321 200	863 900	711 800	2 240 100

要求：

(1) 比较两种方法下的本月产成品成本，分析成本差异产生的原因。

(2) 试判断哪种方法计算出的产成品成本相对准确；针对不准确的方法，我们应当做什么样的改进，以提高其计算结果的真实准确性。

第九章

产品成本计算的其他方法

学习目标

通过本章学习，应达到以下学习目标：

1. 了解分类法、定额法、标准成本法、作业成本法的特点；
2. 理解分类法、定额法、标准成本法、作业成本法的适用范围；
3. 熟悉分类法、定额法、标准成本法、作业成本法的计算程序；
4. 掌握分类法、定额法、标准成本法、作业成本法的核算。

引导案例

俄亥俄州的 Schneider Electric 工厂制造了一个配电通道，它从一栋楼的入口点输电到该楼房内的各个偏远的位置。工厂经理们都对直接材料成本特别关注，因为那部分超过了工厂制造成本总数的一半。为了帮助控制类似于铜、钢和铝这样的直接材料输入的废品率，会计部门使用直接材料用量差异来比较用来生产一个产品所需的直接材料的标准用量（根据工厂工程师所计算的）和最后实际所用的直接材料数量。仔细留心这些差异能帮助我们识别并解决废料过多的问题，例如，没有经过充分培训的机器操作员、低质量的原材料输入或有故障的机器等。由于直接人工也是工厂总的生产成本中一个重要组成部分，所以管理团队每天都要检测直接人工效率差异。这种差异比较了一个产品所需的标准劳动时间和实际所用的劳动时间。当懒散的工人导致了一个不利的人工效率时，经理们就暂时将这些员工从一个轻松的部门转到一个压力很大的部门。

通过该案例我们可以得到以下启示：从管理角度看，对成本加强控制要比单纯进行成本计算更为重要，企业管理者不仅要了解成本的实际水平，更要了解这样的成本水平是否代表或接近一种有效率的经营水平，以便能及时地对成本加强控制。标准成本法在成本控制和管理方面，均是一种科学可行的方法。

本章主要介绍分类法、定额法、标准成本法、作业成本法的特点、适用范围及成本核算程序。它们的应用或者是为了简化成本计算工作，或者是为了加强成本管理，只要条件具备，在不同类型企业都能使用。

第一节　产品成本计算的分类法

一、分类法概述

（一）分类法的含义及特点

产品成本计算的分类法是指以产品类别作为成本计算对象归集生产费用，在计算出某类完工产品总成本的基础上，按一定的分配标准计算类内各种产品成本的方法。

与其他产品成本计算方法相比，分类法具有如下主要特点。

(1) 分类法以产品类别作为成本计算对象，设置成本明细账，归集生产费用。

(2) 分类法只是成本计算的辅助方法，必须结合应用成本计算的基本方法，计算各类完工产品的总成本。

(3) 关于成本计算期如何确定，生产费用是否要在完工产品和月末在产品之间分配等问题，都依它所结合使用的成本计算的基本方法而定。

(4) 必须选择适当的分配标准将各类完工产品的总成本在同类各种产品之间进行分配。

(二) 分类法的适用范围

(1) 适用于产品品种、规格繁多，但又可以按照一定标准对产品进行分类的生产企业。如食品厂、制鞋厂等。

(2) 适用于工业企业的联产品、副产品、等级产品的成本计算。具体如下：

① 联产品。联产品是指企业使用同样的原材料，经过同一生产过程，同时生产出来的几种具有同等地位的主要产品。例如，炼油企业提炼原油时，可以同时提炼出汽油、煤油、柴油等产品；奶制品企业加工牛奶时，可以同时生产出奶粉、奶油、奶酪等产品。

联产品所用的原材料和工艺过程相同，因而最易于也只能归为一类，采用分类法计算成本。

② 副产品。副产品是指企业使用同样的原材料，经过同一生产过程，在生产主要产品的生产过程中附带生产出来的非主要产品。例如，炼铁企业生产中产生的高炉煤气；炼油企业在提炼原油过程中产生的渣油、石油焦；制皂企业生产中产生的甘油等。

主副产品之间成本的划分，可以采用分类法。其中如果副产品的比重较大，应该将主、副产品视同联产品计算成本。如果副产品比重不大，为简化成本计算工作，可以采用与分类法相类似的方法计算成本，即将主副产品合为一类归集费用、计算成本，然后将副产品按照一定的方法计价，从总成本中扣除，以扣除后的成本作为主产品的成本。

③ 等级产品。等级产品是指企业使用同样的原材料，经过同一生产过程，生产出来的品种相同但质量有差别的产品。低等级的产品不是不合格品，不合格品是等级以下的产品。

区分产品质量差别形成的原因是等级产品能否使用分类法的关键。如果产品质量差别是由于内部结构、所用原材料的质量或工艺技术上的要求等不同客观原因产生的，可将其视为同一品种不同规格的一类产品，采用分类法计算成本。如果产品质量差别是由于工人操作不当等主观原因造成的，则不同等级产品成本相同。

在什么样的情况下适合或必须采用分类法计算产品成本？

(三) 分类法的计算程序

分类法计算程序如下。

(1) 根据产品的结构、所用原材料和工艺技术过程的不同，划分产品类别，类距的确定要适当，兼顾成本计算工作的简化与正确性。按产品类别设置成本明细账。

(2) 分产品类别成本项目归集本月生产费用，确定各类产品总成本。

(3) 采用适当的分配标准和方法将各类产品总成本在完工产品和月末在产品之间进行分配，计算各类完工产品总成本和月末在产品总成本。

(4) 将各类完工产品总成本在类内各种产品之间进行分配。为简化核算，在产品成本不再分配到各种产品。

例如，某企业生产 A、B、C、D、E 五种产品，企业将其划分为甲类和乙类产品，分类法的成本计算程序如图 9-1 所示。

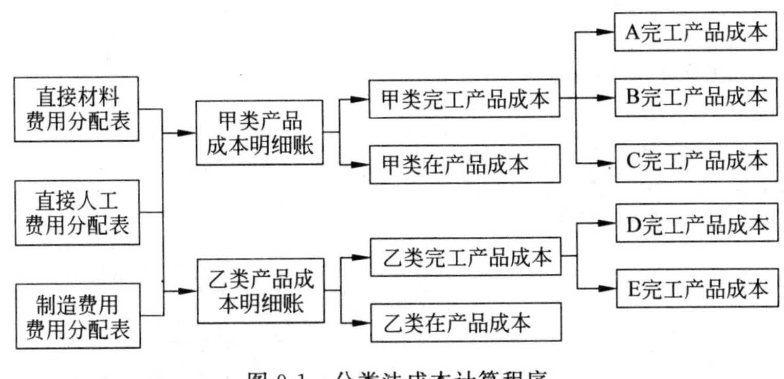

图 9-1　分类法成本计算程序

课堂讨论

分类法在使用时应注意哪些问题？

（四）分类法的优缺点

分类法的优缺点如表 9-1 所示。

表 9-1　分类法的优缺点

优点	1. 在产品品种繁多，但在可按一定标准分配的情况下，减少了成本计算对象，从而简化了成本计算工作。 2. 既能提供各种产品的成本信息，又能提供各类产品的成本信息，便于企业对各类产品成本进行考核和分析
缺点	1. 由于是按产品类别归集生产费用，类内各种产品是按一定标准分配成本的，分配结构有一定的假定性。 2. 如果类别成本增加或减少，则该类内各种产品成本就同增或同减相应幅度，形成类内产品之间成本的平均化，一定程度上影响了成本计算的准确性

二、类内各种产品成本的分配方法

选择类内产品的分配标准时，应当尽量选择与成本水平高低有密切联系且简便易行的分配标准。通常可供选择的分配标准有：①技术指标，如重量、体积等；②定额消耗指标；③经济价值指标，如售价、计划成本等。

类别总成本在类内各产品之间的分配，通常采用的是系数法或定额比例法。

（一）系数法

系数法是指将分配标准折算成相对固定的系数，按照系数在类别内部各种产品之间分配费用，计算产品成本的一种方法。系数法的计算步骤和计算公式如表 9-2 所示。

表 9-2　　系数法的计算步骤与计算公式

计算步骤	计算公式
(1) 选择和确定系数折算标准。企业选择的系数折算标准应该与产品成本的高低有密切关系，主要包括定额耗用量、定额成本、计划成本、售价、产品的重量、产品的体积等	
(2) 确定标准产品。通常在同类产品中选择一种产销量大、生产稳定、售价稳定的产品作为标准产品，并将其系数定为“1”	
(3) 计算其他产品的单位系数	$\text{某种产品单位系数}=\dfrac{\text{该种产品的分配标准}}{\text{标准产品的分配标准}}$
(4) 计算各种产品的总系数	某种产品总系数（标准产量）＝该种产品实际产量×单位系数
(5) 计算费用分配率	$\text{该类产品某项费用分配率}=\dfrac{\text{该类产品该项费用总额}}{\text{类内各种产品总系数总计}}$
(6) 计算类内各种产品的成本	类内某种产品的成本＝该种产品总系数×费用分配率

（二）定额比例法

定额比例法是指将各类产品的总成本，按照定额比例在类内各种产品之间分配成本的一种方法。定额比例法不仅可以用于类内各种产品之间的成本分配，还可以用于实际生产费用在类内所有完工产品和月末在产品之间的分配。定额比例法简便易行，但是这种方法具有一定的假定性，所以它要求企业定额比较健全、稳定。定额比例分配法的计算步骤和计算公式如表 9-3 所示。

表 9-3　　定额比例法的计算步骤与计算公式

计算步骤	计算公式
(1) 确定分配标准。采用定额比例法分配费用一般应区分不同的成本项目，通常采用直接材料定额消耗费用作为原材料费用的分配标准，而采用定额工时作为加工费用的分配标准	
(2) 计算各成本项目费用分配率	$\text{某类产品某成本项目费用分配率}=\dfrac{\text{某类产品该成本项目实际总成本}}{\text{某类产品该成本项目定额分配标准总数}}$
(3) 计算类内各种产品的成本	类内某完工产品应承担的某成本项目费用＝该完工产品某成本项目定额分配标准×该成本项目费用分配率

【例 9.1】 某企业生产 A、B、C 三种产品，由于所耗的原材料品种相同，生产工艺过程基本相近，成本计算时将三种产品合并为甲类产品，该类产品的月末在产品按所耗原材料费用计算。该类产品的直接材料费用采用系数法进行分配，直接材料费用系数按直接材料消耗定额确定。B 产品由于其经济技术指标居中，产量较大，生产比较稳定而被定为标准产品，单位 A、B、C 产品的直接材料定额分别为 8 千克、10 千克、18 千克。该类产品的直接人工和制造费用均按各种产品的定额工时比例分配，单位 A、B、C 产品的工时定额分别为 14 小时、15 小时、16 小时。3 月份完工 A 产品 400 件，B 产品 500 件，C 产品 100 件。根据各种费用分配表，登记该类产品成本明细账，如表 9-4 所示。

表 9-4 **生产成本明细账**

产品名称：甲类产品 201×年 3 月 单位：元

月	日	摘　　要	直接材料	直接人工	制造费用	合　计
3	1	月初在产品成本	5 500			5 500
		本月生产费用	20 500	6 615	4 704	31 819
	31	生产费用合计	26 000	6 615	4 704	37 319
	31	完工产品总成本	24 800	6 615	4 704	36 119
	31	月末在产品成本	1 200			1 200

根据上述资料，分别采用系数分配法和定额比例法计算类内各种产品成本。产品分配系数计算如表 9-5 所示。

表 9-5 **原材料系数和加工费用定额工时计算表**

产品品种	产量/件	原材料费用系数			加工费用定额工时	
		费用定额/元	单位系数	总系数	单位产品工时定额	定额总工时
A	400	8	8/10=0.8	0.8×400=320	14	14×400=5 600
B	500	10	1	1×500=500	15	15×500=7 500
C	100	18	18/10=1.8	1.8×100=180	16	16×100=1 600
合计				1 000		14 700

根据表 9-4 中本月甲类完工产品总成本和表 9-5 中各种产品的原材料系数和加工费用定额总工时，编制甲类完工产品成本计算表，如表 9-6 所示。

表 9-6 **甲类产品类内完工产品成本计算表**

201×年 3 月 单位：元

项　　目	原材料系数	定额工时	直接材料	直接人工	制造费用	合计
完工产品总成本	1 000	14 700	24 800	6 615	4 704	36 119
分配率			24.8	0.45	0.32	

续表

项目		原材料系数	定额工时	直接材料	直接人工	制造费用	合计
A 完工产品成本（400 件）	总成本	320	5 600	7 936	2 520	1 792	12 248
	单位成本	0.8	14	19.84	6.3	4.48	30.62
B 完工产品成本（500 件）	总成本	500	7 500	12 400	3 375	2 400	18 175
	单位成本	1	15	24.8	6.75	4.8	36.35
C 完工产品成本（100 件）	总成本	180	1 600	4 464	720	512	5 696
	单位成本	1.8	16	44.64	7.2	5.12	56.96

三、分类法的应用

（一）联产品的成本计算

联产品是指企业使用同样的原材料，经过同一生产过程，同时生产出来的几种具有同等地位的主要产品。联产品的成本计算，关键是确定“分离点”。各种联产品在生产过程中投入相同材料，经过同一生产过程，在生产过程终了或在生产步骤的某一个“点”上分离出来，就被称为“分离点”。分离之后有的产品可直接销售，有的则需进一步加工。在分离点之前发生的成本成为联合成本，在分离点之后的成本称为可归属成本（可归属到某种联产品上）。它们之间的关系可用图 9-2 表示。

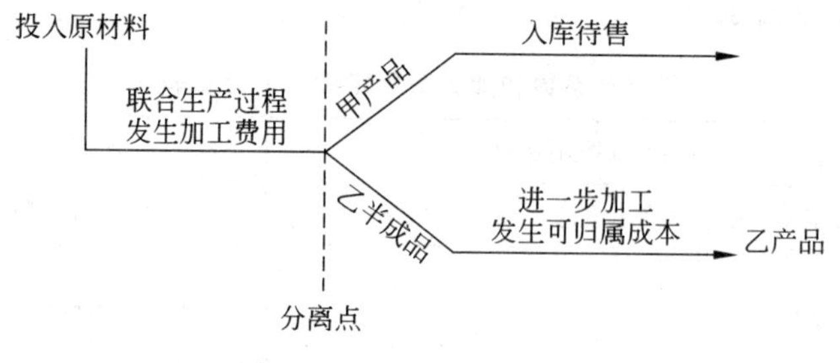

图 9-2　联产品成本关系图

联产品的成本计算包括分离点前的联合成本计算、分离点的联合成本分配和分离点后可归属成本的计算。联合成本和可归属成本的计算，都应根据生产类型和管理要求，选用适合的成本计算的基本方法。计算联产品成本的关键是在分离点采用适当的方法分配联合成本，包括实物量分配法、系数分配法、相对销售收入分配法。

1. 实物量分配法

实物量分配法就是根据分离点上各种联产品的重量、长度、容积或其他实物量比例来分配联合成本的一种方法。

【例 9.2】 某公司生产 A、B、C 三种联产品，本月份实际产量为：A 产品 300 千克，B 产品 200 千克，C 产品 500 千克。分离前的联合成本为 12 000 元，该企业以三种产品的实物量为标准分配联合成本，联产品的联合成本分配如表 9-7 所示。

表 9-7　　　　联产品成本计算表(实物分配法)

品名	产量/千克	比重/%	应负担成本/元	单位成本/元
A 产品	300	30	3 600	12
B 产品	200	20	2 400	12
C 产品	500	50	6 000	12
合计	1 000	100	12 000	

从计算过程和结果来看,按实物量分配联合成本非常简便,但是,这种方法是假设各联合产品的单位成本相同,容易造成成本与实际相脱节的情况,故此方法一般适用于成本的发生与产量关系密切且各联产品销售价值较为均衡的联合成本的分配。

2. 系数分配法

系数分配法是将各种联产品的实际产量乘以事先制定的各联产品的系数,把实际产量换算为标准产量,然后按各联产品标准产量的比例来分配联合成本的一种方法。

【例 9.3】 某企业生产甲、乙、丙三种联产品,本期发生原料成本 20 000 元,生产工人工资 10 000 元,制造费用 5 000 元,生产出甲产品 740 千克,乙产品 600 千克,丙产品 900 千克。假定各联产品之间规定的系数是 1∶0.9∶0.8,则各产品应分摊的联合成本如表 9-8 所示。

表 9-8　　　　联产品成本计算表(系数分配法)

品名	产量/千克	系数	标准产量/千克	分配比例	应负担成本/元	单位成本/元
甲产品	740	1	740		12 950	18
乙产品	600	0.9	540		9 450	16
丙产品	900	0.8	720		12 600	14
合计	2 240		2 000	17.5	35 000	

注:分配率=(20 000+10 000+5 000)÷2 000=17.5。

用系数分配法分配联产品的联合成本,其准确程度取决于系数的确定。合理的系数应能反映各联产品单位耗用水平,只有这样才能使各联产品的成本计算比较准确。

3. 相对销售收入分配法

相对销售收入分配法是按照生产出的各联产品销售价值的比例,将联合成本在各种联产品之间进行分配,以计算各联产品的总成本和单位成本的一种方法。这里的销售收入不是按照产品销售量计算的,而是按照产品产量计算的。

【例 9.4】 某企业生产甲、乙、丙三种联产品,单位售价分别为 7 元、6 元和 5 元;本期发生的联合成本为 45 000 元;生产完工甲产品 3 000 件,乙产品 4 000 件,丙产品 1 000 件。按照相对售价比例分配联产品成本,则各产品应分摊的联合成本如表 9-9 所示。

表 9-9　　联产品成本计算表(相对销售收入分配法)

品名	产量/件	单价/(元/件)	售价/元	分配比例/%	应负担成本/元	单位成本/元
甲产品	3 000	7	21 000	42	18 900	6.3
乙产品	4 000	6	24 000	48	21 600	5.9
丙产品	1 000	5	5 000	10	4 500	4.5
合计	5 000		50 000		45 000	

这一分配法将联产品成本与产品的销售价格联系在一起。在这种情况下,售价较高的联产品负担的联合成本较多,售价较低的联产品负担的联合成本较少,可以避免售价低的产品因为分配标准的选用不当而造成其负担的费用较多的不合理现象,以使各联产品取得大致相同的毛利率。但是,产品成本的高低并非都与产品售价有关,价格高的产品不一定成本也高,因此,这种方法只适用成本高低与售价关系密切的联产品的成本分配。

课堂讨论

联产品的联合成本的分配主要有哪几种方法?说明它们的适用范围和优缺点。

(二)副产品的成本计算

副产品是指企业使用同样的原材料,经过同一生产过程,在生产主要产品的生产过程中附带生产出来的非主要产品。副产品不是企业既定的生产目标,价值一般较低,在企业产品销售收入中所占比重很小,通常是将副产品按照一定的标准作价,从分离前的联合成本中扣除。如果副产品的比重较大,且价值较高,为正确计算主、副产品,可将其视同联产品计算成本。

副产品的成本计算的关键在于副产品的计价问题。副产品的计价不能过高或过低,以免将主产品的超支转嫁到副产品上或将副产品的亏损转嫁到主产品上。如果副产品的售价不能抵偿其销售费用,则副产品不应计价,即不从主产品中扣除其价值。

副产品在与主产品分离前,一般不单独发生生产费用,因而不存在生产费用的归集问题,只有在分离后需要进一步加工的情况下,才可能发生生产费用并单独归集。副产品一般系主产品所耗原材料成分的聚集,故其成本构成主要以材料费用为主。

1. 分离后直接销售的副产品的计价

(1) 副产品不计算成本。当副产品经济价值较小时,副产品不负担分离点前发生的任何成本,全部生产费用均为主产品成本。该法计算简便,但会高估主产品成本。

(2) 副产品按固定或计划单位成本计价。主副产品分离后,将副产品成本从联合成本中扣除。当副产品的成本中原材料所占的比重较大,或者副产品成本占联合成本的比重较小时,应将其成本从主产品生产成本明细账"原材料"成本项目中扣除;当副产品各个成本项目的比重相差不大,或者副产品在联合成本中占有一定比重时,应将其成本按比例从联合成本明细账的各个成本项目中扣除。

(3) 副产品按销售价格扣除销售费用、销售税金后的余额计价,或者按售价减去正常利润率计算的销售利润后的余额计价。副产品成本可以从联合成本明细账"原材料"成本项目中扣除,也可以按比例从联合成本明细账的各个成本项目中扣除。该法适用于副产品价值较高的情况,计算较为简便;但在副产品市价波动较大时,其成本将大受影响,进而影响到主产品成本计算的正确性。

(4) 联合成本在主副产品之间分配。该法主要在副产品比重较大,且副产品经济价值较高时,为正确核算主副产品成本而采用的一种方法。采用该法,应将主副产品视同联产品,采用一定标准在主副产品之间分配生产费用,并分别计算出各自的成本。

2. 分离后副产品需进一步加工的成本计价

(1) 副产品只负担可归属成本。分离后需进一步加工才能出售的副产品,如果其价值较小,可以不负担分离点前发生的任何成本,而只把分离后进一步加工的成本,作为该副产品的成本。这种方法简便易行,但它低估了副产品的成本,多计了主产品的成本。

(2) 副产品不仅负担可归属成本,而且负担分离点前的联合成本。分离后需进一步加工才能出售的副产品,如果其价值相对较高,则需计算分离前负担的联合成本和可归属成本,以确保主产品成本计算的合理性。

【例 9.5】 某企业在生产主要产品甲产品的同时,附带生产出乙、丙、丁三种副产品。产品甲、乙、丙、丁的产量依次为 1 500 千克、270 千克、80 千克、1 千克。乙产品按售价扣除销售税金、销售费用等有关项目后的余额计价,并按比例从共同项目中进行扣除,乙产品的单位售价、单位税金、单位销售费用依次为 80 元、10 元、12 元;丙副产品按计划成本计价,从共同成本的直接材料项目中扣除,丙产品的计划单位成本为 20 元;丁副产品由于数量较少、价值较低采用简化的方法不予以计价。有关成本费用资料如表 9-10 所示。

表 9-10　　成本费用资料　　单位:元

项　　目	直接材料	直接人工	制造费用	合计
本月主副产品共同成本	36 000	4 000	10 000	50 000
乙产品分离后加工费用		1 000	1 160	2 160

根据以上资料编制完工产品成本计算表,计算结果如表 9-11 所示。

表 9-11　　完工产品成本计算表　　单位:元

项　目	共同成本		丙产品(80 千克)		乙产品(270 千克)				甲产品(1 500 千克)	
	金额	比重 /%	总成本	单位成本	总成本			单位成本	总成本	单位成本
					分离前	分离后	合计			
直接材料	36 000	72	1 600	20	9 720		9 720	36	24 680	16.46
直接人工	4 000	8			1 080	1 000	2 080	7.71	2 920	1.95
制造费用	10 000	20			2 700	1 160	3 860	14.3	7 300	4.87
合计	50 000				13 500	2 160	15 660	58.01	34 900	23.28

丙产品:

$$总成本 = 80 \times 20 = 1\ 600(元)$$

乙产品：

$$总成本 = 270 \times (80 - 10 - 12) = 15\ 660(元)$$

$$分离前的总成本 = 15\ 660 - 2\ 160 = 13\ 500(元)$$

$$直接材料 = 13\ 500 \times 72\% = 9\ 720(元)$$

$$直接人工 = 13\ 500 \times 8\% + 1\ 000 = 2\ 080(元)$$

$$制造费用 = 13\ 500 \times 20\% + 1\ 160 = 3\ 860(元)$$

甲产品：

$$总成本 = 50\ 000 - 1\ 600 - 13\ 500 = 34\ 900(元)$$

$$直接材料 = 36\ 000 - 1\ 600 - 9\ 720 = 24\ 680(元)$$

$$直接人工 = 4\ 000 - 1\ 080 = 2\ 920(元)$$

$$制造费用 = 10\ 000 - 2\ 700 = 7\ 300(元)$$

（三）等级产品的成本计算

等级产品是指企业使用同样的原材料，经过同一生产过程，生产出来的品种相同但质量有差别的产品。区分产品质量差别形成的原因是等级产品能否使用分类法的关键。

第一种原因：客观原因。即质量上的差别是由于内部结构、所用原材料的质量或工艺上的要求等客观原因而产生的。可将这些产品归为同一品种不同规格的一类产品，采用分类法计算成本，对不同等级的产品确定不同的单位成本。

第二种原因：主观原因。即产品的结构、所用的原材料和工艺过程完全相同，产品质量上的差别是由于工人操作不当、技术不娴熟等主观原因造成的。这些不同等级产品的单位成本理应相同，不能将分类法的原理应用到这些产品的成本计算中。应按产量比例分配等级产品的联合成本。低等级产品由于售价较低而造成的损失，说明企业还需努力提高产品质量。

【例 9.6】 某企业在生产主要 A 种产品 500 件，产生三种等级产品，共发生联合成本 22 500 元，其中原材料费用 9 500 元，职工薪酬 8 000 元，制造费用 5 000 元。一等品、二等品、三等品的产量依次为 100 件、150 件、250 件，一等品、二等品、三等品单价依次为 200 元、100 元、20 元。

若等级产品是由客观原因造成的，那么采用相对销售收入分配法计算各等级产品应分摊的联合成本，计算结果如表 9-12 所示。

表 9-12　　等级产品联合成本分配表（相对销售收入分配法）　　单位：元

项　目	产量/件	单价/(元/件)	售价	直接材料	直接人工	制造费用	联合成本	单位成本
分配率				0.237 5	0.2	0.125		
一级品	100	200	20 000	4 750	4 000	2 500	11 250	112.5
二级品	150	100	15 000	3 562.5	3 000	1 875	8 437.5	56.25
三级品	250	20	5 000	1 187.5	1 000	625	2 812.5	11.25
合计	500		40 000	9 500	8 000	5 000	22 500	

直接材料分配率＝9 500/40 000＝0.237 5

直接人工分配率＝8 000/40 000＝0.2

制造费用分配率＝5 000/40 000＝0.125

若等级产品是由主观原因造成的，那么采用产量比例计算各等级产品应分摊的联合成本，计算结果如表 9-13 所示。

表 9-13　　等级产品联合成本分配表(按产量比例分配)　　单位：元

项　目	产量/件	直接材料	直接人工	制造费用	联合成本	单位成本
分配率		19	16	10	45	
一级品	100	1 900	1 600	1 000	4 500	45
二级品	150	2 850	2 400	1 500	6 750	45
三级品	250	4 750	4 000	2 500	11 250	45
合计	500	9 500	8 000	5 000	22 500	

直接材料分配率＝9 500/500＝19

直接人工分配率＝8 000/500＝16

制造费用分配率＝5 000/500＝10

第二节　产品成本计算的定额法

一、定额法概述

(一) 定额法的含义及特点

定额法是为了及时核算和监督实际生产费用和产品成本脱离定额的差异，加强定额管理和成本控制而采用的一种产品成本计算的方法。

定额法只是成本计算的辅助方法，关于成本计算对象、成本计算期如何确定，生产费用是否要在完工产品和在产品之间进行分配，都要依它所结合使用的成本计算的基本方法而定。其特点主要表现在以下三个方面。

(1) 事前制定产品的消耗定额、费用定额和定额成本，作为降低成本的目标和成本控制的依据，对产品成本进行事前控制。

(2) 在生产费用发生的当时，将符合定额的费用和发生的差异分别核算、分析和控制。

(3) 月末在定额成本的基础上加减各种成本差异，计算产品的实际成本，为成本的定期考核和分析提供数据。

(二) 定额法的计算程序

定额法下，实际成本＝定额成本±脱离定额差异±材料成本差异±定额变动差异，企业按定额法计算产品成本，其一般程序如下。

(1) 事先制定产品定额成本。根据企业现行消耗定额和费用定额，按照企业确定的成本项目，分产品品种分别制定产品定额成本，编制产品定额成本核算表。

(2) 按成本核算对象设置产品成本明细账。专栏内各成本项目应分设“定额成本”、“脱离定额差异”、“定额变动差异”等各小栏。

(3) 在定额成本修订的当月，应调整月初在产品的定额成本，计算月初定额变动。

(4) 定额成本修订后，在生产费用发生时，核算脱离定额差异，并予以汇总。

(5) 按确定的成本核算基本方法，汇集各项费用和定额成本差异，按一定标准在本月完工产品和月末在产品之间分配成本差异。

(6) 将本月完工产品的定额成本加减各种差异，计算出本月完工产品的实际总成本和单位成本。

(三) 定额法的优缺点及适用范围

定额法有利于加强日常的成本控制，便于进行产品成本的定期分析，有利于提高成本的定额管理和计划管理工作的水平。但成本核算的工作量较大，由于各项差异是按产品计算确定的，难以分清各部门的经济责任。

该方法主要适用于企业定额法管理制度比较健全、定额管理基础较好、产品的生产已经定型，消耗定额比较准确稳定的企业，与企业生产类型没有直接关系。

二、定额成本及差异的核算

(一) 定额成本的计算

在定额法下，企业应将实际生产费用分为符合定额的耗费和不符合定额的耗费两部分，分别核算，并予以汇总。其中，符合定额的耗费即为定额成本。

产品的定额成本包括直接材料定额成本、直接人工定额成本、制造费用定额成本，其计算公式分别如下：

$$直接材料定额 = 产品原材料消耗定额 \times 原材料计划单价$$

$$直接人工定额 = 产品生产工时定额 \times 计划小时工资率$$

$$制造费用定额 = 产品生产工时定额 \times 计划小时制造费用率$$

产品的定额成本与计划成本既有相同之处，又有不同之处。相同之处：两者都是以生产耗费定额和计划单价为依据确定的目标成本。不同之处：①计划成本在计划期内通常是不变的，定额成本在计划期内则是变动的。②计划成本一般是国家或上级公司等管理机构在计划期内对企业进行成本考核的依据；而定额成本是企业自行制定的，是日常(事中)成本控制的依据，是月末产品实际成本的计算基础，也是进行(事后)成本考核、分析的依据。

不同产品由于其生产工艺过程和要求不同，产品的定额成本的计算也不尽相同。以机械产品为例，机械产品由零件和部件组成。产品的定额成本一般由企业的计划、技术、会计等部门共同制定。如果产品的零部件不多，一般先计算零件定额成本，然后再汇总计算部件和产成本的定额成本。零部件定额成本还可以作为在产品和报废部件计价的依据。如果产品的零部件较多，为了简化成本计算工作，也可以不计算零件定额成本，而根据列有零件原材料消耗定额、工序计划和工时消耗定额的零件定额卡，以及原材料计划单价、计划工资率和其他费用率，计算部件定额成本，然后汇总计算产成品定额成本。

【例 9.7】 某企业生产甲产品耗用 A、B、C 三种材料，A 材料单位消耗定额为 10 千克，计划单价为 4 元；B 材料单位消耗定额为 13 千克，计划单价为 5 元；C 材料单位消耗定额为 2 千克，计划单价为 10 元，本月投产量为 1 100 件。甲产品直接材料定额成本计算表如表 9-14 所示。

表 9-14　　　　甲产品直接材料定额成本计算表

材料名称	投产量/件	计划单价/元	定额耗用		
			单位定额消耗量/(千克/件)	耗用量/千克	金额/元
A 材料	1 100	4	10	11 000	44 000
B 材料	1 100	5	13	14 300	71 500
C 材料	1 100	10	2	2 200	22 000
合计					137 500

同上，我们还可以根据公式计算直接人工和制造费用项目的定额成本。

(二) 脱离定额差异的计算

在定额法下，企业应将实际生产费用分为符合定额的耗费和不符合定额的耗费两部分，分别核算，并予以汇总。其中，不符合定额的耗费即为脱离定额差异。也就是说，脱离定额差异是指产品生产过程中各项实际发生的生产费用脱离现行定额或预算的差异。

通过对脱离定额差异进行及时、正确的核算和分析，及时控制生产费用支出是定额法的核心所在。因此，在发生生产费用时，应为符合定额的费用和脱离定额的差异，分别编制定额凭证和差异凭证，并在有关的费用分配表和明细账中分别予以登记。

脱离定额差异的揭示，包括差异的计算和汇总，都要分别按不同成本项目进行。

知识链接

脱离定额差异与定额变动差异的区别。

1. 直接材料脱离定额差异的计算

直接材料脱离定额差异是指在生产过程中产品实际耗用材料数量与其定额用量之间的差异，其计算公式为：

直接材料脱离定额差异＝(材料实际消耗量－材料定额消耗量)×该材料计划单价

原材料脱离定额的核算方法，应与原材料控制的方法结合起来，根据不同的情况，选用限额法、整批切割法或盘存法。

(1) 限额法。限额法也称差异凭证法，它是控制领料的一般方法。在定额法下，原材料的领用一般实行限额领料制度，即符合定额的原材料应根据限额领料单(或定额发料单)等定额凭证领发。如果增加产品产量，需要增加用料，在办理追加限额手续后，也可根据定额凭证领发。由于其他原因需要超额领料或领用代用材料，应根据专设的超额材料领料单、代用材料领料单等差异凭证领发。差异凭证的签发，必须经过一定的审批手续，而且差异凭证应填明差异的数量、金额以及差异的原因。

应该注意的是，限额法是控制领料、促进节约用料的重要手段，但是它不能完全控制用料。这是因为差异凭证中的差异仅仅是领料差异，而不一定是用料差异。只有本期产品投产数量等于规定的产品数量，而且车间没有余料或期初、期末余料相等的情况下，领料差异才是用料差异。

【例 9.8】 某企业基本生产车间限额领料单规定本月投入产品产量 1 000 件，单件材料耗用定额为 50 千克，则限额领料 50 000 千克。本月实际领料 45 000 千克，每千克计划单位成本 10 元。现假设存在以下三种情况：

第一种情况，本月产品投产数量为 1 000 件。车间月初、月末均无余额：

原材料定额耗用量 = 1 000 × 50 = 50 000(千克)

原材料实际耗用量 = 45 000(千克)

原材料脱离定额差异 = (45 000 − 50 000) × 10 =− 50 000 (元)

第二种情况，本月产品投产数量为 1 000 件。车间月初余料为 2 000 千克，月末余料为 1500 千克：

原材料定额耗用量 = 1 000 × 50 = 50 000(千克)

原材料实际耗用量 = 45 000 + 2 000 − 1 500 = 45 500(千克)

原材料脱离定额差异 = (45 500 − 50 000) × 10 =− 45 000(元)

第三种情况，本月产品投产数量为 940 件。车间月初余料为 2 000 千克，月末余料为 1 500 千克：

原材料定额耗用量 = 940 × 50 = 47 000(千克)

原材料实际耗用量 = 45 000 + 2 000 − 1 500 = 45 500(千克)

原材料脱离定额差异 = (45 500 − 47 000) × 10 =− 15 000(元)

(2) 整批切割法。整批切割法适用于某些贵重材料或经常大量使用且又需要切割后才能进一步使用的材料，如板材、棒材等。通过材料切割核算单，核算材料定额消耗量和脱离定额的差异以控制用料。

材料切割核算单按切割材料的批别设立，填明切割材料的种类、数量、消耗定额、应切割成毛坯的数量，以及实际切割成毛坯的数量和材料实际消耗量。根据实际切割的毛坯数量和材料消耗定额，即可计算材料定额消耗量，将其与实际消耗量相比较，即可确定用料脱离定额的差异。产生差异的原因也应填入单中，由主管人员签证。材料切割核算单的格式如表 9-15 所示。

表 9-15 材料切割核算单

领料单位：箱体车间

用途：180 箱体制作　　　　201×年 3 月　　　　编号：G200×0301

工人姓名	工　号	机　床	工作令号或零件名称	工序名称或编号	应切成的毛坯数量
×××	2058	C-106	180 曲板	03	501
材料类别	材料编号	材料名称	规格	计量单位	材料计划单价
略	0833	卷板	—	千克	8.0

续表

<table>
<tr><th colspan="5">1. 材料领用</th></tr>
<tr><th rowspan="2">期初结存</th><th rowspan="2">本批领料</th><th colspan="2">退回余料</th><th rowspan="2">期末结存</th></tr>
<tr><th>凭证号数</th><th>数量</th></tr>
<tr><td>0</td><td>7 780</td><td>略</td><td>5</td><td>0</td></tr>
</table>

<table>
<tr><th colspan="4">2. 切成毛坯</th><th colspan="2">3. 废料缴库</th><th colspan="4">4. 材料消耗定额</th></tr>
<tr><th rowspan="2">应切成毛坯数量</th><th rowspan="2">实际切成毛坯数量</th><th colspan="2">毛坯缴库</th><th rowspan="2">凭证号数</th><th rowspan="2">数量</th><th colspan="2">单位消耗定额</th><th colspan="2">定额消耗总量</th></tr>
<tr><th>数量</th><th>签收</th><th>定额</th><th>其中：废料</th><th>定额</th><th>其中：废料</th></tr>
<tr><td>501</td><td>500</td><td>500</td><td>××</td><td>略</td><td>75</td><td>15.5</td><td>0.1</td><td>7 750</td><td>50</td></tr>
</table>

<table>
<tr><th colspan="2">5. 材料实际消耗</th><th colspan="2">6. 切割结果</th><th colspan="2">7. 差异</th><th rowspan="3">备注</th></tr>
<tr><th>单位用量</th><th>本批总用量</th><th>节约或超支</th><th>数量</th><th>原因</th><th>责任者</th></tr>
<tr><td>15.55</td><td>7 775</td><td>超支</td><td>25</td><td>操作工人技术不熟练，多留了边料</td><td></td></tr>
</table>

课堂讨论

采用切割法控制材料用量时，对废料应如何处理？

(3) 盘存法。盘存法是指按期(工作班、工作日或按周、旬等)通过盘点来确定本期产品所耗用的材料实际耗用量和脱离定额差异，以控制用料的方法。对于不需切割的材料，除采用限额法外，还可采用盘存法核算用料差异，以控制用料。

盘存法需要通过定期盘存(实地盘存或账面盘存)完工产品和在产品数量以确定本期投产产品数量，并根据投料方式和原材料消耗定额据以计算原材料定额消耗量。如果原材料是生产开始一次性投入，可以直接按照下列公式计算：

$$\text{本期投产产品数量} = \text{本期完工产品数量} + \text{期末在产品数量} - \text{期初在产品数量}$$

$$\text{材料定额消耗量} = \text{本期投产产品数量} \times \text{材料消耗量定额}$$

如果原材料不是生产开始一次性投入，则应将期初和期末在产品数量按投料程度折算为约当产量。

【例 9.9】 某企业生产 A 产品，本月完工 1 000 件，月初在产品 350 件，月末在产品 150 件。原材料在生产开始时一次投入，单位产品原材料消耗定额为 10 千克，计划单价为 5 元。本月材料定额领料为 8 000 千克，材料超支差异凭证为 1 000 千克，期末车间盘存材料为 500 千克。

本期 A 产品投产数量 = 1 000 + 150 − 350 = 800(件)

原材料定额耗用量 = 800 × 10 = 8 000(千克)

原材料实际耗用量 = 8 000 + 1 000 − 500 = 8 500(千克)

原材料脱离定额差异 = (8 500 − 8 000) × 5 = 2 500(元)

2. 直接人工费用脱离定额差异的计算

直接人工费用脱离定额差异的核算，因企业所采用的工资制度的不同而不同。

计件工资制下，生产工人工资属于直接计入费用，在计价单价不变的情况下，按计件单价支付的生产工人薪酬就是定额工资，没有脱离定额的差异。因此，在计件工资制下，脱离定额的差异往往仅指因工作条件变化而在计件单价外支付的工资、津贴、补贴等。企业应当将符合定额的工资反映在产量记录中；对脱离定额的差异应当单独设置“工资补付单”等凭证，并经过一定的审批手续。

计时工资制下，生产工人工资属于间接计入费用，其脱离定额差异不能在平时按照产品直接计算，只有在月末实际生产工人工资确定以后，才可按以下公式计算：

$$\begin{aligned}\text{某产品生产工资脱离定额的差异} &= \text{该产品实际生产工资} - \text{该产品定额生产工资} = \text{该产品实际生产工时} \times \text{实际小时工资率} \\ &\quad - \text{该产品实际产量的定额生产工时} \times \text{计划小时工资率}\end{aligned}$$

其中：

$$\text{实际小时工资率} = \frac{\text{实际生产工资总额}}{\text{实际生产工时总数}}$$

$$\text{计划小时工资率} = \frac{\text{计划产量的定额生产工资}}{\text{计划产量的定额工时总数}}$$

【例 9.10】 某生产车间 7 月份生产 A 产品，其计划产量的定额生产工资费用为 38 400，计划产量的定额生产工时为 3 200 小时；本月实际生产工资费用为 26 880 元，实际生产工时为 2 800 小时；本月 A 产品定额工时为 2 250 小时，实际生产工时为 2 500 小时。根据以上资料，计算 A 产品定额工资费用和生产工资脱离定额差异。

$$\text{计划小时工资率} = \frac{38\ 400}{3\ 200} = 12(\text{元 / 小时})$$

$$\text{实际小时工资率} = \frac{26\ 880}{2\ 800} = 9.6(\text{元 / 小时})$$

$$\text{A 产品的定额生产工资} = 2\ 250 \times 12 = 27\ 000(\text{元})$$

$$\text{A 产品的实际生产工资} = 2\ 500 \times 9.6 = 24\ 000(\text{元})$$

$$\text{A 产品生产工资脱离定额的差异} = 24\ 000 - 27\ 000 = -3\ 000(\text{元})$$

无论采取哪种工资形式，直接人工脱离定额的差异，都应根据上述资料，按成本计算对象汇编定额生产工资及脱离定额差异汇总表。表中汇总反映各种产品的定额工时和人工、实际工时和人工、工时和人工脱离定额的差异，以及产生差异的原因等资料，用以考核和分析各种产品生产工时和直接人工定额的执行情况，并据以计算人工费用；汇总表也可以代替人工费用分配表，据以登记产品生产成本明细账。

3. 制造费用脱离定额差异的计算

制造费用大多属间接计入费用，其脱离定额差异不能在平时按照产品直接计算，只有在月末按照以下公式计算：

$$\begin{aligned}\text{某产品制造费用脱离定额的差异} &= \text{该产品实际制造费用} - \text{该产品定额制造费用} = \text{该产品实际生产工时} \times \text{实际小时制造费用率} \\ &\quad - \text{该产品实际产量的定额生产工时} \times \text{计划小时制造费用率}\end{aligned}$$

其中：

$$\text{实际小时制造费用率}=\frac{\text{实际制造费用总额}}{\text{实际生产工时总数}}$$

$$\text{计划小时制造费用率}=\frac{\text{计划产量的定额制造费用}}{\text{计划产量的定额工时总数}}$$

【例 9.11】 某生产车间 7 月份计划制造费用总额为 8 400 元,计划产量的定额生产工时为 2 800 小时,实际生产工时为 2 900 小时,实际发生制造费用为 8 120 元,本月 A 产品定额工时为 2 050 小时,实际生产工时为 2 250 小时。根据以上资料,计算 A 产品定额制造费用和制造费用脱离定额差异。

$$\text{计划小时制造费用率}=\frac{8\,400}{2\,800}=3(\text{元/小时})$$

$$\text{实际小时制造费用率}=\frac{8\,120}{2\,900}=2.8(\text{元/小时})$$

$$\text{A 产品的定额制造费用}=2\,050\times 3=6\,150(\text{元})$$

$$\text{A 产品的实际制造费用}=2\,250\times 2.8=6\,300(\text{元})$$

$$\text{A 产品制造费用脱离定额的差异}=6\,300-6\,150=150(\text{元})$$

4. 脱离定额差异的分配

为了计算完工产品和月末在产品的实际成本,上述脱离定额的差异还应该在完工产品和月末在产品之间进行分配。由于采用定额法计算产品成本的企业,都有现成的定额成本资料,所以脱离定额的差异在完工产品与月末在产品之间的分配时,大多数采用定额比例法进行分配,计算公式如下:

$$\text{定额差异分配率}=\frac{\text{脱离定额差异}}{\text{完工产品定额成本}+\text{月末在产品定额成本}}$$

$$\text{完工产品应负担的定额差异}=\text{完工产品定额成本}\times\text{定额差异分配率}$$

$$\text{月末在产品应负担的定额差异}=\text{月末在产品定额成本}\times\text{定额差异分配率}$$

如果各月末在产品数量比较稳定,在产品也可以按定额成本计价,脱离定额差异全部由完工产品负担。

(三) 材料成本差异的分配

定额法下,原材料的日常核算一般按计划成本进行,原材料脱离定额差异只是以计划单价反映的消耗量上的差异(量差),未包括价格因素。因此,月末计算产品的实际原材料费用时,需计算所耗原材料应分摊的成本差异,即所耗原材料的价格差异(价差)。其公式如下:

$$\begin{matrix}\text{某产品应分配}\\\text{材料成本差异}\end{matrix}=\left(\begin{matrix}\text{该产品材料}\\\text{定额费用}\end{matrix}\pm\begin{matrix}\text{材料脱离}\\\text{定额差异}\end{matrix}\right)\times\begin{matrix}\text{材料成本}\\\text{差异率}\end{matrix}$$

为简化核算,各种产品应分配的材料成本差异,一般由各产品的完工产品成本负担,月末在产品不负担材料成本差异。在实际工作中,材料成本差异的计算和分配是通过编制"耗用材料汇总表"、"材料成本差异分配表"进行的。

【例 9.12】 A 产品所耗直接材料定额费用为 40 000 元,材料脱离定额差异为节约 900 元,本月材料成本差异率为节约−4%,则 A 产品应负担的材料成本差异为:

$$\text{A 产品应负担的材料成本差异}=(40\,000-900)\times(-4\%)=-1\,564(\text{元})$$

（四）定额变动差异的计算

定额变动差异简称定额变动，是指由于修订消耗定额或生产耗费的计划价格而引起的新旧定额之间的差异。产生定额变动差异的原因，是因为随着经济的发展，新技术、新工艺、新材料、新设备不断涌现，企业生产经营条件的变化、工人技术熟练程度的提高等原因引起原来定额的不合理，就需要按照实际生产水平对产品的材料消耗定额和工时定额进行必要的修订，保持定额水平的先进合理，确保各项定额对生产活动的控制作用。

1. 月初定额变动差异

定额成本的修订一般在月初、季初或年初定期进行，但在定额变动的月份，月初在产品的定额成本仍然按照旧的定额计算，因此需要按新定额计算月初在产品的定额变动差异，用以调整月初在产品的定额成本。定额变动的计算应分别按不同成本项目进行，其公式如下：

$$\begin{array}{c}\text{月初在产品}\\\text{定额变动差异}\end{array}=(\text{旧定额}-\text{新定额})\times\begin{array}{c}\text{定额发生变动的}\\\text{月初在产品数量}\end{array}$$

采用这种方法要按照零、部件进行计算定额变动差异。如果产品的零、部件较多，工作量就会较大。为了简化计算工作，定额变动差异也可以采用系数折算的方法。即将按新消耗定额计算的单位产品定额成本，与按原消耗定额计算的单位产品定额成本相对比，求得系数，然后根据系数计算月初在产品定额变动差异。计算公式如下：

$$\text{定额变动系数}=\frac{\text{按新定额计算的单位产品费用}}{\text{按旧定额计算的单位产品费用}}$$

$$\begin{array}{c}\text{月初在产品}\\\text{定额变动差异}\end{array}=\begin{array}{c}\text{按旧定额计算的}\\\text{月初在产品费用}\end{array}\times(1-\text{定额变动系数})$$

采用这种方法来计算月初定额变动差异虽然比较简单，但由于其系数是按单位产品而不是按零部件计算的，所以它只有在产品零、部件配套生产，月初在产品的零部件也配套的情况下，才比较合理。否则，计算结果的准确性会受到一定的影响。

不论采用何种方法计算月初在产品定额变动差异，均应调整月初在产品定额成本。如果新定额低于旧定额而形成的定额变动差异，应从月初在产品定额成本中扣除，同时应将其加入本月产品成本中；相反，如果新定额高于旧定额而形成的定额变动差异，应将其加入月初在产品定额成本中，同时从本月产品成本中扣除。也就是说，本月产品成本总额不变，只是定额成本与定额变动差异的构成发生了变化，即降低定额成本，增加定额变动差异；提高定额成本，减少定额变动差异。因此，月初在产品定额调整与定额变动差异数额相等，但符号相反。

至此，产品实际成本的计算公式应为：

$$\begin{array}{c}\text{产品实}\\\text{际成本}\end{array}=\begin{array}{c}\text{按新定额计算的}\\\text{产品定额成本}\end{array}\pm\begin{array}{c}\text{脱离新定}\\\text{额的差异}\end{array}\pm\begin{array}{c}\text{材料成}\\\text{本差异}\end{array}\pm\begin{array}{c}\text{月初在产品定额}\\\text{成本变动差异}\end{array}$$

【例 9.13】 某公司 A 产品的一些零件从 7 月 1 日起修订原材料消耗定额，单位产品新的直接材料费用为 900 元，旧的直接材料费用定额为 1 000 元，A 产品月初在产品按旧定额计算的直接材料费用为 30 000 元。A 产品月初在产品定额变动差异计算过程式为：

$$\text{定额变动系数}=\frac{900}{1\,000}=0.9$$

A 产品月初在产品定额变动差异 = 30 000 ×（1 − 0.9）= 3 000（元）

2. 定额变动差异的分配

定额变动差异也是实际生产费用的组成部分，所以需要在完工产品和月末在产品之间进行分配。定额变动差异一般按完工产品和月末在产品定额成本比例分配，由完工产品和月末在产品共同承担。计算公式如下：

$$定额变动分配率 = \frac{定额变动差异}{完工产品定额成本 + 月末在产品定额成本}$$

完工产品应负担的定额变动 = 完工产品定额成本 × 定额变动分配率

月末在产品负担的定额变动 = 月末在产品定额成本 × 定额变动分配率

若产品生产周期小于一个月或定额变动差异比较少，那么定额变动差异也可以全部由完工产品承担，月末在产品不再负担。

定额法下完工产品和月末在产品定额成本的计算和各种差异应如何分配？

三、定额法的应用

【例 9.14】 假设某企业 A 产品的各项消耗定额比较准确、稳定，成本计算采用定额法。有关资料为：A 产品月初在产品 100 件，本月投产 400 件，本月完工 300 件，月末在产品 200 件，原材料是在开工时一次投入，月初、月末在产品的完工程度均为 50%。本月发生的直接材料 140 000 元，直接人工 22 000 元，制造费用 14 600 元，材料成本差异率 −2%。本月投入工时定额 3 500 小时。该企业为了改进 A 产品的设计及工艺过程，决定从本月起将材料定额消耗量由原来的每件 40 千克，修订为每件 36 千克，其余各项定额不变。该企业为了简化核算工作，规定该产品的定额变动差异和材料成本差异全部由完工产品成本负担；脱离定额差异按定额成本比例，在完工产品与在产品之间进行分配。本月份 A 产品单位定额成本如表 9-16 所示，月初在产品成本如表 9-17 所示。

表 9-16　　A 产品单位定额成本计算单　　单位：元

产品成本项目	定额耗用量	计划单价	定额成本
直接材料	40 千克	10	400
直接人工	20 小时	6	60
制造费用	20 小时	4	40
合计			500

表 9-17　　A 产品月初在产品成本　　单位：元

产品成本项目	定额成本	脱离定额差异	产品成本项目	定额成本	脱离定额差异
直接材料	40 000	−2 000	制造费用	2 000	+160
直接人工	3 000	+240	合计	45 000	−1 600

根据上述资料，采用定额法计算A产品实际成本，步骤如下。

(1) 根据上述资料编制本月A产品定额成本和脱离定额差异汇总表，如表9-18所示。

表9-18　　A产品定额成本和脱离定额差异汇总表　　单位：元

产品成本项目	定额成本	实际成本	脱离定额差异
直接材料	144 000	140 000	－4 000
直接人工	21 000	22 000	＋1 000
制造费用	14 000	14 600	＋600
合计	179 000	176 600	－2 400

直接材料定额成本＝400×(36×10)＝144 000(元)

直接人工定额成本＝3 500×6＝21 000(元)

制造费用定额成本＝3 500×4＝14 000(元)

(2) 计算材料成本差异。

材料成本差异＝(144 000－4 000)×(－2%)＝－2 800(元)

(3) 计算月初在产品定额变动差异。

$$\text{A产品定额变动系数} = 36 \times \frac{10}{400} = 0.9$$

$$\text{月初在产品定额变动差异} = 40\,000 \times (1 - 0.9) = +4\,000(\text{元})$$

(4) 编制产品成本计算表，如表9-19所示。

表9-19　　产品成本计算表

产品名称：A产品　　单位：元

成本项目		直接材料	直接人工	制造费用	合计
月初在产品成本	定额成本	40 000	3 000	2 000	45 000
	脱离定额差异	－2 000	＋240	＋160	－1 600
月初在产品定额变动	定额成本调整	－4 000			－4 000
	定额变动差异	＋4 000			＋4 000
本月生产费用	定额成本	144 000	21 000	14 000	179 000
	脱离定额差异	－4 000	＋1 000	＋600	－2 400
	材料成本差异	－2 800			－2 800
生产费用合计	定额成本	180 000	24 000	16 000	220 000
	脱离定额差异	－6 000	＋1 240	＋760	－4 000
	材料成本差异	－2 800			－2 800
	定额变动差异	＋4 000			＋4 000
脱离定额差异分配率		－0.033 3	＋0.051 7	＋0.047 5	

续表

成本项目		直接材料	直接人工	制造费用	合计
本月完工产品成本	定额成本	108 000	18 000	12 000	138 000
	脱离定额差异	−3 596.4	+930.6	+570	−2 095.8
	材料成本差异	−2 800			−2 800
	定额变动差异	+4 000			+4 000
	实际成本	105 603.6	18 930.6	12 570	137 104.2
月末在产品成本	定额成本	72 000	6 000	4 000	82 000
	脱离定额差异	−2 403.6	+309.4	+190	−1 904.2

直接材料脱离定额差异分配率＝−6 000÷180 000＝−0.033 3

直接人工脱离定额差异分配率＝+1 240÷24 000＝0.051 7

制造费用脱离定额差异分配率＝+760÷16 000＝0.047 5

第三节　产品成本计算的标准成本法

一、标准成本法概述

（一）标准成本法的含义及特点

标准成本法，也称标准成本制度，是以预先制定的标准成本为基础，将实际发生的成本与标准成本进行比较，核算和分析成本差异的一种成本计算方法，也是加强成本控制、评价经营业绩的一种成本控制制度。标准成本法的核心是按标准成本与脱离标准成本的差异记录和反映产品成本的形成过程和结果。

标准成本法并非一种单纯的成本计算方法，它是把成本的计划、控制、计算和分析相结合的一种会计信息系统和成本控制系统。与其他成本计算方法相比，标准成本法的主要特点表现在以下三个方面。

（1）预先制定产品成本项目的标准成本，作为员工工作努力的目标和衡量实际成本节约或超支的尺度，从而起着成本的事前控制作用。

（2）在生产过程中将成本的实际消耗与标准消耗进行比较，及时揭示和分析脱离成本标准的差异，并迅速采取措施加以改进，以加强成本的事中控制。

（3）月末，将实际成本与标准成本相比较，揭示各成本差异，分析差异原因，查明责任归属，评估业绩，从而制定有效措施，以避免不合理支出和损失的再次发生，为未来的成本管理工作和降低成本的途径指出努力方向，实现成本的事后控制。

（二）标准成本法的作用

标准成本法主要有以下几个作用。

（1）有利于增强员工的成本意识。用科学的方法制定成本标准，作为员工工作努力的目标和业绩评估的尺度，可使员工增强成本意识。

（2）有利于成本控制。在标准成本法下，将实际成本与标准成本比较，能反映出实际成本脱离标准成本的差异。通过对这些差异的分析，可揭示出存在的问题，查明原因和责任，并及时采取相应的措施，达到降低产品成本的目的。

(3) 有利于价格决策。标准成本作为定价基础比实际成本更符合客观真实情况，并能满足市场竞争对定价及时性的要求。

(4) 有利于简化会计工作。在标准成本法下，“生产成本”、“自制半成品”、“产成品”等账户均按标准成本计价入账，大大简化了日常的账务处理工作。

(三) 标准成本法实施的前提条件和步骤

标准成本法要为每一种产品事先制订标准成本，需要企业各部门的协调配合，因此，一般适用于产品品种较少的大批量生产企业。采用标准成本，可以简化存货核算的工作量，对存货品种变动不大的企业更为适合。总地来说，标准成本法适用于管理水平高的大批量生产企业。

标准成本法实施的前提条件如下。

(1) 要完善各项成本管理的基础工作。要实行标准成本法，首先必须确定产品的标准成本。为此，除要求构成产品的零部件、半成品、耗用原材料和人工，以及使用的设备、工艺方法等生产产品所必需的各项因素都应标准化之外，构成成本要素的消耗价格以及开工率的标准化也是必要的。其次，生产管理应科学化。还要有健全的原始记录以及完备的计量、检验制度等。

(2) 健全成本管理组织。必须相应地确定成本责任中心，把标准成本作为各成本中心的成本目标并进行成本控制，分析成本差异原因，查明责任者。同时，必须健全有关实施标准成本制度的组织，配备既懂技术又精通成本会计的人员。

(3) 要增强员工的成本意识。实行标准成本制度，涉及企业的全体人员。不论是职工还是管理者，都应对成本控制问题重视起来。只有这样，才能使标准成本制度得以顺利开展。

标准成本法实施步骤通常分为六个步骤：第一步，正确制定成本标准；第二步，揭示实际消耗与成本标准的差异；第三步，积累实际成本资料并计算实际成本；第四步，计算实际产量的标准成本；第五步，通过标准成本和实际成本的比较，算出标准成本差异，并分析原因；第六步，进行标准成本及其成本差异的账务处理。

知识链接

标准成本法与定额法的比较。

二、标准成本的种类及其制定

标准成本是运用科学方法预先制定的，以成本项目反映的单位成本水平，是成本控制的目标和计算成本差异的依据。标准成本的制定要遵循科学性、客观性、正常性和稳定性等原则。所谓科学性和客观性就是要对实际情况进行调查，根据客观实际，用科学的方法进行制定。所谓正常性就是标准成本要按正常条件制定，不考虑不能预测的异常变动。所谓稳定性就是标准成本一经制定，不应随意变动，应保持其相对的稳定性。

（一）标准成本的种类

标准成本的种类很多，主要包括理想标准成本、正常标准成本和现实标准成本。

1. 理想标准成本

理想标准成本是最佳工作状态下可以达到的成本水平，它排除了一切失误、浪费、机器的闲置等因素，是根据理论上的耗用量、价格以及最高的生产能力制定的标准成本。

这种标准成本要求太高，通常会因达不到而影响工人的积极性，同时让管理层感到在任何时候都没有改进的余地。

2. 正常标准成本

正常标准成本是在正常生产经营条件下应该达到的成本水平，它是根据正常的耗用水平、正常的价格和正常的生产经营能力利用程度制定的标准成本。

这种标准成本通常反映了过去一段时期实际成本水平的平均值，反映该行业价格的平均水平、平均的生产能力和技术能力。在生产技术和经营管理条件变动不大的情况下，它是一种可以较长时间采用的标准成本。

3. 现实标准成本

现实标准成本是在现有的生产条件下应该达到的成本水平，它是根据现在所采用的价格水平、生产耗用量以及生产经营能力利用程度而制定的标准成本。

这种标准成本最接近实际成本，最切实可行，通常认为它能激励工人努力达到所制定的标准并为管理层提供衡量的标准。它与正常标准成本不同的是，需要根据现实情况的变化不断进行修改，而正常标准成本则可以保持一段较长时间固定不变。

（二）标准成本的制定

标准成本一般是由会计部门会同采购部门、生产技术部门和其他有关经营管理部门，在对企业生产经营的具体条件进行分析、研究和技术测定的基础上共同制定的。标准成本是按成本项目反映的单位成本水平，由于产品的成本项目通常包括直接材料、直接人工和制造费用，而制造费用按照成本性态又可分为变动制造费用和固定制造费用，所以标准成本的制定通常包括直接材料标准成本的制定、直接人工标准成本的制定、变动制造费用标准成本的制定和固定制造费用标准成本的制定。

1. 直接材料标准成本的制定

直接材料标准成本包括直接材料用量标准和直接材料价格标准的制定。

直接材料用量标准是指单位产品应该消耗的材料的数量，即产品的材料消耗定额。应根据产品的设计、生产工艺状况，并结合企业的经营管理水平、降低材料消耗的可能性等条件制定。

直接材料价格标准的制定，不仅要考虑目前市价及未来市场的变化，而且要结合采购批量和最佳运输方式等其他影响价格的因素。

单位产品直接材料标准成本可用公式表示如下：

$$\text{单位产品直接材料标准成本} = \sum(\text{各种材料价格标准} \times \text{各种材料用量标准})$$

【例 9.15】 假定某企业生产甲产品，耗用 A、B 两种直接材料，甲产品直接材料的标准成本如表 9-20 所示。

表 9-20　　甲产品直接材料的标准成本

标　准	材料 A	材料 B
(1) 价格标准:		
发票单价	18	60
装卸检验费	2	5
标准价格(元/千克)	20	65
(2) 用量标准:		
图纸用量	4.5	1.9
允许损耗量	0.5	0.1
单位产品标准用量(千克/件)	5	2
(3) 成本标准:(3)=(1)×(2)		
材料 A	100	
材料 B		130
(4) 单位产品直接材料标准成本:	230	

2. 直接人工标准成本的制定

直接人工标准成本包括直接人工用量标准和直接人工价格标准的制定。

直接人工的用量标准是单位产品的标准工时,也称工时消耗定额。它是指在现有生产技术条件下,生产单位产品所需要的时间。包括直接加工操作必不可少的时间,以及必要的间歇和停工时间等。

直接人工的价格标准是指标准工资率,它可能是预定的工资率,也可能是正常的工资率。如果采用计件工资制,标准工资率是预定的每件产品支付的工资除以标准工时,或者是预定的小时工资;如果采用月工资制,需要根据月标准工资总额和标准工时总量来计算标准工资率。

单位产品直接人工标准成本可用公式表示如下:

单位产品直接人工标准成本=单位产品的标准工时×标准工资率

【例 9.16】 假定生产甲产品需要经过第一车间与第二车间两道生产工序,甲产品直接人工的标准成本如表 9-21 所示。

表 9-21　　甲产品直接人工的标准成本

项　　目	第一车间	第二车间
(1) 基本生产工人人数	30	80
(2) 每人每月标准工时(22 天×8 小时)	176	176
(3) 出勤率/%	95	95
(4) 每人平均可用标准工时(4)=(2)×(3)	167.2	167.2

续表

项　　目	第一车间	第二车间
(5) 每月标准总工时(5)＝(1)×(4)	5 016	13 376
(6) 每月标准工资总额/元	75 240	267 520
(7) 标准工资率(7)＝(6)÷(5)	15	20
(8) 单位产品标准工时：		
理想作业时间	3.5	1.6
调整设备时间	0.3	0.2
工间休息	0.1	0.1
其他	0.1	0.1
(9) 单位产品标准工时合计	4	2
(10) 直接人工标准成本(10)＝(7)×(9)	60	40
(11) 单位产品直接人工标准成本合计	100	

3. 变动制造费用标准成本的制定

变动制造费用标准成本包括变动制造费用用量标准和变动制造费用价格标准的制定。

变动制造费用的用量标准通常采用单位产品直接人工工时标准，它在直接人工标准成本制定时已经确定。有的企业采用机器工时或其他用量标准。作为数量标准的计量单位，应尽可能与变动制造费用保持较好的线性关系。

变动制造费用的价格标准是变动制造费用的标准分配率，它根据变动制造费用预算和直接人工标准总工时计算求得。

$$变动制造费用标准分配率=\frac{变动制造费用预算总额}{直接人工标准总工时}$$

其中，变动制造费用预算总额应采用弹性预算的方式按不同的产量水平确定。

单位产品变动制造费用标准成本可用公式表示如下：

单位产品变动制造费用标准成本＝工时用量标准×变动制造费用标准分配率

【例 9.17】 假定生产甲产品需要经过第一车间与第二车间两个部门。甲产品变动制造费用的标准成本如表 9-22 所示。

表 9-22　　　　甲产品变动制造费用的标准成本

项　　目	第一车间	第二车间
(1) 变动制造费用预算/元		
运输	3 000	13 000
电力	2 572	8 500
消耗材料	6 000	8 000

续表

项　　目	第一车间	第二车间
间接人工	8 500	16 000
燃料	2 000	6 000
其他	500	2 004
(2) 变动制造费用预算合计/元	22 572	53 504
(3) 生产量标准/人工工时	5 016	13 376
(4) 变动制造费用标准分配率(4)=(2)÷(3)	4.5	4
(5) 直接人工用量标准/人工工时	4	2
(6) 变动制造费用标准成本(6)=(4)×(5)	18	8
(7) 单位产品标准变动制造费用	26	

4. 固定制造费用标准成本的制定

如果企业采用变动成本计算,固定制造费用不计入产品成本,因此单位产品的标准成本中不包括固定制造费用的标准成本。在这种情况下,不需要制定固定制造费用的标准成本,固定制造费用的控制则通过预算管理来进行。

如果采用完全成本法计算,固定制造费用要计入产品成本。固定制造费用标准成本包括固定制造费用用量标准和固定制造费用价格标准的制定。

固定制造费用的用量标准与变动制造费用的用量标准相同,包括直接人工工时、机器工时、其他用量标准等,并且两者要保持一致,以便进行差异分析。这个标准的数量在制定直接人工用量标准时已经确定。

固定制造费用的价格标准是其每小时的标准分配率,它根据固定制造费用预算和直接人工标准总工时来计算求得。

$$固定制造费用标准分配率=\frac{固定制造费用预算总额}{直接人工标准总工时}$$

单位产品固定制造费用标准成本可用公式表示如下:

单位产品固定制造费用标准成本=工时用量标准×固定制造费用标准分配率

【例 9.18】 假定生产甲产品需要经过第一车间与第二车间两个部门。甲产品固定制造费用的标准成本如表 9-23 所示。

表 9-23　　甲产品固定制造费用的标准成本

项　　目	第一车间	第二车间
(1) 固定制造费用预算/元		
折旧费	2 080	20 256
管理人员工资	9 000	32 000
间接人工	8 000	18 000
保险费	3 000	5 000

续表

项　　目	第一车间	第二车间
其他	3 000	5 000
(2) 固定制造费用预算合计/元	25 080	80 256
(3) 生产量标准/人工工时	5 016	13 376
(4) 固定制造费用分配率(4)=(2)÷(3)	5	6
(5) 直接人工用量标准/人工工时	4	2
(6) 部门固定制造费用标准成本(6)=(4)×(5)	20	12
(7) 单位产品固定制造费用标准成本	32	

5. 单位产品标准成本

分别确定了某种产品的直接材料、直接人工、变动制造费用和固定制造费用的标准成本之后，即可汇总确定该种产品的标准成本。在实际工作中，每种产品的标准成本的制定通常是通过编制“标准成本卡”来实现的。“标准成本卡”通过列出产品的各成本项目的价格标准和数量标准，计算出标准成本，然后汇总就可确定单位产品的标准成本。

【例 9.19】 已知例 9.15、例 9.16、例 9.17 和例 9.18 中有关甲产品各个成本项目的标准成本资料。编制甲产品的标准成本单如表 9-24 所示。

表 9-24　　　　甲产品标准成本单

成 本 项 目	用量标准	价格标准	标准成本
(1) 直接材料			
A 材料	5 千克	20 元/千克	100 元
B 材料	2 千克	65 元/千克	130 元
直接材料标准成本合计			230 元
(2) 直接人工			
第一车间	4 小时	15 元/时	60 元
第二车间	2 小时	20 元/时	40 元
直接人工标准成本合计			100 元
(3) 制造费用			
变动费用(第一车间)	4 小时	4.5 元/时	18 元
变动费用(第二车间)	2 小时	4 元/时	8 元
变动制造费用标准成本合计			26 元
固定费用(第一车间)	4 小时	5 元/时	20 元
固定费用(第二车间)	2 小时	6 元/时	12 元
固定制造费用标准成本合计			32 元
(4) 单位产品标准成本总计	388 元		

三、成本差异的核算

（一）成本差异及其类型

成本差异是指产品的实际成本与产品的标准成本之间的差额。实际成本>标准成本称为不利差异，用U表示(unfavorable variance)；实际成本<标准成本称为有利差异，用F表示(favorable variance)。成本差异是重要的管理信息，它从成本上及时反映生产经营方面取得了哪些成绩(有利差异)，还存在哪些问题(不利差异)，从而有利于各级管理部门了解各项生产经营活动的效益，以提高成本控制能力，成本差异的核算和分析是成本控制的中心环节。

成本差异按成本的构成可以分为直接材料成本差异、直接人工成本差异、制造费用差异。而制造费用差异按其形成的原因和分析方法的不同又可分为变动制造费用差异和固定制造费用差异两部分。

（二）成本差异的核算

成本差异应从数量和价格两个因素进行分析。成本差异计算的一般模式如图9-3所示。

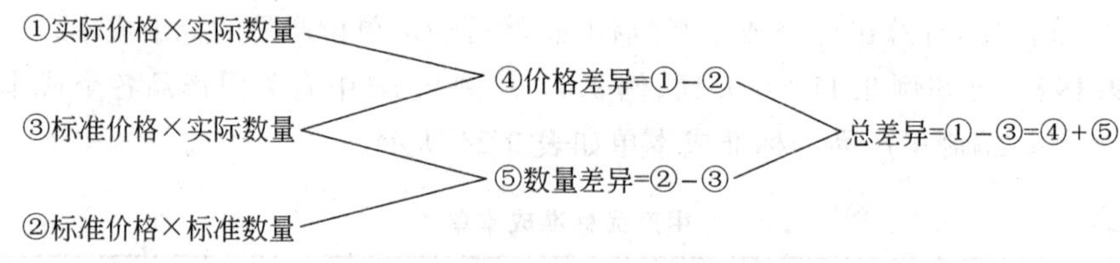

图9-3　成本差异计算的一般模式

1. 直接材料成本差异的核算

直接材料成本差异是指产品的直接材料实际成本与标准成本之间的差额，它包括材料用量差异和材料价格差异两个部分。

直接材料成本差异 = 直接材料实际成本 − 直接材料标准成本

= 直接材料用量差异 + 直接材料价格差异

直接材料用量差异 = (实际用量 − 标准用量) × 标准价格

直接材料价格差异 = (实际价格 − 标准价格) × 实际用量

【例9.20】 假设A公司全年只生产一种乙产品，并仅耗用一种直接材料。预计计划年度每月产能标准工时为1 000小时，计划产量500只，实际产量为520只。乙产品的变动标准成本和变动实际成本分别如表9-25和表9-26所示。

表9-25　乙产品变动标准成本

成本项目	用量标准	价格标准	标准成本
直接材料	4千克/只	10元/千克	40元
直接人工	2小时/只	15元/小时	30元
变动制造费用	2小时/只	3元/小时	6元
单位产品变动标准成本合计	76元		

表 9-26　　　　乙产品变动实际成本

成 本 项 目	实际用量	实际单价	实际成本
直接材料	2 000 千克	10.2 元/千克	20 400 元
直接人工	1 100 小时	15.5 元/小时	17 050 元
变动制造费用			3 080 元
产品变动实际成本合计	40 530 元		

根据以上资料，乙产品直接材料成本差异的计算如下：

直接材料价格差异 $= 2\,000 \times (10.2 - 10) = 400$（元）

直接材料用量差异 $= (2\,000 - 520 \times 4) \times 10 = -800$（元）

直接材料成本差异 $= 2\,000 \times 10.2 - 520 \times 40 = 400 + (-800) = -400$（元）

计算结果表明，与标准成本对比，乙产品本月耗用材料节约了 400 元。其中，由于采购部门材料实际采购价超过价格标准，超支了 400 元；生产部门在生产过程中节约了材料耗用，使成本下降 800 元。

影响材料用量差异的因素主要有材料消耗的浪费或节约及由于产品结构改变、材料加工方法改变、材料质量改变、材料代用等原因所造成的超支或节约，因此，材料用量差异的控制重点主要在技术设计部门和生产单位。影响材料价格差异的原因除了市场价格调整这一外部因素外，还有由于采购工作的质量所引起的问题，如采购地点、采购数量、运输方式是否合理，材料质量是否符合要求等，所以材料价格差异的控制重点主要在采购部门。

2. 直接人工成本差异的核算

直接人工成本差异是指产品的直接人工实际成本与直接人工标准成本之间的差额，它包括直接人工效率差异和直接人工工资率差异两个部分。

直接人工成本差异 = 直接人工实际成本 − 直接人工标准成本

= 直接人工效率差异 + 直接人工价格差异

直接人工效率差异 =（实际工时 − 标准工时）× 标准工资率

直接人工工资率差异 =（实际工资率 − 标准工资率）× 实际工时

【例 9.21】 根据例 9.20 的资料，乙产品直接人工成本差异的计算如下：

直接人工工资率差异 $= (15.5 - 15) \times 1\,100 = 550$（元）

直接人工人工效率差异 $= (1\,100 - 520 \times 2) \times 15 = 900$（元）

直接人工成本差异 $= 17\,050 - 520 \times 30 = 1\,450 = 550 + 900 = 1\,450$（元）

计算结果表明，乙产品直接人工成本总体上超支了 1 450 元。其中，由于生产效率下降使成本上升 900 元，而工资率超过标准工资率使成本上升了 550 元。

直接人工效率差异的产生通常是由于机器运转不正常，材料或零件传递方法不当，工人技术不熟练等与生产活动相关的原因造成的，所以，直接人工的效率差异一般应由生产单位负责。直接人工工资率差异通常与人事变动、工资制度和工资级别的调整有关，所以一般由主管人事的部门负责，但如果是非生产工时造成的差异，如停工待料时间的工资、开会时间的工资等仍应由生产单位负责。

3. 变动制造费用成本差异的核算

变动制造费用差异是指产品的实际变动制造费用与标准变动制造费用之间的差额。它包括变动制造费用效率差异和变动制造费用耗费差异两个部分。

$$\begin{aligned}\text{成本差异} &= \text{实际变动制造费用} - \text{标准变动制造费用}\\ &= \text{变动制造费用效率差异} + \text{变动制造费用耗费差异}\end{aligned}$$

$$\text{变动制造费用效率差异} = \left(\text{实际工时} - \begin{matrix}\text{按实际产量计}\\ \text{算的标准工时}\end{matrix}\right) \times \begin{matrix}\text{变动制造费用}\\ \text{标准分配率}\end{matrix}$$

$$\text{变动制造费用耗费差异} = \left(\begin{matrix}\text{变动制造费用}\\ \text{实际分配率}\end{matrix} - \begin{matrix}\text{变动制造费用}\\ \text{标准分配率}\end{matrix}\right) \times \text{实际工时}$$

【例 9.22】 根据例 9.20 的资料，乙产品变动制造费用成本差异的计算如下：

$$\text{变动制造费用耗费差异} = \frac{3\ 080}{1\ 100 - 3} \times 1\ 100 = -220(\text{元})$$

$$\text{变动制造费用效率差异} = (1\ 100 - 520 \times 2) \times 3 = 180(\text{元})$$

$$\text{变动制造费用成本差异} = 3\ 080 - 520 \times 6 = -220 + 180 = -40(\text{元})$$

计算结果表明，乙产品本月变动制造费用节约了 360 元。其中，由于费用控制得当使当期变动制造费用下降 600 元，但由于生产效率下降，又使成本上升了 240 元。

与直接人式成本的分配相同，变动制造费用通常也是按工时分配成本的，所以，变动制造费用效率差异的分析与直接人工效率差异分析基本相同。而对于变动制造费用耗费差异，则应按明细项目逐一分析，以找出产生差异的原因，挖掘降低成本的潜力。

4. 固定制造费用成本差异的核算

固定制造费用成本差异是指固定制造费用实际发生额与实际产量下标准总额之间的差额。固定制造费用是固定成本，它在一定业务量范围内不随业务量的变动而变动。因此，固定制造费用成本差异不能简单地分为价格差异和数量差异两种类型。与变动成本差异分析不同，其分析方法有“二因素分析法”和“三因素分析法”。

(1) 二因素分析法。二因素分析法是将固定制造费用差异分为耗费差异和能量差异两部分。耗费差异是指固定制造费用的实际金额与固定制造费用预算金额之间的差额。固定费用与变动费用不同，不会因业务量变化而变化。因此，在考核时不考虑业务量的变动，以原来的预算数作为标准，当实际数超过预算数即视为耗费过多。

$$\begin{aligned}\begin{matrix}\text{固定制造费用}\\ \text{耗费差异}\end{matrix} &= \begin{matrix}\text{实际产量下实际}\\ \text{固定制造费用}\end{matrix} - \begin{matrix}\text{预算产量下标准}\\ \text{固定制造费用}\end{matrix}\\ &= \begin{matrix}\text{实际固定}\\ \text{制造费用}\end{matrix} - \text{预算产量} \times \text{工时标准} \times \begin{matrix}\text{固定制造费用}\\ \text{标准分配率}\end{matrix}\\ &= \begin{matrix}\text{实际固定}\\ \text{制造费用}\end{matrix} - \text{预算产量标准工时} \times \begin{matrix}\text{固定制造费用}\\ \text{标准分配率}\end{matrix}\end{aligned}$$

能量差异是指固定制造费用预算与实际产量的固定制造费用标准成本的差异。它反映实际产量标准工时未能达到生产能量而造成的损失。

$$\begin{matrix}\text{固定制造费}\\ \text{用能量差异}\end{matrix} = \begin{matrix}\text{预算产量下标准}\\ \text{固定制造费用}\end{matrix} - \begin{matrix}\text{实际产量下标准}\\ \text{固定制造费用}\end{matrix}$$

$$=\left(\begin{matrix}预算产量下\\标准工时\end{matrix}-\begin{matrix}实际产量下\\标准工时\end{matrix}\right)\times\begin{matrix}固定制造费用\\标准分配率\end{matrix}$$

【例 9.23】 根据例 9.20 的资料，假设 A 公司本月固定制造费用预算总额为 4 800 元；固定制造费用实际支付额为 5 000 元，乙产品固定制造费用成本差异的计算如下：

$$固定制造费用耗费差异 = 5\,000 - 4\,800 = 200(元)$$

$$固定制造费用能量差异 = 4\,800 - 520 \times 2 \times \frac{4\,800}{1\,000} = -192(元)$$

$$固定制造费用成本差异 = 5\,000 - 520 \times 2 \times \frac{4\,800}{1\,000} = -192 + 200 = 8(元)$$

计算结果表明，固定制造费用超支 8 元。其主要原因是费用控制不严等原因导致费用超支了 200 元；但生产能力的超额运转使成本下降 192 元。

由于固定制造费用是由各个部门的许多明细项目构成的，固定制造费用预算应就每个部门及明细项目分别进行编制，实际固定制造费用也应该就每个部门及明细项目进行分别记录，因此，对于固定制造费用耗费差异的分析，应按明细项目将实际数与预算数逐一对照，以找出影响差异的主要原因。固定制造费用能量差异仅反映在固定制造费用预算不变的情况下，由于实际产量和预计产量不同而对成本分配造成的差异。产生能量差异的原因既与现有生产能力的利用程度有关，又与生产效率的高低有关。

(2) 三因素分析法。三因素分析法是将固定制造费用成本差异分为耗费差异、效率差异和闲置能量差异三部分。三因素分析法耗费差异的计算与二因素分析法相同。

$$\begin{matrix}固定制造费用\\耗费差异\end{matrix}=\begin{matrix}实际产量下实际\\固定制造费用\end{matrix}-\begin{matrix}预算产量下标准\\固定制造费用\end{matrix}$$

三因素分析法与二因素分析法不同的是，将二因素分析法中的“能量差异”进一步分为两部分：一部分是实际工时未达到生产能量而形成的闲置能量差异；另一部分是实际工时脱离标准工时而形成的效率差异。

$$\begin{matrix}固定制造费用\\闲置能量差异\end{matrix}=\left(\begin{matrix}预算产量下\\标准工时\end{matrix}-\begin{matrix}实际产量下\\实际工时\end{matrix}\right)\times\begin{matrix}固定制造费用\\标准分配率\end{matrix}$$

$$\begin{matrix}固定制造费用\\效率差异\end{matrix}=\left(\begin{matrix}实际产量下\\实际工时\end{matrix}-\begin{matrix}实际产量下\\标准工时\end{matrix}\right)\times\begin{matrix}固定制造费用\\标准分配率\end{matrix}$$

【例 9.24】 根据例 9.23 的资料，乙产品固定制造费用成本差异的计算如下：

$$固定制造费用耗费差异 = 5\,000 - 4\,800 = 200(元)$$

$$固定制造费用闲置能量差异 = (1\,000 - 1\,100) \times \frac{4\,800}{1\,000} = -480(元)$$

$$固定制造费用效率差异 = (1\,100 - 520 \times 2) \times \frac{4\,800}{1\,000} = 288(元)$$

$$\begin{aligned}固定制造费用成本差异 &= 5\,000 - 520 \times 2 \times \frac{4\,800}{1\,000}\\ &= -480 + 288 + 200 = 8(元)\end{aligned}$$

三因素分析法的闲置能量差异(−480 元)与效率差异(288 元)之和为−192 元，与二因素分析法中的“能量差异”数额相同。

计算结果表明，固定制造费用超支 8 元。其主要原因是费用控制不严等原因导致费用超支了 200 元；由于实际生产工时超过生产能力，使设备超负荷运转而使成本下降 480 元；而生产效率低于标准使成本上升了 288 元。

三因素分析法可进一步分析生产能力的利用程度和生产效率高低所导致的成本差异情况，有利于分清责任。一般而言，闲置能量差异的责任在管理部门，而效率差异的责任则往往在于生产部门。

为什么要将成本差异分为价格差异和数量差异？哪些属于价格差异？哪些属于数量差异？

四、成本差异的账务处理

采用标准成本法进行账务处理时，对产品的标准成本与成本差异应分别进行核算。"基本生产成本"、"产成品"和"主营业务成本"账户一般都按标准成本予以记录，对成本差异则单独设立账户予以登记，以反映产品实际成本脱离标准成本的差异数额。成本差异账户的借方登记超支差异，贷方登记节约差异和差异转销额。成本差异账户还应按差异分别设置明细账，分别核算各项差异。基本会计分录为：

借：生产成本　　　　　　　　　　（标准成本入账）
　　相应成本差异账户　　　　　　（超支差异）
　贷：原材料/应付职工薪酬/制造费用　　（实际成本入账）
　　　相应成本差异账户　　　　　　（节约差异）

成本差异的转销一般有以下三种方法。

（一）即期处理法

即期处理法，即每月月末将各种成本差异全部结转到销售成本中去，在损益表上作销售成本的调整数，或记入损益账产处理。

这时，期末资产负债表的在产品和产成品项目只反映标准成本。这种方法可以避免期末繁杂的成本差异分配工作，同时本期发生的成本差异全部反映在本期的利润上，使利润指标能如实地反映本期生产经营工作和成本控制的全部成效，符合权责发生制的要求。但这种方法要求标准成本的制定要合理和切合实际并且要不断进行修订，这样期末资产负债表的在产品和产成品项目反映的成本才能切合实际。

【例 9.25】 某公司本月材料价格差异 1 500 元，直接人工效率差异 500 元，变动制造费用耗费差异 400 元，固定制造费用闲置能量差异 100 元，月末无在产品，产成品标准成本 4 000 元，销售成本标准成本 4 000 元。会计分录如下：

(1) 直接结转销售成本账户

借：销售成本　　　　　　　　　　2 500
　贷：材料价格差异　　　　　　　　　1 500
　　　直接人工效率差异　　　　　　　　500
　　　变动制造费用耗费差异　　　　　　400

固定制造费用闲置能量差异　　　　　　　　　　100

(2) 直接计入损益账户

借：本年利润　　　　　　　　　　　　2 500

　贷：材料价格差异　　　　　　　　　　1 500

　　直接人工效率差异　　　　　　　　　　500

　　变动制造费用耗费差异　　　　　　　　400

　　固定制造费用闲置能量差异　　　　　　100

（二）逐月分配法

逐月分配法，即每月月末将各种成本差异按标准成本的比例在当月销售成本、期末产成品、期末在产品之间进行分配，使原来按标准成本计算的销售成本、产成品和在产品成本调整为实际成本。

这样分配后，期末资产负债表的在产品和产成品项目反映的都是实际成本，损益表的产品销售成本反映的也是本期已销售产品的实际成本。当各期成本波动大，特别是材料采购量不均衡而引起成本差异波动时，该法能真实地反映存货的实际价值与企业各期的经营状况。但这种方法期末差异分配非常复杂，不便于产品成本计算的简化；另外，期末资产负债表的在产品和产成品项目反映的都是实际成本，损益表的产品销售成本反映的也是本期已销售产品的实际成本，这样就不便于本期成本差异的分析和控制。

【例 9.26】 根据例 9.25 的资料，成本差异按产成品和销售成本的标准成本比例分配。会计分录如下：

借：销售成本　　　　　　　　　　　　1 250

　　产成品　　　　　　　　　　　　　1 250

　贷：材料价格差异　　　　　　　　　　1 500

　　直接人工效率差异　　　　　　　　　　500

　　变动制造费用耗费差异　　　　　　　　400

　　固定制造费用闲置能量差异　　　　　　100

（三）累计结转法

累计结转法，即各种成本差异在每月月末不进行账务处理，成本差异累计到年终时，全部一次结转到销售成本或损益账户中去，或按比例分配给本期销售成本、期末产成品和在产品。

由于标准成本是经过认真调查、分析和技术测定而制定的，每月月末的各种差异应该不会很大，累计结转法将各种成本差异累计到年末一次处理，可简化核算与账务处理工作。但该方法对每期的成本差异不作处理，当期的成本控制成果就不能从当期经营成果中得到反映，从而给成本和利润的分析造成了困难，未能及时地发挥标准成本制度的作用。

累计结转法年末采用即期处理法或逐月分配法一次结转成本差异，账务处理如前述。

成本差异的不同处理方法与会计报表信息披露有什么关系？

第四节　产品成本计算的作业成本法

一、作业成本法概述

（一）作业成本法的含义和主要概念体系

作业成本法(activity based costing，ABC法)，是以作业(activity)为基础，对各种主要间接费用采用不同的分配标准或分配率，分配到成本计算对象(产品、服务、顾客等)上的一种成本计算方法。作业成本法可以简单理解为：是在前述传统成本计算方法基础上，对间接费用(制造费用)分配进行精确化改进的一种成本计算方法。

知识链接

作业成本法产生的背景。

作业成本法涉及的主要概念有：资源、作业、成本动因及其相关的作业成本、作业中心、作业链和价值链、资源动因、作业动因、作业成本库等。其相互之间的关系如图9-4所示。

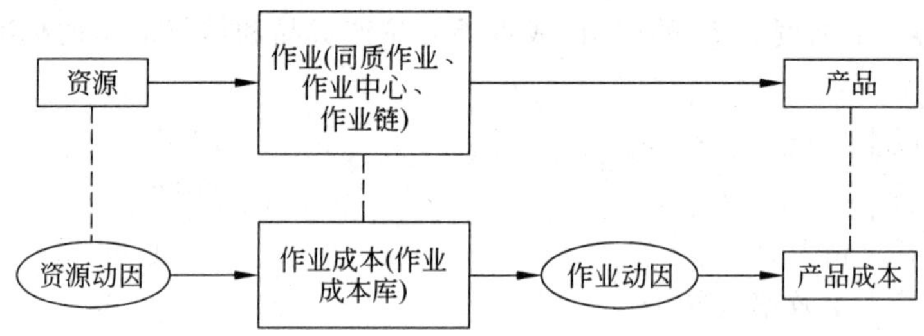

图9-4　作业成本法基本概念体系

1. 资源

资源(resources)是指生产过程中所投入的要素，是成本的来源构成。一般制造企业的资源包括材料费用、人工费用、机器设备、生产维持费用等。资源是作业的前提和基础，如果企业没有可供使用的资源，企业的作业无法执行，企业的生产经营活动就无法实现。实际上，产品成本就是所耗资源价值的总和。

2. 作业

作业(activity)是指企业在经营活动中的各项具体活动或行为，如研发、设计、采购、运输、生产、制作、检验、配送等，每一项具体活动就是一项作业。"作业"是作业成本法下最基本的概念，是进行作业成本计算的核心和基础。作业的范围可大可小，一项作业可以指一项非常具体的活动，如车工作业；也可能泛指一类活动，如机加工车间的车、铣、刨、磨等所有作业可以归为一类作业——机加工作业；甚至可以将机加工作业、产品组装作业等统称为生产作业。在作业成本法的应用中，常常将有共同资源动因的作业称为同质作业或作业中心，以减少成本分配的工作量。执行任何一项作业都需要耗费一定的资源，如人工、材料、能源和资本(厂房和设备等)，某个作业上耗费的资源加总构成该作业的成本，称之为作业成本；同质作业的成本称为作业成本库(cost pool)。

3. 作业链和价值链

作业成本管理理论认为，企业管理深入到作业层次以后，现代企业实质上是一个为了满足顾客需要而建立的一系列有序的作业集合体，称之为作业链。每执行一项作业要消耗一定量的资源，而作业的产出又形成一定的价值，转移给下一个作业，按此逐步转移，直至最终把产品提供给企业外部的消费者。最终产品或服务，是企业内部一系列作业的总产出，凝集了在各个作业上形成而最终转移给消费者的价值。因此，作业链同时也表现为价值链。随着作业及其所耗费资源价值的逐步积累和转移，最后形成转移给外部消费者的总价值，这个总价值就是产品的成本。

4. 成本动因

成本动因(cost driver)亦称成本驱动因素，是指决定成本发生的那些重要的活动或事项，是作业成本计算法的核心内容。成本动因支配着成本行动，决定着成本的产生，并可作为分配成本的基础(或称标准)。作业和成本动因的区别在于作业是为达到组织的目的和组织内部各部门的目标所需的各种行为；而成本动因是导致成本升降的因素。根据成本动因在成本流动中所处的位置，通常可将其分为资源动因和作业动因两类。

(1) 资源动因是引起作业成本变动的因素，是资源被各种作业消耗的方式和原因，它反映作业中心对资源的消耗情况，是资源成本分配到作业中心的标准。例如，如果人工方面的费用主要与从事各项作业的人数相关，那么就可以按照人数作为各作业中心(作业成本库)分配人工方面费用的基础或标准。在这里，从事各项作业的人数就是一个资源动因。

(2) 作业动因是引起产品成本变动的因素。作业动因计量各种产品对作业耗用的情况，并被用来作为作业成本的分配基础。比如，某车间生产若干种产品，每种产品又分若干批次完成，每批产品完工后都需进行质量检验。假定对任何产品的每一批次进行质量检验所发生的成本相同，则检验的“次数”就是检验成本的作业动因，它是引起产品检验成本变动的因素。

(二) 作业成本的分类

在作业成本法下，作业的合理划分是产品成本计算是否精确的关键环节。一般将作业按其与资源消耗方式的相关性进行分类，通常分为产出单位作业、批量作业、产品(服务)维持作业及生产维持作业四类。

1. 产出单位作业

产出单位作业(output unit-level activity)，是指与每件产品或每项服务相关的作业。例如直接材料和直接人工成本等，这种作业消耗的资源与产量或劳务量成比例关系。即产量增加一倍时，则直接材料成本也会相应增加一倍。这里的产出单位可以是实物量单位，如千克、米、平方米等；也可以是时间单位，如机器小时、人工小时等。它们都与产量直接相关。

2. 批量作业

批量作业(batch-level activity),是与一组产品或者服务相关的作业,即使一批产品受益的作业。例如,对每批产品的检验、机器调试、材料采购、订单处理等。这些作业的资源消耗与产品的批数成比例变动。

3. 产品(服务)维持作业

产品(服务)维持作业(product-sustaining activity 或 service-sustaining activity),是与产品的品种和服务的种类相关的作业,而与产品(服务)的数量和批量无关。如产品的个性化设计,这种作业所消耗的资源与产品产量及批数无关,但与产品品种成比例变动。

4. 生产维持作业

生产维持(facility-sustaining activity),是与某个机构或某个部门相关的作业,它与产品的种类、数量、批量无关,是在总体上为支撑所有产品生产或服务而发生的作业。如保安、保险、维修、供暖、照明、工厂管理、支付财产税等。这类作业的成本,为全部生产产品的共同成本。这类作业所耗费的资源很难追踪到某种产品或服务上,因此很多公司把这部分花费不纳入产品成本,取而代之的是直接从经营收入中扣除。

作业分类能为作业成本信息的计算和使用提供帮助,因为作业类别与作业动因的选择有着内在的对应关系,不同的作业具有不同的成本动因,或者说作业要依据不同的成本动因加以分类。在传统成本法下,间接成本分配只考虑了产出单位水平作业。因此,其制造费用的分配主要采用与单位水平作业相关的成本动因。

(三)作业成本法的基本原理

作业成本法的基本原理是:“作业消耗资源,产品消耗作业。”其实质是以作业作为基本的成本计算对象为特征,将作业成本进行归集和分配。根据这一原理,作业成本法的计算过程一般划分为两个阶段:第一阶段,将作业执行中耗费的资源,依据资源动因,将资源消耗的价值追溯到作业上,计算各作业的成本。这个过程可以理解为作业成本的归集。第二阶段,将第一阶段归集的作业成本,根据作业动因进行成本分配,将作业成本追溯到各有关最终成本对象(如产品、服务等)。作业成本法的基本原理如图 9-5 所示。

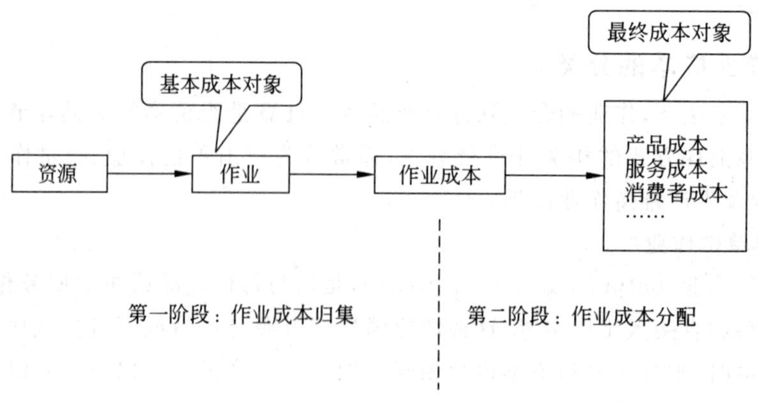

图 9-5 作业成本法基本原理

（四）作业成本法的一般程序

作业成本法下，可以将成本计算对象所耗资源和作业的成本分为直接成本和间接成本。可以直接归集（追溯）到最终成本计算对象，不需要通过作业进行归集与分配的部分所构成的成本，如同传统成本法一样，称之为直接成本或直接费用，如直接材料、直接人工等。另外，在企业确定的各作业中，有的作业所消耗的资源，是直接可追溯到最终成本计算对象的，也归为直接成本。这类成本在传统成本法下是归为间接成本（费用）的。因此，我们可以看出，作业成本法的直接成本的范围要比传统成本法大一些，包括了直接的作业成本，本教材称之为直接作业成本；而间接成本实质是指间接的作业成本，我们称之为间接作业成本。或者说，在作业成本法下，要将传统成本法中的制造费用重新分类，将一部分可以直接计入最终成本计算对象的部分归为直接成本，将资源或作业成本直接归集（登记）到最终成本计算对象这一过程，西方国家的成本会计教材常常称为直接成本追溯（direct-cost tracing）。

而对于不能直接归集到最终成本计算对象的资源或作业，要按照同质作业建立若干间接成本库（indirect-cost pools），即间接作业成本库，然后确认每一个间接成本库的成本动因，即成本分配基础（cost-allocation bases），我们也常常称之为分配标准。根据成本分配基础计算作业成本分配率进行分配，计入到最终成本计算对象上。最终产品的成本等于其各直接成本的总额和各种间接作业成本的总额之和。作业成本法基本程序如图 9-6 所示。

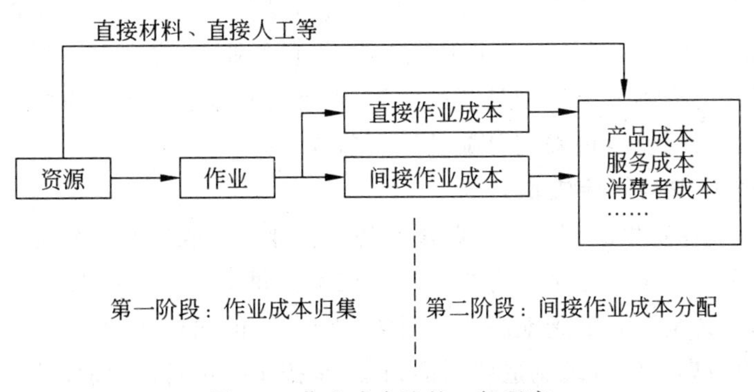

图 9-6　作业成本法的一般程序

进行直接成本追溯—构建间接成本库—确认成本分配基础是作业成本法的基本程序和关键环节。为了更好地实施作业成本法，我们可以进一步将其细分为 8 个具体步骤。

1. 认定作业

作业的认定就是对每项消耗企业资源的作业进行定义，识别每项作业在生产活动中的作用、与其他作业的区别，以及每项作业与耗用资源的联系。确定一个企业作业的种类和数量是一件不容易的事，取决于企业的生产经营特点和成本管理的要求。作业划分越细，成本分配越准确，但成本计算的工作量越大。各作业认定一般有两种形式：一种是根据企业总的生产流程，自上而下进行分解；另一种形式是通过与各责任部门（设计、生产、维护、质检、配送等)进行讨论,自下而上地确认他们所做的工作,并逐一认定各项作业。企业的实际作业数量可以达上百个,但必须按照作业的“同质性”,将庞杂的实际作业归为一定数量的同质作业,作为成本计算的作业(本教材所称的“基本成本对象”)。在成功实施作业成本法的企业里,每个部门一般确定5～10个作业。

2. 确定成本计算对象

如同传统成本法一样,成本计算首先要确定成本计算对象。这里所指的成本对象为最终成本对象。而成本对象因企业不同而不同,要根据企业的经营特点和管理要求而定。对于制造企业的成本计算首先要根据企业的生产特点和企业管理要求,确定产品成本计算对象,如品种、批别、步骤、类别等,并设置相应的明细账。对于服务性企业,要根据服务种类、服务对象以及管理要求确定最终成本对象。

3. 确定直接成本

如前所述,作业成本法下的直接成本包括了传统成本法的直接材料、直接人工等直接成本项目,同时还要将原来在制造费用归集的,但能直接追溯到产品成本的作业成本,归为直接成本。这样可以减少间接成本的分配工作量。这一步骤是作业成本法中相对比较简单的。这部分的成本直接计入到每个最终成本对象上,如各种产品、服务等。

4. 选择作业成本分配基础

选择作业成本分配基础,即选择间接作业成本分配标准,是为了将归集的各间接作业成本分配到最终成本对象上。选择成本分配基础的适当与否,直接决定着作业成本分配的精确性,也就关系到最终成本对象计算的精确性,是作业成本法下关键的一步。根据前述按成本动因将作业成本划分为产出单位作业、批量作业、产品(服务)维持作业及生产维持作业四类,其对应成本分配基础是产品的数量、作业的次数、产品的种类、机器小时等。确定了分配基础的种类后,再确定分配基础的总数量。

5. 确定每个作业的间接成本

这一步是将企业发生的间接成本归集到各种作业上。确定每个作业上所发生的间接成本,也就是与每个成本分配基础有关的间接成本。每个作业的间接成本既是作业消耗资源的结果,同时又是被分配到最终成本对象(如产品)的内容或项目,类似于传统成本核算的制造费用的归集。但传统制造费用的归集,是按车间进行的,而作业成本法是按作业进行的。一些成本可以直接认定由某个作业承担;而另外一些成本需要通过分配计入到多个作业上。这是作业成本归集合理性的关键。

6. 计算各间接成本分配率

当每个作业的间接成本与其对应的成本分配基础(标准)确定以后,就可以计算每个间接作业成本的分配率,即单位作业分配基础应负担的间接作业成本。其计算公式如下:

$$\text{某作业的间接成本分配率}=\frac{\text{该作业的间接成本总额}}{\text{该作业对应的成本分配基础}}$$

7. 计算各最终成本对象应负担的总的间接成本

这一过程可分为两个步骤进行:

(1) 根据每个作业的成本分配率,将每个作业的间接成本分配到每个最终成本计算对象(如各种产品)。其计算公式为:

$$\frac{\text{某最终成本计算对象(如产品)}}{\text{负担的某作业的间接成本}} = \frac{\text{该最终成本计算对象(如产品)的}}{\text{该作业成本分配基础的数量}} \times \frac{\text{该作业的成}}{\text{本分配率}}$$

(2) 将每个最终成本计算对象(如产品)所耗的各种作业的间接成本加总就是该最终成本计算对象(如产品)的间接成本总额。

8. 计算各最终成本对象的总成本和单位成本

将第3步归集的各种最终成本对象的直接成本加上第7步计算的该成本对象的间接成本总额就是最终成本对象的总成本,正如在图9-7中,产品1的成本⑧=直接成本③+间接成本⑦;再除以该总成本对象的数量就是该成本对象的单位成本,如某产品的单位成本。

作业成本法具体计算步骤如图9-7所示。

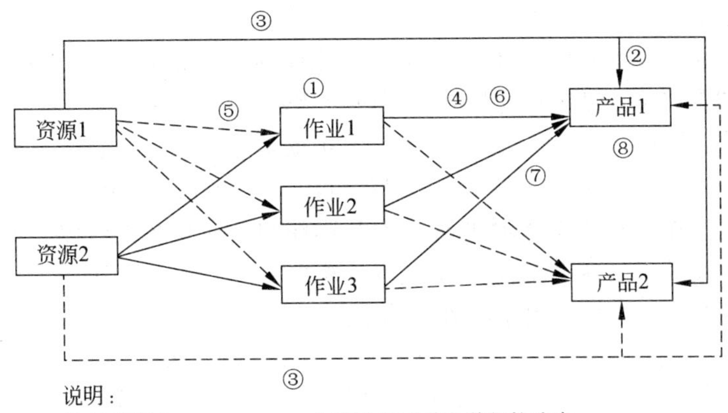

图9-7 作业成本法的具体步骤

二、作业成本法账户体系的设置

作业成本法下总分类账户的设置,可以采用与传统成本计算方法相同的账户,即"生产成本"、"制造费用"(名称可改为"作业成本")总账等。但它们的二级账户及明细账户与传统成本计算方法有着明显的不同。

1. "生产成本"账户

"生产成本"账户可以不再分为"基本生产成本"和"辅助生产成本"两个二级账户,这是因为辅助生产可以视为一项作业,辅助生产的成本可通过设置一个或几个成本库进行核算。以产品的品种或批别作为成本计算对象(即按品种或批别计算成本)的企业,在"生产成本"账户下直接设置明细账,即成本计算单;以产品生产步骤为成本计算对象(即分步计算产品成本)的企业,其二级账户可按产品生产步骤设置,在二级账户下再设置成本计算单。成本计算单内按"直接材料"、"直接人工"和"作业成本"设置专栏。当直接材料、直接人工等直接成本发生时,根据有关凭证,直接记入"生产成本"账户及其所属各明细账户(成本计算单)的"直接材料"和"直接人工"栏内。月末,根据各有关成本库分配转来的作业成本记入“作业成本”栏内。按照一定的方法进行完工产品与在产品成本分配后，将完工产品成本从本账户及所属各明细账户的贷方，转入“库存商品（产成品）”账户。

2. “作业成本”账户

“制造费用”账户可以改称为“作业成本”账户。除了按生产步骤计算成本的企业之外，“作业成本”账户一般不按生产部门（分厂或车间）设置二级账户，而是按作业成本库的名称设置二级账户，账内按作业耗用的各项资源的名称设置专栏，如机物料消耗、职工薪酬、固定资产折旧、办公费、水电费、停工损失等。专栏的名称应尽量与会计准则及指南所规定的制造费用明细项目名称相一致，以便对外提供财务报告时，将作业所耗用的各项资源成本还原为制造费用。如果会计准则及指南所规定的项目不能涵盖作业所耗资源成本的内容，可以增设专栏，但在编制对外财务报告时，需将增设专栏项下的内容归并到会计准则及指南规定的有关项目中去。

各作业成本库的成本发生时，根据有关原始凭证和会计凭证，以及所耗资源的内容，记入“作业成本”各有关二级账户的相应专栏内。月末，将当期各二级账户中记录的作业成本发生额累计，计算出每个作业成本库实际发生的成本。然后根据当月作业成本二级账户发生额的合计数和相应的成本分配基础总额，计算作业成本分配率。同时，根据各有关产品实际耗用的作业基础数量，将作业成本从本账户及所属各二级账户的贷方结转到“生产成本”账户及其所属各明细账户，即成本计算单内。

作业成本法基本账务处理程序如图 9-8 所示。

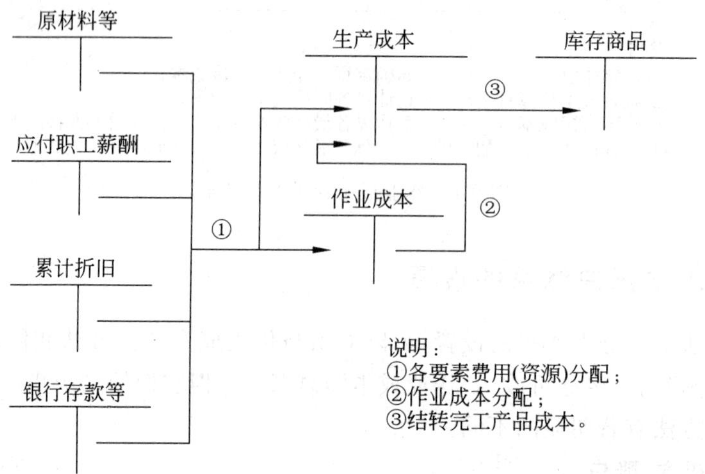

图 9-8 作业成本法基本账务处理程序

三、作业成本法的应用

案例①：P公司是一家生产汽车尾灯罩的公司。该公司为一家汽车厂家生产和提供两种尾灯罩：简单尾灯罩（SL3）和复杂尾灯罩（CL5）。两种产品由不同颜色的塑料注塑

---

① 资料来源：Charles T. Horngren, et al. Cost Accounting[M]. 12th edition. Pearson Education, Inc., 2005.

而成，但分别有不同的特性。不管是简单的尾灯罩还是复杂的尾灯罩，都包括设计、制造、配送过程。本月的产量分别为：SL3，60 000 件；CL5，15 000 件。P 公司在评价其原采用的简单成本核算体系（品种法）存在产品成本潜在误计的情况后，该公司决定采用作业成本法。P 公司实施了如下步骤。

1. 聘请专家确定作业种类和数量

由于作业的认定不是成本会计人员所能完成的，为此，P 公司聘请了设计、生产、配送、核算和经营方面的专家组成了一个团队去划分、确定作业的种类和数量。在选择作业的过程中，他们评估了 P 公司运转的几百个任务，P 公司的团队将那些间接成本占了很大比重的作业，结合具有相同成本分配基础的作业作为一个单独的作业。比如，团队决定将塑制机器的维修、运行，调控和成品检验组合成一个作业——塑制机器的运行（下称“生产”）。这样划分的原因是这些作业有相同的成本动因，即有相同的分配基础——塑制机器时间。

最终，这个团队将 P 公司的所有步骤划分了设计、安装、生产、清洗和维护、准备装运、配送和管理。

2. 确定最终的成本计算对象

P 公司确定的最终成本计算对象是 SL3 和 CL5 两种尾灯罩，同时需提供单个产品的设计、生产和分配等作业成本数据。

3. 确定 SL3 和 CL5 两种尾灯罩的直接成本

P 公司将材料的直接成本、直接的产品生产劳动力花费及模具的清洁及维护的成本确定为尾灯罩的直接成本。需要注意的一点是：P 公司在原有成本会计系统中，将模具清理及维护的费用归入到间接成本中，并按产品生产所花费人工小时将其分配到产品成本中。然而模具清洁与维护作业所需成本，仅包括员工在每个产品生产出来后做清洁及护理所需的工资，能被直接追踪到某产品批别中，因为每种尾灯罩只能由特定模具生产出来。比起简单的尾灯罩来说，复杂的尾灯罩需要更多的模具清洁和维护成本，因为在 P 公司生产复杂尾灯罩的批数大于简单尾灯罩的批数，且清理复杂尾灯罩要比清理简单尾灯罩难。SL3 和 CL5 两种尾灯罩的直接成本如表 9-29 所示。

4. 选择作业成本分配基础

由于“清洗和维护”作业的成本为直接成本，为了简化成本核算，P 公司决定将“设计、安装、生产、装运准备、配送和管理”六个作业作为基本成本计算对象，并以此为基础来归集和分配间接成本。表 9-27 中的第 2 栏与第 4 栏展示了成本等级分类、成本分配基础以及各作业的成本分配基础的总数量。

值得注意的是，确定成本分配基础时通常要将各种同质作业归为一类。比如，P 公司会倾向于将产品设计、工艺设计及外形设计归为一个同质设计成本库而非将其单个分开认定，因为它们有相近的成本动因。

选择一个适当的分配基础的第二个考虑因素是必须有准确可靠的数据及计量手段。对于设计作业的分配基础来说，设计成本的动因是产品维持成本，为产品维护的一部分，其成本多少是由模具的复杂性决定的，越复杂的模具设计起来花费的时间越多。P 公司是根据模具的组成部分的多少及模具的表面积来衡量。

表 9-27　　间接成本库的作业成本率

		第 5 步	第 4 步		第 6 步		
作业种类(1)	成本类别(2)	间接成本总额(3)	成本分配基础数量(4)		作业成本分配率(5)=(3)÷(4)		分配基础和作业成本之间的因果关系(6)
设计	维持产品	450 000 美元	100	部件平方英尺	4 500 美元	每部件平方英尺	设计部门的间接成本随着模型的复杂而增加
安装	批别级	300 000 美元	2 000	安装时间	150 美元	每个安装小时	间接安装成本随着安装时间的增加而增加
生产	产出单位成本	637 500 美元	12 750	塑制机器小时	50 美元	每个塑制机器小时	间接机器运行成本随着机器时间的增加而增加
装运	批别级	81 000 美元	200	装运	405 美元	每次装运	准备分批装运的成本随着装运的数量增加而增加
配送	产出单位成本	391 500 美元	67 500	配送的立方英尺	5.80 美元	每立方英尺	配送成本随着运输的立方英尺数量增加而增加
管理	生产维持	255 000 美元	39 750	直接生产人工小时	6.415 1 美元	每直接人工小时	管理资源的需求随着直接生产时间的增加而增加

5. 确定每个作业的间接成本

P 公司各作业的间接成本的总额如表 9-27 第 3 栏中所示。在这个步骤中，一些资源消耗要根据因果关系，选择一定的分配基础，将其分配到具体的作业上。比如，所有与立方英尺有因果关系的搬运包装箱成本，都应按照立方英尺的数量基础，将其分配并归集到"配送作业成本库"。而一些资源的消耗可以直接确认由一个具体的作业负担。比如，设计产品所用的材料、支付给设计师的酬劳以及在设计部门的设备的折旧等都可以直接认定由设计作业承担。表 9-28 记录了 P 公司一名工程师在 2006 年花费在不同作业上的时间(共计 2 000 小时)，然后将这些时间转化为货币成本，即该工程师的酬劳(50 000 美元)。

表 9-28　　人工费用分配到作业

作业种类	小时	每小时的费率/美元	总计/美元
产品和程序的设计(设计)	700	25	17 000
模型机器的安装(安装)	400	25	10 000
模型机的运行(生产)	900	25	22 500
总　计	2 000		50 000

6. 计算各作业间接成本分配率

P 公司 6 个作业间接成本分配率计算如表 9-27 第 5 栏所示，是每个作业的间接成本总额(第 3 栏)除以成本分配基础的数量(第 4 栏)所得。

7. 计算各最终成本对象应负担的总的间接成本

表 9-29 显示了分配给简单尾灯罩(SL3)的总的间接成本 1 153 953 美元，分配给复杂尾灯罩(CL5)的 961 047 美元。为了计算每个尾灯罩的总的间接成本，应将每个型号的尾灯罩的各种作业的成本分配基础的数量(见表 9-29)，分别乘以第 6 步所计算出来的成

本分配率(见表 9-27 第 5 栏),然后加总即为该尾灯罩的总的间接成本。计算结果如表 9-29 所示。

8. 计算各最终成本对象的总成本和单位成本

分别将分配给 SL3 和 CL5 两种尾灯罩的所有直接和间接成本加总就可计算出两种产品的总成本,再分别除以其产量计算出每件 SL3 和 CL5 的成本。直接成本是第 3 步计算的结果,间接成本是第 7 步计算出的结果。表 9-29 列出了简单和复杂尾灯罩的产品成本。

表 9-29　　P 公司采用作业成本法的产品成本表　　单位:美元

成本项目	简单尾灯罩(SL3)(60 000 件)		复杂尾灯罩(CL5)(15 000 件)		合计
	总成本	单位成本	总成本	单位成本	
	(1)	(2)=(1)÷60 000	(3)	(4)=(3)÷15 000	(5)=(1)+(3)
直接成本:					
直接材料	1 125 000	18.75	675 000	45.00	1 800 000
直接人工	600 000	10	195 000	13	795 500
直接清洗和维护成本	120 000	2	150 000	10	270 00
总的直接成本(第 3 步)	1 845 000	30.75	1 020 000	68	2 865 000
间接作业成本:					
设计:					
SL3(30 部件平方英尺×4 500 美元)	135 000	2.25			450 000
CL5(70 部件平方英尺×4 500 美元)			315 000	21	
安装:					
SL3(500 安装小时×150 美元)	75 000	1.25			300 000
CL5(1 500 安装小时×150 美元)			225 000	15	
生产:					
SL3(9 000 机器小时×50 美元)	450 000	7.5			637 500
CL5(3 750 机器小时×50 美元)			187 500	12.5	
装运:					
SL3(100 批次×405 美元)	40 500	0.68			81 000
CL5(100 批次×405 美元)			40 500	2.7	
配送:					
SL3(45 000 立方英尺×5.80 美元)	261 000	4.35			391 000
CL5(22 500 立方英尺×5.80 美元)			130 500	8.7	

续表

成本项目	简单尾灯罩(SL3)(60 000 件)		复杂尾灯罩(CL5)(15 000 件)		合计
	总成本	单位成本	总成本	单位成本	
	(1)	(2)=(1)÷60 000	(3)	(4)=(3)÷15 000	(5)=(1)+(3)
管理:					
SL3(30 000 直接人工小时×6.415 1 美元)	192 453	3.21			255 000
CL5(9 750 直接人工小时×6.415 1 美元)			62 547	4.17	
分配的间接成本总额(第 7 步)	1 153 953	19.24	961 047	64.07	2 115 000
总成本(第 8 步)	2 998 953	49.99	1 981 047	132.07	4 980 000

P 公司作业成本实施的概况如图 9-9 所示。

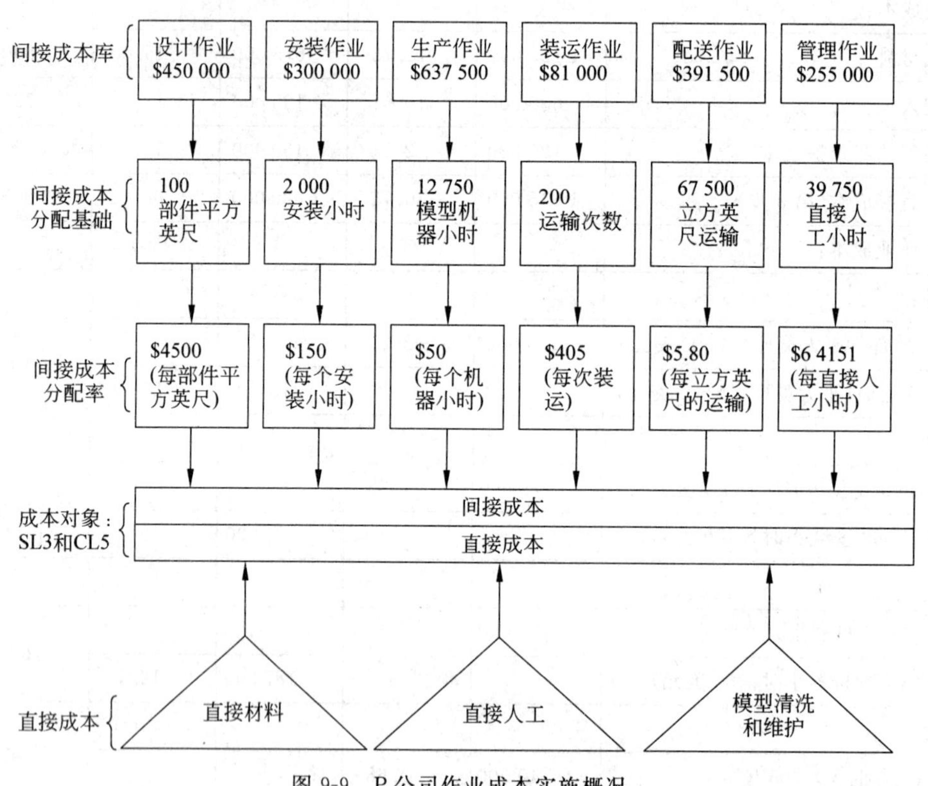

图 9-9 P 公司作业成本实施概况

四、作业成本法与传统成本法的比较

上例 P 公司分别采用作业成本法与传统成本法计算产品成本。计算的情况及二者的差异如表 9-30 所示。

表 9-30　　传统成本法与作业成本法的比较　　单位：美元

项　　目	传统成本法 (1)	作业成本法 (2)	差异 (3)=(2)-(1)
直接成本类别	2	3	1
	直接材料	直接材料	
	直接人工	直接人工	
		直接模型清洗和维持	
总的直接成本	2 595 000	2 865 000	270 000
间接成本库	1	6	5
	单一成本库(采用直接人工小时分配)	设计(部件平方英尺)	
		安装(安装小时)	
		生产(机器小时)	
		装运(装运的次数)	
		配送(配送的立方英尺)	
		管理(直接人工小时)	
总的间接成本	2 385 000	2 115 000	-270 000
分配给 SL3 的总成本	3 525 000	2 998 953	-526 047
SL3 尾灯罩的单位成本	58.75	49.99	-8.76
分配给 CL5 的总成本	1 455 000	1 981 047	526 047
CL5 尾灯罩的单位成本	97.00	132.07	35.07

根据表 9-30，可以看出作业成本法的特点：①作业成本法进行更多的直接成本追溯；②作业成本法建立与不同作业有关的同质成本库；③对于每一个作业成本库，作业成本法寻求一个成本分配基础，这个基础与这个成本库的成本存在因果关系。作业成本法下，同质成本库和成本分配原则的选择，依赖于成本类别，这样可以让 P 公司的管理者更加信赖采用作业成本法提供的成本数据，并且通过作业控制成本。从表 9-30 可以看出，仅采用“直接人工小时”成本分配基础的计算的传统成本计算法下，SL3 尾灯罩成本每件被高估了 8.76 美元，而 CL5 尾灯罩每件低估了 35.07 美元。因为 CL5 消耗了大量的设计和机器安装成本，而 SL3 相对较小一些。

作业成本法的优点是，能够提供决策更有用的信息。但在实施过程中应考虑其实施成本。关于作业成本管理方面的内容将在“管理会计”课程中阐述。

课堂讨论

作业成本法在我国的应用前景如何？

【本章小结】

本章主要介绍了分类法、定额法、标准成本法、作业成本法这些成本计算方法的特点、适应范围及成本核算程度。分类法是按品种类别归集生产费用，在计算出各类产品成本的基础上，再按一定标准在类内各种产品之间分配费用的一种成本计算方法。定额法是以产品定额成本为基础，加减脱离现行定额差异（如脱离定额的差异、材料成本差异）及定额变动差异来计算产品实际生产成本的一种方法。标准成本法是指以预先制定的标准成本为基础，用标准成本与实际成本进行比较，核算和分析成本差异的一种产品成本计算方法，也是加强成本控制、评价经济业绩的一种成本控制制度。作业成本法是一种以作业为基础，通过对所有作业活动进行动态追踪，根据各项作业费用的消耗情况将成本进行合理分配的一种成本计算方法，它是对传统成本计算方法的创新。

【延伸阅读】

1. 吕学典. 高等院校办学成本核算基本框架构想[J]. 会计之友，2009(8).

2. 庄清洪. 南方海盐行业成本核算定额法的特点初析[J]. 中国经贸，2012(10).

3. 刘林燕，尹芳. 基于标准成本法的地方高校教育成本控制研究[J]. 中国乡镇企业会计，2013(9).

4. 鲁美娟. 关于作业成本法在高校教育成本核算中应用的思考[J]. 特区经济，2005(6).

5. 周为利. 浅谈作业成本法与标准成本法的结合[J]. 财会月刊(A会计)，2002(2).

【思 考 题】

1. 分类法有哪些特点？其适用范围如何？
2. 什么是副产品？副产品的成本如何计算？
3. 什么是联产品？联产品的成本如何计算？
4. 什么是等级产品？它有几种成本计算方法？它们分别适用什么条件？
5. 定额成本法有什么特点？其适用范围如何？
6. 什么是脱离定额差异？为何要反映脱离定额差异？
7. 原材料脱离定额差异如何计算？
8. 标准成本法实施时需满足哪些前提条件？
9. 固定制造费用差异分析的方法有几种？它们之间有何区别和联系？
10. 作业成本计算法与传统成本计算法有何关系？

【自 测 题】

1. 单项选择题

(1) 分类法适用于(　　)。

A. 大量大批多步骤生产的产品

B. 品种、规格繁多的产品

C. 可以按照一定标准分类的产品

D. 品种、规格繁多,且可以按照其结构、所用原材料和过程不同分为若干类的产品

(2) 分类法是按照(　　)设置生产成本明细账。

A. 品种　　B. 批次　　C. 类别　　D. 步骤

(3) 定额法的主要缺点是(　　)。

A. 只适用于大批大量生产的机械制造企业

B. 较其他成本计算方法核算工作量大

C. 不能合理、简便地解决完工产品和月末在产品之间的费用分配问题

D. 不便于企业进行成本分析

(4) 以下成本差异中,属于数量差异的有(　　)。

A. 直接材料价格差异　　B. 直接人工效率差异

C. 直接人工工资率差异　　D. 变动制造费用耗费差异

(5) 固定制造费用能量差异可以进一步分为(　　)。

A. 预算差异和闲置能量差异　　B. 效率差异和闲置能量差异

C. 耗费差异和闲置能量差异　　D. 效率差异和耗费差异

(6) 企业利用同种原材料,在同一生产过程中生产出的几种使用价值不同的主要产品,称为(　　)。

A. 产成品　　B. 联产品　　C. 等级产品　　D. 副产品

(7) 在完工产品成本中,如果月初在产品定额变动差异是负数,说明(　　)。

A. 本月定额管理和成本管理不利　　B. 定额降低了

C. 本月定额管理和成本管理取得了成绩　　D. 定额提高了

(8) 定额法中,产品实际成本最完整的表达式是(　　)。

A. 产品实际成本=定额成本+定额变动差异

B. 实际成本=定额成本+定额变动差异+脱离定额成本差异

C. 实际成本=定额成本+定额变动差异+脱离定额成本差异+材料成本差异

D. 实际成本=定额成本+定额变动差异+脱离定额成本差异+材料成本差异+人工成本差异+制造费用差异

(9) 作业成本法的成本计算是以(　　)为中心。

A. 产品　　B. 作业　　C. 费用　　D. 资源

(10) 下列属于增值作业的是(　　)。

A. 原材料储存作业　　B. 原材料等待作业

C. 包装作业　　D. 质量检查作业

2. 多项选择题

(1) 采用分类法,同类产品内各种产品成本可以按照(　　)分配确定。

A. 定额耗用量　B. 定额费用　C. 标准产品产量　D. 总系数

(2) 分类法的优点是(　　)。

A. 可以简化成本计算工作

B. 可以分类掌握产品成本情况

C. 可以使类内各种产品成本的计算结果更为准确

D. 便于成本的日常控制

(3) 采用定额法时,实际耗用原材料应负担的材料成本差异的计算方法可以是(　　)。

A. 原材料定额耗用量乘以原材料的计划单价,再乘以材料成本差异率

B. 原材料实际耗用量乘以原材料的计划单价,再乘以材料成本差异率

C. 原材料计划价格乘以材料成本差异率

D. 原材料定额费用与原材料脱离定额差异之和乘以材料成本差异率

(4) 在定额法下,计算产品实际成本时涉及的因素有(　　)。

A. 定额成本　　B. 定额变动差异

C. 定额差异　　D. 材料成本差异

(5) 直接材料的数量标准是指现有生产技术条件下生产单位产品所需要的各种材料消耗量,包括(　　)。

A. 构成产品实体的材料数量　　B. 生产产品的辅助材料数量

C. 生产中必要的材料损耗量　　D. 不可避免的废品所消耗的材料数量

(6) 下列各项中,能够造成变动制造费用耗费差异的有(　　)。

A. 直接材料质量次,废料过多　　B. 间接材料价格变化

C. 间接人工工资调整　　D. 间接人工的人数过多

(7) 直接材料价格差异产生的原因主要有(　　)。

A. 供应单位和供应价格的变化　　B. 废品、次品率的变动

C. 材料质量的变化　　D. 运输方式和运输路线的变化

(8) 与作业成本法相比,关于传统成本方法下列说法错误的是(　　)。

A. 传统成本法低估了产量大而技术复杂程度低的产品成本

B. 传统成本法高估了产量大而技术复杂程度低的产品成本

C. 传统成本法低估了产量小而技术复杂程度高的产品成本

D. 传统成本法高估了产量小而技术复杂程度高的产品成本

(9) 成本动因选择主要考虑的因素有(　　)。

A. 成本计算　　B. 成本动因与所耗资源成本的相关程度

C. 成本库　　D. 成本中心

(10) 下列说法中正确的是(　　)。

A. 作业量决定资源的耗用量

B. 最终产品产出量决定着作业量

C. 资源耗用量与最终产品产出量有直接关系

D. 成本库的作业就是成本动因

3. 判断题

(1) 如果副产品加工处理所需时间不长，费用不大，为了简化成本计算工作，副产品成本可以按计划成本计价，从主、副产品的生产费用总额中扣除。 ( )

(2) 等级产品必须采用分类法计算成本。 ( )

(3) 本期材料定额消耗量，就是本期完工产品产量与产品材料消耗定额的乘积。 ( )

(4) 定额法与基本方法的区别在于，前者根据定额成本加减各种成本差异算出实际成本，因而便于进行产品成本的定期分析。 ( )

(5) 标准成本都是未来的成本，不应计入账簿。 ( )

(6) 正常标准成本从数额上看，它应当大于理想标准成本，但又小于历史平均成本。 ( )

(7) 在标准成本系统中，直接材料的价格标准是指预计下一年度实际需要支付的材料市价。 ( )

(8) 传统成本计算所采用的是单一数量分配基准，作业成本计算采用多种成本动因作为分配基准。 ( )

(9) 作业链通常就是价值链。 ( )

(10) 在作业成本法下，产品成本是指完全成本，包括与生产产品相关的、合理的、有效的费用，并按照作业类别设置成本项目。 ( )

4. 业务计算题

(1) 某企业用一种原材料同时生产出甲、乙两种产品(即联产品)，采用分类法进行产品成本核算。该类产品月初在产品定额成本为：原材料 23 000 元，工资及福利费7 500 元，制造费用 4 500 元。本月投入费用为：原材料 111 120 元，工资及福利费 30 968 元，制造费用 19 256 元。月末在产品定额成本为：原材料 21 000 元，工资及福利费 6 800 元，制造费用 4 100 元。本月完工产品中，甲产品 2 640 件，原材料费用系数为 1，工时定额为 3 小时；乙产品 2 000 件，原材料费用系数为 0.7，工时定额为 1.5 小时。

要求：采用分类法计算甲、乙产品单位成本。其中：原材料费用按系数分配，其他费用按定额工时比例分配。

(2) 甲产品采用定额法计算成本。本月份有关甲产品原材料定额费用的资料如下所示。

① 月初在产品定额费用为 1 500 元，月初在产品脱离定额的差异为节约 100 元，月初在产品定额费用调整后降低为 30 元。定额变动差异全部由完工产品负担。

② 本月定额费用为 25 000 元，本月脱离定额的差异为节约 429.4 元。

③ 本月原材料成本差异为节约 2%，材料成本差异全部由完工产品成本负担。

④ 本月完工产品定额费用为 22 000 元。

要求：

① 计算月末在产品的原材料定额费用。

② 计算完工产品的原材料实际费用(脱离定额差异，按定额费用比例在完工产品和月末在产品之间进行分配)。

(3) 某企业生产甲产品，单位产品耗用的直接材料标准成本资料如表 9-31 所示。

表 9-31　耗用的直接材料标准成本

成本项目	价格标准	用量标准	标准成本
直接材料	0.5 元/千克	6 千克/件	3 元/件

直接材料实际购进量是 4 000 千克，单价 0.55 元/千克；本月生产产品 400 件，使用材料 2 500 千克。

要求：

① 计算该企业生产甲产品所耗用直接材料的实际成本与标准成本的差异。

② 将差异总额进行分解。

【案例分析】

1. 目的：练习分类法的成本计算方法。

资料：海东企业所属的第三分厂成本计算采用分类法，其所生产的产品按产品结构分为 A、B 两大类，每类产品的月末在产品均按所耗直接材料成本计算，其他费用全部由完工产品负担，月末在产品成本按定额成本计价法计算。

本月有关资料如表 9-32～表 9-35 所示。

表 9-32　直接材料定额成本

产品类别	单耗定额/千克	计划单价/元	定额成本/元
A 类产品	10	1	10
B 类产品	8	2	16

表 9-33　产量和单位定额成本

产品类别	规格	产量/件	单位定额成本/元
A 类产品	A—1	100	12
	A—2	300	10
	A—3	200	14
B 类产品	B—1	300	20
	B—2	100	25
	B—3	50	32

表 9-34　　月初在产品成本及本月发生费用　　单位：元

产品类别	月初在产品直接材料定额成本	本月发生费用			
		直接材料	直接人工	制造费用	合计
A 类产品	260	5 600	2 300	3 000	10 900
B 类产品	180	8 400	2 700	2 000	13 100

表 9-35　　月末在产品数量及单位定额成本

产品类别	数量/件		单位定额成本/元	定额成本/元
A 类产品	A—1	15	12	500
	A—2	18	10	
	A—3	10	14	
B 类产品	B—1	3	20	320
	B—2	4	25	
	B—3	5	32	

要求：编制成本计算表，完成 A、B 各类产品成本和类内的各种产品成本计算。

(1) 计算 A、B 类产品的生产成本(见表 9-36 和表 9-37)。

表 9-36　　成本计算单(A 类产品)

产品：A 类产品　　单位：元

20××年		摘　要	直接材料	直接工资	制造费用	合　计
月	日					
7	31	期初在产品成本(定额成本)				
8	31	本月生产费用				
8	31	生产费用合计				
8	31	本月完工产品成本				
8	31	期末在产品成本(定额成本)				

表 9-37　　成本计算单(B 类产品)

产品：B 类产品　　单位：元

20××年		摘　要	直接材料	直接工资	制造费用	合　计
月	日					
7	31	期初在产品成本(定额成本)				
8	31	本月生产费用				
8	31	生产费用合计				

续表

20××年		摘　　要	直接材料	直接工资	制造费用	合　计
月	日					
8	31	本月完工产品成本				
8	31	期末在产品成本(定额成本)				

(2) 计算各类产品的类内各种产品的系数,见表9-38。

表9-38　　各类产品类内各种产品系数计算表

产品类别	规格	产量/件	单位定额成本/元	系数	标准产量/件
A类产品	A—1				
	A—2				
	A—3				
B类产品	B—1				
	B—2				
	B—3				

(3) 计算各种产品的总成本和单位成本,见表9-39。

表9-39　　各类产品类内的各种产成品成本计算表　　单位:元

项　目	产量/件	总系数	直接材料分配额	直接工资分配额	制造费用分配额	各种产品总成本	单位成本
A类产品							
分配率							
A—1							
A—2							
A—3							
合计							
B类产品							
分配率							
B—1							
B—2							
B—3							
合计							

2. 目的:练习作业成本法的成本计算方法。

资料:T公司为几家著名的公司制造提供具有不同复杂性和组织生产的音乐系统。

其 2006 年发生的成本资料如下。

(1) 间接人工成本，如为监管直接生产，100 万元。

(2) 采购订单、收料、付款处理等成本，50 万元。

(3) 间接材料成本，25 万元。

(4) 由于每次生产不同的产品而发生的安装机器的成本，60 万元。

(5) 设计产品的生产流程、工程流程的改变，80 万元。

(6) 与机器相关的间接成本，如折旧、维修等，110 万元。

(7) 厂房管理、租赁和保险，90 万元。

要求：

(1) 把每一过程中发生的成本按产出单位、批量、产品(服务)维持及设施维护四类进行分类，并说明理由。

(2) 假设 T 公司生产简单和复杂两种类型的音乐系统产品，简单的批次少，复杂的批次多，而每批的机器小时相同，如果该公司用机器小时作为唯一的成本分配基础，其产品的成本会误计吗？为什么？

(3) 根据作业成本法的基本原理和一般程序设计一个制造企业作业成本法下的产品成本计算案例，并与传统成本法进行比较。

第十章 成本报表的编制与分析

学习目标

通过本章学习，应达到以下学习目标：

1. 了解成本报表的作用和种类；
2. 理解成本报表的编制要求；
3. 熟悉成本报表的分析方法；
4. 掌握全部产品生产成本报表、主要产品单位成本表和各种费用报表的编制与分析。

引导案例[①]

凯华公司是一家刚成立不久的通信电子产品制造商，会计部门的小陈负责成本核算。由于公司业务刚刚起步，没有以前年度的资料可参考，对同行业先进水平的了解不多，在编制成本报表时，小陈只能依据产品成本计算单和产品生产成本明细账的记录填列。但是最近他发现这样编制出来的成本报表缺乏可比性，实际运用性也不是很强。请分析上述案例存在的问题。

通过该案例我们可以得到以下启示：成本报表的设计以满足管理需要为目的，设计时应多从管理的角度进行考虑。成本报表的设计应符合用途，成本报表的目的和作用决定了其内容、格式、编制方法。

本章主要介绍成本报表的含义和特点，成本报表分析的一般方法，产品生产成本表、主要产品单位成本表、制造费用明细表和期间费用明细表的编制和分析。

第一节　成本报表概述

一、成本报表的含义和特点

成本报表是企业根据日常成本核算资料及其他有关资料编制的，反映企业一定时期内产品成本水平和费用支出情况，据以分析企业成本计划和费用预算的执行情况和结果的报告性文件。

从实质上看，成本报表是企业内部成本管理的报表。它与现行会计制度规定的对外

---

① 案例资料来源：罗小兰，唐海军．成本会计实务[M]．北京：中国传媒大学出版社，2012.

报表(财务报表)相比,具有以下特点。

1. 灵活性

成本报表是服务于企业内部经营管理的报表,可以根据企业对成本管理的要求灵活设置,并且不受外界因素的影响,因此,成本报表的种类、格式、指标项目、编制时间、报送程序和范围都可以根据企业的需要自行规定,并随着生产条件的变化、管理要求的提高,随时进行修改和调整,具有较大的灵活性。

2. 多样性

成本报表是企业特定的生产环境下,综合企业的生产部门和成本管理要求而编制的。不同企业的生产特点和成本管理要求不同,这就决定了不同企业编制的成本报表在格式、指标项目及指标计算口径上必须有所不同,因而成本费用报表也就呈现出多样性。

3. 综合性

成本报表需要同时满足财会部门、各级生产技术部门和计划管理等对成本管理的需要。对这些职能部门而言,它们不仅要求成本报表提供用于事后分析的资料,还要提供事前计划、事中控制所需要的大量信息。因此,成本报表不仅要设置货币指标,还要设置反映成本消耗的多种形式的指标;不仅包括会计核算提供的指标,还包括统计核算、业务核算提供的指标,这些指标实质上是核算资料与技术资料的有机结合。由于成本费用报表的信息广泛,因此,它具有综合性的特点。

二、成本报表的作用

一般来讲,成本报表是为企业内部管理需要而编制的,它对加强成本管理、提高经济效益有着重要的作用。

(一) 反映工业企业报告期内产品成本水平

产品成本是反映制造企业生产技术经营成果的一项综合性指标,制造企业在一定时期内的物质消耗、劳动效率、工艺水平、生产经营管理水平,都会直接或间接地在产品成本中综合地体现出来。通过编制成本报表能够及时地揭示企业在生产、技术、质量、管理等方面取得的成绩和存在的问题,不断总结经验,提高企业经济效益。

(二) 反映企业成本计划的完成情况

成本报表中所反映的各项产品成本指标,对掌握制造企业一定时期的成本水平,分析和考核产品成本计划完成情况及加强成本管理具有重要作用。

(三) 为制定成本计划提供依据

成本计划是在报告年度产品成本实际水平的基础上,结合报告年度成本计划执行情况,考虑计划年度中可能出现的有利因素和不利因素而编制的,所以报告年度成本报表所提供的资料,是制定计划年度成本计划的重要参考依据,各管理部门还可以根据成本报表的资料对未来时期的成本进行预测。

(四) 为企业的成本决策提供信息

对成本报表进行分析,可以发现成本管理工作中存在的问题,揭示成本差异对产品成本升降的影响程度,从而把注意力集中放在那些引起成本不正常变动的影响因素上,查明原因和责任，以便采取有针对性的措施，促使成本水平的不断降低，为企业挖掘降低成本的潜力指明方向。

三、成本报表的分类

成本报表的种类、格式、编制报表项目、编制方法、报送时间和报送对象，都不是由国家统一规定的，而是由企业根据自身生产经营过程的特点和成本管理的要求所设置的，并随着生产条件的变化、管理要求的提高，适时进行修改和调整。根据不同的标志，成本报表可做如下分类。

（一）成本报表按其反映的内容分类

1. 反映成本水平的报表

这类报表主要反映报告期内企业各种产品的实际成本水平。通过本期实际成本与前期平均成本、本期计划成本的对比，可以了解企业成本发展变化的趋势和成本计划的完成情况，并为进行深入的成本分析、挖掘降低成本的潜力提供资料。这类报表主要有产品生产成本表和主要产品单位成本表等。

2. 反映费用支出情况的报表

这类报表主要反映企业在报告期内某些费用支出的总额及其构成情况。通过此类报表可以分析费用支出的合理程度及变化趋势，有利于企业制定费用预算，考核费用预算的实际完成情况，以明确有关经济责任。这类报表主要有制造费用明细表、管理费用明细表、营业费用明细表和财务费用明细表等。

3. 成本管理专题报表

这类报表主要反映企业在报告期内某些成本、费用发生的具体情况和成本管理中某些特定、重要的信息。通过对这些信息的反馈和分析，可以有针对性地采取措施，从而加强企业的成本管理。这类报表一般根据企业实际需要灵活设置，通常有责任成本表、质量成本表等。

（二）成本报表按其编制的时间分类

1. 定期报表

定期报表一般按月、季、半年、年来编制，如产品生产成本表、主要产品单位成本表、制造费用明细表等。但为了及时反馈某些重要的成本信息，以便管理部门采取对策，定期报表也可采用旬报、周报、日报乃至班报的形式。

2. 不定期报表

不定期报表是针对成本管理中出现的问题或急需解决的问题而随时按要求编制的，如发生了金额较大的内部故障成本，需及时将信息反馈给有关部门而编制的质量成本表等。

（三）成本报表按其编制的范围分类

1. 企业成本报表

企业成本报表是指反映全企业范围成本费用状况的报表。一般来说，商品产品成本表、主要产品单位成本表、管理费用明细表、营业费用明细表、财务费用明细表等都是企业成本报表。

2. 车间成本报表

车间成本报表是指反映车间范围成本费用状况的报表。

3. 班组成本报表

班组成本报表是指反映班组范围成本费用状况的报表。而制造费用明细表，既可以是企业成本报表，也可以是车间、班组成本报表。

四、成本报表的编制要求

成本报表的种类和格式、指标的设计，以及报表的编制时间、编制方法和报送对象等可由企业自行决定，不需要遵循企业会计准则的规定。但是，企业在设置成本报表时，也应当符合内部管理会计报表设置的一般原则和要求。

（一）设置成本报表的基本要求

1. 成本报表的专题性

成本报表有些是反映企业成本的全貌，有些则是反映企业成本中的某一方面或某些方面。作为内部报表的成本费用报表，其专题性强调的是成本报表的设置应适应成本管理中某一方面的需要，突出成本管理中的重点问题，对成本形成产生重大影响或费用发生集中的部门，应单独设置有关成本费用报表，以提供充分的成本信息，从而满足企业内部成本管理的需要。

2. 成本报表指标的实用性

成本报表的指标设置应以适应企业内部成本管理的需要为标准。成本指标既可按完全成本进行反映，也可按变动成本和固定成本来反映，还可以考虑将成本指标与生产工艺规程以及各项消耗定额对照，以便从最原始的资料入手，分析成本升降的原因，挖掘降低产品成本的潜力。

3. 成本报表格式的针对性

成本费用报表格式的设计，应能针对某一具体业务的特点及其存在的问题，重点突出，简明扼要，切忌表式复杂庞大，避免无用的烦琐计算。

（二）编制和报送成本报表的要求

编制和报送成本报表要符合三个方面的要求，即数字准确、内容完整、编制及时。

1. 数字准确

数字准确是指报表中的各项数据必须真实可靠，不得以估计数字、计划数字、定额数字替代实际数字，更不允许弄虚作假、篡改数字。因此，企业在编制成本报表前，应将所有的经济业务登记入账，调整不应列入成本的费用，并核对各种账簿之间的记录，做到账账相符；认真清查财产物质，做到账实相符。然后再依据有关账簿的记录编制报表。报表编制完毕后，还应检查各个报表中相关指标的数字是否一致，做到表表相符。

2. 内容完整

内容完整是指主要成本报表的种类必须齐全，应填列的报表指标和文字说明必须全面，对于表内项目和表外补充资料，不论根据账簿资料直接填列，还是分析填列，都应当完整无缺，不得任意取舍。

3. 编报及时

编报及时是要求按规定期限报送成本报表。为了反映成本计划和费用预算的执行情况，成本报表可以像财务报表一样定期按月、季、半年、年编制，以便为企业进行成本预测、编制成本计划提供必要的成本信息。在日常成本核算过程中，为了及时反馈成本信息和提示存在的问题，还需要以旬报、周报、日报甚至班报为形式编制不定期成本报表，从而使有关部门及时了解生产耗费的变化情况和发展趋势，并采取相应的措施改进工作，加强成本控制。

成本报表在整个会计报表体系中起什么作用？有什么特点？

第二节　成本报表的分析方法

对成本报表进行分析的方法很多，企业可根据分析的目的、分析对象的特点、掌握的资料等情况确定应采用哪种方法进行成本分析。在实际工作中，通常采用的分析方法有比较分析法、比率分析法和因素分析法。

一、比较分析法

比较分析法是将两个或两个以上相关的数据进行对比，从数量上确定差异的一种分析方法。成本报表中有关成本指标数量上的差异，反映成本管理工作的绩效或差距。进行对比分析的基数由于成本分析的目的不同而有所不同，实际工作中通常有三种形式。

(1) 以分析期成本的实际指标与成本的计划或定额指标对比，这是基本的比较方法。该方法可以找出分析期成本或费用与计划成本或费用之间的差异，提示成本计划或定额的完成情况。实际数与计划数或定额之间差异的产生，除了成本管理水平的原因外，还可能由于计划或定额太保守或不切实际造成的。所以，在分析时应该检查计划或定额本身是否既先进又切实可行。

(2) 以分析期的实际成本指标与前期(上月、上季、上年、上年同期、本企业历史先进水平等)的实际成本指标对比，可以反映企业成本、费用指标的变动情况和变动趋势，了解企业生产经营工作的改进情况。在有关成本、费用的计划(或定额)资料不全或计划(或定额)制订质量不高时，这种比较将显得尤为重要。

(3) 以本企业实际成本指标与国内外同行业先进指标对比，可在更大的范围内发现与先进水平的差距，从而学习先进，推动企业改进经营管理，赶上和超越先进。

需要注意的是，比较分析法只适用于同质指标的数量对比。因此，在采用这种分析方法时，应该注意对比指标的可比性。进行对比的各项指标，在经济内容、计算方法、计算期和影响指标形成的客观条件等方面，应当具有共同基础。

比较分析法是经济分析中广泛应用的一种分析方法。其对比的范围越广泛，越能发现差距，越有利于企业挖掘潜力，学习和推广先进经验。

二、比率分析法

比率分析法是指通过计算和对比经济指标的比率，进行数量分析的一种方法。采用这种方法，要把对比的数值变成相对数，求出比率，然后进行对比分析。具体形式有以下几种。

（一）相关指标比率分析法

相关指标比率分析法是计算两个性质不同但又相互联系的指标的比率，进行数量分析的方法。通过相关比率的计算，可以排除不同企业之间和同一企业不同期间的某些不可比因素，有利于企业经营管理者进行成本效益分析和经营决策。在实际工作中，由于各单位的规模存在差异，单纯地对它们的产值、销售收入和利润等绝对数比较，难以说明经济效益的好坏，如果将成本指标与反映生产、销售等生产经营成果的产值、销售收入、利润指标对比，就能有效地分析和比较生产耗费的经济效益。产值成本率、销售收入成本率和成本利润率的计算公式如下：

$$\text{产值成本率} = \frac{\text{产品成本}}{\text{产品产值}} \times 100\%$$

$$\text{销售收入成本率} = \frac{\text{产品成本}}{\text{销售收入}} \times 100\%$$

$$\text{成本利润率} = \frac{\text{利润总额}}{\text{产品成本}} \times 100\%$$

（二）构成比率分析法

构成比率分析法是把各成本、费用表转换成结构百分比报表，对某项指标的各部分费用占该指标总费用的比重进行分析的方法。常见的构成比率分析包括构成产品成本的各个组成部分占总体的比重分析；构成产品成本的各个成本项目占产品成本总额比重分析；各个费用项目占总费用的比重分析等。通过这种分析，可以反映产品成本或期间费用的构成是否合理。直接材料费用比率、直接人工费用比率和制造费用比率的计算公式如下：

$$\text{直接材料费用比率} = \frac{\text{直接材料}}{\text{产品成本}} \times 100\%$$

$$\text{直接人工费用比率} = \frac{\text{直接人工费用}}{\text{产品成本}} \times 100\%$$

$$\text{制造费用比率} = \frac{\text{制造费用}}{\text{产品成本}} \times 100\%$$

（三）趋势分析法

趋势分析法又称动态比率分析法，它是将几个时期的同类指标的数值进行对比，求出比率，据以分析该项指标的增减速度和变动趋势的方法。通过这种分析，可以判断企业某方面业务的趋势，从其变化中发现企业在生产经营方面所取得的成绩或不足。

采用趋势分析法，在连续的若干期之间，可以按绝对数进行对比，也可以按相对数（即比率）进行对比；可以以某个时期为基期，其他各期均与该时期的基数进行对比；也可以在各个时期之间进行环比，即分别以上一时期为基期，将下一时期与上一时期的基数进行对比。定基比率和环比比率的计算公式如下：

$$\text{定基比率}=\frac{\text{某类指标各期实际数}}{\text{该类指标基期实际数}}\times 100\%$$

$$\text{环比比率}=\frac{\text{某类指针各期实际数}}{\text{该类指标上期实际数}}\times 100\%$$

课堂讨论

比率分析法在成本报表分析中的作用是什么？

三、因素分析法

以上两种分析方法，只能揭示实际数与基数之间的差异，但难以揭示影响的原因。因为一个经济指标的完成，往往是多种因素共同影响的结果。只有把这种综合性的指标分解为各种构成，从中找出主要原因，分清责任，才能了解指标完成好坏的真正原因。

因素分析法就是将综合经济技术指标分解成各个原始因素，然后确定各个因素变动对该项经济指标的影响程度。由于各构成因素之间相互关系的复杂性不同，因素分析法又可分为连环替代法和差额分析法。

（一）连环替代法

连环替代法是用来计算几个相互联系的因素，对综合经济指标变动影响程度的一种分析方法。运用连环替代法进行分析计算，应当遵循下列计算程序。

1. 分解指标体系，确定分析对象

根据影响某项经济指标完成情况的因素，按其依存关系将经济指标的基数（计划数或上期数）和实际数分解为两个指标体系，将该指标的实际数与基数进行比较，求出实际脱离基数的差异，即为分析对象。

2. 连环顺序替代，计算替代结果

以基数指标体系为计算基础，用实际指标体系中每项因素的实际数顺序地替代其基数；每次替代后，实际数就被保留下来，有几个因素就替换几次；每次替换后算出由于该因素变动所得新的结果。

3. 比较替代结果，确定影响程度

将每次替代所计算的结果与这一因素被替代前的结果进行比较，两者的差额，就是这个因素变化对经济指标的影响程度。

4. 汇总影响数额，验算分析结果

将各个因素的影响数值相加，其代数和应当与经济指标的实际数与基数的总差异数（即分析对象）相符，据此检验分析结果是否正确。

应用连环替代法，必须注意以下四个问题。

第一，因素分析的关联性。在确定构成经济指标的因素时，必须考虑各种因素客观上存在的因果关系，否则会失去其存在的价值。

第二，因素替代的顺序性。应当按照因素的依存关系，排列成一定的顺序并依次替代。一般排列因素顺序的原则是：先替代数量指标，后替代质量指标；先替代实物量指标，后替代货币量指标；先替代主要指标，后替代次要指标。

第三，顺序替代的连环性。连环替代法在计算每个因素变动的影响时，都是在前一次基础上进行的，并且采用连环比较的方法确定因素变化的影响结果。

第四，计算结果的假定性。由于连环替代法计算的各因素变动影响数，因替代计算顺序的不同而有差别，因而计算结果难免带有一定的假定性。

【例 10.1】 某企业生产的 A 产品所耗用的原材料费用有关资料如表 10-1 所示。

表 10-1　　A 产品原材料费用资料

指标	产品数量/件	单位产品材料消耗量/(千克/件)	材料单位/(元/千克)	材料费用/元
计划	2 000	15	2	60 000
实际	2 200	12	2.5	66 000
差异	+200	−3	+0.5	6 000

采用连环替代法计算产品数量、单位产品材料消耗量和材料单价三项因素对产品原材料费用超支的影响程度：

材料费用总额差异＝66 000－60 000＝6 000(元)

计划指标：2 000×15×2＝60 000(元)

第一次替代：2 200×15×2＝66 000(元)

由于产品产量增加使材料费用增加：66 000－60 000＝6 000(元)

第二次替代：2 200×12×2＝52 800(元)

由于单位产品消耗量减少使材料费用减少：52 800－66 000＝ －13 200(元)

第三次替代：2 200×12×2.5＝66 000(元)

由于材料单价增加使材料费用增加：66 000－52 800＝13 200(元)

材料费用变动差异合计＝6 000＋(－13 200)＋13 200＝6 000(元)

此结果正好与材料费用总额差异相等。

（二）差额分析法

差额分析法是利用各个因素的实际数与基数之间的差额，直接计算出各个因素对经济指标差异的影响数值，是连环替代法的一种简化的计算方法。仍以例 10.1 的数据说明。

材料费用总额差异：66 000－60 000＝6 000(元)

由于产品产量增加使材料费用增加：(2 200－2 000)×15×2＝6 000(元)

由于单位产品消耗量减少使材料费用减少：2 200×(12－15)×2＝－13 200(元)

由于材料单价增加使材料费用增加：2 200×12×(2.5－2)＝13 200(元)

材料费用变动差异合计：6 000＋(－13 200)＋13 200＝6 000(元)

以上结果表明，两种方法的计算结果相同，但采用差额分析法显然要比连环替代法简化。因此，在实际工作中，普遍采用差额分析法。

差额分析法与连环替代法有何区别与联系?

第三节　产品生产成本表的编制与分析

一、产品生产成本表的编制

产品生产成本表是反映企业在报告期内生产的全部产品的总成本的报表,也称为商品产品成本表。产品生产成本表可以从两个不同角度进行编制。一是按产品种类编制;二是按成本项目编制。

(一) 产品生产成本表(按产品种类反映)的编制

按产品种类反映的产品生产成本表是反映企业在报告期所产全部产品的总成本和各种主要产品(含可比产品和不可比产品)单位成本及总成本的报表。

1. 产品生产成本表(按产品种类反映)的结构

产品生产成本表(按产品种类反映)分为正表和补充资料两部分。正表项目栏的纵栏中首先分为可比产品与不可比产品两部分。可比产品是指上一年正式生产过,有上年度较完备的成本资料的产品。由于可比产品需要同上年度实际成本进行比较,因此表中不仅要反映本期的计划成本和实际成本,还要反映按上年实际平均单位成本计算的总成本。不可比产品是指上一年没有正式生产过,没有上年度成本资料的产品,所以只反映本年度的计划成本和实际成本。将可比产品成本与不可比产品成本加总,可以求得全部产品生产的制造成本。

正表项目栏的横栏中,分别反映各种产品的实际产量、单位成本、本月总成本和本年累计总成本,分别以上年实际平均单位成本、本年计划单位成本和本月实际单位成本为标准计算的实际产量总成本,以便将本年实际与上年实际和本年计划进行比较,正确评价企业成本工作的业绩。补充资料则是按年填报可比产品成本降低额、降低率、产值成本率的累计实际数与计划数,以及按现行价格计算的产品产值等,以方便对报表资料进行分析和利用。

产品生产成本表(按产品种类反映)的格式如表 10-2 所示。

2. 产品生产成本表(按产品种类反映)的填列方法

(1)“实际产量”栏:分为本月数和本年累计数两栏,分别反映本月和从本年 1 月 1 日起至报表编制月月末止各种主要商品的实际产量。应根据成本计算单或产品成本明细账的记录计算填列。

(2)“单位成本”栏:按上年度本报表资料、本期成本计划资料、本期实际成本资料和本年累计成本资料分别计算填列。

(3)“本月总成本”栏:包括本月实际总成本、按上年实际平均单位成本计算的总成本和本年计划单位成本计算的总成本三项内容。其中,本月实际总成本按本月产品成本计算单的有关数字填列;后两项内容分别根据上年实际平均单位成本和本年计划单位成本乘以本月实际产量所得积数填列。

表 10-2

产品生产成本表(按产品种类反映)

编制单位：嘉业制造有限责任公司　　　　20××年 12 月　　　　单位：元

产品名称	规格	计量单位	实际产量		单位成本				本月总成本			本年累计总成本		
			本月	本年累计	上年实际平均	本年计划	本月实际	本年累计实际平均	按上年实际平均单位成本计算	按本年计划单位成本计算	本月实际	按上年实际平均单位成本计算	按本年计划单位成本计算	本年实际
			(1)	(2)	(3)	(4)	(5)＝(9)÷(1)	(6)＝(12)÷(2)	(7)＝(1)×(3)	(8)＝(1)×(4)	(9)	(10)＝(2)×(3)	(11)＝(2)×(4)	(12)
可比产品合计									22 400	21 120	22 480	280 000	264 000	278 000
1. 甲		台	32	400	325	310	313	305	10 400	9 920	10 080	130 000	124 000	122 000
2. 乙		台	16	200	750	700	775	780	12 000	11 200	12 400	150 000	140 000	156 000
不可比产品合计										4 200	4 320		52 500	53 000
1. 丙		件	8	100		525	540	530		4 200	4 320		52 500	53 000
全部产品生产成本										25 320	26 800		316 500	331 000

补充资料(本年实际数)：

1. 可比产品成本降低额 2 000 元(本年计划降低额为 15 400 元)。
2. 可比产品成本降低率 0.714%(本年计划降低率为 5.768%)。
3. 按现行价格计算的商品产值 935 000 元。
4. 产值成本率 35.40 元/百元(本年计划产值成本率为 35 元/百元)。

(4)“本年累计总成本”栏：包括按上年实际平均单位成本计算、按本年计划单位成本计算和本年实际总成本三栏。应按自年初至本月末止的本年累计产量分别乘以上年实际平均单位成本、本年计划单位成本和本年累计实际平均单位成本的积填列。

(5)补充资料部分：补充资料部分只填列本年累计实际数。

(二)产品生产成本表(按成本项目反映)的编制

按成本项目反映的产品生产成本表是汇总反映企业在报告期发生的全部生产费用(按成本项目反映)和全部产品总成本的报表。

1. 产品生产成本表(按成本项目反映)的结构

产品生产成本表(按成本项目反映)分为生产费用和产品成本两部分。生产费用部分按成本项目反映;产品成本部分是在生产费用合计数的基础上,加减期初、期末在产品和自制半成品余额计算的产品成本合计数。生产费用和产品成本可以按本年计划数、本月实际数和本年累计实际数分档反映,以便于分析利用。如果可比产品单列,还可以增设上年实际数档。

产品生产成本表(按产品项目反映)的格式如表10-3所示。

表10-3　　产品生产成本表(按成本项目反映)

编制单位：嘉业制造有限责任公司　　20××年12月　　单位：元

项　　目	本年计划数	本月实际数	本年累计实际数
生产费用：			
直接材料	211 190	17 580	237 970
直接人工	61 480	4 630	53 150
制造费用	41 150	3 470	37 080
生产费用合计	313 820	25 680	328 200
加：在产品、自制半成品期初余额	16 000	3 120	21 800
减：在产品、自制半成品期末余额	13 320	2 000	19 000
产品成本合计	316 500	26 800	331 000

2. 产品生产成本表(按成本项目反映)的填列方法

产品生产成本表(按产品项目反映)中,本年计划数根据成本计划有关资料填列;本月实际数根据各种产品成本明细账所记本月生产费用合计数,按成本项目分别汇总填列;本年累计实际数根据本月实际数,加上上月本表的本年累计实际数计算填列;期初、期末在产品和自制半成品余额,根据各种产品成本明细账的期初、期末在产品成本和各自自制半成品的期初、期末余额,分别汇总填列;而以生产费用合计数加(减)在产品、自制半成品期初、期末余额,即可计算出产品成本合计数。

二、产品生产成本表的分析

产品生产成本表的分析,主要是将全部产品的实际总成本同计划总成本进行对比,以分析全部产品成本计划的完成情况,对可比产品,还要分析可比产品成本降低目标的完成情况。

（一）产品成本计划完成情况分析

产品成本计划完成情况的分析是一种综合分析，通过分析，可以总体考核成本计划指标的完成情况，查明全部产品总成本中各个成本项目的成本计划完成情况，找出成本超支或降低幅度较大的产品或成本项目，为进一步分析指明方向。

1. 按产品种类进行的成本计划完成情况的分析

工业企业全部产品可以分为可比产品和不可比产品两大类。它们在考核和分析方法上是不同的。

对于可比产品的实际成本，不仅要与计划成本进行比较，考核成本计划的完成程度，还需要与上年的实际平均成本进行比较，以衡量报告期实际成本较上年成本降低的幅度和数额，用以检查企业在报告期内生产技术和生产组织以及经营管理工作的改进情况。

对于不可比产品，因为在以前年度未正式生产过，所以其实际成本只能与计划成本进行比较。由于在全部产品成本中，包括不可比产品的成本，因此，它只能以实际总成本与计划总成本进行比较，以确定其实际成本较计划成本的降低额和降低率。

【例 10.2】 以表 10-2 所列的嘉业制造有限责任公司 20××年 12 月份产品生产成本报表资料，按产品类别分析产品成本计划的完成情况。

(1) 将全部产品的实际总成本与计划总成本进行对比，确定实际总成本比计划总成本的成本降低额与成本降低率。

$$
\begin{aligned}
\text{成本降低额} &= \text{计划总成本} - \text{实际总成本} \\
&= \sum[\text{实际产量} \times (\text{计划单位成本} - \text{实际单位成本})] \\
&= 316\,500 - 331\,000 = -14\,500(\text{元})
\end{aligned}
$$

$$
\text{计划总成本} = \sum(\text{各种产品实际产量} \times \text{各该产品计划单位成本})
$$

$$
\begin{aligned}
\text{成本降低率} &= \frac{\text{成本降低额}}{\text{全部产品计划总成本}} \times 100\% \\
&= \frac{-14\,500}{316\,500} \times 100\% = -4.58\%
\end{aligned}
$$

(2) 按产品类别分析考核可比产品和不可比产品成本计划完成情况，分别计算可比产品和不可比产品的成本降低额和降低率。

(3) 按每种产品考核其成本计划的完成情况，计算每种产品的降低额和降低率。

根据上述计算结果编制的产品成本计划完成情况表如表 10-4 所示。

表 10-4　　产品成本计划完成情况表(按产品类别)

产品名称	计划总成本/元	实际总成本/元	实际比计划降低额/元	实际比计划降低率/%
1. 可比产品	264 000	278 000	−14 000	−5.30
其中：甲	124 000	122 000	2 000	1.61
乙	140 000	156 000	−16 000	−11.43
2. 不可比产品	52 500	53 000	−500	−0.95
丙	52 500	53 000	−500	−0.95
合　计	316 500	331 000	−14 500	−4.58

从以上分析中可以看出，该企业全部产品未能完成成本降低任务，实际成本比计划成本超支 14 500 元，使成本降低率为－4.58%。其中，可比产品总成本超支 14 000 元。降低率为－5.3%，不可比产品成本超支 500 元，降低率为－0.95%。在可比产品成本中，乙产品成本较计划成本超支了 16 000 元，甲产品成本较计划成本降低了 2 000 元。显然，对产品成本进行进一步分析的重点应当为查明乙产品超支的原因。

对本章案例分析中的可比产品，分析其成本计划的完成情况。

2. 按成本项目进行的成本计划完成情况的分析

在实际工作中，工业企业产品生产所发生的费用支出是多种多样的，这些费用支出的节约或超支必然影响产品生产的成本水平。为了充分了解成本变动的原因，挖掘成本降低的潜力，还要根据企业编制的按成本项目反映的产品生产成本表和产品成本计划表，对构成产品成本的各个项目支出的变动情况及其对总成本的影响程度进行比较和分析。

【例 10.3】 以表 10-3 所列的嘉业制造有限责任公司 20××年 12 月份产品生产成本报表资料，按成本项目分析产品成本计划的完成情况，如表 10-5 所示。

表 10-5　产品生产成本计划完成情况表(按成本项目类别)

成本项目	全部商品产品成本		降低指标	
	计划/元	实际/元	降低额/元	降低率/%
直接材料	213 000	240 000	－27 000	－12.68
直接人工	62 000	53 600	8 400	13.55
制造费用	41 500	37 400	4 100	9.88
生产成本	316 500	331 000	－14 500	－4.58

从表 10-5 可以看出，全部产品总成本超支的原因，主要是由直接材料成本项目超支造成的，而直接人工和制造费用等成本项目是降低的。所以，还需要进一步对各成本项目进行分析，特别是直接材料成本项目。通过分析找出成本超支和降低的具体原因。

（二）可比产品成本降低情况分析

企业的可比产品往往是企业的主要产品。可比产品的产量、消耗、成本、收入、利润等在企业全部产品中占有很大的比重，是产品成本分析的重要内容。

1. 可比产品成本降低任务完成情况

企业在制定成本计划时，对可比产品一般不但制定了计划成本，还制定了成本降低任务，即计划成本降低额和降低率。可比产品降低情况的分析是将实际的执行情况与计划的降低任务相比较，分析其实际的降低情况，以评价可比产品成本降低任务的完成情况。

$$\text{可比产品计划降低额} = \sum\left(\text{计划产量} \times \begin{matrix}\text{上年实际}\\\text{单位成本}\end{matrix}\right) - \sum\left(\text{计划产量} \times \begin{matrix}\text{本年计划}\\\text{单位成本}\end{matrix}\right)$$

$$\text{可比产品计划降低率} = \frac{\text{可比产品计划降低额}}{\sum(\text{计划产量} \times \text{上年实际单位成本})} \times 100\%$$

$$可比产品实际降低额 = \sum\left(实际产量 \times \begin{matrix}上年实际\\单位成本\end{matrix}\right) - \sum\left(实际产量 \times \begin{matrix}本年计划\\单位成本\end{matrix}\right)$$

$$可比产品实际降低率 = \frac{可比产品实际降低额}{\sum(实际产量 \times 上年实际单位成本)} \times 100\%$$

【**例 10.4**】 承表 10-2 资料，嘉业制造有限责任公司生产甲、乙两种可比产品，该公司确定的可比产品成本降低计划如表 10-6 所示，其成本降低任务完成情况如表 10-7 所示。

表 10-6 **可比产品成本降低任务表**

20××年

可比产品名称	计划产量/件	单位成本/元		总成本/元		计划成本降低任务	
		上年	计划	上年	计划	降低额/元	降低率/%
甲	360	325	310	117 000	111 600	5 400	4.615
乙	200	750	700	150 000	140 000	10 000	6.667
合计				267 000	251 600	15 400	5.768

表 10-7 **可比产品成本降低任务完成情况分析表**

20××年

可比产品名称	实际产量/件	单位成本/元			总成本/元			降低情况	
		上年	计划	实际	上年	计划	实际	降低额/元	降低率/%
甲	400	325	310	305	130 000	124 000	122 000	8 000	6.154
乙	200	750	700	780	150 000	140 000	156 000	－6 000	－4
合计					280 000	264 000	278 000	2 000	0.714

从表 10-6 中可知，该公司可比产品成本计划降低额为 15 400 元，计划降低率为 5.768%。通过表 10-7 的计算，该公司可比产品成本实际降低额为 2 000 元，降低率为 0.714%。从总体上分析，该公司的可比产品成本降低额计划和成本降低率计划均未完成。针对具体的可比产品，甲产品计划成本降低额为 5 400 元，实际成本降低额为 8 000 元；计划成本降低率为 4.615%，实际成本降低率为 6.154%；成本降低额和降低率计划均超额完成。而乙产品的计划成本降低额和降低率分别为 10 000 元和 6.667%，执行的结果不但没有降低，反而超支了 6 000 元，使成本降低率为－4%。

据以计算实际脱离计划差异如下：

可比产品成本降低额任务完成情况：2 000－15 400＝－13 400(元)

可比产品成本降低率任务完成情况：0.714%－5.768%＝－5.054%

通过对比，说明该公司可比产品的成本降低计划未能完成。

2. 影响可比产品成本降低任务完成情况的因素

实际脱离计划的差异只是成本降低计划执行的结果，并不能说明是什么原因造成成本计划执行背离了计划。为此，有必要对成本降低计划执行情况作进一步分析。

从一种产品来看，影响可比产品成本降低任务完成情况的因素包括产品的单位成本和产品产量两个因素；而从多种产品综合来看，产品产量、产品单位成本和产品品种结构三个因素都会影响可比产品成本降低任务完成情况。这三个因素变动的影响是不同的，其中产品产量的变动会使成本降低额发生变动，但不影响成本降低率；而产品的单位成本和品种结构的变动，会使成本降低额和降低率同时发生变动。

(1) 可比产品产量变动。可比产品总成本的降低任务是根据各种可比产品的计划产量计算的，而可比产品的实际成本是按实际产量计算的。在其他因素不变的情况下，可比产品产量的增减变动，就会引起可比产品总成本的增减变动，从而影响成本降低额。其计算公式如下：

$$\begin{matrix}\text{产品产量变动对}\\\text{成本降低额影响}\end{matrix}=\left[\sum\left(\begin{matrix}\text{实际}\\\text{产量}\end{matrix}\times\begin{matrix}\text{上年单}\\\text{位成本}\end{matrix}\right)-\sum\left(\begin{matrix}\text{计划}\\\text{产量}\end{matrix}\times\begin{matrix}\text{上年单}\\\text{位成本}\end{matrix}\right)\right]\times\begin{matrix}\text{计划}\\\text{降低率}\end{matrix}$$

根据表 10-6 和表 10-7 的资料计算如下：

产品产量变动对成本降低额的影响：(280 000－267 000)×5.768％＝749.9(元)

由于产品产量变动而使实际成本降低额比计划多 749.9 元。产品产量变动不影响成本降低率。

(2) 可比产品品种结构变动。产品品种结构对成本降低额、降低率均有影响。这是因为各种产品的成本降低率不尽相同。若成本降低率高的产品比重升高，则可比产品的平均降低率升高，反之则降低。可比产品成本降低率变动后，降低额也随之受影响。其计算公式如下：

$$\begin{matrix}\text{产品品种结构}\\\text{对变动成本}\\\text{降低额的影响}\end{matrix}=\sum\left[\begin{matrix}\text{按上年实际单}\\\text{位成本计算的}\\\text{实际总成本}\end{matrix}\times\left(\begin{matrix}\text{某产品}\\\text{实际产}\\\text{品结构}\end{matrix}-\begin{matrix}\text{该产品}\\\text{计划产}\\\text{品结构}\end{matrix}\right)\times\begin{matrix}\text{该产品的}\\\text{计划成本}\\\text{降低率}\end{matrix}\right]$$

$$\begin{matrix}\text{某产品的}\\\text{产品结构}\end{matrix}=\frac{\text{该产品产量}\times\text{该产品上年实际单位成本}}{\sum(\text{某产品产量}\times\text{某产品上年实际单位成本})}\times100\%$$

$$\begin{matrix}\text{产品品种结构变动}\\\text{对成本降低率影响}\end{matrix}=\frac{\text{产品品种结构变动对成本降低额的影响}}{\sum(\text{某产品实际产量}\times\text{某产品上年实际单位成本})}\times100\%$$

根据表 10-6 和表 10-7 的资料，计算可比产品品种结构变动对成本降低计划的影响如下：

① 甲、乙可比产品的计划产品品种结构分别为：

$$\text{甲产品比重}=\frac{117\,000}{267\,000}\times100\%=43.82\%$$

$$\text{乙产品比重}=\frac{150\,000}{267\,000}\times100\%=56.18\%$$

② 甲、乙可比产品的实际产品品种结构分别为：

$$\text{甲产品比重}=\frac{130\,000}{280\,000}\times100\%=46.43\%$$

$$\text{乙产品比重}=\frac{150\,000}{280\,000}\times100\%=53.57\%$$

③ 结构变动对成本降低额的影响为：

甲产品结构变动的影响 ＝ 280 000 ×(46.43％ － 43.82％)× 4.615％ ＝ 337.3(元)

乙产品结构变动的影响 = 280 000 ×（53.57% − 56.18%）× 6.667% =− 487.2（元）

合计：−149.9（元）

④ 结构变动对成本降低率的影响为：

$$\frac{\text{产品品种结构变动}}{\text{对成本降低率影响}} = \frac{-149.9}{280\ 000} \times 100\% = -0.054\%$$

（3）可比产品单位成本变动。可比产品成本降低任务完成情况，是以上年实际单位成本为基础进行分析计算的。因此，某种产品本年实际单位成本与计划单位成本之间发生变动后，必然会引起实际成本降低额与降低率和计划成本降低额与降低率之间发生变动。可比产品单位成本变动既影响成本降低额，又影响成本降低率。其计算公式如下：

$$\begin{aligned}\begin{matrix}\text{单位成本的变动对}\\\text{对成本降低额影响}\end{matrix} &= \left[\sum\begin{pmatrix}\text{某产品的}\\\text{实际产量}\end{pmatrix} \times \begin{matrix}\text{该产品计划}\\\text{单位成本}\end{pmatrix}\right.\\ &\quad \left. - \sum\begin{pmatrix}\text{某产品的}\\\text{实际产量}\end{matrix} \times \begin{matrix}\text{该产品实际}\\\text{单位成本}\end{pmatrix}\right]\end{aligned}$$

$$\begin{matrix}\text{单位成本变动对}\\\text{成本降低率影响}\end{matrix} = \frac{\text{单位成本变动对成本降低额的影响}}{\sum(\text{某产品实际产量} \times \text{某产品上年实际单位成本})} \times 100\%$$

根据表 10-7 的资料，计算可比产品单位成本变动对成本降低计划的影响如下：

单位成本变动对成本降低额影响 = 264 000 − 278 000 =− 14 000（元）

$$\text{单位成本变动对成本降低率影响} = \frac{-14\ 000}{280\ 000} \times 100\% = -5.0\%$$

通过对可比产品产量变动、结构变动、单位成本变动三个因素的分析，将各因素对成本降低计划的影响结果进行汇总，如表 10-8 所示。

表 10-8　　各因素对成本降低额和降低率的影响

20××年

影响因素	影响程度	
	降低额/元	降低率/%
产品产量变动	749.9	0
产品品种结构变动	−149.9	−0.054
产品单位成本变动	−14 000	−5.000
合　　计	−13 400	−5.054

通过以上分析，可以对嘉业制造有限责任公司 20××年度可比产品成本降低任务完成情况作出评价。该企业的可比产品成本降低任务未能完成，未完成成本降低额为 13 400 元；成本降低率脱离计划 5.054%。经分析具体原因是乙产品成本降低计划未能完成。从具体影响因素分析，造成实际成本超支的根本原因是乙产品实际单位成本较计划单位成本高出了 80 元之多，单项超支 16 000 元。此外，甲产品多生产了 40 件，其产量变动使产品成本多降低了 749.9 元，但甲产品单位产品计划降低率相对较低，因此产品品种结构变动使产品成本超支了 149.9 元。总体而言，该企业需要对乙产品单位成本严重超标这一问题进一步重点查明原因。

课堂讨论

对本章案例分析中的可比产品，分析其成本降低率计划的完成情况。影响因素有哪些？这些因素对成本降低额与降低率分别有多少影响？

第四节　主要产品单位成本表的编制与分析

一、主要产品单位成本表的编制

主要产品单位成本表是反映企业在报告期内生产的各种主要产品单位成本构成情况和各项主要技术经济指标报告情况的报表。该表按主要产品分别编制，它是对全部产品成本表的有关单位成本作进一步补充说明的报表。利用主要全部产品成本表，可以具体了解各种主要产品单位成本的结构和水平，并按成本项目考核和分析各种主要产品单位成本计划执行情况，分析单位成本构成变化及趋势。该表通常每月编制。

（一）主要产品单位成本表的结构

主要产品单位成本表的结构可分为两部分：第一部分为本表的基本部分，是分别按每一种主要产品进行编制的，表中除反映产品名称、规格、计量单位、产量、售价之外，主要是按成本项目反映单位成本的构成和水平及各项主要技术经济指标；第二部分为本表的补充资料，反映上年和本年的几项经济指标，为分析、考核提供简明的资料。

主要产品单位成本表的格式如表 10-9 所示。

表 10-9　　主要产品单位成本表

编制单位：嘉业制造有限责任公司　　200×年 12 月　　单位：元

产品名称		乙产品		本月计划产量		12
规　　格				本月实际产量		16
计量单位		台		本年累计计划产量		160
销售单价		750 元		本年累计实际产量		200
成本项目		历史先进水平	上年实际平均	本年计划	本月实际	本年累计实际平均
直接材料		490	540	500	605	600
直接人工		100	120	125	100	115
制造费用		60	90	75	70	65
生产成本		650	750	700	775	780
主要技术经济指标	单位	用量	用量	用量	用量	用量
1. 主要材料	千克	20	21.6	20	22	21.5
2. 生产工时	小时	16	18	17	16	16.4

续表

补充资料：

项　　目	上年实际	本年实际
成本利润率/%		
资金利润率/%		
净产值率/%		
流动资金周转次数/次		
实际利税总额		
职工工资总额		
年末职工人数		
全年平均职工人数		

（二）主要产品单位成本表的填列方法

主要产品单位成本表中本月计划产量和本年累计计划产量，根据本月和本年产品产量计划资料填列；本月实际产量和本年累计实际产量项目，根据统计提供的产品产量资料，或产品入库单填列；主要技术经济指标，反映主要产品单位产量所消耗的主要原材料、燃料、工时，应根据产品成本计算资料（包括领料单等凭证）以及统计资料整理填列；历史先进水平，根据本企业历史上该种产品成本最低年度的成本资料填列；上年实际平均，根据上年度本表的本年累计实际平均单位成本和单位用量的资料填列；本年计划，根据年度成本计划中的资料填列；本月实际，根据本月完工的该种产品成本明细账上的有关数字计算后填列；累计实际平均，根据年初至本月末止已完工产品成本计算单等有关资料，采用加权平均计算后填列；补充资料的有关指标需要计算填列，其中：

$$成本利润率=\frac{产品销售利润}{产品销售成本}\times 100\%$$

$$资金利润率=\frac{利润总额}{资金总额}\times 100\%$$

$$净产值率=\frac{工业净产值}{产品销售收入}\times 100\%$$

$$流动资金周转次数=\frac{产品销售收入}{流动资金平均余额}$$

二、主要产品单位成本表的分析

企业在进行产品成本分析中，除了要对全部产品成本表从总的方面进行一般的评价外，为了能够更深入地了解主要产品单位成本计划完成情况及其节约或超支的具体原因，还须进一步对主要产品成本进行分析，揭示各种产品单位成本及其各个成本项目的变动情况，尤其是各项消耗定额的执行情况；确定产品结构、工艺和操作方法的改变，以及有关技术经济指标变动对产品单位成本的影响，查明主要产品单位成本升降的具体原因，从而采取有效措施，挖掘降低产品成本的潜力。

在工业企业中，生产产品的品类一般都比较繁多，如果不进行选择，对各种产品的单位成本都进行详细的分析，则不仅要花费极大的不必要的工作量，而且也使成本分析工作缺乏重点，不能收到预期的效果。所以，在进行产品单位成本分析时，应该着重研究一些主要产品或者成本升降幅度较大的产品的单位成本。只有这样才能抓住关键，使成本分析获得预期的效果。

主要产品单位成本分析包括单位产品成本计划完成情况的比较分析、单位产品成本项目变动原因分析和单位成本技术经济指标变动分析。

（一）单位产品成本计划完成情况的比较分析

在进行产品单位成本分析时，首先应从总的方面研究单位成本的实际比计划、比上期、比历史先进水平的升降情况；然后着重对某些产品进一步按成本项目对比研究其成本变动的情况，查明造成单位成本升降的具体原因。

【例 10.5】 根据表 10-9 资料，对嘉业制造有限责任公司的主要产品乙产品的单位成本进行分析，比较分析表如表 10-10 所示。

表 10-10　　乙产品单位成本分析表　　单位：元

成本项目	历史最好水平	上年实际平均	本年计划	本年累计实际平均	本月实际	差异			
						比历史最好水平	比上年平均	比计划	比本年平均
直接材料	490	540	500	600	605	115	65	105	5
直接人工	100	120	125	115	100	0	−20	−25	−15
制造费用	60	90	75	65	70	10	−20	−5	5
产品单位成本	650	750	700	780	775	125	25	75	−5

从表 10-10 中可以看出，乙产品本月实际单位成本比历史最好水平、上年实际平均、本年计划都升高了，但与本年累计实际平均相比，单位成本还是有所降低。从成本项目对比中可以看出，产品单位成本的升高主要是直接材料成本超支所致，直接人工与制造费用比计划均有所降低。从降低额对单位成本的影响看，由于材料成本的上升，使乙产品的单位成本有大幅增加，直接人工费用与制造费用的降低相对减缓了乙产品单位成本上升的速度。说明企业在加强生产管理和提高劳动生产率方面取得了较好的成绩，但材料费用上升过快，需要查明其原因。

（二）单位产品成本项目变动原因分析

构成产品成本的项目有很多，这里仅对直接材料、直接人工和制造费用等主要项目分析。其中，直接材料、直接人工、变动制造费用等属于变动成本，它们的实际成本高低取决于实际用量和实际价格，基期成本的高低取决于基期用量和基期价格，所以其成本差异可以归纳为价格脱离基期造成的价格差异与用量脱离基期造成的数量差异两类。

固定制造费用属于固定成本。它的大小与生产能量、生产工时和制造费用分配率密切相关，而实际未达生产能量的原因诸多，涉及市场销路、产销计划等复杂因素。因此，将产品单位固定制造费用与变动制造费用合并分析，侧重生产工时变动分析。

1. 直接材料项目的分析

材料在产品成本中所占的比重一般都比较大。节约使用材料是降低产品成本的一个重要内容，也是增加产品生产的一个重要条件。因此，对材料成本要进行重点分析，以便制定节约使用材料的有效措施，在保证产品质量的前提下，进一步降低原料、材料、燃料及动力的消耗，争取最大的节约。

一般情况下，材料成本的升降取决于材料的消耗数量和材料的价格两个因素，它们之间的关系可用下列计算公式表示：

$$材料成本=材料消耗量\times材料价格$$

在上述计算公式基础上，可以计算材料的耗用量及价格变动对材料成本的影响，计算公式如下：

$$材料用量变动的影响=(实际耗用量-计划耗用量)\times材料计划单价$$

$$材料价格变动的影响=(材料实际单价-材料计划单价)\times实际耗用量$$

材料价格变动的主要原因是材料的买价或运杂费的增减。通常情况下，原材料价格变动大多属于外界因素，这种因素又是购货方难以控制和改变的，需要结合市场供求和材料价格变动情况具体分析。因此，这里只重点分析原材料消耗的变动情况和变动原因。

影响单位产品原材料消耗数量变动的原因很多，归纳起来主要有以下几种。

(1) 产品设计的变化。产品设计结构是否合理是影响原材料成本高低的主要因素。在保证产品质量的前提下，改进产品设计，使产品结构合理，体积缩小，重量减轻，就能减少原材料的消耗，降低原材料费用。

$$\begin{matrix}产品重要变动对单位产\\品原材料费用的影响\end{matrix}=\left(1-\frac{变动后产品重量}{变动前产品重量}\right)\times变动前单位产品原材料费用$$

(2) 原材料加工方法的改变。原材料加工方法是否合理，直接影响产品的原材料消耗。改进工艺和加工方法或采取合理的套裁下料措施，减少毛坯的切削余量和工艺损耗，就能提高原材料利用率，节约原材料消耗，降低产品成本。

$$原材料利用率=\frac{产品有效重量}{投入生产的原材料重量}\times100\%$$

$$\begin{matrix}原材料利用率变动对单\\位产品原材料费用影响\end{matrix}=\left(1-\frac{变动前的原材料利用率}{变动后的原材料利用率}\right)\times\begin{matrix}变动前单位产\\品原材料费用\end{matrix}$$

(3) 材料质量的变化。企业生产所用的原材料质量如何，不仅会影响产品质量，而且往往影响原材料的耗用量。生产中实际耗用的原材料质量如果高于计划规定，可能会使产品质量提高，或者节约材料消耗，但材料费用会升高；反之，如果质量低于计划要求，价格虽然较低，但会增大材料的消耗量，增加生产操作时间，或者降低产品质量。

(4) 原材料代用或配料比例的变化。在保证产品质量的前提下，采用廉价的代用材料，选用经济合理的技术配方，就会节约原材料消耗或降低原材料费用。其计算公式如下：

$$\begin{matrix}原材料代用而形成\\的节约(或超支)\end{matrix}=\left(\begin{matrix}原使用的原\\材料消耗量\end{matrix}-\begin{matrix}代用的原材\\料消耗量\end{matrix}\right)\times\begin{matrix}该材料的\\计划单价\end{matrix}$$

(5) 原材料综合利用。有些工业企业在利用原材料进行主产品生产的同时，还生产副产品，开展原材料的综合利用。这样，可将同样多的原材料费用分配到更多品种和数量的产品中去，从而降低主产品的原材料费用。

(6) 生产中产生废料数量和废料回收利用情况的变化。生产中废料增多，使用同样数量的原材料，取得的合格品数量就会减少。所以，提高技术，加强质量管理，减少和消灭废料，就可以用同样的原材料生产出更多更好的产品，这是节约原材料消耗的重要途径。在加工过程中所发生的废料、边角余料，如果能回收利用或者向外出售，可以减少原材料费用。因此必须妥善组织废料、边角余料回收，分类整理，有效利用。但须指出，有时废料、边角余料回收数量的减少，并不一定表明回收组织不好，这也可能是由于材料利用情况的改善而造成的。

此外，生产工人的劳动态度、技术操作水平、机械设备性能及材料节约奖励制度的实施等，都会影响原材料消耗数量的增减。

对以上各种原因的分析仅仅根据会计资料是不够的，还必须深入生产实践，结合生产技术、生产组织及各种技术经济指标的变动情况进行调查研究，把专业人员分析和群众分析结合起来，只有这样才能查明材料消耗量脱离计划的具体原因。

2. 直接人工项目的分析

产品单位成本中直接人工的确定，与企业采用的工资制度有着密切的关系。

(1) 计件工资制度。在计件工资制度下，企业将工资直接计入产品成本，单位产品的直接人工的多少，决定于生产这种产品的产量增减及其工资的高低。它们之间的关系可用下列计算公式表示：

$$\text{单位产品直接人工}=\frac{\text{直接工资总额}}{\text{产品产量}}$$

通过上述计算公式可以看出，产品产量增长的幅度超过工资增加的幅度，必然会相应地降低单位产品成本中的工资额；反之就会增加。

产品产量和生产工人工资额对单位成本直接人工影响的计算公式如下：

$$\text{产量差异的影响}=\frac{\text{直接工资计划数}}{\text{产量实际数}}-\text{单位产品直接工资计划数}$$

$$\text{直接工资额差异的影响}=\text{单位产品直接工资实际数}-\frac{\text{直接工资计划数}}{\text{产量实际数}}$$

产品产量的增加，主要依靠调动劳动者的积极性，开展技术革新，改变产品设计与工艺及提高工人的技术熟练程度等途径来实现。在分析产品产量变动时应深入实际，认真总结提高产量的经验，挖掘提高产量的潜力，以促进产品成本的降低。

直接工资额变动的原因主要是生产工人等级结构的变动、工人工资的调整、奖金的发放和加班加点工资的变动等。在分析时应查明支付加班工资的原因；对于出勤率下降，则应查明缺勤时间增多的原因，以便及时采取措施，提高出勤率。

(2) 计时工资制度。在大多数企业里，各个生产车间和班组生产产品都是在两种以上，生产工人工资一般是按照生产工人工时分配计入各产品成本的。这样，单位产品直接人工的多少，主要取决于单位产品耗用工时和小时工资率这两个因素。它们之间的关系可用下列计算公式表示：

$$\text{单位产品直接人工}=\text{单位产品工时消耗}\times\text{小时工资率}$$

在上述计算公式基础上，可以计算单位产品耗用工时和小时工资率变动对直接人工的影响，计算公式如下：

直接人工效率差异 =（实际工时 － 计划工时）× 计划小时工资率

直接人工小时工资率差异 =（实际小时工资率 － 计划小时工资率）× 实际工时

单位产品工时消耗变动，即人工成本的用量差异，通常称为人工效率差异，它反映了劳动生产率的高低。劳动生产率越高，单位产品的生产工时消耗就越少，它所分配的直接人工费用也就越少。劳动效率差异产生的原因，不仅有机器设备性能、材料质量和生产工艺以及产品设计改变等外因，还有工人的技术熟练程度、劳动纪律和劳动态度等内因。所以，应深入实际调查研究，并结合班组核算的资料，才能查明单位产品工时变动的具体原因。

小时工资率变动，即人工成本的价格差异，反映生产工人平均工资的高低，小时工资率越高，单位产品成本中包含的工资费用就越高。小时工资率是直接工资总额与生产工时消耗总额的比率。因此小时工资率的高低受两方面因素的影响：一方面受直接工资总额变动的影响，它的变动原因如上所述；另一方面受生产工时总额变动，它主要决定于出勤率和工时利用率的高低。出勤率和工时利用率越高，生产性工时越多，生产工时总额就越大，小时工资率也就越低。

3. 制造费用项目的分析

制造费用是为组织和管理生产所发生的费用，由部分不能直接计入产品成本的直接费用和生产车间开展生产管理活动发生的间接费用组成。产品单位成本中制造费用的分析，通常与计时工资制度下直接人工费用的分析相类似。单位产品制造费用的高低取决于单位产品的生产工时和小时分配率这两个因素。它们之间的关系可用下列计算公式表示：

单位产品的制造费用＝单位产品生产工时×小时分配率

其中：小时分配率＝制造费用总额÷生产工时消耗总额

在上述计算公式的基础上，可以计算单位产品耗用工时和小时分配率变动对制造费用的影响，计算公式如下：

制造费用效率差异 =（实际工时 － 计划工时）× 计划小时分配率

制造费用小时分配率差异 =（实际小时分配率 － 计划小时分配率）× 实际工时

如果在进行直接人工成本分析时，已经查明了单位产品所耗工时变动和生产工时利用好坏的具体原因，则此时只需要根据前述按成本项目反映的产品成本表中制造费用总额变动的分析，并结合制造费用明细表中制造费用各费用项目具体变动的分析，就可以了解产品单位成本中制造费用变动的种种原因。

（三）主要技术经济指标的分析

产品单位成本除受上述因素变动的影响外，还受到企业技术经济指标变动的影响。技术经济指标是指国民经济各部门、企业、生产经营组织对各种设备、各种物资、各种资源利用状况及其结果的度量标准，它是技术方案、技术措施、技术政策的经济效果的数量反映。通过对影响产品单位成本变动的主要技术经济指标的研究，可以查明与挖掘生产潜力，增加生产，提高经济效益；考核生产技术活动的经济效果，以合理利用机械设备，改善产品质量；还可以评价各种技术方案，为技术经济决策提供依据。

工业企业的技术经济指标涉及内容十分广泛，而且各行业因生产工艺技术特点不同，用于企业成本分析的技术经济指标也不相同。根据各项技术经济指标同产品单位成本的关系，主要有三种情况：

第一种情况，这些技术经济指标，如冶金工业企业的钢炉炼铁入炉焦比、每吨电炉钢耗电量、造纸生产的每吨纸耗用标准煤量等，它们的变动直接影响产品成本中燃料及动力费用水平。

第二种情况，这些技术经济指标，如机械生产的设备利用率指标等，它们的变动并不直接影响产品总成本，但却直接影响产品产量，并通过产量间接地影响产品单位成本。

第三种情况，这些技术经济指标，如铸造、轧钢生产的废品率指标，它们的变动不仅直接影响总成本中原材料和燃料消耗，而且通过影响产量变动间接影响产品单位成本。

下面分别举例说明各类技术经济指标变动对产品单位成本影响的分析方法。

1. 冶金工业企业的钢炉炼铁入炉焦比指标

冶金工业企业的钢炉炼铁入炉焦比指标是衡量高炉生产水平的一个重要技术经济指标，其反映焦炭消耗量与生铁合格品产量之间的对比关系，计算公式如下：

$$\text{入炉焦比}=\frac{\text{入炉综合干焦量(千克)}}{\text{生铁产量(吨)}}$$

面对焦炭价格不断上涨的原材料市场形势，降低入炉焦比意味着炼制每吨生铁所耗焦炭量的减少，从而直接影响单位产品成本。在这种情况下，分析入炉焦比变动对生铁单位成本的影响，就是根据焦炭实际消耗量同计划对比的节约或超支来确定的。

2. 机械生产的设备效率指标

在其他条件不变的情况下，设备利用率指标的变动将使产量同比例地增加或减少。分析这类技术经济指标变动对产品单位成本的影响，首先必须了解如何确定产量变动对产品单位成本的影响，然后再分析其如何通过产量影响产品单位成本。

首先，分析产量变动对产品单位成本的影响。产量变动之所以影响产品单位成本，是由于在产品全部成本中包括了一部分相对固定的费用。当产量变动时，变动费用总额与产量增减成正比例变动，而固定费用总额却相对不变，因而单位产品成本中的固定费用将随产量的增加或减少而相应地降低或提高。

$$\text{产量变动对产品单位成本的影响}=\left(\frac{1}{1+\text{产量增长率}}-1\right)\times\begin{matrix}\text{计划单位成本中固}\\\text{定费用所占百分比}\end{matrix}$$

然后，我们来分析产量变动与生产设备效率之间的关系，即设备利用率是如何影响产品总产量的。

$$\begin{aligned}\text{总产量}&=\text{设备总台时}\times\text{台时产量}\\&=\text{实际使用设备量}\times\text{单台设备运转时间}\times\text{台时产量}\\&=\text{安装设备量}\times\text{设备使用率}\times\text{单台设备计划台时}\\&\quad\times\text{台时利用率}\times\text{台时产量}\end{aligned}$$

其中，设备使用率是指实际使用设备量与安装设备之间的比率，反映设备数量的使用状况。单台设备计划台时是指以生产设备的计划台时为基数，考虑设备检修等正常原因必需的停工台时所预计的设备可能开动的台时数。计划台时利用率是指设备实际运转台时与计划台时之间的比率，反映设备工作时间的充分利用情况。台时产量是指设备每小时的实际产量，反映设备能力利用情况。

$$\begin{aligned}\text{总产量增长率} &= \frac{\text{实际总产量}}{\text{计划总产量}} - 1 \\ &= \frac{\text{实际设备使用率} \times \text{实际台时利用率} \times \text{实际台时产量}}{\text{计划设备使用率} \times \text{计划台时利用率} \times \text{计划台时产量}} - 1 \\ &= \left(1 + \begin{matrix}\text{设备使用}\\\text{率增长率}\end{matrix}\right) \times \left(1 + \begin{matrix}\text{台时利用}\\\text{率增长率}\end{matrix}\right) \times \left(1 + \begin{matrix}\text{台时产量}\\\text{增长率}\end{matrix}\right) - 1\end{aligned}$$

在此基础上，可以具体分析生产设备利用率所引起的产品单位成本变动情况。

3. 铸造或轧钢生产的铸铁件成品率

废品率是反映产品生产过程中废品数量与全部生产数量(合格品数量与废品数量之和)之间比例关系的一项技术经济指标。废品率降低意味着用同样数量的原材料可以生产出更多的合格产品，而产量的增加反过来又会影响产品单位成本的降低。其计算公式如下：

$$\text{废品率} = \frac{\text{废品数量}}{\text{合格品数量} + \text{废品数量}} \times 100\%$$

$$\begin{matrix}\text{废品损失占单}\\\text{位成本的比重}\end{matrix} = \frac{\text{废品率} \times (1 - \text{废品残料价值占废品生产成本的百分比})}{1 - \text{废品率}} \times 100\%$$

第五节　各种费用明细表的编制与分析

一、各种费用明细表的编制

各种费用是指一定时期内，在生产经营过程中，各个车间、部门为进行产品生产和销售，组织和管理生产经营活动以及筹集生产经营资金等活动所发生的制造费用、销售费用、管理费用和财务费用。前一项属于产品成本的组成部分，后三项属于期间费用。企业也应定期编制制造费用明细表、销售费用明细表、管理费用明细表和财务费用明细表。

(一) 制造费用明细表的编制

制造费用明细表是反映工业企业在报告期内发生的制造费用及其构成情况和计划执行情况的报表。该表对考核制造费用计划执行情况、发现制造费用各项目超支或节约及其原因、提供编制计划和预测未来费用水平的依据等具有重要意义。

1. 制造费用明细表的结构

制造费用明细表一般按照制造费用的费用项目分别反映各该项目的本年计划数、上年同期实际数、本月实际数、本年累计实际数。制造费用的明细项目，各行业、各企业并不完全一致，因此，应列示哪些明细项目可由企业根据其生产经营特点和管理要求以及重要性原则自行确定。但考虑到在同一行业内便于对各企业的制造费用进行可比性分析，可由行业主管部门统一规定。制造费用明细表的一般格式如表 10-11 所示。

表 10-11 **制造费用明细表**

编制单位： 20××年 12 月 单位：元

费 用 项 目	本年计划数	上年同期实际数	本月实际数	本年累计实际数
职工薪酬				
折旧费				
办公费				
水电费				
差旅费				
运输费				
保险费				
租赁费				
设计制图费				
试验检验费				
在产品盘亏与毁损				
停工损失				
其他				
合 计				

2. 制造费用明细表的填列方法

制造费用明细表中，本年计划数应根据本年制造费用计划填列；上年同期实际数应根据上年同期本表的本月实际数填列；本月实际数应根据制造费用明细账中本月发生数填列；本年累计实际数反映自年初起至本月末实际累计发生的制造费用，应根据制造费用明细账中各月发生的制造费用汇总计算填列。如果需要，也可以根据制造费用的分月计划，在表中加列本月计划数。

（二）期间费用明细表的编制

期间费用明细表是反映工业企业在报告期内发生的各种期间费用及其构成情况的报表。主要有销售费用明细表、管理费用明细表和财务费用明细表。

1. 期间费用明细表的结构

期间费用明细表按照费用项目分别反映各项费用的本年计划数、上年同期实际数、本月实际数和本年累计实际数。期间费用明细表的一般格式如表 10-12、表 10-13、表 10-14 所示。

表 10-12 **销售费用明细表**

编制单位： 20××年 12 月 单位：元

费 用 项 目	本年计划数	上年同期实际数	本月实际数	本年累计实际数
职工薪酬				
广告费				
租赁费				
展览费				
办公费				
差旅费				
包装费				

续表

费用项目	本年计划数	上年同期实际数	本月实际数	本年累计实际数
运输费 装卸费 保险费 售后服务费 其他				
合　　计				

表 10-13 **管理费用明细表**

编制单位： 20××年 12 月 单位：元

费用项目	本年计划数	上年同期实际数	本月实际数	本年累计实际数
职工薪酬 办公费 折旧费 租赁费 业务招待费 通讯费 无形资产摊销 修理费 排污费 保险费 差旅费 审计费 研究开发费 技术转让费 税金 存货盘亏、毁损(减盘盈) 其他				
合　　计				

表 10-14 **财务费用明细表**

编制单位： 20××年 12 月 单位：元

费用项目	本年计划数	上年同期实际数	本月实际数	本年累计实际数
利息支出(减利息收入) 汇兑损失(减汇兑收益) 调剂外汇手续费 金融机构手续费 其他筹资费用				
合　　计				

2. 期间费用明细表的填列方法

期间费用明细表中的本年计划数，应根据相应的期间费用计划(如销售费用计划、管理费用计划、财务费用计划)填列;上年同期实际数应根据上年同期本表的本月实际数填列;本月实际数应根据期间费用明细账(如销售费用明细账、管理费用明细账、财务费用明细账)的本月合计数填列;本年累计实际数应根据该明细账的本月末累计数填列。如果管理需要,也可以根据期间费用的年度分月计划,在表中加列本月计划数。

二、各种费用明细表的分析

制造费用、产品销售费用、管理费用和财务费用,都是由许多具有不同经济性质和不同经济用途的费用组成的。这些费用支出的节约或浪费,往往与公司(总厂)的行政管理部门和生产车间工作的质量及相关责任制度、节约制度的贯彻执行情况密切相关。因此,向各有关部门、车间编报上述报表,分析这些费用的支出情况,不仅是促进节约各项费用支出、杜绝一切铺张浪费、不断降低成本和增加盈利的重要途径,同时也是推动企业改进生产经营管理工作,提高工作效率的重要措施。

(一) 制造费用明细表的分析

对制造费用明细表进行分析时所采用的方法,主要是对比分析法和构成比率分析法。

在采用对比分析法进行分析时,通常先将本月实际数与上年同期实际数进行对比,揭示本月实际同上年同期实际之间的增减变化。在表中列有本月计划数的情况下,则应先进行这两者的对比,以便分析和考核制度费用月份计划的执行情况。在将本年累计实际数与本年计划数进行对比分析时,如果该表不是 12 月份的,这两者的差距只是反映年度内计划执行的情况;如果该表是 12 月份报表,则本年累计实际数与本年计划数的差异,就是全年对应计划执行的结果。为了具体分析制造费用增减变化和计划执行情况的好坏及其原因,上述对比分析应该按照费用项目进行。由于制造费用项目很多,分析时应该选择超支或节约数额较大或者费用比重较大的项目有重点地进行。评价分析制造费用的各项目超支或节约时应该联系费用的性质和用途进行具体分析,不能简单地认为超支是不合理的,也不能将一切节约看成是合理的。

在采用构成比率分析法进行制造费用分析时,可以计算某项费用占制造费用总额的构成比率,也可以将制造费用分为与机器设备使用有关的费用(如机器设备的折旧费、修理费等)、与机器设备使用无关的费用(如车间管理人员的薪酬、办公费等),以及非生产性损失等几类,分别计算其占制造费用合计数的构成比率,分析其构成是否合理;也可以将本月实际和本年累计实际的构成比率与本年计划的构成比率和上年同期实际的构成比率进行对比,揭示其差异与上年同期的增减变化情况,分析其差异和增减变化情况是否合理。

(二) 期间费用明细表的分析

对期间费用进行分析,首先应根据期间费用明细表中资料以本年实际与本年计划相比较,确定实际脱离计划差异,然后分析差异的原因。由于各种费用所包括的费用项目具有不同的经济性质和用途,各项费用的变动又分别受不同因素变动影响,因此,在确定费用实际支出脱离计划差异时,应按各组成项目分别进行;要注意不同费用项目支出的特点,不能孤立地看费用是超支了还是节约了,而应结合其他有关情况,结合各项技术组织措施效果来分析,结合各项费用支出的经济效益进行评价。

在按费用组成项目进行分析时，由于费用项目多，因此每次分析只能抓住重点，对其中费用支出占总支出比重较大的，或与计划相比发生较大偏差的项目进行分析。

分析时，除将本年实际与本年计划相比，检查计划完成情况外，为了动态上观察、比较各项费用的变动情况和变动趋势，还应将本月实际与上年同期实际进行对比，以了解企业工作改进情况，并将这一分析与推行经济责任制结合，与检查各项管理制度的执行情况结合，以推动企业改进经营管理，提高工作效率，降低各项费用支出。

【本章小结】

成本报表是根据企业日常成本资料定期编制，用来反映、考核和分析企业在一定时期内产品成本水平以及产品成本计划执行结果的报告性文件。

成本分析可以在经济活动事先、事中或事后进行。本章讨论的是成本的事后分析。成本分析一般运用比较分析法、比率分析法和因素分析法。

企业最重要的成本报表有：产品生产成本表、主要产品单位成本表、制造费用明细表和期间费用明细表。各企业可根据成本管理的需要自行设计其成本报表体系。

【延伸阅读】

1. 亢妙娣. 会计电算化在成本报表中的应用[J]. 科学与财富，2012(8).

2. 肖彦. Excel 在成本报表编制与分析中的应用[J]. 社会科学家，2001(4).

3. 刘海东. 关于对生产企业成本报表分析的探讨[J]. 中国科技博览，2011(15).

【思 考 题】

1. 简述成本报表的含义及特点。

2. 连环替代法的计算程序是怎样的？

3. 主要产品单位成本表的结构是怎样的？可以从哪些方面对主要产品单位成本展开分析？

4. 影响可比产品成本降低任务完成情况的因素有哪些？各因素对成本降低额和成本降低率产生什么影响？

5. 如何编制制造费用明细表？

6. 什么是技术经济指标？根据各项技术经济指标同产品单位成本的关系，如何划分技术经济指标？

【自 测 题】

1. 单项选择题

(1) 下列不属于成本报表的是(　　)。

A. 产品生产成本表　　B. 主要产品单位成本表

C. 现金流量表　　D. 制造费用明细表

(2) 成本报表属于(　　)。

A. 对外报表　　B. 对内报表

C. 既是对内报表,又是对外报表　　D. 对内还是对外由企业决定

(3) 下列各项对产品成本的分析方法中,属于构成比率分析的是(　　)。

A. 将本期实际成本与前期实际成本进行比较

B. 计算分析本期的成本利润率

C. 计算制造费用占产品成本的比重

D. 计算分析本期销售收入成本率

(4) 连环替换分析法与差额计算分析法(　　)。

A. 两者没有任何联系

B. 两者是一种分析方法

C. 后者是前者的简化的计算方法

D. 两者计算原理和计算结果可能不同

(5) 既反映本期发生的生产费用,又反映本期完工产品成本的报表是(　　)。

A. 按成本项目反映的产品生产成本表

B. 按产品种类反映的产品生产成本表

C. 主要产品单位成本表

D. 制造费用明细表

(6) 下列各项中,不属于产品生产成本(按成本项目反映)表反映内容的是(　　)。

A. 在产品、自制半成品期初余额

B. 在产品、自制半成品期末余额

C. 上年实际产品生产成本

D. 按上年实际单位成本计算的本年产品生产成本

(7)下列各项中,不属于产品生产成本(按产品种类反映)表反映内容的是(　　)。

A. 本年计划总成本

B. 按本年计划单位成本计算的本年产品生产成本

C. 按上年实际单位成本计算的本年产品生产成本

D. 本年累计实际平均单位成本

(8) 影响可比产品成本降低率的因素是(　　)。

A. 产品产量　　B. 产品价格

C. 生产产品的品种构成　　D. 销售产品的品种构成

(9) 在可比产品成本降低计划执行结果的分析中,对成本降低率没有影响的因素是(　　)。

A. 产品产量　　B. 产品品种比重

C. 产品单位成本　　D. 产品产量和产品品种的比重

(10)制造费用明细表反映工业企业(　　)。

A. 各生产单位的制造费用

B. 辅助生产车间的制造费用

C. 基本生产车间的制造费用

D. 基本生产车间和辅助生产车间的制造费用

2. 多项选择题

(1) 采用连环替换分析法时,各因素的顺序(　　)。

A. 可以任意排列

B. 应按一定原则排列:先质量后数量

C. 应按一定原则排列:先实物量因素,后价值量因素

D. 应按一定原则排列:涉及两个或几个相同性质的因素中,先主要后次要

(2) 对比分析法可以从以下几个方面对比(　　)。

A. 实际与计划

B. 实际与定额

C. 本期实际与前期实际

D. 本企业本期实际与国内外同行企业先进水平

(3) 下列诸项中属于单纯的产品产量增加对可比产品成本的影响有(　　)。

A. 使成本降低额增加　　B. 使成本降低额不变

C. 使成本降低率增加　　D. 成本降低率不变

(4) 产品生产成本表可以反映可比产品与不可比产品的(　　)。

A. 实际产量　　B. 单位成本

C. 本月总成本　　D. 本年累计总成本

(5) 成本报表分析常用的方法有(　　)。

A. 对比分析法　　B. 比例分析法

C. 因素分析法　　D. 趋势分析法

(6) 下列指标中属于相关比率的有(　　)。

A. 产值成本率　　B. 成本降低率

C. 成本利润率　　D. 销售收入成本率

(7) 生产多品种的情况下,影响可比产品成本降低额的因素有(　　)。

A. 产品产量　　B. 产品单位成本

C. 产品价格　　D. 产品品种结构

(8) 影响可比产品降低率变动的因素可能有(　　)。

A. 产品产量　　B. 产品单位成本

C. 产品价格　　D. 产品品种结构

(9) 企业编制成本报表必须做到(　　)。

A. 数字准确　　B. 内容完整

C. 字迹清楚　　D. 编报及时

(10) 在计算可比产品成本计划降低额时，需要计算的指标有(　　)。

A. 实际产量按上年实际单位成本计算的总成本

B. 实际产量按本年实际单位成本计算的总成本

C. 计划产量按上年实际单位成本计算的总成本

D. 计划产量按本年计划单位成本计算的总成本

3. 判断题

(1) 产品生产成本表按产品种类反映和按成本项目反映的作用是相同的。(　　)

(2) 按计划产量、计划品种比重和计划单位成本确定的成本计划降低率，与按实际产量、计划品种比重和计划单位成本算出的成本降低率是一致的。(　　)

(3) 产品产量、产品品种比重和产品单位成本三个因素，对可比产品成本的降低额都有影响。(　　)

(4) 可比产品成本实际降低额是用实际产量按上年实际单位成本计算的总成本与实际产量按本年实际单位成本计算的总成本计算的。(　　)

(5) 不可比产品是指上年没有正式生产过，没有上年成本资料的产品。(　　)

(6) 本年累计实际产量与本年计划单位成本之积，称为按本年实际产量计算的本年累计总成本。(　　)

(7) 产品生产成本表是反映企业在报告期内生产的全部产品总成本的报表。(　　)

(8) 在分析某个指标时，将与该指标相关但又不同的指标加以对比，分析其相互关系的方法称为对比分析法。(　　)

(9) 在进行全部产品成本分析时，需要计算成本降低率，该项指标是用成本降低额除以实际产量的实际总成本计算的。(　　)

(10) 企业编制的成本报表一般不对外公布，所以成本报表的种类、项目和编制方法可由企业自行确定。(　　)

4. 业务计算题

(1) 某企业有关产品产量、单位成本和总成本的资料如表 10-15 所示。

表 10-15　　某企业有关产品产量、单位成本和总成本资料

产品名称		实际产量/件		单位成本/元		总成本/元	
		本月	本年累计	上年实际平均数	本年计划	本月实际	本年累计实际
可比产品	甲产品	100	900	800	780	75 000	684 000
	乙产品	80	1 100	700	710	55 200	748 000
不可比产品	丙产品	300	3 200		1 150	375 000	3 520 000

要求：根据上述资料，编制产品生产成本表(按产品种类反映)。

(2) 某企业 20××年原材料费用实际为 41 580 元，计划为 40 000 元，实际比计划增加了 1 580 元，其原材料消耗情况如表 10-16 所示。

表 10-16　　原材料消耗分析表

项　　目	单位	计划数	实际数	差异
产量	件	200	210	+10
单位产品原材料消耗	千克	20	18	−2
材料单价	元	10	11	+1
原材料费用总额	元	40 000	41 580	+1 580

要求：根据上述资料，采用连环替代法分析各因素对原材料费用的影响。

【案例分析】

目的：对可比产品成本计划完成情况的分析。

资料[①]：某企业生产多种产品，其中可比产品的资料如下。

(1) 可比产品成本报表的部分内容如表 10-17 所示。

表 10-17　　可比产品成本报表

可比产品	产量/件		单位成本/元			总成本/元		
	计划	实际	上年实际平均	本年计划	本期实际	按上年实际平均单位成本计算	按本年计划单位成本计算	本月实际
甲	18	22	400	380	370			
乙	25	21	200	180	185			
合计								

(2) 可比产品成本计划降低率为 8%。

(3) 本期材料涨价影响可比产品成本实际比计划升高 1 100 元。

要求：

(1) 根据上述资料，计算并填列产品成本报表中总成本各栏数字。

(2) 检查可比产品成本降低率计划完成情况，分析其升降原因，并做出评价。

(3) 分析可比产品成本计划完成情况。

① 案例素材来源：曾繁荣，张波．成本会计[M]．大连：东北财经大学出版社，2009：196，197．

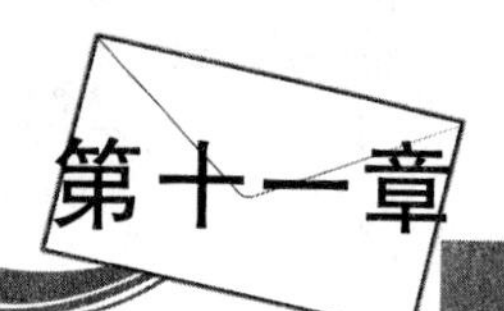

第十一章 其他行业成本核算的方法

学习目标

通过本章学习，应达到以下学习目标：

1. 了解其他行业生产经营的特点；
2. 理解其他行业成本核算的特点；
3. 熟悉农业企业、建筑施工企业、物流企业三大行业企业成本项目及核算的账户；
4. 掌握农业企业、建筑施工企业、物流企业三大行业企业成本核算的方法。

引导案例①

近几年，人们对建筑投资行业火爆的发展给予的期望过高。而且在这些年里建筑施工企业对于自身的管理水平粗放低下，自身的建设落后。一旦经济危机来临，它们没有应变能力，只好纷纷选择倒闭破产。经济低速一定会导致投资规模的萎缩，这是一个随人们意志转移的客观的发展过程。国家财政可以做出一些投资，但是国家投资主要的投向是社会制度的建设，是社会保障的建设，其中能够成为建设项目的投资额是有限的。那么有人做了一些调查，建筑施工企业目前的项目，拿到2009年的项目是一个什么样的水平呢？统计的数据是，多数是在三成左右，而往年并不是这样，在这个时候下一年的项目几乎都定到了。还有的企业不仅谈不到新的项目，已经谈好的项目也被纷纷撤销和无限期地推迟。所以有人推断，2009年建筑施工企业将有一半左右会出局，这是一个寒冷的冬天。但是历史的经验也告诉我们另外一个真理，那就是每当一次经济危机来临，不会使所有的企业都倒闭，而一定是有相当一批企业不仅活下来，而且它们的管理水平得到了较大幅度的提升，活得更加生机勃勃，活得更有底气。

我非常赞成我们国家的建筑施工企业在工程管理上的项目施工进度的管理，项目质量的管理很有效，可以说在世界上很有竞争力。但是在成本管理上，我们的潜力太大了。所以施工企业要转危为安，抓住成本核算和成本管理的改革，这是一个最重要的突破口，在这个时候不是去想怎么样走向世界市场，不是考虑怎么样做更多规模的扩张，而是脚踏实地地横下一条心，实实在在地来核算和管理成本，在成本控制上下功夫，这不仅仅是帮助企业在这种危机当中保持相应的盈利空间，度过这种困境，同时也使这个企业未来的成长提升一个水平。通过对北京、上海、浙江、江苏部分的建筑施工企业做调查发现，我们的建筑施工企业的成本核算与管理非常粗放混乱。

在国民经济体系中，除工业制造企业之外，还有商品流通企业、施工企业、房地产开发

---

① 案例资料来源：陈福义．中国建筑施工企业成本管理改革新思维[J]．中国建筑全球化高峰论坛，2008(11)．

企业、交通运输企业和种植养殖企业等行业。各行业都有自己的经营特点，涉及的经营范围不同，因而在成本核算上，也有不同的特点。在此基础上，本章介绍了农业企业、施工企业，以及物流企业在内的其他行业的成本核算。目的在于介绍这些行业成本核算不同于制造业成本核算的方法特点及各自采用的成本核算方法。

第一节　农业企业成本核算

农业企业是指从事农、林、牧、副、渔业等生产经营活动，具有较高的商品率，实行自主经营、独立经济核算，具有法人资格的营利性的经济组织。随着我国市场经济的发展，农业生产企业的经营模式也在发生重大的变革。而农业生产企业成本核算工作又具有行业的特殊性，熟悉农业生产企业会计成本核算的会计人员还相对欠缺。本节将简要阐述农业生产企业成本核算的特点和要点。

一、农业企业生产经营及成本核算的主要特点

（一）农业企业生产经营的特点

1. 生产具有复杂性

由于农业企业的自然生产过程和经营管理的再生产过程紧密交织在一起，这就决定了农业会计在计算各项生产支出时，既要核算种子、种苗、农药、农具等流动资产和固定资产的耗费，又要核算恢复地力、施加肥力、兴修水利、水土保持等促进自然生态循环的有关支出。

2. 生产资料具有广泛性

农业生产的基本生产资料具有特殊性，农、林业用的土地，养殖业用的水面，畜牧业用的草场等，都是农业会计的重要核算内容。

3. 经营成果具有双重性

农业生产受自然条件的影响较大，农业企业在核算其经营成果时，既要核算在正常生产情况下的生产支出和经营成果，又要核算受自然条件影响而增加或减少的支出和经营成果。

课堂讨论

农业企业的经营成果双重性对最终成本的计算将有什么影响？

4. 资金耗费具有季节性

农业生产周期长，又具有较强的季节性和地区性，资金周转比较缓慢，各项资金耗费也不均衡，因此，在资金管理上既要保证供应，不误农时，以适应不同季节和地区的特点，又要加强管理，防止资金的积压和浪费。

5. 固定资产具有多样性

农业生产中的各种产畜（有劳动力价值的，如鸡、鸭等）、役畜（有劳动力价值的，如牛、驴等）和经济林木等固定资产本身是有生命的，其自身的价值有时会因生产而耗损，或因

发育而增值。土地是农业生产的重要劳动资料,但按规定不能作为固定资产入账。农业企业的家用机械由于受季节性的影响,闲置期长,利用率较低。

(二)农业企业成本核算的特点

农业企业与工业企业都是从事物质资料生产的企业,在会计核算上有许多相同之处,但是在生产成本计算方面,由于农业生产的某些特殊性,与工业企业区别较大。

1. 农业生产的自然条件对生产成本的影响

农业生产的重要特点是经济的再生产过程同自然的再生产过程相结合,农业生产对自然条件的依赖性强。生产的过程受土壤、气候、雨水以及病、虫、害等影响很大,因而农业生产产品成本具有不稳定性,不同地区产品成本的可比性差。

2. 农业生产的周期对生产成本的影响

农业生产的周期长,季节性强,成本核算期间基本上以一年为计算期。由于农业生产主要是动物和植物的生产,它们有其自身的自然生长过程,不完全依赖劳动过程,所以农业生产中的劳动时间并不等于全部生产时间。

3. 农业生产种类对生产成本的影响

农业生产种类多、品种复杂,决定了其成本核算对象的多样性和复杂性。农业生产包括农、林、牧、渔等各业生产,各业又有主产品和副产品之分,而且各业之间相互利用主副产品。比如种植业可以为畜牧业提供丰富的廉价饲料,而畜牧业又可以为种植业提供大量的优质肥料。

二、农作物的成本项目和费用界限

(一)农作物的成本项目

1. 直接材料

直接材料,是指种植业生产中耗用的自产或外购的种子、种苗、饲料、肥料、农药、燃料和动力、修理用材料和零件、原材料以及其他材料等;养殖业生产中直接用于养殖生产的苗种、饲料、肥料、燃料、动力、畜禽医药费等。

2. 直接人工

直接人工,是指直接从事农业生产人员的职工薪酬。

3. 机械作业费

机械作业费,是指种植业生产过程中农用机械进行耕耙、播种、施肥、除草、喷药、收割、脱粒等机械作业所发生的费用。

4. 其他直接费用

其他直接费用,是指除直接材料、直接人工和机械作业费以外的畜力作业费等直接费用。

5. 间接费用

间接费用,是指应摊销、分配计入成本核算对象的运输费、灌溉费、固定资产折旧、租赁费、保养费等费用。

(二)农作物的费用界限

农产品收获的具体情况不同,其生产费用确认的终止点也不相同。根据制度规定,计入农产品成本的费用，一般界限是：

(1) 粮、豆的成本计算至入仓入库和场上能够销售为止。从仓囤出库和场上交售发生的包装费、运杂费作销售费用处理。

(2) 不入库入窖的鲜活产品的成本计算至销售为止。入库入窖的鲜活产品的成本计算至入库、入窖为止。

(3) 棉花的成本计算至加工成皮棉为止。打包上交过程中发生的包装费、运输费作销售费用处理。

(4) 纤维作物、香料作物和水参等农产品的成本计算至加工完成为止(如水参加工成干参、红参、糖参；香茅草加工成香茅油)。

(5) 年底尚未脱粒作物的成本应当包括预提脱粒费用。下年度实际发生的脱粒费用的差额，由下年度同一作物负担。

三、农作物成本核算的账户设置及账务处理

农作物是指本国种植的用于收获供人们食用的植物，如小麦、甘蔗、咖啡豆等。农作物可以分为消耗性生物资产和生产性生物资产。消耗性生物资产通常是一次性产出农产品，在收获农产品后该资产就不复存在。消耗性资产的持有目的是出售，例如，种苹果树是为了将来出售苹果树苗，则该苹果树是消耗性生物资产。生产性生物资产能够在生产经营中长期反复使用，在产出农产品后该资产仍然保留，并可以在未来期间继续产出农产品。例如，种苹果树是为了将来培育并出售苹果，则苹果树为生产性生物资产。生产性生物资产通常要生长到一定阶段才开始具备生产能力。根据其是否具备生产能力，可以将生物资产划分为未成熟和成熟两类。

知识链接

生产性生物资产发生减值迹象是否要进行减值测试，减值后能否转回？消耗性生物资产呢？

(一) 消耗性生物资产成本核算的账户设置

(1) 农作物耗用的直接材料、直接人工等直接成本，借记“消耗性生物资产”科目，贷记“原材料”、“应付职工薪酬”、“银行存款”等科目。

(2) 机器设备的折旧费用，可按一定的标准在消耗性生物资产中进行分配。借记“消耗性生物资产”科目，贷记“累计折旧”科目。

(3) 年末未完成脱粒作业的产品需预提脱粒费用，借记“消耗性生物资产”科目，贷记“预提费用”科目。

(4) 农业生产过程中发生的应归属于消耗性生物资产的费用，按应分配的金额，借记“消费性生物资产”科目，贷记“农业生产成本”科目。

(5) 收获消耗性生物资产，借记“农产品”科目，贷记“消耗性生物资产”科目。已计提跌价准备的，还应同时结转跌价准备。

【例 11.1】 2011 年 3 月，某农业企业播种 60 公顷小麦和 40 公顷玉米。共播种小麦

种子 6 000 千克，每千克价格 4 元；共播种玉米种子 1 200 千克，每千克价格 50 元。使用一台拖拉机翻耕土地，拖拉机原值 80 500 元，预计净残值 500 元，按工作量法计提折旧，预计可翻耕土地 8 000 公顷，每月翻耕一次。租用小麦播种机的租金为 300 元，租用玉米播种机的租金为 360 元。为播种小麦的工人支付工资 800 元，为播种玉米的工人支付工资 600 元。

2011 年 7 月，收获小麦时"消耗性生物资产——小麦"科目的借方金额为 35 500 元，获得的副产品——麦秸的价值为 4 500 元。

2011 年 3 月编制的相关会计分录如下。

(1) 小麦种子金额＝4×6 000＝24 000(元)

玉米种子金额＝50×1 200＝60 000(元)

借：消耗性生物资产——小麦　　24 000

　贷：原材料　　24 000

借：消耗性生物资产——玉米　　60 000

　贷：原材料　　60 000

(2) 翻耕 1 公顷土地的拖拉机折旧额＝(80 500－500)÷8 000＝10(元)

小麦分摊的拖拉机折旧额＝10×60＝600(元)

玉米分摊的拖拉机折旧额＝10×40＝400(元)

借：消耗性生物资产——小麦　　600

　　消耗性生物资产——玉米　　400

　贷：累计折旧　　1 000

(3) 支付小麦播种机和玉米播种机的租金＝300＋360＝660(元)

借：消耗性生物资产——小麦　　300

　　消耗性生物资产——玉米　　360

　贷：银行存款　　660

(4) 支付工人工资＝800＋600＝1 400(元)

借：消耗性生物资产——小麦　　800

　　消耗性生物资产——玉米　　600

　贷：应付职工薪酬　　1 400

2011 年 7 月编制的相关会计分录为：

借：农产品——小麦　　31 000

　　农产品——麦秸　　4 500

　贷：消耗性生物资产——小麦　　35 500

（二）生产性生物资产成本核算的账户设置

(1) 这类作物在达到预定的生产经营目的、能够连续生产农产品之前，所发生的成本应在"未成熟生产性生物资产"科目的借方归集。

(2) 当这类作物达到预定的生产经营目的、能够连续生产农产品时，其成本从"未成熟生产性生物资产"科目的贷方转入"成熟生产性生物资产"的借方。

(3) 成熟生产性生物资产每年应计提折旧，借记"农业生产成本"科目，贷记"生产性生物资产累计折旧”科目。

(4) 在成熟生产性生物资产连续生产农产品期间,为该农作物所发生的生产费用,记入“农业生产成本”科目的借方。

(5) 农产品收获过程中发生的费用,记入“农业生产成本”科目的借方。

(6) 收获的农产品实际成本,从“农业生产成本”科目的贷方转入“农产品”科目的借方。

【例 11.2】 甲企业相关经营项目如下。

(1) 甲企业 2007 年初自行营造 100 亩苹果树。苹果树需 3 年后才挂果。当年发生种苗费 180 000 元,平整土地所需机械作业费 20 000 元,当年肥料 90 000 元,农药 10 000 元,人工费 80 000 元,管护费 50 000 元。

2007 年账务处理:

借:生产性生物资产——未成熟生产性生物资产　　430 000
　贷:原材料——种苗　　180 000
　　原材料——化肥　　90 000
　　原材料——农药　　10 000
　　应付职工薪酬　　80 000
　　累计折旧　　20 000
　　银行存款　　50 000

(2) 从 2008 年起,年抚育发生化肥费用 70 000 元,农药 10 000 元,人工费 15 000 元,管护费 20 000 元。2009 年年末该苹果树开始挂果,即达到预期经营目的,其成本为 660 000 元(430 000+115 000+115 000)。

2008 年账务处理:

借:生产性生物资产——未成熟生产性生物资产　　115 000
　贷:原材料——化肥　　70 000
　　原材料——农药　　10 000
　　应付职工薪酬　　15 000
　　银行存款　　20 000

2009 年财务处理:

借:生产性生物资产——未成熟生产性生物资产　　115 000
　贷:原材料——化肥　　70 000
　　原材料——农药　　10 000
　　应付职工薪酬　　15 000
　　银行存款　　20 000

借:生产性生物资产——成熟生产性生物资产　　660 000
　贷:生产性生物资产——未成熟生产性生物资产　　660 000

(3) 2010 年,为了维护苹果树,6 月份发生化肥费用 2 000 元,农药 3 000 元,人工费 5 000 元。预期经济收费经济寿命 12 年(假定该苹果树采用成本模式计量,采用年限平均法计提折旧,该苹果树期满无残值)。2010 年年折旧额=660 000÷12=55 000 元。2010 年 12 月,第一批苹果进入收获期。收获过程中,发生运输费 2 000 元,人工费 6 000 元。收获苹果实际成本 73 000 元。

2010 年账务处理：

借：农业生产成本——苹果	10 000	
贷：原材料——化肥		2 000
原材料——农药		3 000
应付职工薪酬		5 000
借：农业生产成本——苹果	55 000	
贷：生产性生物资产累计折旧		55 000
借：农业生产成本——苹果	8 000	
贷：银行存款		2 000
应付职工薪酬		6 000
借：农产品——苹果	73 000	
贷：农业生产成本——苹果		73 000

四、农产品单位成本的计算

农产品是指已经收获的农作物或用其加工后的产品。如收获的麦子、面粉等。

（一）消耗性生物资产的农产品单位成本计算

消耗性农作物产品成本计算应按收获发生的全部生产费用计算农产品成本。具体又分为生长期不超过一年的和生长期超过一年的。

（1）生长期不超过一年的，即当年播种当年收获的消耗性农作物成本计算公式为：

$$\text{某作物的主产品单位成本}=\frac{\text{该作物生产费用总额}-\text{副产品价值}}{\text{该作物的主产品总量}}$$

农作物在完成生产过程时，一般可以产出主产品和副产品两种产品，必须将生产费用在两种产品之间进行分配。分配方法有：

① 估价法：对副产品按市场价格估价，以此作为副产品成本，生产费用扣除副产品价值就得到主产品成本。

② 比率法：先求出生产费用实际额与计划额之比，再分别以主产品和副产品的计划成本乘以这一比率，就可计算出主产品和副产品的实际成本。

【例 11.3】 农业企业 2012 年收获水稻 2 000 千克，稻草 2 500 千克，当年实际发生生产费用 6 750 元。稻草的市场价格为每千克 1 元。以估价法计算水稻的单位成本。

$$\text{每千克水稻的成本}=\frac{6\,750-1\times2\,500}{2\,000}=2.125(\text{元})$$

（2）生长期超过一年的，即多年培育一次性收获的消耗性农作物成本计算公式为：

$$\text{某作物的主产品单位成本}=\frac{\text{往年费用总额}+\text{本年累计生产费用}-\text{副产品价值}}{\text{该作物的主产品总量}}$$

（二）生产性生物资产的农产品单位成本计算

生产性生物资产按本年计提的折旧额和投产后本年发生的全部生产费用计算农产品成本。

$$\text{某作物主产品的单位成本}=\frac{\text{往年费用本年撤销额}+\text{本年累计生产费用}-\text{副产品价值}}{\text{该作物的主产品总量}}$$

式中“往年费用本年摊销额”就是生产性生物资产本年折旧金额。

【例 11.4】 例 11.1 中，农业企业收获苹果 10 000 千克，其中生产性生物资产本年折旧金额 55 000 元，当年累计生产费用 18 000 元，无副产品，计算苹果的单位成本。

$$\text{每千克苹果的成本}=\frac{55\ 000+18\ 000}{10\ 000}=7.3(\text{元})$$

第二节　建筑施工企业成本核算

建筑施工企业指专门从事建筑物与构筑物(建筑工程、市政公用工程、线路管道和设备安装工程及装修工程)的新建、扩建、改建和拆除等有关活动的企业。

一、建筑施工企业生产经营及成本核算的特点

(一) 建筑施工企业生产经营特点

建筑施工企业生产经营的特点主要由建筑产品的特点所决定。和其他工业产品相比较，建筑产品具有体积庞大、复杂多样、整体难分、不易移动等特点，从而使建筑施工除了一般工业生产的基本特性外，还具有下述主要特点。

1. 生产的流动性

一是施工机构随着建筑物或构筑物坐落位置变化而整个地转移生产地点；二是在一个工程的施工过程中施工人员和各种机械、电气设备随着施工部位的不同而沿着施工对象上下左右流动，不断转移操作场所。

2. 建筑施工生产的单件性

建筑施工企业的产品都是有其特定目的和专门用途的，企业只能按照建设项目的不同设计要求进行施工生产。因此，每一建筑安装工程都有其独特的形式、结构和质量要求，施工时，需采用不同的施工方法和施工组织；即使采用相同的标准设计，但由于建造地点不同，也会受到地形、地区、水文等自然条件的影响，还会受到交通等社会条件的影响，为此往往需要对设计图纸、施工方法和施工组织等作适当调整和改变，使得建筑安装工程极少完全相同。建筑安装产品的多样性，就决定了建筑施工企业生产的单件性。

3. 施工生产受到气候条件的影响

建筑安装工程大多在露天进行施工，施工机械设备的使用寿命除了受到使用磨损影响外，还受自然侵蚀的影响。因此，施工机械设备的折旧方法既要考虑机械设备的实际使用时间，又要考虑其预计使用时间。由于受气候条件影响，建筑施工企业各月完成的工作量很难均衡。因此，在费用分配上往往不宜将当月发生的费用全部计入当月工程成本，而应采用按全年工作量平均分配的方法。

知识链接

由于季节性的天气原因而导致的停工，机器设备还要折旧吗？

4. 施工技术复杂

建筑施工常需要根据建筑结构情况进行多工种配合作业，多单位（土石方、土建、吊装、安装、运输等）交叉配合施工，所用的物资和设备种类繁多，因而施工组织和施工技术管理的要求较高。

5. 施工生产的长期性

施工生产的长期性是由建筑产品的周期长所决定的，主要表现在：建筑产品规模都比较大，极少有当年施工当年交工的；施工作业要求有一定的保养期，如混凝土的操作必须保证一定时间的保养期，否则将严重影响建筑产品的质量。

6. 产品的形式多样

建筑物因其所处的自然条件和用途的不同，工程的结构、造型和材料亦不同，施工方法必将随之变化，很难实现标准化。

（二）建筑施工企业成本核算的特点

1. 单独计算每项工程成本

由于建筑产品的多样性和施工生产的单件性等特点，这就决定施工企业不能根据一定时期内发生的全部施工生产费用和完成的工程数量来计算各项工程的单位成本，而必须按照承包的每项工程分别归集施工生产费用，单独计算每项工程成本。建筑产品的多样性和施工生产的单件性，决定了建筑施工企业的工程成本核算对象经常发生变化，施工生产费用的归集和分配必须紧紧围绕确定的工程成本核算对象来进行，严格遵循收入与费用配比的会计原则。同时，由于不同建筑产品之间的差异大、可比性差，不同建筑产品之间的实际成本之间不便进行比较，因此，建筑施工企业工程成本的分析、控制和考核不是以可比产品成本为依据，而是以预算成本为依据。此外，建筑施工企业除了主要计算建筑安装工程成本之外，还需要计算其附属工业产品成本、机械施工及运输单位的机械作业成本以及企业内部非独立核算的辅助生产部门所生产的产品成本和提供劳务的成本等。

2. 按月定期计算工程成本

建筑施工企业的建筑产品造价高、周期长等特点，决定了建筑施工企业在施工过程中需垫支大量的资金。因此，对工程价款结算，不能等到工程全部竣工后才进行，这样势必会影响建筑施工企业的资金周转，从而影响施工生产的正常进行。所以除工期较短、造价较低的工程采用竣工后一次结算价款外，大多采用按月结算、分段结算等方法。相应地，企业为了能及时分析、考核本工程计划的完成情况并计算财务成果，有必要将已完成预算定额规定的一定组成部分的工程作为“完工工程”，视为“产成品”进行成本计算；对尚未达到预算定额规定的一定组成部分的工程作为“未完工程”视为“在产品”进行成本计算，而不能待某项工程全部完工后再计算该项目的成本。

3. 施工费用需在已完工程和未完工程之间进行分配

建筑施工企业尽管是以单位工程作为成本计算对象，但其生产费用应按月归集和分配，如果月末成本计算对象没有“完工工程”，则该成本计算对象所归集的生产费用即为“未完工程”成本；如果当月有“完工工程”，则应同时计算“完工工程”成本和“未完工程”成本；如果当月该成本计算对象的工程竣工，则不仅要计算当月“完工工程”成本，而且还应对竣工工程进行决算，计算出竣工工程的实际总成本。

二、建筑施工企业的成本项目

建筑企业一般设置直接人工、直接材料、机械使用费、其他直接费用和间接费用等成本项目。建筑企业将部分工程分包的，还可以设置分包成本项目。

（一）直接人工

直接人工，是指按照国家规定支付给施工过程中直接从事建筑安装工程施工的工人以及在施工现场直接为工程制作构件和运料、配料等工人的职工薪酬。

（二）直接材料

直接材料，是指在施工过程中所耗用的、构成工程实体的材料、结构件、机械配件和有助于工程形成的其他材料以及周转材料的租赁费和摊销等。

（三）机械使用费

机械使用费，是指施工过程中使用自有施工机械所发生的机械使用费，使用外单位施工机械的租赁费，以及按照规定支付的施工机械进出场费等。

（四）其他直接费用

其他直接费用，是指施工过程中发生的材料搬运费、材料装卸保管费、燃料动力费、临时设施摊销、生产工具用具使用费、检验试验费、工程定位复测费、工程点交费、场地清理费，以及能够单独区分和可靠计量的为订立建造承包合同而发生的差旅费、投标费等费用。

（五）间接费用

间接费用是指企业各施工单位为组织和管理工程施工所发生的费用。

（六）分包成本

分包成本，是指按照国家规定开展分包，支付给分包单位的工程价款。

三、建筑施工企业成本核算账户的设置

（一）"工程施工"账户

该账户核算施工过程中实际发生的合同成本和合同毛利。"工程施工"账户可按建造合同，分为"合同成本"、"间接费用"和"合同毛利"进行明细核算。

进行合同建造时发生的直接费用（人工费、材料费、机械使用费以及施工现场材料的二次搬运费、生产工具和用具使用费、检验试验费、临时设施折旧费等），借记"工程施工"（合同成本），贷记"应付职工薪酬"、"原材料"等科目。

发生的间接费用（施工、生产单位管理人员职工薪酬、固定资产折旧费、财产保险费、工程保修费、排污费等），借记"工程施工"（间接费用），贷记"累计折旧"、"银行存款"等科目。月末，将间接费用分配计入有关合同成本，借记"工程施工"（合同成本），贷记"工程施工"（间接费用）。

确认施工收入、费用时，借记"主营业务成本"科目，贷记"主营业务收入"科目，按其差额，借记或贷记"工程施工"（合同毛利）。

合同完工时，将该科目余额与相关工程施工合同的“工程结算”科目对冲，借记“工程结算”科目，贷记本科目。

期末借方余额，反映企业尚未完工的建造合同成本和合同毛利。

（二）“工程结算”账户

该账户核算企业根据建造合同约定向业主办理结算的累计金额。企业向业主办理工程价款结算时，按应结算的金额，借记“应收账款”等账户，贷记“工程结算”账户。

（三）“机械作业”账户

该账户核算建筑施工企业及其内部独立核算的施工单位、机械站和运输队使用自有施工机械和运输设备进行机械作业所发生的各项费用。可按施工机械或运输设备的种类进行明细核算。租入施工机械发生的机械租赁费，在“工程施工”科目核算。

发生机械作业支出时，借记本科目。贷记“应付职工薪酬”、“原材料”等科目。

会计期末，为承包工程进行机械化施工和运输作业的成本，从本科目贷方转入“工程施工”科目借方；对外单位、专项工程等提供机械作业（包括运输设备）的成本，从本科目贷方转入“劳务成本”科目借方。期末无余额。

（四）“辅助生产”账户

该账户是成本计算账户。用以核算非独立核算的辅助生产部门提供产品和劳务所发生的各种费用。当发生各项辅助生产费用时，记入该账户的借方；月末将借方归集的费用按一定标准分配转入各受益对象时，记入该账户的贷方；期末余额在借方，表示辅助生产部门在产品的实际成本。该账户按各辅助生产部门设置明细账。

四、工程成本的归集和分配

（一）材料费用的分配

材料费用是工程成本的重要组成部分，因其耗用量大，品种多，用途多样，月末应根据不同情况对材料费用进行归集和分配。

对于领用时即可分清用料对象，并可点清数量的各种材料，应根据“领料单”、“定额领料单”、“退料单”等原始凭证按成本对象直接计入合同项目成本；对于领用时可以分清用料对象但要集中配料（如油漆、玻璃、木材等）的材料，应编制“集中配料耗用计算表”，根据材料定额用量比例进行分配计入各成本对象。对于领用时不易分清用料对象，也不容易点清数量的材料（如砖、瓦、砂、石等耗用），一般通过定期进行实地盘点，并按材料进、耗、存的关系核算实际耗用量后，按合同项目所完成的实际工程量及材料定额耗用量或定额成本分配计入各成本对象。

对于施工中反复使用的周期材料（如模板、架料等），采用分期或分次摊销法进行摊销，编制“周转材料摊销计算单”确定摊销额，分配计入各成本计算对象。

（二）人工费用的分配

1. 直接从事施工的工人

直接从事施工的工人，其人工费采用计件工资制度时，根据工程任务单和工程结算汇总表，将所归集的人工费用直接计入成本计算对象。采用计时工资制度时，如果能够正确区分工人劳动的服务对象，直接将人工费用计入成本计算对象；如果建筑安装工人同时为多项工程工作，就需要将人工费用在各个成本计算对象之间进行分配。

2. 机械设备操作员及设备管理员

机械设备操作员及设备管理员，其人工费用先归集于机械作业成本中，月末随同机械作业成本的分配计入工程成本。

3. 施工单位管理人员

施工单位管理人员，其人工费应先记入“工程施工”(间接费用)账户的借方，月末随同间接费用分配计入工程成本。

月末建筑施工企业应根据工资结算汇总表、施工工人工资费用分配表等有关凭证编制人工费用分配表。

（三）机械使用费的归集和分配

租赁机械而支出的租赁费和进出场费，直接计入各工程成本的机械使用费项目。自有机械的使用费，发生时记入“机械作业”科目的借方，月末从“机械作业”科目贷方分配记入各项工程成本的机械使用费项目。分配则可按各项工程的实际工作台数或完成工作量的比例进行；也可以先按施工机械的计划台时费对机械使用费进行分配，然后依据计划机械使用费与实际机械使用费之间的比值调整为实际机械使用费。机械使用费采用的计划分配办法与工业企业制造费用采用年度计划分配率法方法相同。

（四）其他直接费用的分配

根据发生其他直接费用的凭证直接记入“工程施工”账户的借方。对于几个工程项目共同耗用的其他直接费用，可按各项工程项目费用的预算比例，或定额耗用量比例进行分配，编制其他直接费用分配表。

（五）间接费用的归集和分配

间接费用应按发生地点进行归集，设置“工程施工(间接费用)”账户进行核算。“间接费用”明细账户按施工单位分别进行归集和分配。间接费用发生时，应记入“间接费用”明细账的借方。月终间接费用应分别在各成本计算对象之间进行分配，一般按各项工程的人工费比例或直接成本的比例分配。

五、月末已完工工程和未完工工程成本的分配

作为成本计算对象的单项合同工程全部完工之后，称为竣工工程；尚未竣工，但已完成或预算定额规定的组成部分的分部分项工程，称为已完工工程；虽已投入料工进行施工，但尚未完成预算定额所规定工序的分部分项工程，称为未完施工或未完工工程。由于建筑安装工程的施工周期较长，因此在实际工作中一般不能等到整个工程竣工以后再计算成本，而必须按月及时地计算已完工工程的实际成本和预算成本，以便及时地反映工程成本的超、降情况。在这种情况下，要进行月度工程成本结算，必须正确及时地计算月度未完施工的实际成本，进而计算出已完工程的实际成本。计算公式如下：

$$\text{本月已完工工程的实际成本}=\text{月初未完施工成本}+\text{本月施工费用}-\text{月末未完施工成本}$$

从上式中可见，计算本期已完工程成本的关键是期末未完施工成本的确定。由于工程的预算成本一般都是以分部工程或分项工程为对象确定的，所以为计算未完工程成本，月末应由统计人员对未完工程进行现场实地测量，将未完施工工程名称、已完工序及数量定额填列"未完施工盘点单"。在据盘点单将未完施工折算为已完施工实物量的基础上，根据预算单价计算未完施工的工程成本。计算公式如下：

$$\text{期末未完施工成本}=\text{期末盘点确定的未完施工项目中已完工序的工作量}\times\text{各该工序预算单价}$$

$$\text{未完施工工程折合的完工工程量}=\text{未完工程已完工序盘存数量}\times\text{各工序折合率}$$

课堂讨论

施工企业的成本计算方法应采用类似于工业企业的分批法。但施工企业的分批法与制造业企业又有什么不同？

【例 11.5】 永安建筑施工有限责任公司的第一工程处，目前有 A、B 两项工程。2012 年 10 月份的相关情况如下。

(1) 永安建筑施工有限责任公司对材料采用计划成本计价，2012 年 3 月 31 日根据领料单及材料成本差异率(+1%)编制材料耗用分配表，如表 11-1 所示。

表 11-1　　材料耗用分配表

2012 年 3 月 31 日　　单位：千元

成本对象	主要材料			结构件			其他材料			周转材料摊销		
	计划	差异	实际成本	计划	差异	实际成本	计划	差异	实际成本	计划	差异	实际成本
工程施工——A工程	2 400	24	2 424	1 000	10	1 010	80	0.8	80.8	40	0.4	40.4
工程施工——B工程	1 900	19	1 919	900	9	909	60	0.6	60.6	30	0.3	30.3
工程施工——间接费用	25	0.25	25.25				20	0.2	20.2			
机械作业	15	0.15	15.15				40	0.4	40.4			
合　计	4 340	43.40	4 383.4	1 900	19	1 919	200	2.0	202.0	70	0.7	70.7

(2) 永安建筑施工有限责任公司根据工资结算单及规定的标准计提"五险一金"(假定计提标准为工资总额的 36%)，财务人员编制 2012 年 3 月份的"人工费用分配表"，如表 11-2 所示。

表 11-2 **人工费用分配表**

2012 年 3 月 31 日 单位：元

成本对象	应付工资	计提“五险一金”(假定按工资总额 36%)	合计
工程施工——A 工程	80 000	28 800	108 800
工程施工——B 工程	75 000	27 000	102 000
工程施工——间接费用	20 000	7 200	27 200
机械作业	15 000	5 400	20 400
合计	190 000	68 400	258 400

(3) 永安建筑施工有限责任公司 2012 年 3 月份发生机械使用费用 79 200 元，记录的机械台班数为 1 200 个台班，其中 A 工程合同项目为 800 个台班，B 工程合同项目为 400 个台班。据以编制的“机械使用费用分配表”如表 11-3 所示。

表 11-3 **机械使用费用分配表** 单位：元

成本对象	台时数	分配比例	分配金额
工程施工——A 工程	800		52 800
工程施工——B 工程	400		26 400
合计	1 200	66	79 200

(4) 永安建筑施工有限责任公司 2012 年 3 月份发生各种间接费用 337 280 元，按各合同项目的人工费用作为分配依据进行分配，本月 A 工程的人工费用为 108 800 元，本月 B 工程的人工费用为 102 000 元。据以编制的“间接费用分配表”如表 11-4 所示。

表 11-4 **间接费用分配表** 单位：元

成本对象	人工费用	分配比例	分配金额
工程施工——A 工程	108 800		174 080
工程施工——B 工程	102 000		163 200
合计	210 800	1.6	337 280

注：间接费用分配率 $=\frac{337\ 280}{108\ 800+102\ 000}=1.6$。

(5) 永安建筑施工有限责任公司施工的 A、B 工程期初未完施工成本 2 000 000 元，2012 年 3 月份实际发生的工程费用计 7 101 380 元，月末未完工程量 6 000 平方米，完工率 80%，工程造价预算为 600 元/平方米，本月已完工程的预算成本为 6 000 000 元，计算本月已完工工程的实际成本。

2012 年 10 月份，第一工程处计算并编制会计分录如下。

(1) 根据材料耗用分配表编制会计分录：

借：工程施工——A 工程(合同成本) 3 520 000

——B 工程(合同成本) 2 890 000

工程施工——间接费用 45 000

机械作业 55 000

贷：材料——主要材料　　4 340 000

——结构件　　1 900 000

——其他材料　　2 00 000

——周转材料　　70 000

借：工程施工——A 工程　　35 200

工程施工——B 工程　　28 900

工程施工——间接费用　　450

机械作业　　550

贷：材料成本差异　　65 100

(2) 根据人工费用分配表资料编制会计分录：

借：工程施工——A 工程(合同成本)　　108 800

——B 工程(合同成本)　　102 000

工程施工——间接费用　　27 200

机械作业　　20 400

贷：应付职工薪酬　　258 400

(3) 根据机械使用费用分配表编制会计分录：

借：工程施工——A 工程(合同成本)　　52 800

——B 工程(合同成本)　　26 400

贷：机械作业　　79 200

(4) 根据分配结果编制会计分录：

借：工程施工——A 工程(合同成本)　　174 080

——B 工程(合同成本)　　163 200

贷：工程施工(间接费用)　　337 280

(5) 已完工程实际成本的计算：

月末未完施工的预算成本 $= 6\ 000 \times 80\% \times 600 = 2\ 880\ 000$(元)

实际成本分配率 $= \dfrac{2\ 000\ 000 + 7\ 101\ 380}{2\ 880\ 000 + 6\ 000\ 000} = 1.024\ 93$

期末未完工程实际成本 $= 2\ 880\ 000 \times 1.024\ 93 = 2\ 951\ 798.40$(元)

本月已完工程的实际成本 $= 2\ 000\ 000 + 7\ 101\ 380 - 2\ 951\ 798.40$

$= 6\ 149\ 581.60$(元)

第三节　物流企业成本核算

物流企业是一种公司类型，全国泛指经营物流相关的运输、仓储、配送、域名注册查询等行业的企业。物流企业常在供货商与零售业者之间扮演集货、理货、库存、配送等角色。

一、物流企业生产经营及成本核算的特点

通常认为物流是指利用先进的管理技术和组织形式，通过计划、实施、控制和协调等

手段对运输、仓储、装卸、包装、配送、流通加工、信息各环节的系统整合，以最低费用和最少的资金占用，安全、及时和高质量地为用户提供多功能、一体化的综合服务。物流企业是提供物流活动的主体。

（一）物流企业生产经营的特点

与工业企业相比，物流企业的生产经营具有如下特点。

（1）物流企业的生产经营只是使劳动对象发生位置的改变，并不改变劳动对象的属性和形态，不创造新的物质产品。

（2）运输生产过程具有流动性、分散性。

（3）在运输生产过程中只消耗劳动手段，不消耗劳动对象。

（4）物流企业的生产成本与销售成本是统一的。

（5）运输生产中所需固定资产比重大，流动资产比重小。

（6）各种运输方式之间的替代性和协作性比较强。

课堂讨论

物流企业和传统意义上的运输服务公司有什么区别？

（二）物流企业成本核算的特点

1. 物流成本的计算范围大、计算对象多

物流成本包括原材料物流、工厂内部物流、从工厂到仓库和配送中心的物流、从配送中心到商店的物流等；涉及运输、仓储、装卸、信息等多个环节，跨度大，难免有遗漏和重复，所以物流成本很难做到准确。

2. 企业内部发生的物流成本难以计算

对外部支付的运输费、保管费、装卸费等费用各企业都计入成本，比较容易计入物流成本。然而，企业内部发生的与物流有关的人工费、设施建设费、设备购置费以及折旧费、维修费等是混入企业所发生的其他费用中，操作计算时，无统一规范归集与分摊。

3. 非物流费用与物流费用很难清楚界定

过量服务费用与标准服务费用混在一起导致非物流费用与物流费用很难清楚界定。例如保管费用中的过量进货、过量生产等在库维持费用，紧急送达等产生的费用。

二、物流企业的具体成本核算

（一）运输成本的核算

1. 直接材料的归集和分配

各种车辆耗用的燃料，应根据领料单进行汇总，编制燃料耗用汇总表，以便于对燃料费用进行归集和分配。确定各月燃料实际耗用数的方法有满油箱制和实地盘存制两种。满油箱制下，在月初、月末油箱加满的前提下，车辆当月加油的数量即为当月燃料的实际耗用数。实地盘存制下，车辆当月燃料的实际耗用数等于月初库车存数加本月领用数减月末库存数。

各种车辆领用的轮胎外胎、内胎和垫带，应根据领料单进行汇总，编制轮胎领用汇总表，以便于对轮胎费用进行归集和分配。如果对外胎采用一次性摊销法，在领用时记入相关成本费用账户；如果对外胎采用按行程摊提法，应根据外胎行驶里程记录和外胎里程摊提率，编制外胎摊提费用计算表。

2. 直接人工的归集和分配

直接人工主要指车辆司机和助手的职工薪酬费用。固定车辆的司机和助手的工资，根据工资汇总表直接列入各成本计算对象的明细账户。没有固定车辆的司机和助手的工资、后备司机和助手的工资，按一定的标准分配记入各成本计算对象的明细账户。分配标准有营运货物吨位和营运车日两种。相应的其他薪酬费用直接列入各成本计算对象的明细账户。

3. 其他直接费用的归集和分配

(1) 养路费：根据缴款凭证直接计入各成本计算对象的成本及有关费用。

(2) 折旧费：一般采用工作量法计提。如果外胎按行驶里程摊提，计算折旧时，应从车辆原值中扣减外胎价值。

(3) 其他费用：根据相关凭证直接计入各类运输成本。领用随车工具及其他低值易耗品，根据领用凭证，一次或分次摊入各类运输成本。

4. 营运间接费用的归集和分配

物流企业在营运过程中发生的不能直接计入成本计算对象的各种间接费用，发生时记入"营运间接费用"科目的借方，期末从贷方分配转入各成本计算对象，结转后无余额。营运间接费用的分配标准有直接费用或营运车日等。

【例 11.6】 某物流企业有甲、乙两个车队。2012 年 10 月份的相关情况如下。

(1) 企业对燃料耗用数采用实地盘存制计算。甲、乙两车队月初车存汽油分别为 900 升和 1 100 升，当月分别领用汽油 10 000 升和 5 000 升，月末车存汽油分别为 600 升和 500 升。汽油的计划成本为每升 3.2 元，成本差异率为 2%。

(2) 企业对轮胎采用一次摊销法。甲、乙两车队当月各领用外胎 3 个和 1 个，每个外胎的成本为 800 元。

(3) 甲车队司机和助手的工资为 30 000 元，乙车队司机和助手的工资为 18 000 元。两个车队机动司机和助手的工资为 7 000 元。福利费按工资总额的 14%提取。甲车队当月营运货物 900 千吨公里，乙车队当月营运货物 500 千吨公里。

2012 年 10 月，该企业编制如下会计分录。

(1) 甲车队耗用燃料的计划成本＝3.2×(900＋10 000－600)＝32 960(元)

甲车队耗用燃料的成本差异＝32 960×2%＝659.2(元)

乙车队耗用燃料的计划成本＝3.2×(1 100＋5 000－500)＝17 920(元)

乙车队耗用燃料的成本差异＝17 920×2%＝358.4(元)

借：主营业务成本——运输支出——甲车队(燃料)　　33 619.2

　　主营业务成本——运输支出——乙车队(燃料)　　18 278.4

　贷：原材料——燃料　　50 880

　　　材料成本差异——燃料　　1 017.6

(2) 借：主营业务成本——运输支出——甲车队(轮胎)　　2 400
　　主营业务成本——运输支出——乙车队(轮胎)　　800
　贷：原材料——轮胎　　3 200

(3) 甲车队分摊机动司机和助手工资 $=\frac{7\,000}{900+500}\times 900=4\,500$(元)

乙车队分摊机动司机和助手工资 $=\frac{7\,000}{900+500}\times 500=2\,500$(元)

借：主营业务成本——运输支出——甲车队(工资费用)　　34 500
　　主营业务成本——运输支出——甲车队(其他薪酬费用)　　4 830
　　主营业务成本——运输支出——乙车队(工资费用)　　20 500
　　主营业务成本——运输支出——乙车队(其他薪酬费用)　　2 870
　贷：应付职工薪酬　　62 700

(二) 包装成本的核算

1. 包装成本的构成

包装成本包括包装材料费用、包装机械费用、包装技术费用、包装人工费用、其他辅助费用。

2. 包装成本的核算

如果企业的包装收入单独核算，对于包装业务中产生的各项费用，凡是能和包装收入配比的，直接记入"主营业务成本——包装成本"科目，不能直接配比的记入"营业费用"科目。如果企业的包装收入未能单独核算，对于发生于物流环节的包装费用应区分费用性质和项目，记入"营业费用"总账科目及相关明细账户。

(三) 仓储成本的核算

1. 仓储成本的构成

堆存直接费用：仓库因仓储、保管货物而发生的直接费用。

营运间接费用：仓储业务和装卸业务密不可分，企业的仓储装卸营运部为管理和组织仓储和装卸的营运生产所发生的管理费用和业务费用属于营运间接费用。

2. 仓储成本计算对象、成本计算单位和成本计算期

仓储成本的成本计算对象是各种类型的仓库。仓储成本的成本计算单位以货物堆存量的计量单位为依据。货物堆存量通常用堆存吨天表示，也可以堆存平方米天表示。仓储成本的成本计算期按月、季、半年、年计算成本。

3. 堆存成本的核算

堆存直接费用的归集根据各种凭证直接列入所属仓库或库区的成本，记入"主营业务成本——堆存支出"的借方。堆存间接费用的归集和分配按营运部设立明细账归集营运间接费用，期末按堆存直接费用和装卸直接费用的比例进行分配。

(四) 装卸成本的核算

广义的装卸包括狭义的装卸和搬运。狭义的装卸是指在指定地点以人力或机械将货物装入或卸下运输设备。搬运是指在同一场所内对货物进行水平的移动。

1. 装卸成本计算对象、成本计算单位和成本计算期

装卸成本的成本计算对象以运输业务或仓储业务为主的物流企业，可以机械作业和人工作业分别作为成本计算对象。以港口业务为主的物流企业，可以装卸作业的主要货种作为成本计算对象。装卸成本的成本计算单位以货物装卸量的计量单位为依据，通常用装卸吨表示。装卸成本的成本计算期按月、季、半年、年计算成本。

2. 装卸成本的归集和分配

装卸费用通过"主营业务成本——装卸支出"账户进行归集与分配。该账户按成本计算对象设置明细账，并按成本项目进行明细核算。

（五）配送成本的核算

配送业务是指物流企业根据客户的要求，对货物进行储存、拣选、包装、组配等作业，并按时将组配的货物以最合理的方式送交收货人的服务。它是一种特殊的综合的活动形式，集装卸、储存、包装、运输等活动于一身。

1. 配送成本计算对象、成本计算单位和成本计算期

配送成本的成本计算对象在各个环节有各自的成本计算对象：货物保管环节是仓库，分拣及配货环节是货物，配送发运环节是货运车辆。

配送成本的成本计算单位在各个环节有各自的成本计算单位：货物保管环节是堆存量，用千吨天表示；分拣配货环节是分拣配货量，用千吨或千件表示；配装环节是配装量，用千吨表示；运送环节是货物周转量，用千吨公里表示。

配送成本的成本计算期按月、季、半年、年计算成本。

2. 配送成本的归集和分配

配送直接费用的归集，根据各种凭证直接列入各个环节的成本，借记"主营业务成本——配送支出——堆存费用"、"主营业务成本——配送支出——分拣配货费用"、"主营业务成本——配送支出——配装费用"、"主营业务成本——配送支出——运输费用"等科目。

配送间接费用的归集和分配，先在组织和管理这些业务的营运部门或分公司归集，借记"营运间接费用——配送营运部"科目。期末按堆存、分拣及配货、配装和运输四项业务的直接费用比例进行分配。

三、作业成本法在物流企业间接费用分配中的应用

作业成本法核算的基本流程是：首先确认企业提供的资源价值，分析各种主要作业，根据资源动因将资源价值分配到各个作业；再依据作业动因完成对间接费用的分配确认，最后加上直接追溯到成本对象的直接材料费用和直接人工费用，由此得出最终产品或服务的成本。作业成本法主要适用于间接费用在总成本中所占比例较高、个性化生产（服务）要求强、管理当局对传统成本计算系统提供信息的准确程度不满意的企业。

实践数据表明，对现代物流企业而言，运用作业成本法分配间接费用比传统成本核算方法更具有适用性。首先，作业成本法成本核算对象更为准确合理，即将劳务产品、资源、作业、作业中心、制造中心等共同作为物流成本核算对象，并且在实际操作中采用多标准分配间接费用，提高了间接费用分配的准确性。其次，作业成本法以"作业"贯穿成本核算

的全过程，先确认物流业务中各项作业的资源耗费，依据各项作业的资源耗费情况计算其所发生的成本，再以作业需求为基础，将其作业成本追溯到物流业务的方式，确认物流企业的物流成本，提高了物流业务成本核算的准确性。也就是说，作业成本法更适合于间接费用在总成本中比例较高、经营活动较复杂的物流企业。

知识链接

作业成本法是西方国家于20世纪80年代末开始研究、90年代在制造企业首先应用起来的一种全新的企业管理理论和方法。作业成本法相比传统的制造成本法有更准确的成本信息、更好的产销模式、更合理的内部管理及战略等优点。

【本章小结】

无论是农业企业、建筑施工企业，还是物流企业，其生产经营均具有非常鲜明的行业特点，其成本核算对象、成本项目、核算方法也与制造业企业有所区别。农业企业成本核算的特点主要表现为，农产品分为消耗性生物资产和生产性生物资产，而蔬菜由于其生产技术的特殊性，其成本核算与一般农产品又有区别。建筑施工企业成本核算的特点主要表现为以单位工程为成本计算对象、定期计算工程成本、工程成本需要在已完工和未完工工程之间进行分配三个方面。物流企业成本核算的特点主要表现为，间接费用在总成本中比例较高、经营活动较复杂，因此作业成本法更适合于间接费用的分配。

实际上，本章只是针对各行业的生产经营特点，对其成本核算方法进行了简要论述，并未深入分析。读者可以在课余选择自己感兴趣的行业，对其成本核算对象、流程、方法进行拓展学习。

【延伸阅读】

1. 廖书金. 浅谈农业企业会计核算制度[J]. 中国农业会计，2010(3).

2. 孙三友. 建筑施工企业现代成本管理与流程再造[M]. 北京：中国建筑工业出版社，2004.

3. 王平心. 作业成本计算理论与应用研究[M]. 大连：东北财经大学出版社，2001.

4.《企业产品成本核算制度(试行)》

【思 考 题】

1. 农作物的费用界限是如何划分的？

2. 属于消耗性生物资产和生产性生物资产的农作物，其成本的归集和分配有何区别？

3. 建筑施工企业生产活动和成本核算方法有何特殊性？

4. 建筑施工企业的机械使用费是如何归集和分配的？

5. 物流企业生产活动和成本核算方法有何特殊性？

6. 作业成本法如何在物流企业中应用？

【自 测 题】

1. 单项选择题

(1) 农业生产的基本生产资料具有特殊性，农、林业用的土地，养殖业用的水面，畜牧业用的草场等，都是农业会计的重要核算内容。这体现的是农业企业生产经营的(　　)。

A. 生产具有复杂性　　B. 生产资料具有广泛性

C. 经营成果具有双重性　　D. 固定资产具有多样性

(2) 下列说法中正确的是(　　)。

A. 农业企业成本核算期间基本上以一年为计算期

B. 农业生产中的劳动时间等于全部生产时间

C. 农业产品粮食用作种子、饲料时，劳动对象转化为劳动产品

D. 土地是农业生产的重要劳动资料，按规定作为固定资产入账

(3) 下列属于农作物其他直接费用的是(　　)。

A. 管理人员工资　　B. 业务招待费

C. 水电费　　D. 田间运输费

(4) 施工机构随着建筑物或构筑物坐落位置变化而整个地转移生产地点，这体现的是建筑企业生产经营的(　　)。

A. 生产的流动性　　B. 施工生产的单件性

C. 技术复杂性　　D. 产品的形式多样性

(5) 下列不属于建筑施工企业成本项目的是(　　)。

A. 人工费　　B. 材料费

C. 机器使用费　　D. 停工损失

(6) 下列关于建筑企业生产经营说法正确的是(　　)。

A. 间接费用应按发生地点进行归集

B. 材料费因其耗用量大，品种多，用途多样，月末对材料费用不必进行归集和分配

C. 发生机械作业支出时，借记“工程施工”账户

D. 施工成本中包括企业行政管理部门为组织和管理生产经营活动所发生的管理费用

(7) 建筑施工企业以(　　)作为成本计算对象。

A. 建设项目　　B. 单项工程　　C. 分部工程　　D. 单位工程

(8) 下列不属于配送活动的是(　　)。

A. 储存　　B. 装卸　　C. 拣选　　D. 组配

(9) 下列关于作业成本法说法正确的是(　　)。

A. 作业成本法先确认企业提供的资源价值，分析各种主要作业，根据资源动因

将资源价值分配到各个作业

B. 作业成本法主要适用于间接费用在总成本中所占比例较低的企业

C. 作业成本法主要适用于个性化生产(服务)要求低的企业

D. 作业成本法成本不适用于物流企业

(10) 物流企业的生产经营只是使劳动对象发生(　　)的改变。

A. 数量　　B. 属性　　C. 形态　　D. 位置

2. 多项选择题

(1) 下列关于农作物费用界限划分正确的是(　　)。

A. 粮、豆的成本计算至入仓入库和场上能够销售为止

B. 不入库入窖的鲜活产品的成本,计算至销售为止

C. 棉花的成本计算至加工成皮棉为止

D. 纤维作物、香料作物和水参等农产品的成本,计算至加工完成为止

(2) 下列属于农作物的成本项目包括(　　)。

A. 生产工人工资　　B. 农药化肥

C. 灌溉费用　　D. 机械作业费

(3) 生产性生物资产的特点是(　　)。

A. 能在生产经营中长期反复使用

B. 在收获农产品后不复存在

C. 通常是一次性产出农产品

D. 可以持续一定时间产出农产品

(4) 施工生产的长期性表现为(　　)。

A. 建筑产品规模都比较大,极少有当年施工当年交工的情况

B. 施工作业要求有一定的保养期

C. 建筑安装工程大多在露天进行施工

D. 建筑施工企业随着建筑物或构筑物坐落位置变化而整个地转移生产地点

(5) 施工过程中需垫支大量的资金,这是由建筑施工企业(　　)特点决定的。

A. 建筑产品造价高　　B. 施工生产的单件性

C. 建筑产品周期长　　D. 建筑产品的形式多样性

(6) 下列属于建筑施工企业成本核算特点的有(　　)。

A. 单独计算每项工程成本

B. 按月定期计算工程成本

C. 施工费用需在已完工程和未完工程之间进行分配

D. 工程全部竣工进行工程价款结算

(7) "工程施工"账户可按建造合同,分别设置(　　)进行明细核算。

A. 合同成本　　B. 间接费用

C. 合同毛利　　D. 原材料

(8) 下列属于物流企业包装成本的是(　　)。

A. 包装材料费　　B. 包装机械费

C. 包装人工费　　D. 包装技术费

(9) 下列属于物流企业生产经营特点的是(　　)。

A. 运输生产过程具有流动性、分散性

B. 在运输生产过程中只消耗劳动手段,不消耗劳动对象

C. 物流企业的生产成本与销售成本是统一的

D. 物流企业的生产经营只是使劳动对象发生位置的改变,并不改变劳动对象的属性和形态,不创造新的物质产品

(10) 下列属于物流企业成本项目的是(　　)。

A. 仓储成本　　B. 配送成本

C. 装卸成本　　D. 运输成本

3. 判断题

(1) 农作物在完成生产过程时,有主产品和副产品两种产品的,必须将生产费用在两种产品之间进行分配。(　　)

(2) 农产品收获的具体情况不同,其生产费用确认的终止点也不相同。(　　)

(3) 消耗性生物资产根据其是否具备生产能力,可以将生物资产划分为未成熟和成熟两类。(　　)

(4) 建筑施工企业工程成本的分析、控制和考核是以可比产品成本为依据。(　　)

(5) 建筑施工企业为了能及时分析、考核本工程计划的完成情况并计算财务成果,有必要将已完成预算定额规定的一定组成部分的工程作为“完工工程”,视为“产成品”进行成本计算。(　　)

(6) “机械使用费”项目只是指施工过程中租入机械的使用费。(　　)

(7) 建筑施工企业工程规模大、施工周期长的特点,决定了建筑施工企业很多项目需要跨年完工,所以必须待程全部完工后再计算该项目的成本。(　　)

(8) 物流企业各种运输方式之间的替代性和协作性比较强。(　　)

(9) 物流企业在运输生产中所需固定资产比重小,流动资产比重大。(　　)

(10) 企业内部发生的物流成本难以计算。(　　)

4. 业务计算题

(1) 某农业企业的温室栽培西红柿和水萝卜两种蔬菜。西红柿占地200平方米,生长期40天,收获10 000千克。水萝卜占地300平方米,生长期50天,收获50 000千克。生产费用总额为23 000元。

要求:计算西红柿和水萝卜的单位成本。

(2) 某物流企业有甲、乙两个车队。2012年10月份的相关情况如下。

① 企业缴纳养路费110 000元,其中甲车队70 000元,乙车队40 000元。

② 甲车队计提车辆折旧费80 000元,乙车队计提车辆折旧费50 000元。

③ 甲车队发生洗车费、过桥过路费等杂费3 200元,乙车队发生杂费2 200元。

④ 企业发生营运间接费用26 000元(假设无其他直接费用)。

要求:编制2012年10月会计分录。

(3) 某建筑工程公司的第一工程处目前有甲、乙两项工程。2013年10月份的相关情

况如下。

① 第一工程处发生计时工资 90 000 元,其中甲工程耗用 3 000 工时,乙工程耗用 2 000 工时。

② 按施工机械的实际台时分配机械使用费。第一工程处的一台吊车和一台挖土机分别对甲、乙两工程实施了机械作业。当月吊车的机械使用费为 27 360 元,甲工程使用吊车 96 小时,乙工程使用吊车 56 小时。当月挖土机的机械使用费为 48 755 元,甲工程使用挖土机 80 小时,乙工程使用挖土机 119 小时。

要求:计算并编制 2013 年 10 月会计分录。

【案例分析】

目的:利用作业成本法分析核算物流企业成本。

资料:深圳 XYZ 第三方物流公司是一家大型的现代物流企业,某月与客户签订了甲、乙两项物流服务合同。合同业务是将同样的货物从香港运至深圳的工厂,但两个合同的内容要求不同。甲合同的内容是:货物总量为 60 000 件,要求一次性入关送达公司的仓库,本月内每 3 天运送 6 000 件货物到深圳的工厂。乙合同的内容是:货物总量还是 60 000 件,但要求分 4 次入关送到公司的仓库,本月内必须每天运送 2 000 件货物到深圳的工厂。假设该公司该月的全部营运间接费用为 1 000 000 元,其中运输费用 100 000 元,报关费用 20 000 元,产品入库费用 200 000 元,发出产品费用 200 000 元,配送费用 480 000 元,且该月没有其他间接费用发生,也没有其他服务合同。

要求:

(1) 确认提供的资源价值。

(2) 确认各种主要作业,并将资源价值按资源动因分配计入各作业。

(3) 确定各项作业成本动因,计算作业动因分配率。

(4) 分别计算甲和乙物流服务合同的营运间接费用。

(5) 分别计算甲乙物流服务合同的总成本。

参考文献

[1] 王文钧.西方成本会计[M].上海：立信会计出版社，2001.

[2] 佚名.美国沃尔玛连锁成功之路[J].企业导报，2001(1).

[3] 欧阳清，万寿义.成本会计[M].大连：东北财经大学出版社，2002.

[4] (美)查尔斯·T.亨格瑞，斯坎特·M.达塔.成本会计：以管理为重心[M].第12版.北京：中国人民大学出版社，2007.

[5] 万寿义.成本会计[M].大连：东北财经大学出版社，2011.

[6] 崔建华.应对反倾销的成本核算研究[M].北京：经济科学出版社，2013.

[7] 葛家澍，林志军.现代西方会计理论[M].第3版.福建：厦门大学出版社，2011.

[8] 祁怀锦，刘红霞.成本会计学[M].北京：经济科学出版社，2008.

[9] 刘湘礼，王苹香.成本会计实务与案例[M].北京：北京大学出版社，2012.

[10] 肖慧霞，盛碧荷.成本会计[M].上海：立信会计出版社，2012.

[11] 乐艳芬，冯兆中，杨忠莲，等.成本会计[M].第4版.上海：上海财经大学出版社，2012.

[12] 乐艳芬，冯兆中，杨忠莲，等.成本会计习题集[M].第4版.上海：上海财经大学出版社，2012.

[13] 于富生，王俊生，张敏.成本会计学[M].第6版.北京：中国人民大学出版社，2012.

[14] 赵桂娟，王伶.成本会计学——有效管理的工具[M].第3版.北京：机械工业出版社，2012.

[15] 中国注册会计师协会.财务成本管理[M].北京：中国财政经济出版社，2013.

[16] 曾繁荣，张波.成本会计[M].大连：东北财经大学出版社，2009.

[17] 罗小兰，唐海军.成本会计实务[M].北京：中国传媒大学出版社，2012.

[18] 邓朝晖，许庆高，胡桂兰.成本会计[M].北京：科学出版社，2012.

[19] 谢万健，邹香.成本会计教程[M].北京：中国传媒大学出版社，2013.

[20] 陈良华，韩静.成本会计[M].大连：东北财经大学出版社，2008.

教学支持说明

▶▶ 课件申请

尊敬的老师：

您好！感谢您选用清华大学出版社的教材！为更好地服务教学，我们为采用本书作为教材的老师提供教学辅助资源。鉴于部分资源仅提供给授课教师使用，请您直接手机扫描下方二维码实时申请教学资源。

任课教师扫描二维码
可获取教学辅助资源

▶▶ 样书申请

为方便教师选用教材，我们为您提供免费赠送样书服务。授课教师扫描下方二维码即可获取清华大学出版社教材电子书目。在线填写个人信息，经审核认证后即可获取所选教材。我们会第一时间为您寄送样书。

任课教师扫描二维码
可获取教材电子书目

清华大学出版社

E-mail: tupfuwu@163.com
电话：8610-62770175-4506/4340
地址：北京市海淀区双清路学研大厦B座509室
网址：http://www.tup.com.cn/
传真：8610-62775511
邮编：100084